Projektmanagement für Dummies – Schummelseite

Die häufigsten Stolpersteine im Projektmanagement umgehen

- ✔ Vage Projektziele
- ✔ Ungenaue oder fehlende Annahmen
- ✔ Die Verteilung von Schlüsselaufgaben wird nicht schriftlich fixiert
- ✔ Wichtige Projektbeteiligte werden übersehen
- ✔ Einzelne Teammitglieder bringen nicht genügend Einsatz
- ✔ Versäumnis, die Beteiligten für ihr Tun verantwortlich zu machen
- ✔ Zeitpläne werden immer wieder überschritten
- ✔ Es gelingt nicht, eine Teamidentität zu erzeugen und aufrecht zu erhalten
- ✔ Unzulängliche Überwachung
- ✔ Es gibt kein formales Risiko-Managementsystem
- ✔ Schlechte Kommunikation
- ✔ Notwendige Veränderungen werden nicht systematisch bewertet und vollzogen
- ✔ Versäumnis, die gesammelten Erfahrungen festzuhalten, um das Management zukünftiger Projekte zu verbessern

Erstrebenswerte Projektziele festlegen

- ✔ Zielorientiert und nicht tätigkeitsorientiert arbeiten
- ✔ Eine klare und deutliche Sprache benutzen – keine Fach- oder Fremdwörter
- ✔ Darauf achten, dass jedes Ziel mindestens eine messbare Größe aufweist
- ✔ Darauf achten, dass jedes Projektziel mindestens ein Leistungsziel beinhaltet
- ✔ Darauf achten, dass jedes Projektziel mit Zeitangabe formuliert wird
- ✔ Darauf achten, dass die gesetzten Ziele auch wirklich erreichbar sind
- ✔ Mit allen Projekt-Initiatoren Rücksprache halten, um sicherzugehen, dass man ihre Erwartungen genau kennt

Realistische Zeitpläne aufstellen

- ✔ Alle notwendigen Tätigkeiten ermitteln
- ✔ Tätigkeiten in ausreichend viele Teiltätigkeiten unterteilen
- ✔ Immer die Tätigkeitsdauer und –beziehungen im Auge behalten
- ✔ Ressourcen-Verfügbarkeit mit einbeziehen
- ✔ Annahmen erkennen und protokollieren
- ✔ Nach Genehmigung des Projektes noch einmal den ursprünglichen Plan überprüfen, bevor man mit der Arbeit beginnt
- ✔ Immer im Hinterkopf behalten, dass die Schätzung der Projektdauer besagt, wie lange eine bestimmte Tätigkeit Ihrer Meinung nach dauert, nicht wie lange sie möglichst dauern soll
- ✔ Die Auswirkungen anderer Projekte und Arbeiten, die gleichzeitig durchgeführt werden, auf Ihr Projekt berücksichtigen
- ✔ Alternativpläne für Tätigkeiten mit hohem Risiko entwickeln

Projektmanagement für Dummies – Schummelseite

Den Personalbedarf besser einschätzen

✔ Zwischen Arbeitsaufwand und Aufgabendauer unterscheiden

✔ Bei allen Aufgaben die zu erledigenden Tätigkeiten genau beschreiben

✔ Personalbedarf nach erforderlichen Fähigkeiten und notwendigem Wissen konkretisieren

✔ Schätzungen überdenken, nachdem das Team feststeht

✔ Zur besseren Einschätzung des Arbeitsaufwandes die mit der Ausführung beauftragten Personen befragen

✔ Erfahrungen aus ähnlichen Projekten mit einbeziehen

✔ Die Faktoren Produktivität, Verfügbarkeit und Effizienz mit einkalkulieren

✔ Zur besseren Einschätzung zukünftiger Projekte den tatsächlichen Arbeitsaufwand für bestimmte Tätigkeiten erfassen

Einsatzbereitschaft wecken und aufrechterhalten

✔ Darstellen, wie das Projekt dem Unternehmen und den einzelnen Teammitgliedern nützt

✔ Teammitglieder in den Planungsprozess einbinden

✔ Den Beteiligten zeigen, dass der Plan durchführbar ist

✔ Sich mit Problemen, Vorbehalten und Fragen unverzüglich und offen auseinandersetzen

✔ Regelmäßiges und ernst gemeintes Feedback über den Projektfortschritt und die Leistung der Beteiligten geben

✔ Die Beiträge der Teammitglieder würdigen

✔ Teammitglieder ermutigen, sich gegenseitig besser kennen zu lernen

✔ Sich mehr auf die Stärken der Teammitglieder und weniger auf ihre Grenzen konzentrieren

Effektive Kommunikation

✔ Projektsitzungen auf höchstens eine Stunde begrenzen

✔ Für jede Sitzung eine Tagesordnung vorbereiten und Protokoll führen

✔ Wichtige Informationen auf der ersten Seite eines Berichtes hervorheben

✔ Keine Vermutungen anstellen, sondern sich ausschließlich auf Tatsachen verlassen

✔ Wichtigen Mitteilungen durch die Nutzung unterschiedlicher Medien Nachdruck verleihen

✔ Jedes Mal sicherstellen, dass Ihre Mitteilungen angekommen sind und verstanden wurden

✔ Meetings für Brainstormings, zur Erläuterung wichtiger Informationen und zur Stärkung persönlicher Beziehungen nutzen

Projektmanagement
für Dummies

Stanley E. Portny

Projektmanagement für Dummies

Übersetzung aus dem
Amerikanischen
von Britta Wisser

mitp

Die Deutsche Bibliothek –
CIP-Einheitsaufnahme

Ein Titeldatensatz für diese Publikation ist
bei Der Deutschen Bibliothek erhältlich

ISBN 3-8266-2954-X
1. Auflage 2001

Übersetzung der amerikanischen Originalausgabe:
Stanley E. Portny: Project Management For Dummies, 3rd Edition

Printed in Germany

Lektorat: Anita Kucznierz
Korrektorat: Petra Heubach-Erdmann
Satz und Layout: Lieselotte und Conrad Neumann, München
Umschlaggestaltung: Sylvia Eifinger, Bornheim
Druck: Media-Print, Paderborn

Cartoons im Überblick

»Dieses Jahr hat sich mein Projektplan etwas geändert.«

Seite 23

*»Und wie kommst du darauf, dass du jetzt plötzlich
eine Führungspersönlichkeit bist?«*

Seite 157

»Halt' dich bereit, ich glaube, jetzt nicken sie gleich ein.«

Seite 277

*»Telefon – check; Aktenordner – check; Lineal – check;
Presslufthammer – check; Kartei ... MOMENT MAL! Was mach ich denn bloß?
Ich brauch doch kein LINEAL, um dieses Projekt zu leiten!«*

Seite 207

*»Ich finde, Karl Gänsemeier sollte das neue Projekt leiten.
Er hat Visionen, Elan und, mal ehrlich,
dieser große weiße Hut hat was.«*

Seite 315

Inhaltsverzeichnis

Einführung   **17**

    Über dieses Buch   18
    Gewagte Annahmen   18
    Wie dieses Buch aufgebaut ist   19
        Teil I: Das Projekt definieren und einen Schlachtplan entwerfen   19
        Teil II: Die Truppen aufstellen   19
        Teil III: Das Schiff auf Kurs halten   20
        Teil IV: Immer besser werden   20
        Teil V: Der Top-Ten-Teil   20
        Anhänge   20
    Verwendete Icons   20
    Und wie geht´s weiter?   21

Teil I
Das Projekt definieren und einen Schlachtplan entwerfen   **23**

Kapitel 1
Was ist Projektmanagement? (Und bekomme ich das extra bezahlt?)   **25**

    Was genau ist ein Projekt?   25
    Definieren, was ein Projekt ist   26
        Projektmanagement definieren   28
        Das Kleingedruckte in der Aufgabenstellung lesen   29
    Die Lebensphasen Ihres Projekts   30
        Die Konzeptphase   30
        Die Phase der Abgrenzung: einen Plan aufstellen   32
        Die Startphase   34
        Die Durchführungsphase: Los geht's!   34
        Die Abschlussphase: Stopp!   35
        Die häufigsten Fehler vorhersehen   35
        Die einzelnen Projektphasen richtig managen   36
    Potenzielle Stolpersteine möglichst früh erkennen   37
    Eine Analyse der Projektmanagement-Denkweise   39
        Ein Blick auf die Rolle des Projektmanagers   39
        Die ersten Schritte   40
        Lassen Sie keine Ausreden gelten   41
        Falsche Erwartungen ausmerzen   42
        Und hier noch die guten Nachrichten   42

Kapitel 2
Festlegen, was Sie möglichst erreichen wollen – und warum   45

Das Projekt in einem Projektauftrag formulieren   45
Das Gesamtbild sehen   47
    Herausfinden, warum Sie mit diesem Projekt betraut wurden   47
    Festlegen, wo Ihr Projekt beginnt und wo es endet   56
    Festlegen, wie Sie an das Projekt herangehen wollen   58
    Was genau versuchen Sie zu erreichen?   59
Die Grenzen festlegen   63
    Beschränkungen identifizieren   64
    Voraussetzungen ermitteln   66
Der Umgang mit Unsicherheiten während der Planungsphase   67
Einen Projektauftrag entwerfen   67

Kapitel 3
Jetzt wird's konkret   69

Teile und herrsche!   69
    In Details denken   70
    Hierarchisch denken   71
    Ausnahmesituationen   78
Wie Sie Ihre Projektstruktur erstellen und veröffentlichen   80
    Unterschiedliche Wege, eine Aufgabe zu unterteilen   80
    Die richtige Erfassung von Informationen in der Projektstruktur
    (Work-Breakdown-Structure)   81
    Die Projektstruktur (Work-Breadown-Structure) entwickeln   82
    Unterschiedliche Darstellungsformen der Projektstruktur
    (Work-Breakdown-Structure)   83
    Ein paar Tipps und Hinweise   85
    Mit Vorlagen arbeiten   86
Risiken bei der Aufgabenunterteilung erkennen   88
Festlegen, welche Informationen Sie über Ihre Tätigkeiten benötigen   89
Viele Wege führen nach Rom   90

Kapitel 4
Wer will was bis wann erledigt haben?   93

Den Zeitrahmen abschätzen   93
    Netzpläne entwerfen   94
    Entscheiden Sie sich für eine von zwei Netzplanvarianten   95
    Analysieren Sie Ihren Netzplan   98
    Wie Sie Ihren Netzplan entwickeln   104
    Ein einfaches Beispiel per Netzplan darstellen   107

Einen Zeitplan entwickeln 112
Einen vorläufigen Zeitplan erstellen 112
Lassen Sie sich nicht dazu verführen, den Zeitplan
nach der »Backing in«-Methode zu entwickeln 113
Festgelegte Zeitvorgaben einhalten 114
Die erforderliche Zeit reduzieren 115
Vorgangsdauer schätzen 120
Die Durchführung beschreiben 121
Merkmale von Ressourcen 122
Informationen überprüfen 122
Zeitschätzungen verbessern 122
Den Zeitplan veröffentlichen 123

Kapitel 5
Ressourcenplanung 127

Festlegen, wen Sie wann in welchem Umfang benötigen 128
Die Fähigkeiten und das Wissen der Teammitglieder beschreiben 128
Arbeitsaufwand einschätzen 131
Mehrere Aufgaben gleichzeitig bewältigen 140
Alle anderen Faktoren einarbeiten 146
Die Aufwandschätzung 148
Unterschiedliche Arten von Projektkosten 149
Wie Sie Ihr Projektbudget entwickeln 150

Teil II
Die Truppen aufstellen 157

Kapitel 6
Das Who's Who im Projektmanagement 159

Den organisatorischen Rahmen festlegen 159
Zentralisierte Organisationsstrukturen 159
Funktionalorganisation 161
Die Matrixorganisation 163
Die Schlüsselfiguren in einer Matrixorganisation 165
Projektmanager 165
Teammitglieder 166
Funktionalmanager 166
Unternehmens-Management 167
Erfolgreiches Projektmanagement in einer Matrixorganisation 168

Kapitel 7
Die richtigen Leute einbeziehen   **171**

Das Audience ermitteln   171
    Mithilfe von Kategorien eine Audience-List erstellen   172
    Vollständigkeit und Nutzen der Audience-List verbessern   176
Eine Audience-List-Vorlage entwickeln   177
Driver, Supporter und Beobachter identifizieren   180
    Entscheiden, wann Sie wen einbeziehen wollen   181
    Unterschiedliche Methoden der Kommunikation   183
Personen mit ausreichender Autorität ins Boot holen   185

Kapitel 8
Rollen und Verantwortungsbereiche der Teammitglieder festlegen   **187**

Die zentralen Begriffe definieren   187
Die Rollenverteilung in Projekten   189
    Was kann ich delegieren und was nicht?   189
    Mit Zuversicht delegieren   191
    Verantwortung übertragen   192
    Menschen zur Rechenschaft ziehen, obwohl sie Ihnen
    nicht direkt unterstellt sind   193
    Beziehungen darstellen   197
    Eine Verantwortungs-Matrix (Linear Responsibility Chart) erstellen   200
    Wie Sie die Genauigkeit Ihrer Matrix verbessern können   201
Wie man mit Mikromanagern umgeht   203
    Warum jemand zum Mikromanager wird   203
    Und so bekommt der Mikromanager Vertrauen in Ihre Fähigkeiten   204
    Mit dem Mikromanager kooperieren   205

Teil III
Das Schiff auf Kurs halten   **207**

Kapitel 9
Mit dem richtigen Bein aufstehen   **209**

Endgültig die Projektteilnehmer festlegen   209
    Versichern Sie sich der Mitarbeit der Teammitglieder   210
    Prüfen Sie, ob alle Mann an Bord sind   212
    Die Lücken füllen   213
Den genehmigten Projektplan noch einmal überprüfen lassen   214
Das Team entwickeln   214
    Gemeinsame und individuelle Projektziele festlegen   217

Die Rollen der Teammitglieder festlegen 217
Die Arbeitsabläufe festlegen 218
Die persönliche Beziehung zwischen den Teammitgliedern stärken 219
Ihr Team zu einer reibungslos funktionierenden Einheit zusammenschmieden 219
Die Kontrollmechanismen einrichten 221
Zeitpläne für Berichte und Meetings aufstellen 221
Die Projekt-Grundlinie festlegen 222
Das Projekt öffentlich machen 222
Die Grundlage für eine Abschlussbewertung 223

Kapitel 10
Fortschrittsüberwachung und Kontrolle 225

Das Projekt kontrollieren 225
Budgets nicht überschreiten 228
Projektmanagement-Informationssysteme einrichten 229
Zeitpläne überwachen 229
Arbeitsstunden-Überwachung 236
Die Ausgaben überwachen 241
Alles zusammenfassen 245
Die Ursachen für mögliche Verzögerungen und Abweichungen herausfinden 247
Mögliche korrigierende Maßnahmen 247
Change-Management 248

Kapitel 11
Alle Beteiligten auf dem Laufenden halten 251

Das richtige Medium für Ihre Bedürfnisse 251
Informationen schriftlich weitergeben 252
Informationen im Rahmen von Meetings weitergeben 254
Einen schriftlichen Statusbericht erstellen 256
Wichtige Projektmeetings durchführen 257
Regelmäßige Team-Meetings 258
Spontane Meetings 259
Meetings mit der Unternehmensleitung 259

Kapitel 12
Zu Höchstleistungen motivieren 261

Managen und führen können 261
Persönliche Macht und Einfluss erwerben 262
Ursachenforschung: Warum sollte jemand tun, was Sie von ihm verlangen? 262
Die Grundlagen Ihrer Macht legen 265
Die Motivation der Teammitglieder erzeugen und aufrecht erhalten 265

Den Nutzen des Projekts herausstellen   266
Die Machbarkeit demonstrieren   268
Über Fortschritte berichten   268
Belohnen   269

Kapitel 13
Das Projekt zum Abschluss bringen   **271**

Die Arbeit beenden   271
Das Projektende in allen Einzelheiten durchplanen   272
Stärken Sie noch einmal den Teamgeist und den Zusammenhalt   273
Ein sanftes Ende   273
Die organisatorischen Aufgaben erledigen   273
Den Beteiligten das Ende leicht machen   274
Eine ganz neue Methode, das Projektende zu verkünden   274
Eine Abschlussbewertung durchführen   275

Teil IV
Immer besser werden   **277**

Kapitel 14
Der Umgang mit Risiken und Unsicherheiten   **279**

Wie man Risiko und Risikomanagement definiert   279
Risiken erkennen   281
Risikofaktoren erkennen   281
Risiken erkennen   284
Die möglichen Auswirkungen eines Risikos einschätzen   285
Die Eintrittswahrscheinlichkeit einschätzen   285
Den Umfang der Auswirkungen einschätzen   288
Risikomanagement   289
Eine Risikomanagement-Strategie entwickeln   290
Über Risiken reden   290
Einen Risikomanagement-Plan aufstellen   292

Kapitel 15
Aus Erfahrungen lernen   **295**

Eine Projekt-Abschlussbewertung vorbereiten   295
Die Abschluss-Sitzung schon während der gesamten Projektlaufzeit vorbereiten   296
Bühne frei für das Abschlussbewertungs-Meeting   297
Eine Projekt-Abschlussbewertung durchführen   298
Nachbereitung der Projekt-Abschlussbewertung   299

Kapitel 16
All die neuen Technologien - was bleibt da noch für Sie zu tun? 301

Der effektive Einsatz von Computerprogrammen 301
    Wo Software helfen kann 303
    Wie Sie Ihre Software unterstützen 308
    Projektmanagement-Software in Ihre Arbeit einbeziehen 310
E-Mails nutzen 311
    E-Mails richtig einsetzen 312
    Machen Sie das Beste aus Ihren E-Mails 313

Teil V
Der Top-Ten-Teil 315

Kapitel 17
Zehn Fragen zur Projektplanung 317

Warum wurde Ihr Projekt auf den Weg gebracht? 317
Wen müssen Sie einbeziehen? 317
Welche Ergebnisse wollen Sie liefern? 318
Welche Beschränkungen müssen Sie beachten? 318
Von welchen Annahmen gehen Sie aus? 318
Welche Arbeiten müssen erledigt werden? 319
Wann beginnen und beenden Sie eine Tätigkeit? 319
Wer soll die eigentliche Projektarbeit durchführen? 319
Welche weiteren Ressourcen benötigen Sie? 320
Was kann schief gehen? 320

Kapitel 18
Zehn Methoden, die Beteiligten bei der Stange zu halten 321

Personen einbeziehen, die die eigentliche Autorität haben 321
Seien Sie hinsichtlich der Endergebnisse, des Zeitrahmens und
des erwarteten Arbeitseinsatzes konkret 322
Lassen Sie sich ein Versprechen geben! 322
Lassen Sie es sich schriftlich geben 322
Machen Sie die Dringlichkeit und Wichtigkeit der Aufgabe deutlich 323
Informieren Sie andere über die Verpflichtung des Betreffenden 323
Einigen Sie sich auf einen Plan zur Leistungsüberwachung 323
Die Arbeit der betreffenden Person überwachen 323
Gute Leistungen müssen gewürdigt werden 324
Tun Sie so, als hätten Sie die Autorität 324

Kapitel 19
Zehn Schritte, um ein Projekt wieder auf den richtigen Kurs zu bringen — 325

Feststellen, warum Ihr Projekt vom Kurs abgekommen ist — 325
Holen Sie die wichtigsten Driver wieder ins Boot — 326
Die Projektziele noch einmal deutlich machen — 326
Machen Sie deutlich, welche Aufgaben noch erledigt werden müssen — 326
Machen Sie noch einmal die Rollen und Verantwortlichkeiten deutlich — 326
Einen realistischen Zeitplan erstellen — 327
Machen Sie noch einmal die Personalaufteilung deutlich — 327
Einen Risikomanagement-Plan aufstellen — 327
Führen Sie ein Bergfest-Kick-off durch — 327
Die Leistung während der restlichen Projektlaufzeit sorgfältig überwachen
und steuern — 328

Kapitel 20
Zehn Tipps für einen Super-Projektmanager — 329

Machen Sie »Warum« zu Ihrem Lieblingswort — 329
»Es geht« muss Ihr Motto sein — 329
Nicht von Annahmen ausgehen — 329
Sage, was du meinst; meine, was du sagst! — 330
Betrachten Sie andere als Verbündete, nicht als Gegner — 330
Andere respektieren — 330
»Think Big« — 330
»Think detailed« — 330
Gute Leistungen würdigen — 330
Seien Sie Manager und Führer zugleich — 331

Anhang A
Glossar — 333

Anhang B
Arbeitswert-Analyse — 341

Arbeitswert-Analyse – was ist das? — 341
Ursachen für festgestellte Abweichungen finden — 346
Ein einfaches Beispiel — 346
Geplante Kosten für tatsächliche Arbeitsleistung ermitteln — 349

Stichwortverzeichnis — 353

Einführung

Projekte gibt es schon seit Urzeiten. Noahs Bau der Arche, die Mona Lisa von Leonardo da Vinci, Edward Gibbons *Verfall und Untergang des Römischen Reiches* oder als Jonas Salk den Polio-Impfstoff entwickelte – all das sind Projekte. Und wie Sie wissen, sind diese und viele andere ähnliche Projekte mit großem Erfolg zu Ende gebracht worden. (Na ja, zumindest die Endprodukte waren ein Riesenerfolg, auch wenn die zeitlichen und finanziellen Budgets hoffnungslos überzogen wurden.)

Warum also stößt das Thema Projektmanagement in der heutigen Zeit plötzlich auf so großes Interesse? Die Antwort ist ganz einfach. Das Publikum hat sich geändert und die Latte liegt höher.

Historisch gesehen, galten Projekte als riesige, technisch komplexe Vorhaben. Das erste Projekt, in dem moderne Projektmanagement-Techniken angewandt wurden, die Entwicklung eines Polar-U-Bootes, war ein technischer und administrativer Albtraum. Teams von Spezialisten wurden eingesetzt, um die zahllosen Forschungs-, Entwicklungs- und Produktionsaktivitäten zu planen und zu überwachen. Ganze Berge von Papier wurden produziert, um die knifflige Aufgabe zu dokumentieren. Man kam zu der Auffassung, dass Projektmanagement eine höchst technische Disziplin ist, die aus verwirrenden Übersichten und Grafiken besteht. Die Durchführung war unverhältnismäßig zeitaufwändig. Das ist etwas für hoch qualifizierte technische Spezialisten.

Natürlich findet man auch heute noch auf der ganzen Welt Hunderte komplexer und kniffliger Projekte, die von irgendwelchen Menschen erledigt werden müssen. Und der Bedarf an Menschen, die wissen, wie man diese Leistung plant und managt, und die ihre berufliche Entwicklung ganz an dieser Aufgabe ausrichten, wächst ständig. Doch in den letzten zehn Jahren ist der Anteil der Projektarbeit am Arbeitsplatz geradezu explodiert. Inzwischen werden in allen Unternehmen die zu erledigenden Aufgaben im Rahmen von Projekten erledigt.

Gleichzeitig ist eine ganz neue Sorte von Projektmanagern aufgetaucht. Diese Leute haben es sich nie bewusst zum Ziel gesetzt, einmal Projektmanager zu werden; viele wissen eigentlich gar nicht so richtig, was ein Projektmanager ist. Aber diese Art von Projektmanagern hat gelernt, dass man in der Lage sein muss, Projekte erfolgreich abzuschließen, wenn man beruflich vorankommen will. Mit anderen Worten, Projektmanagement ist keine Berufswahl, sondern ein Erfordernis.

Nach und nach erkennen solche Projektmanager, dass man über ganz bestimmte Fähigkeiten verfügen und Techniken beherrschen muss, um in der sich ständig verändernden und komplizierter werdenden Welt der Projekte zu überleben. Sie wollen diese Fähigkeiten und Techniken erlernen und üben, sind aber andererseits nicht bereit, viel Zeit in diesen Lernprozess zu investieren. Genau dieser »schweigenden Mehrheit« von Projektmanagern ist dieses Buch gewidmet.

Über dieses Buch

Dieses Buch hilft Ihnen zu erkennen, dass die Grundsätze eines erfolgreichen Projektmanagements einfach sind. Die schwierigste »Analysetechnik«, die man für die Planung von Projekten jeder beliebigen Größe benötigt, kann man in weniger als zehn Minuten erlernen! In diesem Buch werden Ihnen die Informationen geliefert, die Sie brauchen, um Projekte zu planen und zu überwachen. Außerdem lernen Sie Richtlinien kennen, wie man diese Informationen problemlos und effektiv weiterentwickelt und nutzt. Sie werden feststellen, dass die eigentliche Herausforderung im erfolgreichen Projektmanagement darin besteht, mit den vielen Leuten zurechtzukommen, die von Ihrem Projekt beeinflusst werden oder deren Unterstützung erforderlich ist. Wir bieten Ihnen eine Fülle von Tipps, Hinweisen und Richtlinien, mit denen Sie Schlüsselfiguren identifizieren und sie in das Projekt einbinden können.

Erfolgreiches Projektmanagement erreicht man nicht durch Fachwissen; man erreicht es durch die praktische Anwendung. In diesem Buch geht es darum, Ihnen zu zeigen, dass Projektmanagement-Fähigkeiten und -Techniken keine lästigen Pflichten sind, die man erfüllen muss, weil irgendein Ablauf sie erforderlich macht, sondern es handelt sich dabei um eine Denkweise, eine bestimmte Art der Kommunikation und um eine spezielle Verhaltensweise. Sie sind Bestandteil dessen, was unsere Einstellung zu unserer täglichen Arbeit ausmacht.

Um diese Botschaft noch zu unterstreichen, haben wir das Buch so klar und verständlich wie möglich geschrieben. Aber lassen Sie sich nicht täuschen – obwohl der Ton locker ist, behandeln wir in diesem Buch alle Projektmanagement-Werkzeuge und -Techniken, die Ihnen bei der grundsätzlichen, zeitlichen und finanziellen Planung, bei der Organisation und Überwachung Ihres Projekts helfen. Ach ja, auch in den Fällen, wo wir der besseren Lesbarkeit wegen die männliche Form gewählt haben, sind Frauen natürlich immer mit gemeint!

Alle Informationen werden in einer logischen Reihenfolge präsentiert, genau wie man das auch im Projektmanagement tun sollte. Sie finden hier eine Fülle von Beispielen und Abbildungen sowie Tipps und Hinweise. Und hin und wieder haben wir auch mal etwas Lustiges eingestreut, damit es nicht gar zu langweilig wird.

Mein Ziel ist es, dass Sie dieses Buch zu Ende lesen und das Gefühl haben, dass gutes Projektmanagement absolut machbar ist und dass Sie die Entschlossenheit besitzen, das zu üben!

Gewagte Annahmen

Ich gehe davon aus, dass völlig unterschiedliche Leute dieses Buch lesen werden, unter anderem:

✔ Senior Manager und Junior Assistenten (die Senior Manager von morgen)

✔ Erfahrene Projektmanager und Leute, die noch nie in einem Projektteam waren

✔ Leute, die schon viele Schulungen zum Thema Projektmanagement durchlaufen haben, und solche ohne Trainingserfahrung

✔ Leute, die bereits seit Jahren im Berufs- oder Wirtschaftsleben stehen, und solche, die frisch aus der Ausbildung kommen

Wie auch immer, ich nehme an, dass Sie den Wunsch haben, Ihre Umgebung steuern zu können. Ich gehe davon aus, dass Sie dieses Buch lesen und sich fragen, wieso nicht alle Projekte gut geleitet werden, weil Sie finden, dass die vorgestellten Techniken logisch, klar und einfach umzusetzen sind. Und da hätten Sie Recht. Aber ich gehe auch davon aus, dass Sie wissen, dass es ein großer Unterschied ist, zu wissen, was man tun muss und es auch zu tun. Ich nehme aber auch an, dass Sie sich besonders viel Mühe geben, die Kräfte zu verstehen, die Sie möglicherweise daran hindern, diese Werkzeuge und Techniken einzusetzen, und dass Sie mit aller Kraft versuchen, diese Hindernisse zu überwinden.

Und schließlich nehme ich an, dass Sie merken, dass Sie dieses Buch mehrmals lesen und immer wieder etwas Neues darin entdecken und lernen können. Betrachten Sie dieses Buch wie einen Freund oder eine nette Informationsquelle, die Ihnen noch mehr verrät, wenn Sie zwischen den Zeilen lesen und selbst Ihre Erfahrungen machen.

Wie dieses Buch aufgebaut ist

Ich habe dieses Buch in fünf Teile unterteilt. Die ersten drei Teile handeln von der Planung des Projektmanagements bzw. von der Organisation und der Kontrolle; im vierten Teil stelle ich Ihnen Möglichkeiten vor, wie Sie sowohl Ihre praktische Erfahrung als auch neue Technologien nutzen können, um Ihre Projektmanagement-Fähigkeit ständig zu verbessern; und im fünften Teil finden Sie eine Vielzahl von Tipps und Kniffen, die Ihnen helfen, bestimmte Routinetätigkeiten im Projektmanagement zu bewältigen. Im Anhang finden Sie eine Liste mit Fachbegriffen und Definitionen aus dem Projektmanagement und wir stellen Ihnen eine Technik vor, die heutzutage immer häufiger eingesetzt wird, um Aktivitäten und Kosten in größeren Projekten zu überwachen.

Teil I: Das Projekt definieren und einen Schlachtplan entwerfen

In diesem Teil erläutere ich die speziellen und besonderen Merkmale von Projekten sowie die häufigsten Probleme, die in einem projektorientierten Unternehmen auftauchen können. Ich zeige Ihnen auch, wie Sie konkret die Ergebnisse, die Sie während Ihres Projekts erzielen möchten, die Arbeit, die erledigt werden muss, den Zeitplan, der eingehalten werden muss, und die benötigten Ressourcen festlegen.

Teil II: Die Truppen aufstellen

In diesem Teil zeige ich Ihnen, wie Sie die Leute, die am Erfolg Ihres Projekts mitwirken, finden, organisieren und wie Sie mit ihnen umgehen.

Teil III: Das Schiff auf Kurs halten

Ich zeige Ihnen, wie Sie mit Ihrem Projekt beginnen, es während seiner Dauer fördern und es zu einem erfolgreichen Ende bringen.

Teil IV: Immer besser werden

Ich zeige Ihnen, wie Sie mit den Ungewissheiten, die ein Projekt mit sich bringt, fertig werden, wie Sie aus vorangegangenen Projekten lernen, um zukünftige besser in den Griff zu bekommen, und sämtliche verfügbaren Informationskanäle nutzen, um die Projektplanung und -durchführung zu erleichtern.

Teil V: Der Top-Ten-Teil

Hier verrate ich Ihnen eine Fülle von Tipps, Hinweisen und Vorschlägen, wie man mit einigen der am häufigsten auftretenden Probleme in einem Projekt fertig wird.

Anhänge

In Anhang A finden Sie eine umfangreiche Liste mit den wichtigsten Projektmanagement-Ausdrücken und Definitionen. In Anhang B erklären wir eine Technik, mit der Sie Leistungen und Ressourcenverbrauch in einem Projekt bewerten können.

Verwendete Icons

Am linken Rand finden Sie grafische Elemente, die man *Icons* nennt, und mit denen wir Sie auf spezielle Textstellen aufmerksam machen wollen. So sehen sie aus und das bedeuten sie:

 Hinweise, die Ihnen helfen, die vorgestellten Techniken oder Vorgehensweisen anzuwenden.

 Ausdrücke oder Abschnitte, die ein bisschen technischer sind

 Reale und erfundene Situationen, die die im Text vorgestellten Techniken und Probleme verdeutlichen

 Mögliche Stolperfallen und Gefahrenstellen

 Wichtige Informationen, die Sie im Hinterkopf behalten sollten, wenn Sie die vorgestellten Techniken und Vorgehensweisen anwenden

Und wie geht's weiter?

Sie können dieses Buch auf unterschiedliche Weise lesen, je nachdem, wie groß Ihre Vorkenntnisse im Bereich Projektmanagement, Ihre Erfahrungen und Ihr aktueller Informationsbedarf ist. Ich schlage jedoch vor, dass Sie sich zunächst einmal das Inhaltsverzeichnis ansehen und einmal die verschiedenen Abschnitte durchblättern, damit Sie ein Gefühl für die unterschiedlichen angesprochenen Themen bekommen.

 Wenn Sie ein Neuling im Projektmanagement sind und gerade erst anfangen, einen Plan für ein bestimmtes Projekt aufzustellen, lesen Sie zunächst Teil I, in dem erörtert wird, wie man Projektergebnisse, Tätigkeiten, den zeitlichen Rahmen und die Ressourcen plant. Wenn Sie gerne herausfinden möchten, wie man die Personen und Personengruppen, die in irgendeiner Form mit Ihrem Projekt in Zusammenhang stehen, identifiziert und organisiert, lesen Sie zunächst Teil II. Wenn Sie gerade mit der eigentlichen Arbeit beginnen oder bereits mitten im Projekt stecken, sollten Sie vielleicht mit Teil III beginnen. Oder springen Sie zwischen den Kapiteln hin und her und lesen Sie die Abschnitte, die Sie besonders interessieren.

Vielleicht sollte ich hier noch eine kleine Warnung aussprechen. Das, was wir in Kapitel 4 über die Verwendung von Netzplänen zur Erstellung eines Zeitplanes erklären, ist wohl der fachlich schwierigste Teil in diesem Buch. Die Technik selbst kann man innerhalb von zehn Minuten erlernen, aber die Erklärungen und Grafiken erscheinen erdrückend, wenn man noch nie mit so genannten Flowcharts, also Ablaufdiagrammen, gearbeitet hat. Wenn Sie hier zum ersten Mal auf diese Technik stoßen, sollten Sie das gesamte Kapitel zunächst einmal komplett durchlesen und die einzelnen Abschnitte dann mehrmals einzeln wiederholen. Je häufiger Sie den Text lesen, desto logischer erscheinen Ihnen die Erklärungen. Falls Ihnen diese vielen technischen Details auf die Nerven gehen, legen Sie das Buch beiseite und nehmen Sie es sich zu einem späteren Zeitpunkt wieder vor. Wahrscheinlich werden Sie überrascht sein, wie viel einleuchtender alles beim zweiten oder dritten Durchlesen erscheint.

Auf jeden Fall sollten Sie damit rechnen, jedes Kapitel mehr als einmal zu lesen. Je öfter Sie ein Kapitel lesen, desto mehr Sinn machen die vorgestellten Ansätze und Techniken meistens. Und manchmal machen Veränderungen im beruflichen Alltag es erforderlich, Techniken zu erlernen, die man nie zuvor gebraucht hat.

Teil I

Das Projekt definieren und einen Schlachtplan entwerfen

»Dieses Jahr hat sich mein Projektplan etwas geändert.«

In diesem Teil ...

Meistens ist das Schwierigste an einem neuen Projekt, zu entscheiden, wo man anfangen soll. Oft sind die Erwartungen hoch, aber gleichzeitig sind die Beschränkungen in Zeit und Ressourcen enorm.

In diesem ersten Teil erkläre ich, wie sich ein Projekt von anderen Aufgaben unterscheidet, und ich gebe Ihnen einen Überblick über die notwendigen Schritte, um ein Projekt zu planen, zu organisieren und zu kontrollieren. Ich stelle spezielle Techniken und Vorgehensweisen vor, mit denen Sie ganz konkret definieren können, was genau Sie mit Ihrem Projekt erreichen wollen und wer dabei einbezogen werden muss. Ich zeige Ihnen, wie Sie schätzen, wie viel Arbeit in das Projekt gesteckt werden muss und wie lange man braucht, um diese Arbeit zu erledigen. Und schließlich erkläre ich Ihnen, wie Sie die für Ihr Projekt notwendigen Ressourcen abschätzen.

Was ist Projektmanagement?
(Und bekomme ich das extra bezahlt?)

In diesem Kapitel

▶ Die drei Grundelemente jedes Projekts

▶ Lernen, warum Projekte danebengehen

▶ Die Voraussetzungen für ein erfolgreiches Projekt analysieren

▶ Projektmanagement-Denken aufdecken

*E*rfolgreiche Unternehmen initiieren Projekte, die innerhalb vorgegebener Zeiträume mit den zur Verfügung stehenden Ressourcen bestimmte Ergebnisse erzielen sollen. Das führt dazu, dass immer mehr Unternehmen nach Mitarbeitern suchen, die in einer solchen projektorientierten Umgebung Höchstleistungen bringen.

Bei Leuten, die Karriere machen wollen, scheint die Botschaft richtig anzukommen. Immer mehr Mitarbeiter auf allen Unternehmensebenen suchen nach Möglichkeiten, wie sie ihre Projekte besser in den Griff bekommen. Ein Artikel in der Zeitschrift *Fortune* bezeichnete kürzlich die Position des »Projektmanagers« als beste Möglichkeit zum Aufstieg. Was in dem Artikel nicht stand, war, dass die Mehrheit der Projektmanager nicht freiwillig Projektmanager geworden sind. Denn häufig ist die Leitung eines Projekts eine unerwartete, aber unvermeidliche Entwicklung auf dem gewähltem Karrierepfad.

Da Sie dieses Buch in den Händen halten, sind auch Sie wahrscheinlich ins kalte Wasser des Projektmanagements geschubst worden. Als unerfahrener Projektmanager brauchen Sie die verschiedensten Fähigkeiten und Techniken, damit Sie Projekte erfolgreich zu Ende führen können. Dieses Kapitel bringt Sie auf den rechten Weg, hilft Ihnen, echte Projekte von Scheinprojekten zu unterscheiden, zu verstehen, warum Projekte erfolgreich sind oder fehlschlagen, und wie ein echter Projektmanager zu denken.

Was genau ist ein Projekt?

Egal, worin Ihre berufliche Tätigkeit besteht, Sie müssen täglich eine Vielzahl von Aufgaben erledigen: Memos vorbereiten, Sitzungen abhalten, eine Marketingkampagne entwerfen, in neue Büroräume umziehen. Oder läuft Ihr Tag vielleicht eher so ab: die Informationssysteme benutzerfreundlicher programmieren, eine Forschungsreihe für das Labor entwerfen, das Firmenimage verbessern? Nicht alle dieser Aufgaben sind echte Projekte. Woran erkennt man, wann es sich um ein echtes Projekt handelt?

Definieren, was ein Projekt ist

Ob groß oder klein, ein *Projekt* hat folgende Merkmale:

✔ **Ein vorher festgelegter Output**: Produkte oder Ergebnisse

✔ **Ein vorher festgelegter Anfang und ein festgelegtes Ende**: konkrete Daten, wann die Projektarbeit beginnt und wann sie endet

✔ **Festgelegte Budgets**: Welche Mengen an Personen, Finanzmitteln, Ausrüstungen, Produktionsmitteln und Informationen sind notwendig

Abbildung 1.1 zeigt, dass jedes Element die anderen beiden beeinflusst. Will man den Output erhöhen, muss man möglicherweise mehr Zeit (einen späteren Endtermin) oder mehr Ressourcen investieren. Eine Vorverlegung des Endtermins macht möglicherweise eine Einschränkung bei den Ergebnissen oder eine Erhöhung der Projektkosten (über das festgelegte Budget hinaus) erforderlich, weil Überstunden bezahlt werden müssen. Um die gewünschten Ergebnisse zu erzielen, bewegt man sich immer innerhalb dieser drei Elemente.

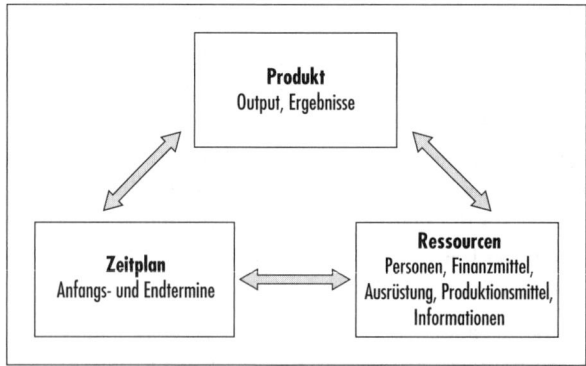

Abbildung 1.1: Diese drei wichtigen Informationen sollten Sie für jedes Projekt festlegen.

Projekte gibt es in ganz unterschiedlichen Formen und Größen.

✔ **Projekte können groß oder klein sein**.

- Ein neues U-Bahn-Netz, das mehr als eine Milliarde € kostet und dessen Fertigstellung 10 bis 15 Jahre dauert, ist ein Projekt.

- Den Bericht mit den monatlichen Umsatzzahlen vorzubereiten, was etwa einen Tag dauert, ist ebenfalls ein Projekt.

✔ **An Projekten können viele Menschen beteiligt sein oder nur Sie allein**.

- Alle 10.000 Mitarbeiter Ihres Unternehmens zum Thema Kundenorientierung zu schulen, ist ein Projekt.

- Die Möbel und Computer in Ihrem Büro umzustellen, ist ein Projekt.

✔ **Projekte können formal oder formlos geplant werden.**

- Einige Projekte sind im Jahresplan Ihres Unternehmens aufgeführt und müssen bezüglich der zu leistenden Aufgaben, des notwendigen Personaleinsatzes und der Ressourcen-Aufwendungen formal von allen Beteiligten genehmigt werden.

- Andere Projekte werden Ihnen beiläufig in einem Gespräch zugewiesen, ohne dass über Budgets oder Personaleinsatz gesprochen wird; man erwartet von Ihnen, dass Sie alles Notwendige veranlassen, um die geforderten Resultate zu erzielen.

✔ **Projekte können formal oder formlos protokolliert werden.**

- Bei einigen Projekten werden alle geleisteten Stunden auf Zeitplänen festgehalten, und jeder für das Projekt ausgegebene € wird separat im Finanzsystem des Unternehmens erfasst.

- Bei anderen Projekten werden die Stunden überhaupt nicht protokolliert und die Kosten werden lediglich im Rahmen des Gesamtbudgets der Firma betrachtet.

✔ **Projekte werden für externe oder interne Kunden oder Klienten durchgeführt.**

- Eine Anlage zu reparieren, die an einen Kunden ausgeliefert wurde, ist ein Projekt.

- Einen Artikel für die interne Firmenzeitung zu schreiben, ist ein Projekt.

✔ **Projekte können über einen schriftlichen Vertrag oder eine formlose Vereinbarung definiert werden.**

- Ein unterschriebener Vertrag zwischen Ihnen und einem Kunden über den Bau eines Einfamilienhauses definiert ein Projekt.

- Ein formloses Versprechen an Ihren Kollegen, dass Sie ihm das neue Softwarepaket auf seinem Rechner installieren, definiert ein Projekt.

✔ **Projekte können beruflicher oder privater Natur sein.**

- Die Durchführung der jährlichen Blutspendeaktion in Ihrer Firma ist ein Projekt.

- Eine Party für 15 Personen zu organisieren, ist ein Projekt.

Egal, wie Ihr Projekt aussieht, Sie definieren es auf der Grundlage immer der gleichen drei Elemente: Output, Start- und Endtermine und Ressourcen. Die Informationen, die Sie brauchen, um Ihr Projekt zu planen und zu verwalten, sind die gleichen, auch wenn der Komplexitätsgrad und die notwendige Vorbereitungszeit unterschiedlich sind. Je sorgfältiger Sie planen und Ihre Projekte verwalten, desto größer die Wahrscheinlichkeit, dass Sie sie erfolgreich zum Abschluss bringen.

Andere Ausdrücke, die häufig mit dem Begriff »Projekt« verwechselt werden

Zwei Ausdrücke werden häufig mit dem Begriff »Projekt« verwechselt:

✔ Ein *Prozess* ist eine Abfolge einzelner Schritte, in denen eine bestimmte Routine abgearbeitet wird, wie beispielsweise das Beschaffungswesen oder ein Bewilligungsverfahren. Ein Prozess ist keine einmalige Maßnahme mit festgelegten Ergebnissen, sondern er legt fest, wie eine bestimmte Funktion jedes Mal ausgeführt werden muss, wenn sie ausgeführt wird. Prozesse, wie beispielsweise die Maßnahmen, die getroffen werden sollen, wenn benötigte Materialien beschafft werden müssen, sind häufig Bestandteil von Projekten.

✔ Ein *Programm* ist Arbeit, die geleistet wird, um sich einem langfristigen Ziel zu nähern. Ein Programm zur Steigerung des Gesundheitsbewusstseins oder ein Programm zur Steigerung der Mitarbeitermotivation sind Beispiele für Programme. Ein Programm erreicht sein Ziel nie ganz (so wird sich beispielsweise die Öffentlichkeit nie aller Gesundheitsrisiken bewusst sein); sondern ein oder mehrere Projekte werden durchgeführt, um bestimmte Ergebnisse zu erzielen, die mit dem Oberziel des Programms zusammenhängen (z.B. die Durchführung eines Workshops zur Prävention von Herzinfarkten). In diesem Fall besteht ein Programm aus einer Reihe von Projekten.

Projektmanagement definieren

Projektmanagement ist der Prozess, in dem Sie Ihr Projekt vom Start durch die Durchführungsphase bis zum Ende führen. Zum Projektmanagement gehören drei Grundtätigkeiten:

✔ **Planung**:

- Festlegen, welche Ergebnisse erzielt werden sollen

- Den Zeitrahmen festlegen

- Die erforderlichen Ressourcen abschätzen

✔ **Organisation**:

- Die Rollen und Verantwortungsbereiche der Beteiligten definieren

✔ **Kontrolle**:

- Immer wieder deutlich machen, welche Leistungen von den Beteiligten erwartet werden

- Maßnahmen und erzielte Ergebnisse überwachen

- Auftauchende Probleme lösen

- Informationen an Interessierte weitergeben

Wenn Projektinformationen sorgfältig und vollständig formuliert und weitergegeben werden, erhöht sich die Wahrscheinlichkeit für eine erfolgreiche Projektdurchführung erheblich. Wenn Teile dieser Informationen vage sind, völlig fehlen oder nicht effektiv weitergeleitet wurden, sinken die Erfolgschancen.

Das Kleingedruckte in der Aufgabenstellung lesen

 Projekte sind zeitlich begrenzt und sollen bestimmte Ergebnisse hervorbringen. Wenn die gewünschten Ergebnisse erzielt wurden, sollte das Projekt beendet werden. Diese Vergänglichkeit bringt manchmal besondere Herausforderungen mit sich:

✔ **Nicht die einzige Aufgabe:** Möglicherweise bittet man Sie darum, ein neues Projekt zusätzlich und nicht anstelle eines beendeten Projekts zu übernehmen. Vielleicht fragt man Sie gar nicht, welche Auswirkungen die neue Arbeitsbelastung auf die bereits bestehende hat. Man geht einfach davon aus, dass Sie es »schon irgendwie schaffen«. Wenn es dann zu Konflikten darüber kommt, wie jemand seine Arbeitszeit auf unterschiedliche Aufgaben verteilen soll, gibt es oftmals keine oder nur unzureichende Richtlinien oder Verfahren, um diese Probleme zu lösen.

✔ **Die beteiligten Personen haben möglicherweise noch nie zusammen gearbeitet:** Auch bei kleineren Projekten braucht man manchmal Hilfe von anderen. Bei größeren Aufgaben werden eine oder mehrere Personen zu einem Projektteam zusammengestellt. Auf jeden Fall werden Sie feststellen, dass einige der Beteiligten noch nie miteinander gearbeitet haben. Einige kennen sich vielleicht nicht einmal. Dieser unterschiedliche Grad der Vertrautheit kann das Projekt verzögern, weil Teammitglieder möglicherweise

  • unterschiedliche Arbeits- und Kommunikationsstile haben

  • für dieselbe Tätigkeit unterschiedliche Herangehensweisen haben

  • nicht die Zeit hatten, ausreichend Respekt füreinander und Vertrauen zueinander aufzubauen

✔ **Kein direkter Vorgesetzter:** In den meisten Projekten ist der Projektmanager den Teammitgliedern nicht übergeordnet. Das bedeutet, dass man die normalen Belohnungen, wie beispielsweise eine Gehaltserhöhung, Belobigungen oder Beförderungen nicht zur Motivation der Teammitglieder einsetzen kann. Und man kann Konflikte bezüglich des Arbeitseinsatzes oder technische Probleme nicht eigenmächtig lösen.

Die Lebensphasen Ihres Projekts

Abbildung 1.2 macht deutlich, dass jedes Projekt, unabhängig von seiner Größe, fünf Phasen durchläuft:

✔ **Konzeptphase:** Eine Idee wird geboren

✔ **Abgrenzungsphase:** Ein Plan wird entwickelt

✔ **Startphase:** Ein Team wird gebildet

✔ **Durchführungsphase:** Die Arbeit wird getan

✔ **Abschlussphase:** Das Projekt wird beendet

Bei kleineren Projekten kann der gesamte Prozess lediglich einige Tage dauern. Bei größeren Projekten kann er sogar viele Jahre dauern! Aber egal, wie einfach oder kompliziert ein Projekt ist, der Ablauf ist immer derselbe.

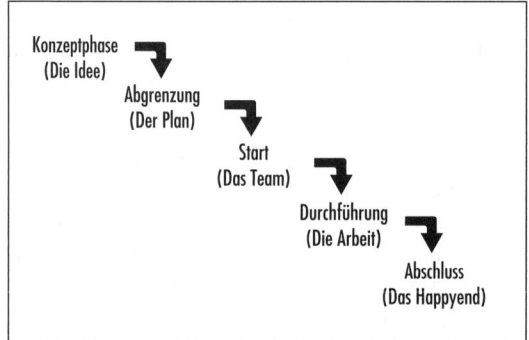

Abbildung 1.2: Führen Sie Ihr Projekt durch seine fünf Lebensphasen.

Die Konzeptphase

Alle Projekte beginnen mit einer Idee. Einer Ihrer Kunden macht vielleicht einen Verbesserungsvorschlag, der Geschäftsführer denkt daran, vielleicht einen neuen Markt zu erobern, oder Sie suchen nach einer Möglichkeit, den Beschaffungsprozess in Ihrem Unternehmen umzustrukturieren. Wenn eine Idee Gestalt annimmt, ist Ihr Projekt in der Konzeptphase.

 Manchmal wird die Konzeptphase formlos gehandhabt; bei einem kleinen Konzept besteht sie vielleicht nur aus einer Diskussion oder einer verbalen Vereinbarung. In anderen Situationen, vor allem bei größeren Projekten, ist eine schriftliche Zusammenfassung und eine formale Entscheidung erforderlich.

Die beiden entscheidenden Fragen

Bei der Entscheidung, ob Ihr Projekt durchgeführt werden soll, sollten Sie einmal über die folgenden beiden Fragen nachdenken:

✔ **Sollten Sie es durchführen?** Wiegt der Nutzen, den Sie erwarten, die Kosten, die das Projekt voraussichtlich verursacht, auf?

✔ **Können Sie es durchführen?** Ist das Projekt technisch machbar? Stehen die notwendigen Ressourcen zur Verfügung?

Wenn Sie beide Fragen mit »ja« beantworten, kommt die Abgrenzungsphase (siehe nächsten Abschnitt), in der Sie Ihren Projektplan entwickeln. Wenn Sie eine der beiden Fragen mit einem klaren »Nein« beantworten, dann sollten Sie unter keinen Umständen weitermachen. Sie müssen überlegen, ob Sie das Projekt umstrukturieren können, um es durchführbar und lohnenswert zu machen. Wenn nicht, stoppen Sie es sofort. Alles andere bringt nur verschwendete Ressourcen, verspielte Chancen und frustrierte Mitarbeiter mit sich.

 Stellen Sie sich vor, Sie sind in Ihrem Unternehmen für sämtliche Drucksachen zuständig. Sie haben gerade eine Anfrage bekommen und sollen 20.000 Seiten in zehn Minuten ausdrucken, was bedeuten würde, dass Sie Drucker brauchen, die mit einer Rate von 2.000 Seiten pro Minute drucken. Sie fragen bei Ihren Mitarbeitern nach und stellen fest, dass Ihre Drucker maximal 500 Seiten pro Minute drucken können. Sie fragen beim Lieferanten nach und erfahren, dass der schnellste Drucker, der heute noch lieferbar wäre, höchstens 1.000 Seiten pro Minute druckt. Würden Sie Ihre Zustimmung zu diesem Projekt geben, wenn es keine realistische Möglichkeit gibt, diese Anforderungen zu erfüllen? Natürlich nicht!

Anstatt etwas zu versprechen, was Sie nicht halten können, überlegen Sie, ob es möglich ist, den Auftrag zu verändern. Könnte Ihr Kunde damit leben, wenn er die Drucksache erst in 20 Minuten bekommt? Kann man einen Teil der Seiten in den ersten zehn Minuten und den Rest zu einem späteren Zeitpunkt liefern?

 Manchmal ist man davon überzeugt, dass man eine bestimmte Aufgabe nicht erfüllen kann oder dass der mögliche Nutzen die Kosten nicht rechtfertigt. Fragen Sie lieber noch einmal bei den Leuten nach, die den Projektauftrag formuliert oder geprüft haben. Vielleicht wissen die etwas, was Sie nicht wissen, oder Sie wissen etwas, was die nicht wissen.

Achten Sie auch auf die Annahmen, von denen Sie und andere ausgehen, wenn Sie den möglichen Wert, die Kosten und die Machbarkeit Ihres Projekts prüfen. Sie sind vielleicht der Meinung, dass die einzige Möglichkeit, den kompletten Umzug in neue Büroräume in einer Woche zu realisieren, darin besteht, dass alle Mitarbeiter von Montag bis Sonntag 12 Stunden täglich mithelfen. Ihre Vorgesetzte hat Ihre Anträge auf Überstunden in der letzten Zeit schon zehn Mal abgelehnt. Sie ziehen daraus den Schluss, dass es unmöglich ist, den Umzug in einer Woche durchzuziehen. Natürlich basieren Ihre Annahmen auf Erfahrungen, die Sie in der

Vergangenheit gemacht haben. Die einzige Möglichkeit, herauszufinden, ob die Überstunden diesmal bewilligt werden, besteht darin, Ihre Vorgesetzte zu fragen.

Meistens kann man nicht mit hundertprozentiger Sicherheit vorhersagen, ob ein Projekt durchführbar und nutzbringend ist oder nicht, sondern man kann nur relativ sicher sein. Überlegen Sie genau, welche Informationen Ihnen fehlen und wie Sie mit diesen Unsicherheitsfaktoren umgehen. In Kapitel 14 erklären wir, wie man die Risiken eines Projekts aufdeckt und einplant.

Die Kosten-Nutzen-Analyse

Eine *Kosten-Nutzen-Analyse* ist eine vergleichende Bewertung aller Kosten, die anfallen, um Ihr Projekt zu realisieren, die notwendigen Veränderungen einzuführen und durchzusetzen, und aller möglichen Vorteile, die Ihr Projekt mit sich bringen kann.

 Einige erwartete Vorteile können in monetären Werten ausgedrückt werden, z.B. eine Reduzierung der Produktionskosten oder eine Umsatzsteigerung. Bei anderen Vorteilen können einige Aspekte in monetären Werten ausgedrückt werden, andere nicht. Wenn Ihr Projekt beispielsweise die Motivation der Mitarbeiter steigern soll, dann muss man möglicherweise Faktoren wie eine Umsatzsenkung, aber auch eine mögliche Produktivitätssteigerung, eine Senkung der Abwesenheitsraten und weniger Kündigungen mit in Betracht ziehen.

Je weiter Sie bei der Bewertung des Nutzens in die Zukunft blicken, desto weniger sicher können Sie sein, dass die erwarteten Vorteile auch eintreten. Beispielsweise rechnen Sie damit, dass Sie die Anschaffungskosten eines neuen Computers durch den Nutzen, den er Ihnen mehrere Jahre lang bringt, rechtfertigen können. Eine neue Technologie könnte Ihren neuen Computer aber schon nach einem Jahr überflüssig machen.

Deshalb gibt es zwei Schlüsselfaktoren, die das Ergebnis Ihrer Kosten-Nutzen-Analyse beeinflussen:

✔ Wie weit Sie in die Zukunft blicken, um den Nutzen einzuschätzen

✔ Auf welchen Annahmen Ihre Analyse basiert

Auch wenn Sie vielleicht nicht selbst so eine Kosten-Nutzen-Analyse durchführen möchten, so wollen Sie doch sicher wissen, ob eine derartige Analyse bereits durchgeführt wurde und wenn ja, was dabei herausgekommen ist.

Die Phase der Abgrenzung: einen Plan aufstellen

Wenn Sie wissen, was Sie erreichen wollen, und glauben, dass Sie das auch erreichen können, dann brauchen Sie einen detaillierten Plan, um festzulegen, wie Sie und Ihr Team diese Ergebnisse realisieren sollen.

Folgende Bestandteile dürfen in Ihrem Projektplan nicht fehlen:

✔ Ein Überblick über die Gründe für Ihr Projekt (in Kapitel 2 erfahren Sie, was dort alles hineingehört)

✔ Eine detaillierte Beschreibung der Ergebnisse, die erreicht werden sollen (in Kapitel 2 erklären wir, wie man erwünschte Resultate beschreibt)

✔ Eine Auflistung aller Arbeiten, die erledigt werden müssen (in Kapitel 3 wird gezeigt, wie man alle anfallenden Arbeiten in einem Projekt ermittelt)

✔ Die Rollen, die Sie und Ihre Teammitglieder spielen sollen (in Kapitel 8 erklären wir, wie man Aufgabenbereiche und Verantwortlichkeiten beschreibt)

✔ Einen detaillierten Projekt-Zeitplan (in Kapitel 4 wird erklärt, wie Sie Ihren Zeitplan entwickeln)

✔ Vorgaben für den Personalbedarf, Finanzmittel, Ausrüstung, Produktionsmittel und Informationen (in Kapitel 5 erfahren Sie, wie man die notwendigen Ressourcen abschätzt)

✔ Annahmen und Voraussetzungen (in Kapitel 2 wird erklärt, wie man Annahmen und Voraussetzungen formuliert)

Außerdem sollten Sie festlegen, wie Sie mögliche Risiken und Unwägbarkeiten handhaben wollen. (In Kapitel 14 wird erklärt, wie man Risiken erkennt und einplant)

 Legen Sie Ihre Pläne immer schriftlich fest; das hilft, Details zu klären, und minimiert das Risiko, etwas zu vergessen. Pläne für große Projekte können Hunderte von Seiten füllen; ein Plan für ein kleines Projekt kann aus wenigen Zeilen oder einer einzigen Seite bestehen.

Der Erfolg Ihres Projekts hängt davon ab, wie konkret und genau Ihr Plan ist und ob die Beteiligten daran glauben, dass Sie die Vorgaben einhalten können. Wenn Sie Erfahrungen aus der Vergangenheit mit berücksichtigen, wird Ihr Plan realistischer, und wenn Sie die Beteiligten in die Planungsphase mit einbeziehen, motivieren Sie sie zu größerem Einsatz und besserer Leistung.

 Der Druck, möglichst schnell Resultate zu erzielen, führt dazu, dass manche Projektleiter die Planungsphase einfach überspringen und gleich loslegen. Das löst zwar hektische Betriebsamkeit aus, aber das Risiko, Ressourcen zu vergeuden und Fehler zu machen, steigt.

Sorgen Sie dafür, dass Ihr Plan überprüft und schriftlich bestätigt wurde, bevor Sie mit dem Projekt beginnen. Bei kleineren Aufgaben brauchen Sie vielleicht nur eine kurze E-Mail und das Namenszeichen eines Vorgesetzten.

Die Startphase

Zu den Vorbereitungen für den Projektstart gehören folgende Tätigkeiten (in Kapitel 9 finden Sie weitere Informationen):

✔ **Den einzelnen Projektbereichen und -abschnitten die erforderlichen Personen zuweisen:** Wählen Sie die Personen aus, die die unterschiedlichen Arbeiten erledigen sollen, und treffen Sie entsprechende Vereinbarungen, um sicherzustellen, dass sie für die Projektarbeit zur Verfügung stehen.

✔ **Allen Teammitgliedern Aufgaben übertragen und erklären:** Beschreiben Sie jedem Teammitglied, welche Arbeit er oder sie erledigen soll und wie die einzelnen Teammitglieder ihre Arbeit abstimmen sollen.

✔ **Festlegen, wie das Team die Arbeiten durchführt, die für die Erledigung der Aufgaben notwendig sind:** Legen Sie fest, wie Kommunikationskanäle funktionieren sollen, unterschiedliche Entscheidungen getroffen und Konflikte gelöst werden.

✔ **Die notwendigen Überwachungssysteme für Finanzen und Personaleinsatz einrichten:** Legen Sie fest, welche(s) System(e) und welche Konten benutzt werden, um den zeitlichen Ablauf, die Informationen über den Personaleinsatz und das Budget zu protokollieren.

✔ **Das Projekt im Unternehmen bekannt machen:** Lassen Sie Ihre Kollegen wissen, dass es Ihr Projekt gibt, was dabei herauskommt und wann es beginnt und endet.

 Nehmen wir einmal an, dass Sie erst mit der Startphase in das Projekt eintreten. Ihre erste Aufgabe besteht darin, nachzuvollziehen, was während der Konzeptphase dazu geführt hat, dass man zu der Entscheidung gelangte, dass die Durchführung Ihres Projekts möglich und wünschenswert ist. Zumindest sollten Sie alle notwendigen Informationen kennen. Falls man wichtige Probleme übersehen hat, sprechen Sie sie jetzt an. Wenn Sie herausfinden wollen, was zu der Entscheidung für das Projekt geführt hat, arbeiten Sie alle entsprechenden Sitzungsprotokolle, Memos, Briefe, E-Mails und technischen Berichte durch. Und dann sollten Sie all diejenigen befragen, die am Entscheidungsprozess beteiligt waren.

Die Durchführungsphase: Los geht's!

Endlich ist der Zeitpunkt gekommen, die eigentliche Arbeit anzugehen! Dazu gehört Folgendes (in Kapitel 10, 11 und 12 finden Sie hierzu weitere Informationen):

✔ **Die Aufgaben erledigen:** Führen Sie die in Ihrem Plan festgelegten Arbeiten aus.

✔ **Leistung und Plan ständig miteinander vergleichen:** Sammeln Sie sämtliche Informationen über die erzielten Resultate, die Einhaltung der Zeitvorgaben und die Verwendung der Ressourcen; stellen Sie fest, wo es zu Abweichungen kommt und formulieren Sie korrigierende Maßnahmen.

✔ **Auftretende Probleme lösen:** Verändern Sie die Aufgabenstellung, Zeitpläne oder Ressourcenpläne, um die Projektleistung wieder mit den Plänen in Einklang zu bringen, oder planen oder verhandeln Sie über eine Anpassung des Projektplans.

✔ **Alle Beteiligten auf dem Laufenden halten:** Reden Sie über Ergebnisse, die innerhalb des Zeitplans erfolgreich erzielt wurden, über Probleme, die auftraten, und über erfolgte Änderungen des ursprünglichen Projektplans.

Die Abschlussphase: Stopp!

Die übertragenen Aufgaben zu beenden, ist nur ein Bestandteil eines erfolgreichen Projektendes. Zusätzlich müssen Sie noch Folgendes tun:

✔ Die Abnahme der Endergebnisse durch den Auftraggeber bestätigen lassen

✔ Alle Projektkonten abschließen (falls Sie Zeit und Geld über gesonderte Projektkonten abgerechnet haben)

✔ Den Beteiligten helfen, ihre nächsten Aufgaben zu übernehmen

✔ Eine Abschlussbewertung durchführen, um Projektergebnisse zu würdigen und gemachte Erfahrungen zu erörtern, die für weitere Projekte genutzt werden können (oder machen Sie sich wenigstens formlos Notizen über diese Erfahrungen und darüber, wie Sie sie in Zukunft nutzen wollen). In Kapitel 15 erfahren Sie, wie man eine Abschlussbewertung vorbereitet, strukturiert und durchführt.

Die häufigsten Fehler vorhersehen

Der zeitliche Druck, der auf Ihrem Job lastet, führt vielleicht dazu, dass Sie heute etwas tun, wofür Sie morgen bezahlen müssen. Vor allem bei kleineren, formlosen Projekten denken Sie vielleicht, dass man auf eine organisierte Planung und Durchführung verzichten kann.

 Lassen Sie sich nicht durch folgende Versuchungen dazu verleiten, eine vermeintliche Abkürzung zu nehmen:

✔ **Von der Konzeptphase gleich zur Durchführungsphase springen:** Sie haben eine Idee und der Projektzeitrahmen ist kurz. Warum nicht einfach loslegen? Hört sich gut an, aber Sie haben ja noch gar nicht festgelegt, welche Arbeiten erledigt werden müssen! Diese Versuchung tritt auch noch in zwei Varianten auf:

• **Unser Projekt ist schon häufig in dieser Form durchgeführt worden, warum sollten wir es also noch einmal durchplanen?** Auch wenn manche Projekte solchen ähneln, die in der Vergangenheit bereits durchgeführt wurden, irgendetwas ist immer anders. Vielleicht müssen Sie jetzt mit ein paar neuen Leuten zusammenarbeiten, mit neuer Ausrüstung arbeiten etc.

- **Unser Projekt ist ganz anders, als was wir bisher gemacht haben, was bringt es also, wenn wir versuchen, es zu planen?** Das wäre genauso, als würden Sie in eine Gegend reisen, in der Sie noch nie waren, und sagen, was soll ich mit einer Landkarte und einer Reiseroute? Es ist wichtig, dass Sie ein neues Projekt sorgfältig planen, weil niemand diesen Weg bisher beschritten hat. Auch wenn der erste Plan im Verlaufe des Projekts sicher mehrmals überarbeitet und angepasst werden muss, ist es für Sie und Ihr Team ganz wichtig, dass Sie eine klare Aussage darüber treffen, was geplant ist.

✔ **Die Planungsphase komplett überspringen:** Auslöser ist oftmals ein übermäßiger Zeitdruck. Viele erkennen nicht, wie wichtig es ist, den Teammitgliedern zu helfen, Abläufe und Zusammenhänge zu definieren, bevor man mit der eigentlichen Projektarbeit beginnt. In Kapitel 9 erläutern wir ausführlich, warum das so wichtig ist – und Sie bekommen Tipps, wie man es richtig macht.

✔ **Sich gleich an die Arbeit machen, wenn man während der Startphase zu dem Projektteam stößt:** Der Plan wurde bereits entwickelt, warum sollte man also noch einmal einen Schritt zurückgehen und sich die Konzept- und Abgrenzungsphase ansehen? Aus zwei Gründen:

  - Um herauszufinden, ob Sie Schwierigkeiten erkennen, die andere vielleicht übersehen haben

  - Um zu verstehen, warum der Plan so und nicht anders aufgestellt wurde, und um festzustellen, ob der Plan Ihrer Meinung nach durchführbar ist oder nicht

✔ **Die Abschlussphase nicht vollständig durchlaufen:** Am Ende eines Projekts geht man häufig direkt zum nächsten Projekt über. Ressourcenknappheit und kurzfristige Deadlines verleiten einen dazu, und außerdem ist ein neues Projekt immer interessanter als ein altes, das noch einmal durchgekaut werden soll. Allerdings weiß man nie genau, wie erfolgreich ein Projekt war, wenn man sich nicht die Zeit nimmt herauszufinden, ob alle Aufgaben zur Zufriedenheit des Auftraggebers erledigt wurden. Und wenn Sie nicht aktiv die gemachten Erfahrungen analysieren und aus dem Projekt lernen, werden Sie dieselben Fehler immer wieder machen und erfolgreiche Methoden, die sich in diesem Projekt als sinnvoll erwiesen haben, übersehen.

Die einzelnen Projektphasen richtig managen

In einer perfekten Welt würde man sämtliche Tätigkeiten in einer Projektphase erst beenden, bevor man mit der nächsten Phase beginnt. Das heißt, man würde den Projektplan (in der Abgrenzungsphase) fertig stellen, bevor man mit der Arbeitsvorbereitung (in der Startphase) beginnt. Und wenn eine Phase zum Abschluss gebracht wurde, würde man sich nie wieder damit beschäftigen.

 Leider ist die Welt aber nicht perfekt und der Erfolg eines Projekts ist davon abhängig, dass Sie flexibel an die realen Gegebenheiten herangehen.

✔ **Möglicherweise müssen Sie gleichzeitig an zwei (oder mehr) Phasen arbeiten, um bestimmte Termine einhalten zu können.** Wenn Sie an der nächsten Phase arbeiten müssen, bevor Sie die aktuelle abgeschlossen haben, erhöht sich das Risiko, dass bestimmte Aufgaben noch einmal erledigt werden müssen, was wiederum dazu führen kann, dass Termine nicht eingehalten werden können und mehr Ressourcen als geplant eingesetzt werden müssen. Falls Sie sich für diese Vorgehensweise entscheiden, sorgen Sie dafür, dass sich alle Beteiligten der Risiken und der damit verbundenen höheren Kosten bewusst sind. (In Kapitel 14 finden Sie Vorschläge, wie man lernt, Risiken einzuschätzen und mit ihnen umzugehen.)

✔ **Manchmal gibt es nur »learning by doing«.** So sehr Sie sich auch anstrengen, um die Machbarkeit des Projekts abzuschätzen und detaillierte Pläne zu entwickeln, so werden Sie doch manchmal feststellen, dass Sie das, was Sie erhofft hatten, nicht schaffen können. In diesen Fällen müssen Sie noch einmal eine Phase zurückgehen und das Projekt aufgrund der neuen Erkenntnisse, die Sie jetzt gewonnen haben, überdenken.

✔ **Manchmal ändern sich die Dinge.** Ihre Einschätzung der Machbarkeit und des Nutzens in Relation zu den Kosten war vernünftig, Ihr Plan war detailliert und realistisch. Während des Projekts stellt sich jedoch heraus, dass bestimmte Schlüsselfiguren, auf die Sie gezählt hatten, das Unternehmen verlassen haben. Oder eine neue Technologie ist aufgetaucht, deren Einsatz sinnvoller ist als die ursprünglich vorgesehene. Wenn Sie solche Faktoren ignorieren, gefährden Sie möglicherweise den Erfolg Ihres Projekts.

Potenzielle Stolpersteine möglichst früh erkennen

Ihr Projekt ist dann erfolgreich, wenn Sie die gewünschten Resultate innerhalb der Zeitvorgabe und innerhalb des festgelegten Budgets erzielen. Wenn ein Projekt nicht erfolgreich ist, dann sind es immer wieder dieselben Gründe, die daran Schuld sind. Wenn Sie diese Situationen erkennen und rechtzeitig mit ihnen rechnen, können Sie verhindern, dass sie Ihr Projekt sabotieren.

 Vermeiden Sie folgende Situationen, die Ihr Projekt zum Scheitern bringen können:

✔ **Die Schlüsselfiguren des Projekts nicht einbeziehen:** Wenn Sie die Schlüsselfiguren Ihres Projekts nicht erkennen oder es versäumen, sie rechtzeitig und in ausreichendem Maße einzubeziehen.

✔ **Unklare Zielvorgaben:** Wenn detaillierte Leistungsziele fehlen, an denen man messen kann, ob die gewünschten Resultate erzielt wurden.

✔ **Unklare oder fehlende Rollenverteilungen und Verantwortungsbereiche:** Wenn es keine klaren Aussagen darüber gibt, wie die einzelnen Mitglieder des Projektteams zusammenarbeiten und ihre Aufgaben erledigen sollen.

✔ **Unvollständige und ungenaue Zeitpläne und Ressourcenzuteilung:** Aufgaben, die nicht verteilt werden; unrealistische Einschätzungen bezüglich der Projektdauer; Abhängigkeiten zwischen den einzelnen Aufgaben werden nicht berücksichtigt; es wird nicht festgestellt, welche Fähigkeiten benötigt werden; die Anzahl der Personenstunden wird nicht genau genug geschätzt.

✔ **Die wichtigsten Voraussetzungen und Annahmen für das Projekt werden nicht erkannt und weitergegeben:** Es wird davon ausgegangen, dass bestimmte Informationen stimmen, obwohl sie vielleicht falsch sind; man geht davon aus, dass andere wissen, von welchen Voraussetzungen man selbst ausgeht, und dass man es ihnen nicht sagen muss.

✔ **Schlüsselinformationen werden nicht schriftlich festgehalten:** Wichtige Informationen werden nur verbal weitergegeben und Vereinbarungen nur mündlich getroffen und nicht schriftlich bestätigt.

✔ **Ungenaue und verspätete Überwachung des Projektfortschritts:** Der Personalaufwand und die Kosten sowie Termine, an denen bestimmte Tätigkeiten beginnen oder enden müssen, werden nicht protokolliert; diese Informationen werden nicht rechtzeitig an die Teammitglieder weitergegeben.

✔ **Teammitglieder werden für ihre Leistung nicht verantwortlich gemacht:** Wenn Projektverpflichtungen eingehalten bzw. nicht eingehalten werden, hat das keine Belohnungen bzw. negative Konsequenzen zur Folge.

✔ **Risiken und Unsicherheiten werden nicht vorausgesehen und einkalkuliert:** Es wird nicht erkannt, was schief gehen kann; es werden keine Alternativpläne für das mögliche Auftreten von Problemen gemacht; Informationen über unvorhergesehene Zwischenfälle werden nicht weitergegeben.

✔ **Mangelnde Kommunikation im Team:** Wichtige Informationen werden absichtlich oder versehentlich nicht oder zu spät an alle Teammitglieder weitergegeben.

✔ **Eine schwache Teamführung:** Die Vision des Projekts wird nicht deutlich genug vermittelt; die Anstrengungen der Teammitglieder, die gesteckten Ziele zu erreichen, werden nicht gewürdigt; die Motivation der Beteiligten wird nicht aufrechterhalten.

✔ **Die Unterstützung aus der obersten Führungsetage ist inkonsistent:** Es wird nicht sichergestellt, dass Mitarbeiter, die einem bestimmten Projekt zugeordnet werden, auch bei ihrem Projekt bleiben; Konflikte mit dem Zeitplan oder den Budgetvorgaben werden nicht gelöst; Projektplanung und -überwachung werden nicht durch entsprechende Abläufe und Systeme unterstützt.

✔ **Die Teammitglieder setzen sich nicht genug für den Projekterfolg ein:** Es werden keine persönlichen Opfer gebracht, um die im Plan festgelegten Verpflichtungen zu erfüllen.

Die Botschaft ist wohl deutlich: Um bei Ihren Projekten erfolgreich zu sein, müssen Sie folgende Faktoren effektiv managen:

✔ **Menschen:** Teammitglieder, Unternehmensführung und andere, die das Projekt unterstützen oder davon betroffen sind

✔ **Abläufe:** Planen, organisieren und überwachen Sie die Arbeit; fällen Sie Entscheidungen und lösen Sie Konflikte.

✔ **Systeme:** Verfahren und Informationen, die einen Einfluss darauf haben, wie die Aufgaben in einem Projekt erledigt werden und wie die dazu notwendigen Ressourcen zugeteilt und überwacht werden

Um das zu erreichen, müssen Sie Folgendes sicherstellen:

✔ **Genaue, rechtzeitige und vollständige Informationen:** Damit unterstützen Sie die Planung, die Überwachung des Leistungsstandes und die Abschlussbewertung.

✔ **Klare und durchgängige Kommunikation:** Eine offene und rechtzeitige Weitergabe aller Informationen an alle Beteiligten

✔ **Engagement für den Erfolg:** Persönliche Versprechen aller Teammitglieder, die vereinbarten Ergebnisse rechtzeitig und innerhalb der finanziellen und zeitlichen Vorgaben zu liefern

Eine Analyse der Projektmanagement-Denkweise

Die Aufgabe eines Projektmanagers ist eine echte Herausforderung. Er oder sie muss die Zusammenarbeit von Spezialisten koordinieren – von denen viele wenig Erfahrungen in Teamarbeit besitzen – und ihnen helfen, ein gemeinsames Ziel zu erreichen. Die berufliche Erfahrung des Projektmanagers ist meistens ebenfalls fachlicher Art, trotzdem hängt sein oder ihr Erfolg davon ab, dass er oder sie in der Lage ist, schwierige unternehmerische und persönliche Probleme zu erkennen und zu lösen.

Eine entsprechende Einstellung und Herangehensweise ist für den Erfolg des Projekts entscheidend.

Ein Blick auf die Rolle des Projektmanagers

Früher waren die Regeln für Leistungen in traditionellen Unternehmen einfach: Der Chef hat eine Anweisung erteilt; Sie haben sie ausgeführt. Eine Aufgabenstellung zu hinterfragen galt als Aufsässigkeit oder Inkompetenz.

Die Regeln in Unternehmen haben sich geändert. Heute ist Folgendes üblich:

✔ Ihr Vorgesetzter hat Ideen; Sie müssen beurteilen, was benötigt wird, um sie durchzusetzen.

✔ Ihr Vorgesetzter sagt Ihnen, was er erreichen möchte und was dafür die Rahmenbedingungen sind. Sie müssen das überprüfen und sicherstellen, dass das Projekt den tatsächlichen Anforderungen entspricht, und dann die abstrakten Erwartungen in konkrete Ergebnisse umformulieren.

✔ Sie müssen festlegen, welche Arbeiten erledigt werden müssen, welche Zeitpläne eingehalten werden können und welche Ressourcen notwendig sind.

✔ Sie sind über die erledigten Arbeiten immer auf dem Laufenden und erkennen Probleme und Schwierigkeiten, sobald sie auftauchen.

 Eine andere Vorgehensweise ist auch nicht sinnvoll. Wenn Ihr Chef schon die detaillierte Planung gemacht hat, wer soll dann die Visionen und Strategien entwickeln? Allerdings bedeutet die Meinung Ihres Vorgesetzten, dass etwas möglich ist, nicht automatisch, dass er Sie davon überzeugen kann, dass Sie es durchführen können. Sie müssen bei der Planung einbezogen werden – das ist Ihre Gelegenheit, die Erwartungen und vorgeschlagenen Vorgehensweisen zu verstehen und Fragen zu stellen.

Aber jetzt kommt der schwierige Teil: Wenn Vorgesetzte ein Projekt vergeben, vergessen sie oft, dass Sie die Aufgabenstellung verstehen müssen, die Machbarkeit abschätzen müssen und so weiter. Manchmal wird man sogar ausdrücklich aufgefordert, keine weitere Zeit in die Planung und Analyse zu investieren, sondern sofort mit der Arbeit zu beginnen, damit der enge Zeitrahmen eingehalten wird.

Es ist jedoch unbedingt erforderlich, dass Sie bei der Planung und Überwachung eines Projekts die Initiative ergreifen, egal, ob man Sie dazu aufgefordert hat oder nicht. Ihr Vorgesetzter möchte, dass Sie ein Ihnen übertragenes Projekt erfolgreich zu Ende bringen. Wenn Sie die Aufgabenstellung auf diese Weise angehen, haben Sie die größten Chancen, diese Erwartung zu erfüllen.

Die ersten Schritte

Der Schlüssel zum Projekterfolg liegt darin, sich aktiv zu verhalten, also selbst die Initiative zu ergreifen. Warten Sie nicht, bis andere Ihnen sagen, was Sie zu tun haben; Sie tun eine bestimmte Sache nicht, weil der Ablauf es erfordert, sondern weil es in Ihren Augen sinnvoll ist.

✔ Sie recherchieren Informationen, weil Sie wissen, dass Sie sie benötigen.

✔ Sie halten sich an den Projektablauf, weil Sie wissen, dass dies der beste Weg ist.

✔ Sie beziehen die Menschen mit ein, von denen Sie wissen, dass sie für das Projekt wichtig sind.

✔ Sie sprechen Risiken und Probleme an, analysieren sie und holen sich Unterstützung bei der Bewältigung.

✔ Sie geben Informationen an die Personen weiter, von denen Sie wissen, dass sie diese Informationen brauchen.

✔ Sie halten alle wichtigen Informationen schriftlich fest.

✔ Sie engagieren sich für ein Projekt und erwarten und fordern dasselbe von anderen.

Lassen Sie keine Ausreden gelten

 Sie müssen damit rechnen, dass andere Ihre Versuche, sich aktiv zu verhalten, untergraben wollen. Hier ein paar Ausreden, die als Rechtfertigung dafür dienen sollen, ein Projekt lockerer anzugehen, und die passenden Gegenargumente:

✔ **Gutes Projektmanagement ist »nice to have«, aber nicht notwendig.**

Gegenargument: Bei einem guten Projektmanager entsteht häufig der Eindruck, dass er erfolgreich ist, ohne dafür etwas Besonderes zu tun. Das führt dazu, dass andere erwarten, Projekte auch ohne spezielle Werkzeuge und Techniken zum Erfolg führen zu können. Leider zeigt die Erfahrung in erschreckendem Maße, dass die meisten gescheiterten Projekte auf unzureichende Planung, schlechte Organisation, mangelnde Überwachung oder andere fehlende Projektmanagement-Aktivitäten zurückzuführen sind.

✔ **Ihre Projekte sind immer gleich Krisen; Sie haben einfach keine Zeit zu planen.**

Gegenargument: Leider gilt gerade das Gegenteil! In einer Krise kann man es sich nicht leisten, nicht zu planen. Warum? Weil Sie es mit einer kritischen Situation zu tun haben, die mit begrenzten Mitteln und in einer begrenzten Zeitspanne gelöst werden muss. Fehler können Sie sich nicht leisten. Unter Druck und emotionsgeladen zu handeln (die beiden Merkmale einer Krise), führt praktisch unweigerlich zu Fehlern.

✔ **Strukturiertes Projektmanagement ist nur bei großen Projekten erforderlich.**

Gegenargument: Egal, wie umfangreich Ihr Projekt ist, die Informationen, die Sie sammeln und liefern müssen, sind dieselben: Was soll produziert werden? Welche Arbeit muss erledigt werden? Wer erledigt sie? Wann ist sie erledigt? Wurden die Erwartungen erfüllt?

Bei großen Projekten kann es viele Wochen oder sogar Monate dauern, bis man zufrieden stellende Antworten auf diese Fragen bekommt. Bei kleinen Projekten (die sich nur über wenige Tage erstrecken) kann es lediglich 15 Minuten dauern. Aber beantwortet werden müssen diese Fragen.

✔ **Ihre Projekte erfordern Kreativität und Neuentwicklungen. Sie lassen sich überhaupt nicht vorausplanen.**

Gegenargument: Einige Projekte sind berechenbarer als andere. Trotzdem haben diejenigen, die auf die Ergebnisse warten, bestimmte Erwartungen hinsichtlich dessen, was dabei herauskommt und wann die Resultate erreicht werden. Wenn man ein Projekt managt, bei dem der Unsicherheitsfaktor hoch ist, ist es deshalb besonders wichtig, Grundpläne zu entwickeln und bekannt zu machen und die Auswirkungen unvorhergesehener Ereignisse und Veränderungen in diesen Grundplan einzubeziehen, zu bewerten und ebenfalls bekannt zu machen.

Falsche Erwartungen ausmerzen

Sie müssen sich darüber im Klaren sein, dass manche Menschen hinsichtlich dessen, was Projektmanagement erfordert, falsche Erwartungen haben. Hier drei der häufigsten Fehleinschätzungen:

✔ **Projektmanagement-Aktivitäten erfordern keinen zusätzlichen Zeitaufwand.**

Antwort: Mit Menschen zu reden, die an Ihrem Projekt interessiert oder beteiligt sind, einen Projektplan entwickeln, ein Projektteam aufstellen und zusammenhalten, den Projektfortschritt überwachen und protokollieren – all das braucht seine Zeit! Langfristig gesehen wird diese Zeit jedoch an anderer Stelle wieder eingespart, weil man mögliche Probleme umgeht und die Ergebnisse den Erwartungen entsprechen.

✔ **Projektmanagement besteht nur aus Grafiken und Tabellen.**

Antwort: Grafiken und Tabellen helfen, Projektmanagement-Daten zu analysieren und darzustellen. Informationen alleine garantieren allerdings noch nicht den Projekterfolg.

✔ **Projektmanagement ist ein Computerprogramm.**

Antwort: Projektmanagement-Programme unterstützen die Erfassung, Analyse und Speicherung von Projektdaten. Informationen alleine garantieren allerdings noch nicht den Projekterfolg.

Und hier noch die guten Nachrichten

Vielleicht denken Sie jetzt: »Ich höre ja, was Sie sagen über all dieses Vorausplanen, aber ist es das wirklich wert?« Glauben Sie mir, das ist es! Wenn Sie die Grundregeln eines guten Projektmanagements praktizieren, passiert Folgendes:

✔ Sie können mehr schaffen.

✔ Sie können es in kürzerer Zeit schaffen.

✔ Sie können es mit weniger Ressourcen schaffen.

Zu schön, um wahr zu sein? Doch, es kann wahr werden, wenn Sie Folgendes tun:

✔ Die richtigen Resultate produzieren und damit die realen Anforderungen erfüllen

✔ Keine Zeit mit unnötigen Tätigkeiten und Aufholmanövern für Maßnahmen, an die Sie nicht gedacht haben, vertrödeln

✔ Aufgaben in der richtigen Reihenfolge zur richtigen Zeit durchführen, so dass keine Zeit damit verschwendet wird, dass jemand auf Ergebnisse warten muss, bevor er mit seiner eigenen Arbeit weitermachen kann

✔ Sicherstellen, dass die Beteiligten nur an wirklich notwendigen Aufgaben arbeiten und diese gleich beim ersten Mal richtig machen

✔ Mögliche Probleme vorausahnen und entweder daran arbeiten, sie zu umgehen, oder darauf vorbereitet sein, sie, wenn sie eintreten, schnell und effektiv zu lösen

Festlegen, was Sie möglichst erreichen wollen – und warum

2

In diesem Kapitel

▶ Einen Projektauftrag für Ihr Projekt formulieren

▶ Klarstellen, warum das Projekt notwendig ist

▶ Die gewünschten Projektergebnisse beschreiben

▶ Erkennen, von welchen Voraussetzungen bei diesem Projekt ausgegangen wird

---

*J*edes Projekt wird aus einem Grund initiiert. Jemand stellt einen Bedarf fest und entwirft ein Projekt, das sich mit diesem Bedarf auseinander setzt. Wie gut es sich tatsächlich zur Deckung dieses Bedarfs eignet, entscheidet über Erfolg oder Misserfolg des Projekts.

Dieses Kapitel soll Ihnen helfen, zwischen dem Projektauftraggeber und dem Projektteam eine gegenseitige Vereinbarung darüber zu treffen, was mit dem Projekt erreicht werden soll. Es hilft Ihnen auch, festzulegen, welche Bedingungen erfüllt werden müssen, damit Sie die Projektarbeit durchführen können.

Das Projekt in einem Projektauftrag formulieren

Ein *Projektauftrag* ist eine schriftliche Einigung darüber, was das Ergebnis Ihres Projekts sein soll und was die Konditionen sind, unter denen Sie Ihre Arbeit erledigen sollen. Sowohl die Personen, die das Projekt in Auftrag gegeben haben, als auch die Mitglieder des Projektteams sollten sich über die Konditionen in dem Projektauftrag einigen, bevor die eigentliche Projektarbeit beginnt.

Ihr Projektauftrag enthält folgende Informationen:

✔ **Den Zweck:** Wie und warum Ihr Projekt entwickelt wurde, der Projektumfang und die vorgeschriebene generelle Vorgehensweise

✔ **Ziele:** Spezielle Resultate, die Sie erbringen sollen

✔ **Einschränkungen:** Beschränkungen, die Sie in dem, was Sie erreichen, wie und wann Sie es erreichen und zu welchen Kosten Sie es erreichen, einschränken

✔ **Annahmen/Voraussetzungen:** Ungenaue Informationen, die Sie bei der Konzeptionierung, Planung und Durchführung Ihres Projekts als gegeben betrachten

Betrachten Sie Ihren Projektauftrag als verbindliche Vereinbarung. Sie und Ihr Team verpflichten sich, bestimmte Ergebnisse zu erzielen, und Ihr Auftraggeber verpflichtet sich, das Projekt als hundertprozentig erfolgreich zu betrachten, wenn diese Ergebnisse erzielt werden. Sie und Ihr Team benennen sämtliche Einschränkungen hinsichtlich der Durchführung der Projektaufgaben und sagen, was Sie zur Unterstützung Ihrer Arbeit benötigen. Der Auftraggeber bestätigt, dass es keine weiteren als die von Ihnen aufgeführten Einschränkungen gibt und dass er Sie innerhalb dieser Vorgaben so unterstützt, wie Sie es für erforderlich halten. Sie und Ihr Team benennen alle Annahmen und Voraussetzungen, von denen Sie ausgegangen sind, als Sie den Bedingungen Ihres Projektauftrags zugestimmt haben.

Natürlich ist es nicht möglich, die Zukunft vorherzusagen. Im Gegenteil, je weiter Sie in die Zukunft blicken, desto weniger sind Sie in der Lage mit Bestimmtheit vorherzusagen, was passieren wird. Ihr Projektauftrag beinhaltet jedoch Ihre Verpflichtungen auf der Grundlage dessen, was Sie heute wissen und für die Zukunft erwarten. Falls und wenn sich Gegebenheiten ändern, müssen Sie die Auswirkungen dieser Veränderungen auf Ihren Projektauftrag einschätzen und entsprechende Änderungen der Vorgehensweise vorschlagen, sofern Sie dies für nötig halten. Die Auftraggeber Ihres Projekts haben immer die Möglichkeit, Ihre vorgeschlagenen Änderungen zu akzeptieren, so dass das Projekt fortgesetzt werden kann, oder Ihr Projekt zu stoppen.

Andere Dokumente, die dem Projektauftrag ähneln

In Ihrem Unternehmen werden möglicherweise eine ganze Reihe von Dokumenten verwendet, in denen ähnliche Dinge festgehalten werden, wie in dem Projektauftrag. Wenn Sie diese als Informationsquelle und zur Vorbereitung oder Beschreibung Ihres Projektplans benutzen, achten Sie darauf, in welchen Details sie sich unterscheiden.

✔ **Marktbedarfs-Analyse:** Ein formeller Auftrag zur Entwicklung oder Modifizierung eines bestimmten Produkts. Ein solches Marktbedarfs-Dokument wird normalerweise von einem Mitarbeiter der Verkaufs- oder Marketingabteilung verfasst und führt manchmal zur Entwicklung eines Projekts. In seiner ursprünglichen Form zeigt dieses Dokument jedoch lediglich, was das Ergebnis sein soll. Es sagt nichts darüber aus, ob es möglich ist, dieses Bedürfnis auch wirklich zu befriedigen, oder welche Maßnahmen ergriffen werden müssen, damit es in der Zukunft befriedigt werden kann.

✔ **Organisationsplan:** Eine Beschreibung der unternehmerischen Voraussetzungen, die für ein beantragtes Produkt, eine Dienstleistung oder ein System geschaffen werden müssen

✔ **Projektantrag:** Ein schriftlicher Antrag zur Durchführung eines Projekts durch eine Gruppe von unternehmenseigenen Mitarbeitern. Der Projektantrag zeigt lediglich den Wunsch nach einem Projekt und ist keine gegenseitige Vereinbarung oder Zusage, es durchzuführen.

✔ **Projekt-Chart:** Ein Dokument, in dem die Unternehmensleitung festlegt, dass der Projektmanager das Recht hat, Personal zur Durchführung eines Projekts einzuteilen.

✔ **Projektskizze:** Enthält die wichtigsten Informationen über ein Projekt. Man kann dieses Dokument auch als Projektprofil bezeichnen.

✔ **Aufgabenplanung:** Eine schriftliche Beschreibung der Aufgaben, die durch Einzelne oder Teams innerhalb des Unternehmens zur Unterstützung des Projekts ausgeführt werden sollen. Eine solche Aufgabenplanung konzentriert sich auf die zu leistende Arbeit und nicht auf die übergeordneten Projektziele, die erreicht werden sollen.

✔ **Vertrag:** Eine rechtliche Vereinbarung über die Produktion von Waren oder Dienstleistungen, die von einem externen Händler oder Auftraggeber erbracht werden soll. Manchmal verwendet man den Begriff *Projektauftrag* auch, um den Teil des Vertrags zu beschreiben, in dem die Waren und Dienstleistungen, die von einem Dritten geliefert werden sollen, beschrieben werden.

Das Gesamtbild sehen

Wenn Sie die Situation und Gedankengänge verstehen, die zu Initiierung Ihres Projekts geführt haben, können Sie es besser auf die tatsächlichen Bedürfnisse abstimmen, für die es gedacht war. Das *Projektkonzept* sollte folgende Informationen enthalten:

✔ **Hintergrund:** Warum man Ihr Projekt genehmigt hat

✔ **Umfang:** Welche Arbeit durchgeführt werden soll

✔ **Strategie:** Wie die eigentliche Arbeit in diesem Projekt angegangen werden soll

Herausfinden, warum Sie mit diesem Projekt betraut wurden

Wenn man Sie mit einem Projekt beauftragt oder Sie sich dazu entscheiden, eines zu übernehmen, dann scheint klar zu sein, warum Sie das tun, nämlich weil Ihr Vorgesetzter es Ihnen gesagt hat oder weil die Ergebnisse in Ihrem Unternehmen dringend benötigt werden. Die eigentliche Frage ist aber nicht, warum Sie sich dazu entschieden haben, das Projekt anzunehmen, sondern in erster Linie, warum Ihr Vorgesetzter will, dass das Projekt durchgeführt wird. Versuchen Sie, eine möglichst klare und umfassende Beschreibung des Projekthintergrunds zu formulieren.

Den Initiator ermitteln

Ihre erste Aufgabe besteht darin, festzustellen, wer die ursprüngliche Idee hatte, die zum Entwurf Ihres Projekts geführt hat. Der Erfolg Ihres Projekts hängt davon ab, dass Sie zumindest die Anforderungen und Erwartungen dieser Person erfüllen.

Manchmal ist das ganz einfach, nämlich wenn die Person, die das Projekt konzipiert hat, auch die Person ist, die Sie mit der Durchführung beauftragt. Viel wahrscheinlicher ist es aber, dass die Person, die Sie mit dem Projekt beauftragt, eine Aufgabe weitergibt, die sie selbst von jemand anders übertragen bekommen hat. Falls Ihr Projekt bereits von einem zum anderen weitergereicht wurde, bevor es bei Ihnen ankam, ist es möglicherweise schwierig festzustellen, wer ursprünglich die Idee gehabt hat. Außerdem ist das ursprüngliche Ziel des Projekts möglicherweise verschwommen, wenn jeder in dieser Kette die Aufgabenstellung absichtlich oder versehentlich ein bisschen abgeändert hat, bevor er sie weitergab.

Um herauszufinden, wer ursprünglich die Idee für Ihr Projekt hatte, gehen Sie folgendermaßen vor:

1. **Fragen Sie denjenigen, der Ihnen das Projekt überträgt, ob es seine eigene Idee war.**

2. **Falls es nicht seine oder ihre Idee war, fragen Sie**

   ◆ Von wem er oder sie die Aufgabe übertragen bekam

   ◆ Wer, falls es einen Dritten gab, dieser Person die Aufgabe übertragen hat

   ◆ Wer die ursprüngliche Idee zu diesem Projekt hatte

3. **Sprechen Sie mit den Personen, die Sie im 2. Schritt ermittelt haben, und stellen Sie ihnen dieselben Fragen wie in Schritt 2.**

4. **Prüfen Sie in den nachfolgend aufgelisteten Unterlagen, ob sich dort Hinweise darauf finden, wer die ursprüngliche Idee hatte:**

   ◆ Protokolle von Abteilungssitzungen, Unternehmenskonferenzen und Haushaltssitzungen

   ◆ Briefe und E-Mails, die dieses Projekt betreffen

   ◆ Berichte von Planungsphasen oder Machbarkeitsstudien

 Eine *Machbarkeitsstudie* ist eine formelle Untersuchung, die durchgeführt wird, um festzustellen, mit welcher Wahrscheinlichkeit eine bestimmte Aufgabe erfolgreich gelöst werden kann oder bestimmte Ergebnisse erzielt werden.

5. **Sprechen Sie mit Leuten, auf die Ihr Projekt Auswirkungen hat oder die Sie zur Unterstützung des Projekts brauchen; vielleicht wissen diese Personen, wessen Idee es ursprünglich war.**

Ermitteln Sie den Namen und die Position des Initiators Ihres Projekts. Nicht »Die Marketingabteilung hat Informationsbroschüren für Produkt XY angefordert«, sondern »Susanne Schmidt, die Vertriebsleiterin Nordost, hat Informationsbroschüren für Produkt XY angefordert«.

Unterscheiden Sie bei der Suche nach dem Projektinitiator zwischen »Driver« und »Supporter«. (In Kapitel 7 erfahren Sie, wie man Driver und Supporter definiert und erkennt.)

Driver sind diejenigen, die mitbestimmen, zu welchen Ergebnissen Ihr Projekt führen soll.

✔ *Supporter* sind Menschen, die Sie bei der Durchführung Ihres Projekts unterstützen.

Driver sagen Ihnen, was Sie tun *sollten*, Supporter sagen Ihnen, was Sie tun *können*. Stellen Sie sich beispielsweise vor, die Abteilungsleiterin der Finanzabteilung fordert ein Projekt, um das Controllingsystem der Firma zu aktualisieren – sie ist der Driver. Der Abteilungsleiter der EDV-Abteilung muss Personal und Ressourcen zur Verfügung stellen, um das Informationssystem zu aktualisieren – er ist ein Supporter.

Manchmal geben Supporter vor, Driver zu sein. Wenn man ihn fragt, sagt der Abteilungsleiter der EDV-Abteilung vielleicht, er hätte das Projekt initiiert. In Wirklichkeit hat er die Mitarbeiter und Mittel zur Durchführung des Projekts zur Verfügung gestellt, aber es war die Controllerin, die es initiiert hat.

Erkennen, wer sonst noch von dem Projekt profitiert

Auch wenn Sie nicht selbst Initiator der Idee waren, können auch andere von den Resultaten Ihres Projekts profitieren. Ermitteln Sie so früh wie möglich, wer diese Personen sind, um herauszufinden, welche Bedürfnisse und Interessen sie haben und damit Sie sich diesen rechtzeitig widmen können. Zu denen, die von Ihrem Projekt profitieren, können folgende Personen gehören:

✔ Leute, die bereits wissen, dass das Projekt existiert und Interesse bekundet haben

✔ Leute, die wissen, dass das Projekt existiert, aber nicht wissen, dass sie davon profitieren können

✔ Leute, die von Ihrem Projekt nichts wissen

Ermitteln Sie diese Mitspieler, indem Sie

✔ alle schriftlichen Unterlagen zu Ihrem Projekt noch einmal durchgehen

✔ mit Menschen reden, von denen Sie wissen, dass sie in Ihrem Projekt Driver oder Supporter sind

✔ jeden, mit dem Sie sprechen, dazu auffordern, Personen zu benennen, die ebenfalls von dem Projekt profitieren können.

 Während Sie versuchen herauszufinden, wer von Ihrem Projekt profitieren kann, versuchen Sie auch jene zu finden, die strikt gegen Ihr Projekt sind.

✔ Finden Sie heraus, warum sie gegen Ihr Projekt sind und ob Sie ihre Bedenken ausräumen können

✔ Stellen Sie fest, ob diese Personen nicht doch in irgendeiner Form Nutzen aus Ihrem Projekt ziehen können und erklären Sie ihnen diese Vorteile

✔ Falls sie weiterhin gegen Ihr Projekt sind, vermerken Sie diese ablehnende Haltung in Ihrem Risikomanagement-Plan und notieren Sie, wie Sie mit dieser Ablehnung umgehen wollen (in Kapitel 14 erfahren Sie, wie man Risiken und Unsicherheiten analysiert und einplant).

Den Projekt-Champion ermitteln

 Ein *Projekt-Champion* ist jemand in einer hohen Führungsposition Ihres Unternehmens, der Ihr Projekt voll unterstützt; in Diskussionen, Planungs- und Kontrollsitzungen verteidigt er Ihr Projekt und unternimmt alles Notwendige, um sicherzustellen, dass Ihr Projekt erfolgreich zu Ende gebracht wird. (In Kapitel 7 gehen wir noch näher auf den Projektfürsprecher ein.)

Manchmal ist der beste Champion der, dessen Hilfe Sie nie in Anspruch genommen haben. Schon zu wissen, dass diese Person Ihr Projekt unterstützt, trägt dazu bei, dass andere seine Bedeutung erkennen, und motiviert sie, sich tatkräftig für einen erfolgreichen Abschluss einzusetzen.

 Finden Sie heraus, ob Ihr Projekt vielleicht schon einen Champion hat. Falls nicht, bemühen Sie sich, einen zu finden. Suchen Sie Menschen, die von Ihrem Projekt profitieren können und die genug Macht und Einfluss haben, um im Unternehmen ernsthafte und beständige Unterstützung für Ihr Projekt zu gewähren. Erklären Sie den Betreffenden, warum es in ihrem eigenen Interesse ist, dass Ihr Projekt erfolgreich zu Ende gebracht wird, und welche konkrete Hilfe Sie im Verlaufe des Projekts möglicherweise benötigen. Versuchen Sie einzuschätzen, wie groß deren Interesse an Ihrem Projekt wirklich ist und wie viel Hilfe sie zu gewähren bereit sind.

Diejenigen einbeziehen, die die Projektergebnisse umsetzen müssen

Die meisten Projekte erzeugen ein Produkt oder eine Dienstleistung, die eingesetzt wird, um ein bestimmtes Resultat zu erzielen. Häufig ist die Person, die Sie darum gebeten hat, dieses Produkt oder diese Dienstleistung zu entwickeln, nicht die Person, die es auch tatsächlich einsetzt, um die gewünschten Ergebnisse zu erzielen.

Stellen Sie sich beispielsweise vor, der Vertriebsleiter möchte den Umsatz im nächsten Jahr um zehn Prozent steigern. Er beschließt, dass die Entwicklung und Einführung des Produktes XYZ es ihm ermöglicht, dieses Ziel zu erreichen. Er selbst wird aber nicht zu allen Kunden fahren und ihnen XYZ verkaufen; seine Vertriebsmitarbeiter tun das. Auch wenn die Idee, XYZ zu entwickeln, nicht von ihnen ist, haben die Vertriebsmitarbeiter möglicherweise eine sehr konkrete Vorstellung davon, welche Merkmale das Produkt haben sollte, damit es sich gut verkaufen lässt. Dasselbe gilt für den Kunden, von dem Sie hoffen, dass er dieses Produkt letztendlich kauft.

 Um herauszufinden, wer die Produkte und Dienstleistungen, die im Rahmen des Projekts entwickelt werden, später nutzt, versuchen Sie Folgendes:

✔ Stellen Sie klar, welche Produkte und Dienstleistungen Sie im Rahmen Ihres Projekts voraussichtlich entwickeln.

✔ Stellen Sie fest, von wem genau und wie diese eingesetzt werden, um die gewünschten Ergebnisse zu erzielen.

Bedarfe erkennen, die gedeckt werden müssen

Die Bedarfe, die mit Hilfe Ihres Projekts gedeckt werden sollen, sind durch bloße Betrachtung des Projekts selbst möglicherweise nicht erkennbar. Nehmen wir beispielsweise an, dass Ihr Unternehmen beschließt, eine Blutspendeaktion zu sponsern. Soll dieses Projekt dazu dienen, die Blutknappheit im örtlichen Krankenhaus zu beseitigen oder das Image Ihres Unternehmens in der Region zu verbessern?

Wenn Sie diese Bedarfe genau verstehen, können Sie, falls nötig, Folgendes tun:

✔ Alle Projektaktivitäten darauf ausrichten, dass Sie die tatsächlich gewünschten Projektergebnisse erzielen

✔ Die Durchführung überwachen, um sicherzustellen, dass die tatsächlichen Bedarfe gedeckt werden

✔ Erkennen, wann ein Projekt in der Form, wie es Ihnen übertragen wurde, nicht die beste Möglichkeit ist, die tatsächlichen Anforderungen zu erfüllen, und vorschlagen, das Projekt zu modifizieren oder zu stoppen.

Natürlich wäre es schön, wenn man bei der Übertragung eines Projekts gleich gesagt bekäme, welche Endresultate erwartet werden und welchen Bedarf oder welche Bedürfnisse das Projekt decken soll. Leider wird uns meistens nur gesagt, was wir produzieren sollen (der Output) und nicht, warum wir es produzieren sollen (die Bedürfnisse). Sie sind derjenige, der herausfinden muss, welche die tatsächlichen Bedürfnisse sind.

Wenn Sie versuchen, die Bedürfnisse zu definieren, denken Sie auch an Folgendes:

✔ **Welche sind die Bedürfnisse, die durch Ihr Projekt gedeckt werden sollen?** Machen Sie sich jetzt noch keine Sorgen darüber, ob Ihr Projekt diese Bedürfnisse auch wirklich decken kann oder ob es der beste Weg ist, diese Bedürfnisse zu decken. Sie versuchen nur, die Hoffnungen und Erwartungen, die zu diesem Projekt geführt haben, zu analysieren.

✔ **Woher wissen Sie, dass das Bedürfnis, welches Sie ermittelt haben, auch wirklich das ist, was man von Ihrem Projekt erwartet?** Manchmal ist es schwierig, die tatsächlichen Gedanken und Gefühle anderer zu erkennen. Manchmal sollen diese nicht bekannt werden; manchmal wissen die Menschen nicht, wie sie sie bekannt machen sollen.

Ein Bekannter von mir erhielt eines Tages von seinem Vorgesetzten im Anschluss an eine Konferenz der obersten Führungsebene die Aufgabe, ein neues Produkt zu entwickeln. Der Bekannte wusste, dass die Umsatzzahlen der Firma stark gesunken waren und dass die Sitzung einberufen worden war, um Möglichkeiten für eine Umkehrung dieser Entwicklung zu diskutieren. Er wusste auch, dass die sehr kompetente Marktforschungsabteilung während der vergangenen sechs Monate neue Produktideen untersucht hatte. Er nahm deshalb an, dass dieses Projekt auf der Grundlage der Empfehlungen der Marktforschungsabteilung zur Steigerung des Umsatzes im nächsten Jahr initiiert wurde.

Die Schlussfolgerungen meines Bekannten waren zwar logisch, aber leider völlig falsch. Es stellte sich heraus, dass der Vorstandsvorsitzende direkt vor der Sitzung einen Anruf von seinem Freund erhalten hatte, der fragte, ob er in seiner Firma ein Produkt wie XYZ vertrieb. Anstatt zuzugeben, dass die Firma in dieser Hinsicht nicht auf dem neuesten Stand war, versprach er seinem Freund, das gewünschte Produkt zu liefern. Tatsächlich glaubte keiner der Beteiligten, dass irgendjemand anders als dieser Freund das Produkt, das nun entwickelt werden sollte, kaufen würde! Als mein Bekannter die Wahrheit erfuhr, erkannte er, dass der Erfolg seines Projekts daran gemessen werden würde, wie der Freund des Vorsitzenden auf XYZ reagierte, und nicht an der Steigerung der Verkaufszahlen infolge der Einbindung von XYZ in die Produktlinie des Unternehmens.

Wenn Sie mit Beteiligten sprechen, achten Sie deshalb auf Folgendes:

✔ Fordern Sie sie dazu auf, ausführlich über ihre Bedürfnisse und Erwartungen zu sprechen

✔ Hören Sie genau zu und achten Sie auf mögliche Unklarheiten oder Widersprüche

✔ Ermutigen Sie sie, ungenaue Informationen zu konkretisieren

✔ Lassen Sie Ihre Informationen möglichst von zwei oder mehr Quellen bestätigen

Prüfen Sie, ob in Ihrem Unternehmen eine formale Kosten-/Nutzen-Analyse durchgeführt wurde, auf deren Grundlage das Projekt begonnen wurde. Eine *Kosten-/Nutzen-Analyse* ist eine formale Analyse und Einschätzung aller Vorteile, die aus dem Projekt entstehen können, sowie aller Kosten, die die Durchführung des Projekts und die Nutzung der Produkte und Dienstleistungen, die im Rahmen Ihres Projekts entwickelt werden, verursacht. (In Kapitel 1 finden Sie dazu weitere Informationen.)

Die Kosten-/Nutzen-Analyse dokumentiert, mit welchem Output die Initiatoren rechneten, als sie die Entscheidung zur Durchführung des Projekts trafen. Diese Analyse gibt deshalb sehr gut Aufschluss über den tatsächlichen Bedarf, der mit Ihrem Projekt gedeckt werden soll.

Feststellen, ob Ihr Projekt den ermittelten Mangel wirklich beheben wird

Während die Notwendigkeit für ein Projekt möglicherweise sorgfältig dokumentiert ist, ist es oft viel schwieriger, mit Bestimmtheit sagen zu können, ob Ihr Projekt diesen Ansprüchen auch gerecht wird. Hin und wieder muss man umfangreiche Recherchen betreiben, um herauszufinden, ob ein Projekt einen bestimmten Bedarf auch wirklich deckt. In solchen Situationen kommt irgendein Projektbeteiligter manchmal schon von alleine auf die Idee, eine formelle Machbarkeitsstudie in Auftrag zu geben, um die daraus gewonnenen Erkenntnisse zu analysieren und zu dokumentieren.

In anderen Fällen ist ein Projekt Ergebnis einer Brainstorming-Sitzung oder Produkt einer »Vision«, die jemand hat. In diesem Fall ist es noch weniger sicher, ob ein bestimmtes Projekt erfüllt, was man von ihm erwartet. Sie müssen ein Projekt deshalb nicht unbedingt ablehnen, aber Sie müssen ganz konkret herausfinden, welche Erfolgschancen es zum jeweiligen Zeitpunkt hat und ob man diese Chancen verbessern kann. Wenn Sie ausreichend Informationen finden, die Ihre Analyse stützen, überlegen Sie, ob Sie eine formelle Machbarkeitsstudie beantragen sollen.

Wenn Sie den Eindruck haben, dass die Wahrscheinlichkeit für einen Misserfolg zu groß ist, teilen Sie Ihre Bedenken den wichtigsten Entscheidern mit und erklären Sie ihnen, warum Sie empfehlen, das Projekt nicht weiterzuführen. In Kapitel 14 finden Sie weitere Informationen zum Thema Risikomanagement.

Andere mit Ihrem Projekt in Zusammenhang stehende Aktivitäten erkennen

Finden Sie heraus, ob andere Projekte laufen oder geplant sind, die

✔ sich mit ähnlichen Themenstellungen beschäftigen wie Ihres

✔ Produkte kreieren, die für Ihr Projekt nötig sind

✔ Produkte erfordern, die im Rahmen Ihres Projekts entwickelt werden

✔ dieselben Ressourcen wie Ihr Projekt nutzen

Herausfinden, wie wichtig Ihr Projekt für das Unternehmen ist

Die Bedeutung, die das Unternehmen Ihrem Projekt beimisst, hat direkten Einfluss auf die Erfolgswahrscheinlichkeit. Wenn es zu Konflikten um knappe Ressourcen kommt, werden diese meistens dem Projekt zugeteilt, von dem sich das Unternehmen den größten Nutzen erhofft. Stellen Sie deshalb Folgendes fest:

✔ **In welchem Verhältnis steht Ihr Projekt zu den Top-Prioritäten des Unternehmens.**

Folgende Quellen geben Ihnen Aufschluss über die wichtigsten Prioritäten in Ihrem Unternehmen:

- **Langfristige Strategiepläne:** Ein schriftlicher Bericht, in dem die Gesamtrichtung des Unternehmens, konkrete Leistungsziele und individuelle Maßnahmen für die nächsten fünf Jahre festgelegt sind.

- **Jahresbudget:** Eine detaillierte Auflistung der Abteilungen und Einzelinitiativen mit den zugeordneten Budgetpositionen.

- **Kapitalbereitstellungsplan:** Eine geordnete Liste aller Ausgaben mit festgelegten Mindestausgaben für Investitionen in Anlagen, Renovierungen und Reparaturen für das laufende Jahr.

- **Jahresvorgaben für die Führungskräfte:** Besondere Aufgaben und erwünschte Ergebnisse, die bei den jährlichen Beurteilungsgesprächen eine wichtige Rolle spielen.

Außerdem müssen Sie feststellen, ob externen Kunden oder dem obersten Management gegenüber Verpflichtungen eingegangen wurden, die mit Ihrem Projekt in Zusammenhang stehen.

✔ **Wie Sie das Projekt mehr an den obersten Prioritäten des Unternehmens ausrichten können.** Falls Ihr Projekt in keinem dieser Dokumente gesondert erwähnt wird: Können Sie dazu beitragen, dass andere erkennen, wie Ihr Projekt anderen Maßnahmen nützt, die in dem langfristigen Strategieplan festgelegt sind oder den Leistungszielen Ihres Vorgesetzten dienen?

Fragen Sie einmal herum, was passieren würde, wenn Sie Ihr Projekt nicht durchführen würden. Wenn die Befragten ehrlich sagen, dass sie eigentlich nicht das Gefühl hätten, dass es von Bedeutung ist, überlegen Sie, ob Sie Ihr Projekt so modifizieren können, dass es sehr wohl einen Unterschied macht. Wenn Sie selbst nicht feststellen können, wo Ihr Projekt dem Unternehmen nützt, erwägen Sie, den Vorschlag zu machen, das Projekt abzubrechen, bevor weitere Arbeit hineingesteckt wird. In den meisten Firmen herrscht eine permanente Überbelastung und personelle Unterbesetzung – kostbare Zeit und Ressourcen in eine Sache zu investieren, von der sich alle einig sind, dass sie nichts bringt, ist das Letzte, was Sie wollen, oder?

Es ist jedoch wahrscheinlicher, dass man erkennt, dass Ihr Projekt tatsächlich etwas bringt. Ihre Aufgabe besteht darin, zu verhindern, dass die Beteiligten diese Einstellung aus den Augen verlieren.

Die unerbittliche Suche nach Informationen

Sie forschen nach Informationen, die heikel, manchmal auch widersprüchlich sind und oftmals nur mündlich ausgetauscht werden. Es ist nicht immer einfach, diese Informationen zu bekommen. Hier ein paar Tipps, die Ihnen dabei helfen können:

✔ **Alle möglichen Informationsquellen anzapfen.**

 **Verschaffen Sie sich Ihre Informationen, wo immer es möglich ist, von Primär-quellen.** Eine *primäre Informationsquelle* ist die Quelle, die die eigentliche Information, nach der Sie suchen, enthält. Eine *sekundäre Informationsquelle* ist der Bericht eines anderen über eine Information, die in der Primärquelle enthalten ist.

Stellen Sie sich beispielsweise vor, Ihr Projekt wurde in einem Bericht zusammen mit alternativen Projekten erwähnt, die für das kommende Jahr in Erwägung gezogen werden. Der Bericht selbst ist eine primäre Informationsquelle; jemand, der diesen Bericht liest, ist eine sekundäre Informationsquelle.

Je größer die Entfernung zur primären Quelle, desto größer die Wahrscheinlichkeit, dass die Information von der tatsächlichen Information abweicht.

✔ **Schriftliche Informationen sind die besten.** Lesen Sie relevante Sitzungsprotokolle, Briefe, E-Mails, Berichte aus anderen Projekten, langfristige Pläne, Budgetpläne, Kapitalbedarfspläne, Marktanalysen und Kosten-/Nutzen-Analysen.

✔ **Reden Sie mit mindestens zwei Personen aus demselben Bereich, um weitergeleitete Informationen bestätigen zu lassen.** Unterschiedliche Menschen haben unterschiedliche Kommunikationsstile und nehmen ein und dieselbe Situation unterschiedlich wahr. Sprechen Sie mit mehr als einer Person, vergleichen Sie deren Aussagen und stellen Sie mögliche Widersprüche fest.

✔ **Wenn Sie mit diesen Leuten sprechen, sorgen Sie dafür, dass außer Ihnen noch jemand anwesend ist.** Auf diese Weise haben Sie mindestens zwei Interpretationen von dem, was Sie von dem Betreffenden gehört haben.

✔ **Halten Sie alle Informationen, die Sie in persönlichen Gesprächen bekommen, schriftlich fest.** Lassen Sie Ihre Aufzeichnungen anderen zukommen, die bei diesen Gesprächen dabei waren. Auf diese Weise stellen Sie sicher, dass Ihre Interpretation des Gesagten richtig ist, und diese Aufzeichnungen dienen gleichzeitig als Gedächtnisstütze für getroffene Vereinbarungen.

✔ **Mit wichtigen Beteiligten – so genannten Stakeholdern – sollten Sie sich mindestens zweimal treffen.** Bei Ihrem ersten Treffen bringen Sie sie dazu, über bestimmte Dinge nachzudenken. Geben Sie ihnen ein bisschen Zeit, um über Ihr erstes Gespräch nachzudenken und möglicherweise neue Lösungen für die von Ihnen angesprochenen Probleme zu finden. Ein zweites Treffen gibt Ihnen außerdem die Möglichkeit, Missverständnisse und Widersprüche aus dem ersten Gespräch aufzuklären.

✔ **Versuchen Sie so oft wie möglich, Informationen, die Sie in persönlichen Gesprächen erhalten, durch schriftliche Quellen bestätigen zu lassen.** Es ist wichtig, die subjektive Wahrnehmung der anderen zu kennen. Es ist ebenso wichtig, diese Wahrnehmung und Meinungen mit den Fakten zu vergleichen. Mögliche Diskrepanzen sollten Sie mit den jeweiligen Gesprächspartnern klären.

Denken Sie daran, alle Beteiligten daran zu erinnern, Informationen, die das Projekt, die Projektbeteiligten, die Voraussetzungen und Prioritäten betreffen, gleich an Sie weiterzugeben. Wenn der Projektplan erst ausgearbeitet und beschlossen wurde, vernachlässigen viele diesen Gesichtspunkt. Doch je länger ein Projekt dauert, desto größer die Wahrscheinlichkeit, dass sich beteiligte Personen und Prioritäten ändern. Je eher Sie über diese Veränderungen Bescheid wissen, desto besser werden Sie mit ihnen umgehen können.

Festlegen, wo Ihr Projekt beginnt und wo es endet

Vielleicht ist Ihr Projekt isoliert zu betrachten, aber wahrscheinlich ist es Teil unterschiedlicher Bemühungen, die alle ein gemeinsames Ziel haben. Natürlich möchten Sie die Arbeit, die in den anderen Projekten erledigt wird, nicht doppelt machen, und wo immer es möglich ist, sollten Sie versuchen, Ihre Arbeit mit den anderen Projekten zu koordinieren.

Die Projektskizze sollte genaue Angaben darüber enthalten, wann das Projekt beginnt und wann es endet. Nehmen wir beispielsweise an, Sie hätten die Aufgabe bekommen, ein neues Produkt für Ihr Unternehmen zu entwickeln. Der Umfang Ihres Projekts, der in dem Konzeptpapier festgelegt wird, könnte folgendermaßen beschrieben werden.

Im Rahmen dieses Projekts soll ein neues Produkt entworfen, entwickelt und getestet werden.

Wenn Sie der Meinung sind, diese Aussage sei nicht eindeutig, dann können Sie den Projektumfang weiter konkretisieren, beispielsweise dadurch, dass Sie festlegen, was Sie nicht tun werden, nämlich so:

Dieses Projekt beinhaltet nicht die Schaffung der notwendigen Marktbedingungen oder die eigentliche Markteinführung.

Hier ein paar Tipps, die sicherstellen, dass die Beschreibung des Projektumfangs klar ist:

✔ **Spüren Sie versteckte Interferenzen auf.** Nehmen wir einmal an, Sie hätten die Aufgabe, die Ihnen Ihr Vorgesetzter übertragen hat, so verstanden, dass Sie ein Produkt entwerfen und entwickeln sollen. Sie sollten sich noch einmal bei ihm vergewissern, dass von Ihnen nicht auch erwartet wird, die Marktforschungsuntersuchungen durchzuführen, um festzustellen, welche Eigenschaften das neue Produkt haben sollte.

✔ **Benutzen Sie solche Worte, die klar und deutlich die geplanten Maßnahmen beschreiben.** Nehmen wir einmal an, Ihr Projekt bestünde darin, ein neues Informationssystem einzuführen. Sind Sie sicher, dass jeder der Beteiligten unter dem Begriff »Einführung« dasselbe versteht? Erwarten einige beispielsweise, dass zur »Einführung« auch folgende Maßnahmen gehören:

• Installation der neuen Software

• Schulung der Mitarbeiter in der Anwendung der neuen Software

- Bewertung der Leistungsfähigkeit der neuen Software

- Lösung von Problemen, die sich bei der neuen Software ergeben

- Alles oben genannte

- Etwas anderes

Lassen Sie sich Ihre Sichtweise vom Projektumfang durch Rücksprache mit Projektinitiatoren und Supportern bestätigen. Eine Kollegin erzählte mir einmal, dass sie von ihrem Chef den Auftrag bekommen hatte, möglichst kostengünstig bestimmte Anlagen zu erwerben. Sie entwickelte einen Plan für ihr Projekt, das unter anderem die Auswahl des Lieferanten, die Auftragsvergabe, die Produktionsüberwachung und die Auslieferung der Anlage umfasste. Ihr Chef war ziemlich erstaunt, dass sie die Projektdauer mit sechs Monaten und die Kosten mit 100.000 € angab. Er hatte gedacht, das ganze wäre in zwei Monaten und für weniger als 50.000 € zu schaffen.

Nach einer kurzen Diskussion stellte meine Kollegin fest, dass man lediglich von ihr erwartete, den möglichen Lieferanten auszuwählen, und nicht, den Auftrag für die Anlage zu vergeben und die Auslieferung zu überwachen. Obwohl das Missverständnis nun aus der Welt geräumt war, überlegte sie laut: »Aber wenn wir gar keine Anlage kaufen wollen, warum sollten wir dann einen Lieferanten suchen?«

Natürlich war diese Frage völlig überflüssig. Es ging gar nicht darum, ob die Firma je vorhatte, die Anlage zu erwerben. Natürlich hätte das ganze Projekt keinen Sinn, wenn nicht geplant wäre, die Anlage auch zu kaufen. Die eigentliche Frage war, ob es zum Projektumfang gehörte, den eigentlichen Kauf der Anlage mit zu organisieren, oder ob das zum entsprechenden Zeitpunkt im Rahmen eines anderen Projekts organisiert werden würde.

Wenn der Erwartungsdruck hoch ist

Wenn der Erwartungsdruck, den andere auf Sie ausüben, hoch ist, probieren Sie folgende Strategien:

✔ **Lassen Sie sich nicht dazu hinreißen, eine bestimmte Vorgehensweise zu wählen, nur weil Sie in der Vergangenheit immer so vorgegangen sind.** Einer meiner Kunden wurde kürzlich dafür gerügt, dass er eine Anlage von einem Lieferanten erworben hatte, mit dem man schon jahrelang zusammengearbeitet hatte. Es stellte sich heraus, dass dieser Lieferant die Anlage 20% teurer verkaufte als andere. Als man meinen Kunden fragte, warum er denn bei den anderen Lieferanten keine Angebote eingeholt hätte, antwortete er, dass man schon seit Jahren bei diesem Lieferanten gekauft hatte und sich nie jemand beschwert hatte.

✔ **Hüten Sie sich davor, vorschnell über die Bereitschaft anderer bezüglich alternativer Vorgehensweisen zu urteilen.** Vor vielen Jahren musste ich einmal ein Konzeptpapier bis zum Ende der Woche fertig stellen. Die Sekretariatsarbeiten für dieses Papier nahmen etwa einen Tag in Anspruch, so dass das Konzept am Freitagnachmittag nach Büroschluss zum Auftraggeber hätte gemailt werden können. Alle Sekretärinnen im Unternehmen waren aber mit anderen Aufträgen beschäftigt. Als ich zu meinem Vorgesetzten ging und ihm mitteilte, dass ich das Konzept nicht rechtzeitig verschicken konnte, fragte er mich, warum nicht. Ich sagte, dass alle Sekretärinnen mit anderen Aufgaben beschäftigt waren und dass man in der Vergangenheit Vorschläge meinerseits, für Sekretariatsarbeiten Zeitpersonal einzustellen, immer abgelehnt hatte. Zu meiner Überraschung sagte er, dass er lieber eine Zeitarbeitskraft einstellen würde, als den Abgabetermin für das Konzeptpapier nicht einhalten zu können!

Festlegen, wie Sie an das Projekt herangehen wollen

Ihre *Projektstrategie* beschreibt die grundsätzliche Herangehensweise, für die Sie sich bei der Durchführung der im Projektumfang festgelegten Aufgaben entschieden haben. Solch eine Projektstrategie kann z.B. folgendermaßen aussehen:

✔ Wir kaufen die benötigten Materialien von einem externen Produzenten.

✔ Wir führen unsere Schulungen im Rahmen eines Frontalunterrichts mit einem Dozenten durch.

Die Projektstrategie hilft Ihnen, festzustellen, ob Sie in der Lage sind, die Anforderungen und Erwartungen der Stakeholder zu erfüllen. Sie sollten bei der Planung Ihres Projekts so früh wie möglich feststellen, ob irgendein maßgeblicher Beteiligter bereits feste Vorstellungen davon hat, wie man an dieses Projekt herangehen sollte oder wie man *auf keinen Fall* darangehen sollte.

Wenn Sie sich für eine Strategie entscheiden

✔ Überlegen Sie, wie in Ihrem Unternehmen solche Projekte normalerweise angegangen werden.

✔ Entscheiden Sie sich so oft wie möglich für eine Strategie, die möglichst wenig Risiken, Unsicherheiten und Faktoren enthält, die Sie nicht kontrollieren können.

✔ Bei riskanteren Projekten sollten Sie überlegen, ob sich eine oder mehrere Reserve-Strategien entwickeln lassen, für den Fall, dass die erste Strategie nicht funktioniert. Vielleicht ist eine Alternativ-Strategie die Antwort auf scheinbar unmögliche Zielvorgaben.

Die Vorgehensweisen ändern

Ein Kollege von mir bekam den Auftrag, alle Vertriebsmitarbeiter seines Unternehmens in einem neuen Bestellsystem zu schulen. In diesem Unternehmen waren mehrere Hundert Außendienstmitarbeiter beschäftigt, die im ganzen Land verstreut ansässig waren, und er hatte die Aufgabe, all diese Mitarbeiter innerhalb eines Monats zu schulen. In der Vergangenheit wurden solche Schulungen im Rahmen von Frontalunterricht in den jeweiligen Standorten durchgeführt. Nach einigen anfänglichen Überlegungen war er davon überzeugt, dass er mindestens drei Monate brauchen würde, um ein Schulungsprogramm zu entwickeln und es in allen Verkaufsbezirken durchzuführen. Er wollte seinem Vorgesetzten gerade mitteilen, dass er die ihm übertragene Auftrage nicht bewältigen konnte, als ein Kollege vorschlug, die Schulungsinhalte doch über das unternehmenseigene Intranet zu verbreiten. Mit dieser neuen Strategie konnte er sein Projekt noch vor Ablauf des Zeitplans beenden.

 Eine Strategie ist keine detaillierte Liste von Maßnahmen, die durchgeführt werden müssen. Diese Liste wird aus dem Strukturplan entwickelt, der in Kapitel 3 beschrieben wird.

 Falls Sie sich bei der Vorbereitung des Projektauftrags noch für keine Strategie entschieden, wohl aber über Strategien nachgedacht haben, schreiben Sie in das Dokument *noch zu erledigen* (NZE), was bedeutet, dass die Strategie noch nicht festgelegt wurde. Diese Notiz erinnert Sie daran, dass Sie irgendwann in der Zukunft eine Strategie entwickeln müssen.

Was genau versuchen Sie zu erreichen?

 *Ziele* sind Resultate, die durch die in Ihrem Projekt erbrachten Leistungen produziert werden. Ziele können z.B. die Entwicklung eines neuen Produkts oder einer Dienstleistung sein oder die Auswirkungen, die die Anwendung dieses Produkts oder dieser Dienstleistung hat. Je klarer Sie die Ziele Ihres Projekts definieren können, desto größer die Wahrscheinlichkeit, dass Ihr Projekt erfolgreich ist.

Um Ihre Ziele klar und konkret zu verdeutlichen, nutzen Sie folgende Elemente:

✔ **Zielvereinbarung:** Eine kurze, ausformulierte Beschreibung dessen, was Sie erreichen möchten

✔ **Maßstäbe:** Ein oder mehrere Indikatoren, die zur Bewertung dessen, was erreicht wurde, herangezogen werden

✔ **Leistungsziele:** Der Wert, den ein Bewertungskriterium haben muss, damit es als erfüllt gilt

Stellen Sie sich vor, Ihnen wird das Projekt übertragen, die Struktur eines existierenden monatlichen Umsatzberichtes zu verändern. Ihre Ziele könnten Sie dann so wie in Tabelle 2.1 dargestellt festlegen.

Statement	Maßstäbe	Leistungsziele
Ein neues Berichtsformular entwickeln, in dem die monatlichen Verkaufsaktivitäten zusammengefasst werden.		
	Inhalt	Der Bericht muss für jede Produktlinie folgende Angaben enthalten: • Gesamtstückzahl der verkauften Artikel • Gesamtumsatz • Gesamtzahl der Retouren
	Zeitplan	Bericht muss bis zum 31. August einsetzbar sein
	Budget	Die Entwicklungskosten dürfen 54.000 € nicht übersteigen
	Genehmigungen	Die neue Berichtsstruktur muss von folgenden Personen genehmigt werden: • Vorstandsmitglied, das für den Vertrieb zuständig ist • Regionale Verkaufsleiter • Bezirksleiter • Außendienstmitarbeiter

Tabelle 2.1: Darstellung eines Projektzieles

Manche versuchen, das Festlegen von konkreten Leistungszielen für einen bestimmten Maßstab dadurch zu umgehen, dass sie Bandbreiten festlegen, in denen das Ergebnis liegen darf. Damit weicht man dem eigentlichen Problem aber nur aus.

Nehmen wir beispielsweise einmal an, Sie wären Außendienstmitarbeiter und Ihr Vorgesetzter würde Ihnen sagen, Sie wären dann erfolgreich, wenn Sie zwischen 10 Millionen und 15 Millionen € pro Jahr Umsatz machen würden. In Ihren Augen sind Sie bereits dann hundertprozentig erfolgreich, wenn Sie die 10 Millionen erreicht haben. Für Ihren Vorgesetzten sind Sie aber erst dann hundertprozentig erfolgreich, wenn Sie die 15 Millionen erreichen. Es schien zwar so, als hätten Sie und Ihr Vorgesetzter sich auf ein Ziel geeinigt, aber das war nicht der Fall.

Ziele konkretisieren

Zu Beginn meiner Seminare bitte ich die Teilnehmer mir zu sagen, was sie sich von der Teilnahme erhoffen. Es kommt immer mal wieder vor, dass mir jemand sagt, er sei nur in meinem Seminar, weil sein Chef ihn geschickt hätte und dass er eigentlich nichts Bestimmtes lernen wollte. Am Anfang dachte ich noch, dass ich diese Person schon dann zufrieden stellte, wenn es mir nur gelang, dass sie das Seminar nicht vorzeitig verließ. Meine Erfahrung hat mich jedoch gelehrt, dass gerade diese Teilnehmer die größte Herausforderung sind. Da sie nicht genau gesagt haben, was sie lernen wollten, haben sie an den Stunden auch nicht so aktiv teilgenommen und so verpassten sie viele Möglichkeiten herauszufinden, wie die angesprochenen Themen ihnen bei typischen Problemen in ihrem Arbeitsalltag helfen konnten. Darüber hinaus hatte ich keine Ahnung, ob ich für diese Teilnehmer die richtigen Themen auf dem passenden Niveau behandelte und ob sie das lernten, was sie brauchten und wollten. Tatsächlich war es sehr unwahrscheinlich, dass diese Personen am Ende des Seminars Techniken und Werkzeuge beherrschten, die ihnen in ihrem speziellen Bereich halfen.

Klare und konkrete Zielvorgaben

Je klarer und konkreter Ihre Projektziele sind, desto größer die Wahrscheinlichkeit, dass Sie sie auch erreichen. Hier ein paar Tipps, wie Sie klare Zielvorgaben entwickeln können:

✔ **Weniger ist mehr.** Bei der Beschreibung einer Zielvorgabe sollten Sie sich kurz fassen. Wenn Sie eine ganze Seite brauchen, um ein einziges Ziel zu beschreiben, werden die meisten es nicht einmal lesen. Und selbst wenn sie es tun, ist Ihre Zielvorgabe wahrscheinlich nicht klar definiert, sondern lässt Interpretationsspielraum offen.

✔ **Benutzen Sie keine Fachausdrücke oder Abkürzungen.** Heutzutage findet man am Arbeitsplatz endlos viele Fachbegriffe und Abkürzungen. Jede Branche (z.B. Telekommunikation, Finanzen, Pharmaindustrie und Versicherungswesen) hat ihr eigenes Vokabular und jedes Unternehmen innerhalb dieser Branchen ebenfalls. Innerhalb der Unternehmen haben die unterschiedlichen Abteilungen (z.B. Buchhaltung, Recht und Informationsdienst) wiederum *ihren* Jargon. Es kommt sogar vor, dass in ein und derselben Firma eine Abkürzung mehrere Bedeutungen hat!

Was das Ganze noch schlimmer macht, ist die Tatsache, dass viele nicht fragen, wenn sie einen Ausdruck nicht verstehen, weil sie nicht den Eindruck erwecken wollen, uninformiert oder unqualifiziert zu sein. Die sicherste Variante ist die, keine Abkürzungen zu verwenden; schreiben Sie die Wörter einfach aus. Wenn Sie trotzdem gerne eine Abkürzung verwenden möchten, erklären Sie sie, wenn Sie sie das erste Mal verwenden.

✔ **Formulieren Sie Ihre Zielvorgaben SMART, nämlich so:**

- **S**pezifisch: Definieren Sie Ihr Ziel klar und detailliert, so dass Fehlinterpretationen ausgeschlossen werden.

- **M**essbar: Legen Sie konkret fest, mit welchen Maßstäben und Indikatoren festgestellt wird, ob Sie Ihre Zielvorgabe erreicht haben.

- **A**ggressiv: Setzen Sie Ziele, die eine Herausforderung darstellen und die Beteiligten dazu ermuntern, sich über das bequeme Maß hinaus anzustrengen.

- **R**ealistisch: Setzen Sie Ziele, die dem Projektteam realistisch erscheinen.

- **T**iming: Sensibilisieren Sie das Zeitgefühl Ihrer Teammitglieder. Setzen Sie einen Termin fest, bis zu dem die Zielvorgabe erreicht werden soll.

✔ **Machen Sie Ihre Zielvorgaben kontrollierbar.** Sie müssen dafür sorgen, dass alle Beteiligten überzeugt davon sind, Einfluss darauf zu haben, ob sie ein Ziel erreichen oder nicht. Wenn man der Meinung ist, dass man keinen Einfluss darauf hat, ob ein Ziel erreicht wird, strengt man sich nicht genug an und würde wahrscheinlich nicht einmal den Versuch unternehmen, die Zielvorgabe zu erreichen. In diesem Fall handelt es sich nicht um eine Zielvorgabe, sondern um eine Wunschvorstellung.

✔ **Alle Zielvorgaben ermitteln.** Zeit und Ressourcen sind immer knapp und wenn Sie ein Ziel nicht festlegen, werden (und sollten) Sie auch nichts dazu tun, es zu erreichen.

✔ **Achten Sie darauf, dass sowohl Driver als auch Supporter die von Ihnen gesetzten Ziele akzeptieren.** Wenn Driver sich für Ihre Ziele einsetzen, können Sie zuversichtlich sein, dass Ihr Projekt wirklich als erfolgreich angesehen wird, wenn Sie diese Vorgaben erreichen. Wenn Supporter sich für Ihre Ziele einsetzen, ist die Wahrscheinlichkeit am größten, dass die Beteiligten sich alle Mühe geben, diese Ziele zu erreichen.

Mit Widerständen gegen klar definierte Zielvorgaben rechnen

Nicht jeder springt vor Freude an die Decke, wenn er sich dazu verpflichten muss, konkrete Zielvorgaben einzuhalten. Hier ein paar Ausreden, um Zielvorgaben nicht zu konkret formulieren zu müssen, und ein paar Vorschläge, wie Sie auf diese Ausreden reagieren können.

✔ **Eine übermäßige Konkretisierung beeinträchtigt die Kreativität.** Kreativität muss gefördert werden; die Frage ist, wo und wann. Sie brauchen Leute, die kreativ daran arbeiten, Zielvorgaben einzuhalten, und nicht solche, die kreativ versuchen, Zielvorgaben zu formulieren. Sie möchten mit Bestimmtheit wissen, was andere von Ihrem Projekt erwarten, und nicht, was sie möglicherweise erwarten. Je klarer und deutlicher Sie deren tatsächliche Wünsche formulieren können, desto leichter ist es, festzustellen, ob und wie Sie diese Wünsche erfüllen können.

✔ **Ihr Projekt umfasst auch Forschung und neue Entwicklungen und man kann heute noch gar nicht sagen, was man in der Zukunft erreichen kann.** Ziele sind Vorgaben, keine Garantien. Natürlich sind einige Projekte unsicherer als andere. Wenn man noch nie vorher etwas Ähnliches gemacht hat, kann man nicht mit Sicherheit sagen, ob etwas möglich ist oder, falls es möglich ist, wie lange es dauern wird und was es kosten wird. Trotzdem ist es ganz wichtig, von Beginn an festzulegen, was man gerne erreichen würde und was man für möglich hält, auch wenn man diese Zielvorgaben im Verlauf des Projekts ändern muss.

✔ **Was ist, wenn sich Interessen oder Bedürfnisse ändern.** Ziele sind Vorgaben, die auf dem basieren, was man heute weiß und erwartet. Wenn sich in der Zukunft etwas ändert, muss man sich das eine oder andere Ziel noch einmal ansehen und prüfen, ob es immer noch relevant und erreichbar ist oder ob es angepasst werden muss.

✔ **Konkrete Zielvorgaben helfen zwar, zu erkennen, wann man erfolgreich war, aber sie zeigen auch, wann nicht.** Hmm, stimmt genau!

Manchmal kommt Überraschendes zutage, wenn man andere bittet, konkret zu sein, beispielsweise Folgendes:

✔ Ein Auftraggeber, der darum gebeten wird, konkret zu sagen, was sein Projekt bringen soll, ist nicht in der Lage, Ihnen darauf eine Antwort zu geben. Wenn Sie mit seinem Projekt jetzt beginnen, ist die Wahrscheinlichkeit, dass Sie Zeit und Ressourcen darauf verschwenden, Resultate zu produzieren, die ihn später vielleicht gar nicht mehr interessieren, groß.

✔ Ein Auftraggeber, der darum gebeten wird, konkret zu sagen, was sein Projekt bringen soll, weigert sich, das zu tun. Später erkennen Sie, dass der Auftraggeber sich gegen Ihren Versuch wehrte, ihm die Macht zu nehmen, Sie dadurch zu kontrollieren, dass er nachträglich Änderungen vornimmt, die Sie nicht vorhersehen können. In diesem Fall ist der Auftraggeber nicht nur an den Resultaten des Projekts interessiert, sondern er benutzt es als Vehikel, um sein Bedürfnis nach Macht und Kontrolle zu befriedigen.

Die Grenzen festlegen

Sie würden gerne in einer Welt arbeiten, in der alles möglich wäre – also einer Welt, in der Sie alles Erforderliche tun dürften, um die gewünschten Ziele zu erreichen. Ihre Kunden und Ihre Firma andererseits hätten es gern, dass Sie alles erreichen, was man von Ihnen verlangt, und zwar zu minimalen Kosten, am liebsten kostenlos. Beide Fälle sind natürlich völlig unrealistisch.

Wenn Sie die Beschränkungen für Ihre Arbeit definieren, bringt das den nötigen Schuss Realismus ins Projekt und hilft, Erwartungen zu klären. Dabei sollten Sie in folgenden Begriffen denken:

✔ **Beschränkungen:** Beschränkungen sind Restriktionen, die Ihnen andere bezüglich der Resultate, die Sie erreichen sollen, auferlegen. Dazu gehören beispielsweise Termine, die Sie einhalten müssen, Ressourcen, die Sie einsetzen dürfen, und Methoden, die Sie einsetzen dürfen.

✔ **Bedürfnisse:** Anforderungen, von denen Sie wissen, dass sie erfüllt werden müssen, damit das Projekt als erfolgreich bewertet wird.

Beschränkungen identifizieren

Bei der Definition der Beschränkungen ist es Ihre Aufgabe festzustellen, an was andere, die Ihr Projekt beeinflussen oder die davon beeinflusst werden, denken. Zu diesem Zeitpunkt sollten Sie sich noch nicht damit auseinander setzen, ob Sie deren Beschränkungen erfüllen können – Sie sollen sie nur identifizieren.

Die unterschiedlichen Arten von Beschränkungen verstehen

Projektbeteiligte haben häufig feste Erwartungen und Anforderungen hinsichtlich der

✔ **Resultate:** Die Produkte und Konsequenzen Ihres Projekts

✔ **Zeitpläne:** Bis wann bestimmte Resultate erzielt werden müssen. Ihr Projekt muss bis zum 30. Juni beendet sein. Sie wissen nicht, ob es möglich ist, bis zum 30. Juni fertig zu werden, Sie wissen nur, dass jemand anders es erwartet.

✔ **Ressourcen:** Die Art der Ressourcen, die Menge und wann sie verfügbar bzw. nicht verfügbar sind. Ressourcen sind alles, was Sie brauchen, um die Projektarbeit zu erledigen, z.B. Personal, Geld, Anlagen, Rohstoffe, Produktionsmittel, Informationen etc.

✔ **Aufgabenplanung:** Die Strategien und Methoden zur Durchführung der einzelnen Aufgaben. Sie haben die Aufgabe, die Druckabteilung Ihres Unternehmens so zu organisieren, dass die Bedienungsanleitungen für ein neues System, das gerade entwickelt wird, gedruckt werden kann. Sie wissen noch nicht, wie die Bedienungsanleitung aussieht, wie lang sie ist, wie hoch die Auflage sein soll oder wann sie benötigt wird. Sie können deshalb auch nicht wissen, ob die Druckabteilung in der Lage ist, die Bedienungsanleitungen wunschgemäß zu drucken. Aber Sie wissen, dass zum jetzigen Zeitpunkt jemand in Ihrem Unternehmen erwartet, dass die Druckabteilung diesen Auftrag erledigen kann und dass Sie dafür sorgen sollen, dass sie ihn erledigt.

 Vorsicht mit vagen Einschränkungen. Nicht nur, dass eine ungenaue Einschränkung ein schlechter Anhaltspunkt dafür ist, wie Sie vorgehen sollen, um diese Einschränkung einzuhalten, sondern sie kann für alle Beteiligten sehr demotivierend wirken. Hier ein paar Beispiele:

✔ **Zeitliche Beschränkungen:**

- Vage: »Führen Sie dieses Projekt so schnell wie möglich durch.« Jede Arbeit muss so schnell wie möglich erledigt werden, diese Aussage sagt Ihnen also nichts Neues. Sie haben bei dieser Form der Einschränkung die Befürchtung, dass jemand ohne Vorwarnung plötzlich verlangen könnte, dass das Projekt nun beendet sein müsste.

- Konkret: »Führen Sie dieses Projekt bis zum 30. Juni, 17 Uhr, durch.«

✔ **Ressourcen-Beschränkungen:**

- Vage: »Sie können im Mai die Controllerin zum Teil mit einplanen.« In welchem Umfang können Sie auf diese Controllerin zählen? Und die Controllerin weiß nicht, wie sie die Aufgaben bewältigen soll, die ihr in dieser Zeit übertragen werden, wenn sie nicht weiß, wie viel Zeit jede einzelne in Anspruch nimmt.

- Konkret: »Sie können in den ersten beiden Maiwochen für jeweils vier Stunden täglich die Controllerin einsetzen.« Wenn jemand, der Ihnen eine Einschränkung vorgibt, diese nicht konkret definieren kann, können Sie nicht genau wissen, ob Sie diese Forderung erfüllen können. Je länger man damit wartet, konkrete Angaben zu machen, desto geringer die Wahrscheinlichkeit, dass Sie sich an diese Einschränkung halten und das Projekt trotzdem noch erfolgreich durchführen können.

Feststellen, welche Beschränkungen für Ihr Projekt gelten

Um festzustellen, welche Beschränkungen für ein bestimmtes Projekt gelten, muss man sich auf die Suche nach Fakten machen. Ihre Aufgabe besteht also darin, alle möglichen Informationsquellen ausfindig zu machen und zu prüfen. Sie dürfen nichts übersehen und Sie müssen widersprüchliche Informationen klären. Wenn Sie erst wissen, was man erwartet, können Sie sich daranmachen festzustellen, wie (oder ob) Sie diese Erwartungen erfüllen können. Probieren Sie folgende Vorgehensweisen:

✔ **Befragen Sie die Beteiligten.** Sprechen Sie mit den Drivern über Einschränkungen hinsichtlich der gewünschten Resultate; sprechen Sie mit den Supportern über Einschränkungen hinsichtlich der Arbeitsweise und Ressourcen.

✔ **Lesen Sie noch einmal alle relevanten Unterlagen.** Dazu gehören beispielsweise langfristige Strategiepläne, Jahresbudgets, Kapitalbedarfsermittlungen, Kosten-/Nutzen-Analysen, Machbarkeitsstudien, Berichte über verbundene Projekte, Sitzungsprotokolle und die Zielvereinbarungen einzelner Beteiligter.

✔ **Wenn Sie eine Beschränkung finden, merken Sie sich auch, wer sie formuliert hat.** Wenn Sie sich eine Beschränkung von unterschiedlichen Leuten bestätigen lassen, steigt die Wahrscheinlichkeit, dass sie zutrifft. Gegensätzliche Auffassungen bezüglich Beschränkungen sollten Sie so schnell wie möglich klären.

Beschränkungen in Ihren Plan einarbeiten

Beschränkungen kann man auf unterschiedliche Weise einarbeiten. Man kann sie direkt in den Projektplan aufnehmen. Wenn ein wichtiger Driver sagt, dass Sie mit Ihrem Projekt bis zum 30. September fertig sein müssen, dann können Sie den 30. September als Enddatum für Ihr Projekt festlegen. Da der 30. September der letztmögliche Termin ist, können Sie das Enddatum natürlich auch auf den 31. August festlegen. In diesem Fall beeinflusst diese Einschränkung zwar die Zielvorgabe, aber sie stellt nicht die eigentliche Zielvorgabe dar.

Die zweite Möglichkeit besteht darin, mögliche Risiken, die Ihr Projekt aufgrund einer bestimmten Einschränkung bedrohen, zu ermitteln. Wenn Sie der Meinung sind, dass der gesetzte Abgabetermin zu knapp ist, ist das Risiko, diesen Termin zu überschreiten, sehr groß. Sie sollten dann Pläne entwickeln, die dieses Risiko während der gesamten Projektdauer minimieren und kontrollieren. In Kapitel 14 erfahren Sie, wie man Risiken und Unsicherheiten abschätzt und einplant.

Voraussetzungen ermitteln

Beginnen Sie so früh wie möglich damit, zu überlegen, welche Situationen oder Bedingungen erfüllt sein müssen, damit Sie Ihr Projekt erfolgreich zu Ende bringen können. Die meisten Voraussetzungen beziehen sich auf benötigte Ressourcen. Hier ein paar Beispiele:

✔ **Personal:** »Ich brauche im August für 40 Stunden einen technischen Redakteur.«

✔ **Budget:** »Für Computerzubehör brauche ich ein Budget von 20.000 €«

✔ **Andere Ressourcen:** »Im Juni muss das Testlabor für mich frei sein.«

Seien Sie so konkret wie möglich. Je konkreter Sie sind, desto leichter ist es für andere, Ihre Forderungen zu verstehen, und desto größer die Wahrscheinlichkeit, dass man diese Voraussetzungen erfüllt.

Manchmal kann man solche Voraussetzungen schon sehr früh festlegen. Meistens werden sie aber erst dann erkennbar, wenn man versucht, einen Plan aufzustellen, der die Forderungen der Driver erfüllt. Ihre Liste mit Voraussetzungen wird während der Planungsphase immer länger werden.

Der Umgang mit Unsicherheiten während der Planungsphase

Während der Planungsphase gibt es Situationen und Unsicherheiten, die den Erfolg Ihres Projekts beeinflussen können. Leider genügt es nicht, diese Problemstellen zu identifizieren, um sie zu beseitigen.

Bei jedem Problem, das Sie erkennen, legen Sie fest, von welchen Voraussetzungen Sie jeweils ausgehen wollen, und dann nehmen Sie diese Annahme in den Plan auf. Planen Sie Maßnahmen, die dafür sorgen, dass die gemachten Annahmen Realität werden. Denken Sie doch einmal über folgende Möglichkeiten nach:

✔ **Frage:** Wie viel Geld bekommen Sie für die Durchführung Ihres Projekts zur Verfügung gestellt?

Vorgehensweise: Gehen Sie von 65.000 € für Ihr Projekt aus. Planen Sie Ihr Projekt so, dass Sie nicht mehr als 65.000 € ausgeben. Formulieren Sie detailliert, warum es so wichtig ist, dass Sie ein Projektbudget von 65.000 € zugeteilt bekommen, und geben Sie diese Information an die wichtigsten Entscheider weiter.

✔ **Frage:** Wann bekommen Sie die Erlaubnis, mit dem Projekt zu beginnen?

Vorgehensweise: Gehen Sie davon aus, dass Sie die Freigabe am 1. August bekommen. Planen Sie Ihre Projektarbeit so, dass keine Maßnahmen vor dem 1. August durchgeführt werden. Erklären Sie den wichtigsten Entscheidern, warum es so wichtig ist, dass Ihr Projekt am 1. August beginnt, und arbeiten Sie mit ihnen daran, bis zu diesem Termin die Freigabe zu bekommen.

Wenn Sie den Projekt-Risikoplan ausarbeiten, sollten Sie all diese Annahmen einbeziehen. In Kapitel 14 wird erklärt, wie man Risiken und Unsicherheiten einschätzt und managt.

Einen Projektauftrag entwerfen

Abbildung 2.1 zeigt die systematische Ausarbeitung Ihres Projektauftrags. Wie die Grafik zeigt, sollten Sie folgendermaßen vorgehen, um den Zweck, die Zielvorgaben, die Beschränkungen und Annahmen für Ihr Projekt festzulegen und den Projektauftrag zu formulieren.

1. **Stakeholder identifizieren. Menschen, die an den Ergebnissen Ihres Projekts interessiert sind oder die bei der Durchführung helfen können**

2. **Mit einigen oder allen sprechen und herausfinden, was in ihren Augen möglich und wünschenswert ist**

3. **Parallel zu Schritt 1 und 2 alle schriftlichen Unterlagen über Ihr Projekt noch einmal durcharbeiten.**

4. **Die Informationen aus den persönlichen Gesprächen mit den Unterlagen in Einklang bringen und den Entwurf für den Projektauftrag erstellen.**

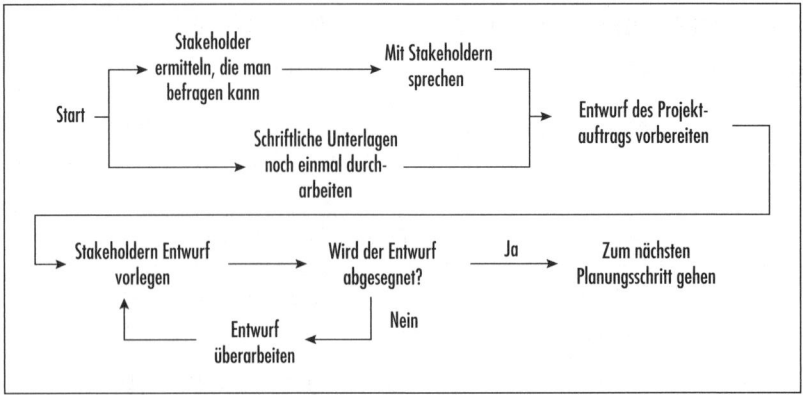

Abbildung 2.1: Einen Projektauftrag entwickeln

5. **Die in Schritt 2 befragten Personen bitten, Ihren Entwurf durchzuarbeiten und formal zu bestätigen (also schriftlich zu genehmigen)**

6. **Wenn die Beteiligten den im Entwurf dargelegten Informationen zustimmen und sich verpflichten, das Projekt zu unterstützen, gehen Sie zum nächsten Planungsschritt.**

7. **Wenn einige oder alle der Befragten Anmerkungen und Vorschläge zu Ihrem Entwurf einbringen, arbeiten Sie sie in einen neuen Entwurf ein und bitten Sie die Beteiligten, das überarbeitete Dokument durchzusehen und formal zu bestätigen.**

8. **Führen Sie diese Schritte durch, bis Ihnen alle erforderlichen Freigaben vorliegen.**

 Es kann passieren, dass einer oder mehrere der Beteiligten Ihren Entwurf selbst nach mehreren Überarbeitungen nicht freigeben. Wenn das der Fall ist und Sie das Gefühl haben, alles getan zu haben, die Vorschläge und Einwände zu berücksichtigen, fragen Sie sich:

Bin ich bereit, auch ohne Unterstützung dieser Personen mit dem Projekt weiterzumachen?

Wenn Ihre Antwort »ja« lautet, machen Sie Folgendes:

1. **Verfassen Sie einen schriftlichen Bericht über Ihre Versuche, die Zustimmung der betreffenden Personen zu bekommen, und geben Sie an, aus welchen Gründen diese Zustimmung verweigert wurde.**

2. **Arbeiten Sie die fehlende Zustimmungen in Ihren Risikoplan ein (in Kapitel 14 erfahren Sie, wie man Risiken erkennt, einschätzt und managt).**

3. **Gehen Sie zum nächsten Planungsschritt.**

Wenn Ihre Antwort »nein« lautet, finden Sie jemanden auf einer höheren Unternehmensebene, der Ihnen hilft, das Problem zu lösen (dies ist der ideale Zeitpunkt, um Ihren Projekt-Champion um Hilfe zu bitten).

Jetzt wird's konkret

In diesem Kapitel

▷ Mit Hilfe einer hierarchischen Unterteilung
   eine Projektstruktur entwickeln

▷ Wissen, welcher Detaillierungsgrad erforderlich ist

▷ Unvorhersehbare Tätigkeiten einplanen

▷ Erfahrungen aus der Vergangenheit in die Projektstruktur einbeziehen

▷ Mit neuen Tätigkeiten umgehen

Die Schlüsselfaktoren erfolgreicher Projektplanung und -durchführung sind Vollständigkeit und Kontinuität. Sie müssen unbedingt alle wichtigen Informationen kennen und im Projektplan berücksichtigen. Sie dürfen während der Projektdurchführung keinen der im Plan festgehaltenen Aspekte vergessen und müssen sich mit jedem einzelnen auseinander setzen. In diesem Kapitel erfahren Sie, wie.

Eine gut strukturierte Beschreibung der Projektaufgabe ist die Grundlage für Zeit- und Ressourcenplanung, Rollenverteilung, Verteilung der Verantwortlichkeiten, Aufgabenverteilung an die Teammitglieder, Ermittlung der wichtigsten Erfolgsmaßstäbe und Organisation des Berichtswesens.

Teile und herrsche!

Wenn ich ein neues Projekt beginne, ist meine größte Sorge immer, ob ich auch alle wichtigen Tätigkeiten, die im Rahmen des Projekts erledigt werden müssen, eingeplant habe. Meine zweitgrößte Schwierigkeit besteht darin, die benötigten Ressourcen und die notwendige Zeit zur Erledigung dieser Aufgaben richtig einzuschätzen. Beide Schwierigkeiten löse ich, indem ich eine logische Struktur entwerfe, in der ich sämtliche Tätigkeiten, die zum Projekterfolg notwendig sind, festlege.

Ein Freund von mir ist ein großer Puzzlefan. Puzzles mit 5.000 Teilen sind für ihn kein Problem – und selbst vor solchen Motiven, bei denen 80% aus Himmel besteht (und alle Teile dieselbe Farbe haben), schreckt er nicht zurück! Aber kürzlich eröffnete er mir, dass er nun wohl doch an seine Grenzen gestoßen sei. Seine Freundin hatte ihm ein 5.000-Teile-Puzzle geschenkt, auf dem die USA abgebildet waren. Als sie ihm das Paket überreichte, machte sie den Vorschlag, er solle doch, bevor er mit der Arbeit beginne, erst einmal prüfen, ob Teile fehlten und wenn ja, welche. Mein Freund lachte los. Er wusste, wie er die fehlenden Teile finden würde: Er würde einfach versuchen, das Puzzle zusammenzusetzen, und falls das Bild lückenhaft wäre und kein Puzzleteil mehr übrig wäre, nun, dann wäre wohl offensichtlich, welche Teile fehlen. Wie sonst hätte er das herausfinden sollen?

Ähnlich ist es Ihnen sicher schon einmal mit einem Projekt gegangen. Nehmen wir beispielsweise einmal an, Sie bekommen den Auftrag, ein Seminarprogramm zu entwickeln und zu präsentieren. Sie und ein paar Kollegen arbeiten einige Monate daran, die Inhalte festzulegen, das Unterrichtsmaterial zu entwerfen, die Dozenten auszuwählen, die Räumlichkeiten zu organisieren und die Teilnehmer einzuladen. Eine Woche vor dem ersten Seminar fragen Sie Ihre Kollegen, ob sie den Druck der Unterlagen in Auftrag gegeben hätten. Ihre Kollegen sagen, dass sie nicht daran gedacht hatten, die Materialien drucken zu lassen; Sie verkünden, dass Sie den Druck ebenfalls nicht in Auftrag gegeben haben, weil Sie davon ausgegangen waren, dass sich Ihre Kollegen um die abschließenden Details kümmern würden. Es stellt sich heraus, dass man versäumt hatte, die Unterrichtsmaterialien drucken zu lassen, weil jeder dachte, ein anderer würde sich darum kümmern. Jetzt stehen Sie da: In einer Woche sollen die Seminare beginnen und Sie haben weder Zeit noch Geld übrig, das notwendige Material drucken zu lassen. Krisenstimmung ist angesagt!

Wie hätte man diese Situation vermeiden können? Indem man in organisierter Form sämtliche notwendigen Aufgaben schon in der Planungsphase festgelegt hätte. Dann hätte man diese wichtige Aufgabe sicher nicht übersehen, sondern mit eingeplant.

In Details denken

Der wichtigste Grundsatz, den man immer im Hinterkopf haben muss, wenn man Projektarbeit beschreibt, ist, in Details zu denken! Ich stelle fest, dass die Leute ständig unterschätzen, wie viel Zeit und Geld sie für die einzelnen Tätigkeiten benötigen, nur, weil sie es nicht schaffen, sämtliche Aufgaben, die erledigt werden müssen, von vornherein einzuplanen.

Stellen Sie sich vor, Sie bekommen den Auftrag, einen Bericht über den Ablauf Ihres letzten Team-Meetings abzugeben. Ihre erste Aufgabe besteht darin, abzuschätzen, wie viel Zeit und Ressourcen Sie für diesen Bericht benötigen. Da Sie schon viele Berichte geschrieben haben, wissen Sie, dass Sie dafür ein paar Tage brauchen. Aber wie sicher sind Sie in dieser Einschätzung? Sind Sie sicher, dass Sie alle Tätigkeiten, die zum Verfassen dieses Berichts gehören, bedacht haben?

Das Zauberwort bei der Aufgabenbeschreibung ist Unterteilung. Man zerlegt eine Aufgabe einfach in ihre Einzelkomponenten. Das Schreiben eines Berichts besteht aus drei einzelnen Tätigkeiten: Einen Entwurf schreiben, den Entwurf überarbeiten und die endgültige Fassung fertig stellen. Die endgültige Fassung fertig zu stellen, besteht wiederum aus zwei separaten Tätigkeiten, so genannten Teiltätigkeiten: Den endgültigen Bericht schreiben und ihn ausdrucken lassen.

Um Aufgaben richtig zu unterteilen, befolgen Sie die folgenden beiden Grundregeln:

✔ **Keine Lücken:** Jede Aufgabe in den einzelnen Projektarbeiten muss in ihren Untereinheiten definiert werden. *Keine Lücken* bedeutet, dass jede Tätigkeit, die zum Verfassen eines Berichts gehört, in ihren drei Teiltätigkeiten formuliert wird. Wenn Sie der Meinung sind, dass noch mehr Tätigkeiten dazugehören, legen Sie eine weitere Unterteilung fest.

✔ **Keine Überschneidungen:** Dieselbe Tätigkeit kann nicht in mehr als einer Untereinheit enthalten sein. Beispielsweise kann man nicht sagen, dass zum Schreiben des Berichts gehört, dass verschiedene Leute erste Entwurfsfassungen überarbeiten müssen, wenn sämtliche Korrekturen unter dem Stichwort Überarbeitung des Entwurfs zusammengefasst sind.

Durch eine derartige Zergliederung sämtlicher Aufgaben werden Sie gezwungen, über die einzelnen Tätigkeiten nachzudenken, die vollzogen werden müssen, um die einzelnen Aufgaben zu erledigen. Auf diese Weise können Sie sicherer sein, dass Sie nicht etwas Wichtiges vergessen haben, und Sie können besser abschätzen, wie viel Zeit und Ressourcen nötig sind, um Ihr Projekt zu beenden.

Hierarchisch denken

In Details zu denken, ist wichtig; genauso wichtig ist es aber, sämtliche Aufgabenpakete zu identifizieren, die für die Vollendung des Projekts nötig sind. Wenn Sie einen wichtigen Bestandteil der Projektarbeit übersehen, können Sie nicht detailliert sein! Ihre Aufgabe ist es, umfassend und gleichzeitig detailliert zu denken.

Das im vorigen Abschnitt erwähnte Puzzle-Dilemma meines Freundes bringt uns zu einer Methode, die Ihnen helfen kann, Ihr Ziel zu erreichen. Mein Freund hätte die Teile zählen können, bevor er mit dem Zusammensetzen begann, um festzustellen, ob ein Teil fehlt. Zu wissen, dass nur 4.999 Teile da sind, hilft ihm aber noch nicht, herauszufinden, welches Teil fehlt. Er braucht eine Struktur, mit der er die 5.000 Teile in kleinere Gruppen unterteilt, die er untersuchen und verstehen kann. Nehmen wir einmal an, mein Freund würde die Vereinigten Staaten in 50 einzelne Puzzle unterteilen, eines für jeden Bundesstaat, das jeweils aus 100 Teilen besteht. Da er weiß, dass die USA aus 50 Bundesstaaten besteht, weiß er, dass jedes Puzzleteil in eine und nur in eine der 50 Schachteln gehört. Nehmen wir an, er geht noch einen Schritt weiter und unterteilt jeden Bundesstaat in einen nordöstlichen, einen nordwestlichen, einen südöstlichen und einen südwestlichen Teil, die jeweils aus 25 Teilen bestehen. Dann könnte er die Anzahl der Teile in jeder Schachtel zählen, um zu sehen, ob eines fehlt. Es wäre viel einfacher festzustellen, welches Teil fehlt, wenn er wüsste, dass es in der Schachtel des nordöstlichen Teils von New Jersey fehlt, als unter den 5.000 Teilen der gesamten USA herauszufinden, welches Teil fehlt.

In Abbildung 3.1 sehen Sie, wie man mit dieser Vorgehensweise eine Aufgabe in ihre Bestandteile zerlegt und die Details Ihrer Projekt-Tätigkeiten beschreibt. Eine Projektstruktur (*Work-
Breakdown-Structure*) ist eine strukturierte, hierarchische Darstellung aller Tätigkeiten, die
im Rahmen Ihres Projekts erledigt werden müssen, und zwar soweit unterteilt, dass die Planung, die Verteilung von Rollen und Verantwortlichkeiten und die laufende Überwachung und
Kontrolle kein Problem mehr sind.

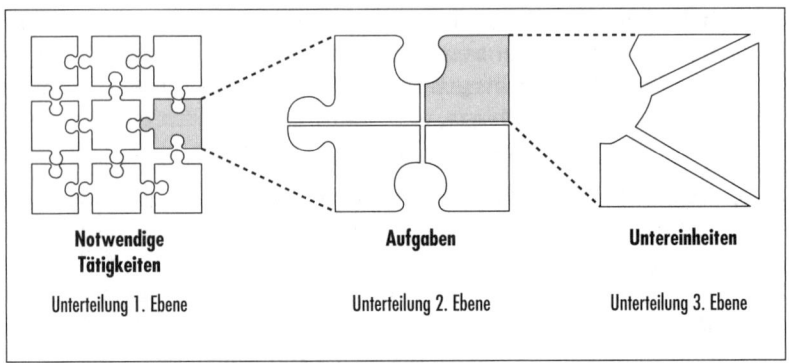

Abbildung 3.1: Eine detaillierte Projektstruktur für sämtliche Projektaufgaben entwickeln

Die unterschiedlichen Unterteilungsstufen umfassen

✔ **1. Ebene:** Notwendige Aufgabenpakete

✔ **2. Ebene:** Aufgabe

✔ **3. Ebene:** Untereinheit

✔ **4. Ebene:** Teil-Untereinheit

Stellen Sie sich vor, Sie sollen ein neues Schulungsprogramm für Ihr Unternehmen entwickeln und vorstellen. Ihre erste Frage muss lauten: »Welche wichtigen Aufgaben müssen erledigt werden, damit dieses Projekt erfolgreich zu Ende geführt wird?« Dabei ermitteln Sie beispielsweise folgende Aufgabenpakete:

✔ Den Bedarf ermitteln

✔ Das Programm entwerfen

✔ Die Unterrichtsmaterialien entwickeln

✔ Das Programm testen

✔ Das Programm vorstellen

Dann nehmen Sie sich die Aufgabe »Den Bedarf ermitteln« vor. Sie fragen: »Welche wichtigen
Tätigkeiten müssen durchgeführt werden, damit dieser Teil der Projektarbeit erledigt wird?«
Sie stellen dann beispielsweise fest, dass Sie Folgendes tun müssen:

✔ Die Personen ermitteln, die Interesse an dem Programm haben

✔ Einige dieser Personen befragen

✔ Unterlagen durcharbeiten, in denen die Notwendigkeit für dieses Programm dargelegt wird

✔ In einem schriftlichen Bericht zusammenfassen, welcher Bedarf mit diesem Programm abgedeckt werden kann

Hören Sie noch nicht auf, Sie sind auf dem richtigen Weg! Nehmen Sie sich die Aufgabe »Einige dieser Personen befragen« vor und fragen Sie wieder: »Welche wichtigen Teiltätigkeiten müssen durchgeführt werden, damit dieser Teil der Projektarbeit erledigt wird?« Sie legen fest, dass dafür Folgendes notwendig ist:

✔ Die Personen auswählen, die befragt werden sollen

✔ Die Fragen vorbereiten, die Sie diesen Personen stellen wollen

✔ Die Gespräche zeitlich planen

✔ Die Befragungen durchführen

✔ Die Ergebnisse der Befragungen erfassen

Aber warum wollen Sie hier schon aufhören? Sie können jede dieser fünf Tätigkeiten wiederum in feinere Detailtätigkeiten unterteilen. Und dann können Sie diese Tätigkeiten in noch detailliertere unterteilen. Wie weit sollen Sie dieses Spiel spielen? Der folgende Abschnitt gibt Ihnen einen Anhaltspunkt.

Drei Kernfragen

Es ist keinesfalls leicht, zu entscheiden, wie weit man ins Detail gehen soll. Auch erfahrene Projektmanager haben manchmal Probleme sich zu entscheiden, wann es genug ist. Eine Kundin berichtete mir von einem Fall, den sie kurz zuvor erlebt hatte. Ihr Chef hatte ihr die Aufgabe übertragen, ihre Arbeit für die nächsten 12 Monate zu planen, indem sie ihre voraussichtlichen Aufgaben in 20-Minuten-Intervalle teilen sollte! Sie ist eine starke Verfechterin des organisierten Projektmanagements, aber sie fragte sich doch, ob das Ganze nicht ein bisschen zu weit ging.

Sie sollten Ihre Arbeit detailliert genug beschreiben, um dadurch eine genaue Planung und ausreichende Überwachung zu ermöglichen, aber nicht so detailliert, dass die zusätzliche Zeit, die Sie in die Ausarbeitung und Einhaltung Ihrer Pläne und die Überwachung Ihres Leistungsfortschritts investieren, nicht mehr gerechtfertigt ist. Eine Möglichkeit, festzustellen, ob eine Aufgabe detailliert genug unterteilt wurde, ist, besteht darin, sich die folgenden drei Fragen stellen:

✔ Können Sie ganz genau abschätzen, welche Ressourcen Sie benötigen, um die beschriebene Aufgabe auszuführen? Zu den Ressourcen gehören Personal, Anlagen, Rohstoffe, Geld, Betriebsmittel, Informationen etc.

✔ Können Sie genau abschätzen, wie lange die Durchführung der Tätigkeit dauern wird?

✔ Wenn Sie die Tätigkeit jemand anderes übertragen müssten, könnten Sie sicher sein, dass er oder sie genau wüsste, was zu tun ist?

Wenn Sie eine dieser Fragen mit »nein« beantworten, unterteilen Sie die Aufgabe weiter.

Wie Sie diese Fragen beantworten, hängt davon ab, wie vertraut Sie mit der zu erledigenden Aufgabe sind, wie wichtig diese Aufgabe für den gesamten Projekterfolg ist, was passieren würde, wenn bei dieser Arbeit etwas schief gehen würde, wer die Aufgabe erledigen soll, wie gut Sie diese Person kennen und so weiter. Mit anderen Worten, es hängt von Ihrer persönlichen Einschätzung ab.

 Wenn Sie mit der Beantwortung dieser Fragen noch Probleme haben, probieren Sie diese etwas einfachere Übung: Unterteilen Sie die Aufgabe noch weiter, wenn Sie den Eindruck haben, dass

✔ sie erheblich mehr Zeit als zwei Wochen in Anspruch nimmt

✔ sie erheblich mehr Arbeitszeit als 80 Personenstunden in Anspruch nimmt

Vergessen Sie nicht, dies sind nur Anhaltspunkte. Wenn Sie schätzen, dass Sie für einen Bericht eine Woche und drei Tage brauchen, dann ist das detailliert genug. Und wie ist es mit zwei Wochen und zwei Tagen? Auch das ist detailliert genug. Aber was ist, wenn Sie schätzen, dass Sie ungefähr zwei bis drei Monate brauchen, um die Anforderungen für Ihr neues Projekt zu erfüllen? Dann müssen Sie die Aufgabe weiter unterteilen, weil in diesen zwei bis drei Monaten zu viele unvorhergesehene Dinge passieren können, so dass Sie nicht mit Gewissheit abschätzen können, wie viel Zeit und Ressourcen Sie benötigen. Außerdem wird es schwierig, diese Aufgabe jemand anders zu übertragen.

Konkrete Arbeitsplanung mithilfe von Annahmen

Es kommt sicher manchmal vor, dass Sie der Meinung sind, eine bestimmte Aufgabe noch nicht ausreichend unterteilt zu haben, aber es ist unmöglich, sie detaillierter zu definieren, weil bestimmte Faktoren noch unsicher sind. Wie Sie dieses Dilemma lösen? Ganz einfach: indem Sie von Annahmen ausgehen!

Stellen Sie sich beispielsweise vor, »Befragungen durchführen« müsste noch weiter unterteilt werden, damit Sie genau abschätzen können, wie viel Zeit und Ressourcen Sie für die Erledigung dieser Aufgabe brauchen. Leider können Sie nicht weiter ins Detail gehen, weil Sie nicht wissen, wie viele Personen Sie befragen werden und wie viele unterschiedliche Fragenkataloge Sie durchgehen wollen. Wenn Sie davon ausgehen, dass Sie fünf Gruppen mit jeweils sieben Personen befragen, können Sie einen konkreten Plan zur Vorbereitung und Durchführung dieser Befragung ausarbeiten.

 Denken Sie daran, sämtliche Annahmen schriftlich festzuhalten, damit Sie nicht vergessen, Ihren Plan entsprechend zu modifizieren, falls sich herausstellt, dass Sie mehr oder weniger als fünf Gruppen befragen werden. In Kapitel 2 finden Sie weitere Informationen darüber, wie man Annahmen formuliert.

Die letzte Gliederungsstufe mit Verben formulieren

In der letzten Gliederungsstufe sollten Sie konkrete Verben verwenden, um deutlich zu machen, welche Handlung genau durchgeführt werden soll. Mit solchen klaren Aussagen sparen Sie Zeit und Ressourcen, erleichtern die Aufgabenverteilung an Teammitglieder, die Projektüberwachung und das Berichtswesen.

 Stellen Sie sich vor, die Aufgabe lautet, einen Bericht zu erstellen. Nehmen wir an, Sie haben sich dazu entschieden, dieses Projekt in drei Tätigkeiten zu unterteilen: Entwurf, Überarbeitung, Endfassung. Wenn das die einzige Beschreibung ist, die Sie liefern, haben Sie nicht deutlich gemacht, ob Sie unter Entwurf alle oder einige der folgenden Tätigkeiten verstehen:

✔ Informationen für den Entwurf sammeln

✔ Länge und Formatanforderungen sowie Beschränkungen festlegen

✔ Einen handschriftlichen Entwurf fertigen

✔ Den Entwurf Korrektur lesen

Wenn Sie die Aufgabe mit »Den Entwurf formulieren und handschriftlich notieren« beschrieben hätten, wäre der geforderte Arbeitsumfang klarer gewesen.

Die Projektstruktur (Work-Breakdown-Structure) für kleine und große Projekte

Eine so genannte Work-Breakdown-Structure müssen Sie für sehr große und sehr kleine Projekte entwickeln und für alles, was dazwischen liegt. Ein Hochhaus zu bauen, ein neues Flugzeug zu entwerfen, ein neues Medikament zu entwickeln und das Informationssystem Ihres Unternehmens umzustrukturieren – all diese Projekte können in einer Projektstruktur beschrieben werden. Aber auch das Verfassen eines Berichts, die Planung und Durchführung einer Sitzung, die Koordination des jährlichen Blutspendetermins und der Umzug in neue Büroräume kann in einer solchen Projektstruktur festgehalten werden. Der Umfang der Projektstruktur für diese unterschiedlichen Projekte weicht erheblich voneinander ab, aber das hierarchische Muster, mit dem sie entwickelt werden, ist dasselbe.

 Es kann vorkommen, dass Sie sich Ihre detaillierte Projektstruktur ansehen und feststellen, dass das Projekt komplexer aussieht, als es in Wirklichkeit ist. Na ja, wenn man 100 Aufgabenpakete schriftlich beschreiben soll, kann das schon ein bisschen nervig sein, mal ganz abgesehen von den 10.000 Einzeltätigkeiten, aus

denen sie bestehen! Diese Komplexität ist aber die ganze Zeit über vorhanden; mit der Projektstruktur wird sie lediglich sichtbar. Tatsache ist, dass Sie dadurch, dass Sie sämtliche Aspekte der zu erledigenden Aufgaben ausformulieren, das Projekt vereinfachen.

Ein Beispiel

Schauen Sie sich doch einmal im Rahmen eines Beispiels an, wie Sie mithilfe einer Projektstruktur besser abschätzen können, wie viel Zeit Sie zur Beendigung der Arbeit benötigen. In Abbildung 3.2 ist ein Teil der Tätigkeiten, die notwendig sind, wenn man bestimmte Informationen aus unterschiedlichen Bevölkerungsgruppen sammeln möchte, in einer Projektstruktur dargestellt.

Nehmen wir an, Ihr Chef bittet Sie, abzuschätzen, wie lange Sie dafür brauchen, eine Befragung durchzuführen, um herauszufinden, welche Merkmale ein Produkt, das entwickelt werden soll, haben muss. Nach kurzer Überlegung schätzen Sie, dass Sie mit den Leuten in der Hauptniederlassung und in zwei Regionalniederlassungen sowie mit einem repräsentativen Querschnitt der aktuellen Kunden sprechen müssen. Sie sagen Ihrem Chef, »zwischen einem und sechs Monaten«.

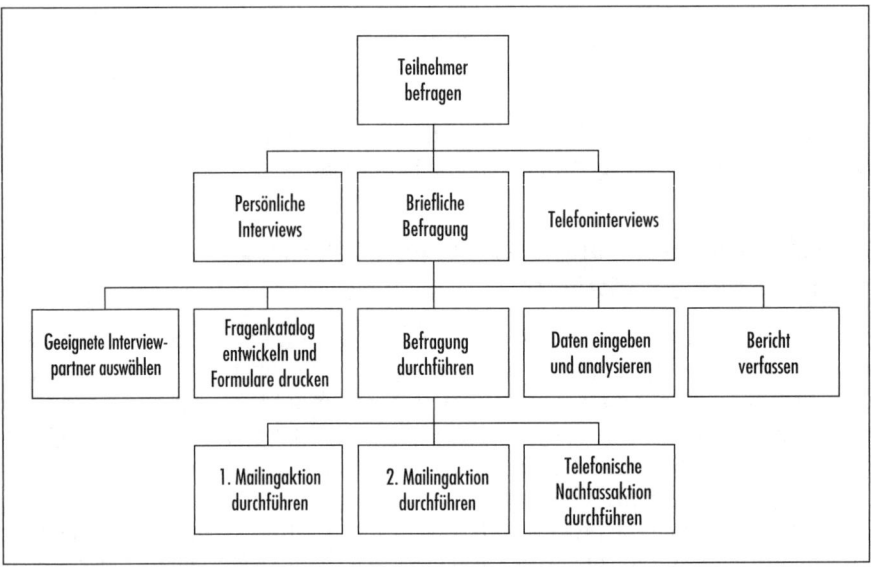

Abbildung 3.2: Eine Projektstruktur für die Durchführung der Umfrage entwickeln

Haben Sie auch schon einmal festgestellt, dass viele ein Problem damit haben, wenn man ihnen auf die Frage, wie lange etwas dauert, mit »Zwischen einem und sechs Monaten« antwortet? Sie sind der Meinung, dass Sie Ihr Ziel erreicht haben, wenn Sie in weniger als sechs Monaten fertig werden; Ihr Chef erwartet, dass Sie, wenn Sie sich ein bisschen anstrengen, in einem Monat fertig sein müssten. In Wirklichkeit haben Sie keine Ahnung, wie lange es dauern wird, weil Sie noch nicht genau wissen, aus welchen Tätigkeiten die Aufgabe im Einzelnen besteht.

Mit der Ausarbeitung einer Projektstruktur werden Sie gezwungen, ein klares Bild von dem zu entwickeln, was Sie tun müssen, und somit auch zu erkennen, wie lange es dauert. Als Erstes beschließen Sie, drei verschiedene Arten von Befragungen durchzuführen: persönliche Interviews mit Personen aus der Hauptniederlassung, telefonische Befragungen mit Personen aus den beiden Regionalniederlassungen und die schriftliche Befragung einer Auswahl von Kunden. Alle drei Befragungen müssen weiter unterteilt werden, aber gehen wir einmal davon aus, Sie konzentrieren sich lediglich auf die schriftliche Befragung. Jemand, der schon einmal eine Befragung per Brief durchgeführt hat, würde Ihnen sagen, dass man dazu fünf Tätigkeiten erledigen muss:

✔ **Eine repräsentative Gruppe von Kunden auswählen, die befragt werden soll:** Sie schätzen, dass es eine Woche dauert, bis Sie die richtigen Kunden ausgewählt haben, vorausgesetzt, dass es in der Vertriebsabteilung eine aktuelle Liste mit allen Firmenkunden gibt. Sie überprüfen das und die gewünschte Liste ist vorhanden.

✔ **Einen Fragebogen entwickeln und drucken lassen:** Sie haben Glück. Eine Kollegin erzählt Ihnen, dass sie der Meinung ist, eine ähnliche Befragung wäre schon einmal vor einem Jahr mit einer anderen Zielgruppe durchgeführt worden und es müssten noch irgendwo alte Fragebogen herumliegen. Sie finden heraus, dass in einem Lager noch 1000 dieser Fragebogen liegen, und als Sie sie überprüfen, stellen Sie fest, dass diese Fragebogen für Ihre Befragung perfekt geeignet sind. Wie viel Zeit benötigen Sie für die Entwicklung und den Druck der Fragebogen? Keine!

✔ **Den Fragebogen verschicken und die Antworten sammeln:** Sie sprechen mit den Verantwortlichen, die solche Befragungen schon einmal durchgeführt haben, und finden heraus, dass Sie die Durchführung der Befragung in drei Phasen vornehmen sollten, wenn Sie mit einer Rücklaufquote von 70% leben können: Den ersten Teil der Fragebogen verschicken und vier Wochen lang die Rückläufe sammeln. Dann den zweiten Teil der Fragebogen verschicken und wieder vier Wochen warten. Und schließlich muss zwei Wochen lang eine telefonische Nachfassaktion bei den Befragten durchgeführt werden, die noch immer nicht geantwortet haben.

✔ **Erfassen und Auswerten der Daten:** Sie schätzen, dass es ungefähr zwei Wochen dauert, die Datenmenge, mit der Sie rechnen, zu erfassen und auszuwerten.

✔ **Den Abschlussbericht erstellen:** Sie schätzen, dass Sie für die Erstellung des Abschlussberichts zwei Wochen brauchen.

Sie schätzen, dass Sie die schriftliche Befragung in einem Zeitraum von 15 Wochen durchführen können. Da Sie detailliert aufgelistet haben, welche Arbeiten erledigt werden müssen und wie Sie sie erledigen wollen, können Sie den zeitlichen Umfang nicht nur leichter abschätzen, sondern Ihre Schätzung ist auch zuverlässiger.

Ausnahmesituationen

Mit ein bisschen Überlegung kann man die meisten Aufgaben in einzelne Komponenten unterteilen. Es gibt jedoch einige Ausnahmefälle, die ein bisschen Kreativität erfordern.

Sich wiederholende Tätigkeiten

Nehmen wir einmal an, Sie sollen eine Aufgabe erledigen, für die eine unbekannte Anzahl von sich wiederholenden Zyklen notwendig ist, beispielsweise die Freigabe eines Berichts, den Sie verfasst haben. Wenn diejenigen, die den Bericht überarbeiten sollen, ihn genehmigen, gehen Sie zur nächsten Tätigkeit über (z.B. die Endversion zu schreiben). Wenn die Korrektoren den Bericht nicht genehmigen, müssen Sie deren Korrekturen einarbeiten und den Bericht ein zweites Mal vorlegen. Wenn er jetzt genehmigt wird, können Sie zur nächsten Tätigkeit übergehen; wenn nicht, müssen Sie ihn noch einmal überarbeiten usw.

 Eine *Konditionalaufgabe* ist eine Aufgabe, die ausgeführt wird, wenn bestimmte Bedingungen eintreten. Leider kann man in einer Projektstruktur keine Konditionalaufgaben darstellen. Jede Tätigkeit, die in den Plan aufgenommen wird, wird auch durchgeführt. Deshalb kann man solche Fälle nur auf zwei verschiedene Arten darstellen.

✔ Sie können eine Gesamtaufgabe als »Bericht Korrektur lesen/überarbeiten« definieren und dieser Aufgabe eine feste Dauer zuordnen. Man könnte also sagen, dass man beliebig viele Wiederholungszyklen durchführen kann, solange man innerhalb dieser Zeitvorgabe bleibt.

✔ Man kann die Anzahl der Überarbeitungsgänge schätzen, die wahrscheinlich notwendig ist, um die Freigabe zu bekommen, und jeden dieser Durchgänge in der Projektstruktur als einzelne Tätigkeit definieren. Mit diesem Ansatz wird nach jedem Überarbeitungsgang ein Meilenstein festgelegt, mit dessen Hilfe eine genauere Fortschrittsüberwachung möglich ist.

Wenn Sie mit drei Änderungsgängen rechnen, heißt das noch lange nicht, dass der Bericht auch wirklich nach der dritten Überarbeitung genehmigt wird. Wenn Ihr Entwurf schon nach dem ersten Durchlauf freigegeben wird, können Sie sofort zur nächsten Aufgabe übergehen (das heißt, Sie führen nicht noch zwei weitere Änderungsgänge durch, nur weil Sie sie eingeplant haben!). Wenn Sie aber auch nach der dritten Überarbeitung noch keine Freigabe haben, überarbeiten Sie das Dokument so lange und legen es immer wieder vor, bis Sie die Freigabe erhalten. Natürlich müssen Sie, wenn Sie die Freigabe endlich bekommen haben, dann noch einmal Ihren Plan dahingehend überprüfen, ob diese zusätzlichen Änderungsgänge Auswirkungen auf weitere Tätigkeiten haben und/oder ob der Zeitplan und die Budgets noch eingehalten werden können.

 Seien Sie sich immer darüber im Klaren, dass ein Plan keine Garantie für die Zukunft ist; er besagt lediglich, was Sie zu erreichen versuchen. Wenn Sie Ihren Plan nicht einhalten können, müssen Sie ihn umgehend und entsprechend den neuen Gegebenheiten modifizieren.

Eine Aufgabe erledigen, die sich nicht unterteilen lässt

Manchmal gibt es keine erkennbare Möglichkeit, eine Aufgabe in Zweiwochen-Intervalle zu unterteilen. Und manchmal erscheint das auch nicht notwendig. Trotzdem sollten Sie auch diese Tätigkeiten in kleinere Teile unterteilen, nur, um Sie daran zu erinnern, dass Sie in regelmäßigen Abständen überprüfen müssen, ob die ursprünglichen Schätzungen für das Gesamtprojekt hinsichtlich des Zeitrahmens und der Ressourcen noch zutreffen.

 Vor einer Reihe von Jahren lernte ich in einem meiner Seminare einen jungen Ingenieur kennen. Schon kurze Zeit nach dem Seminar bekam er den Auftrag, für einen Kunden eine Anlage zu entwickeln und zu installieren. Als er in der Einkaufsabteilung nach den Rohmaterialien für diese Anlage fragte, wurde ihm gesagt, dass das Material in sechs Monaten geliefert werden würde. Man bat ihn, die Einkaufsabteilung zu benachrichtigen, falls er die Materialien bis zum zugesagten Termin noch nicht erhalten hätte. Da er jung und unerfahren und noch nicht lange im Unternehmen war, traute er sich nicht, etwas gegen diese »eingefahrene Vorgehensweise« zu unternehmen. Also wartete er sechs Monate.

Als er nach sechs Monaten sein Material immer noch nicht hatte, informierte er die Einkaufsabteilung. Der Chefeinkäufer bekam heraus, dass es fünf Monate zuvor bei dem betreffenden Lieferanten einen Brandschaden gegeben hatte und die Produktion unterbrochen war. Die Produktion war gerade eine Woche zuvor wieder aufgenommen worden und der Lieferant schätzte, dass die Lieferung in ungefähr fünf Monaten erfolgen könnte.

In seiner Projektstruktur war die Tätigkeit »Rohmaterial einkaufen« lediglich als eine einzige Tätigkeit mit einer einzigen Dauer von sechs Monaten aufgenommen. Er argumentierte, dass ja, nachdem er die Bestellung aufgegeben hatte, fünfeinhalb Monate lang nichts weiter passierte. Erst dann würde die Arbeit an seiner Bestellung beginnen und das Rohmaterial würde in zwei Wochen ausgeliefert werden. Wie sollte er diese Aufgabe weiter unterteilen?

Ich schlug vor, dass er ja die Wartezeit in Intervalle von einem Monat hätte unterteilen können und er hätte am Ende jedes Monats prüfen können, ob in der Zwischenzeit etwas passiert war, das den Endtermin des Projekts beeinflussen könnte. Durch diese Rückversicherung hätte er zwar das Feuer nicht verhindern, aber schon fünf Monate früher davon erfahren und sofort seinen Plan ändern können.

Ein langfristiges Projekt

Ein langfristiges Projekt stellt eine ganz andere Herausforderung dar. Oft hängen die Aufgaben, die Sie in einem Jahr oder noch später erledigen müssen, von Ergebnissen von Tätigkeiten ab, die Sie vorher erledigen müssen. Selbst wenn Sie heute schon mit Sicherheit vorhersagen könnten, wie diese Aufgaben gelöst werden, ändert es nichts an der Tatsache, je weiter Sie in die Zukunft planen, desto größer ist die Wahrscheinlichkeit, dass sich etwas ändert und Sie Ihre Pläne modifizieren müssen.

Wenn Sie eine Projektstruktur für langfristige Projekte entwickeln, tun Sie dies in verschiedenen Phasen.

✔ Legen Sie detailliert (also in Tätigkeiten, die in höchstens zwei Wochen erledigt werden können) den Plan für die ersten drei Monate fest.

✔ Planen Sie den Rest des Projekts etwas weniger detailliert, vielleicht in Abschnitten, die zwischen einem und zwei Monaten dauern.

✔ Am Ende der ersten drei Monate überprüfen Sie noch einmal Ihren ursprünglichen Plan und unterteilen Sie die Aufgaben für die nächsten drei Monate in Teiltätigkeiten, die ebenfalls innerhalb von zwei Wochen erledigt werden können.

✔ Wenn notwendig, modifizieren Sie auf der Grundlage der Arbeit der ersten drei Monate die in der Zukunft zu erledigenden Tätigkeiten.

✔ Überarbeiten Sie Ihren Plan während des gesamten Projekts immer wieder in dieser Form.

Wie Sie Ihre Projektstruktur erstellen und veröffentlichen

Man kann eine Projektstruktur auf unterschiedliche Art und Weise entwickeln und bekannt machen. Jede dieser Vorgehensweisen ist in bestimmten Situationen effektiv.

Unterschiedliche Wege, eine Aufgabe zu unterteilen

Man kann eine Aufgabe folgendermaßen unterteilen:

✔ **Nach Produktkomponenten:** Grundriss, Unterrichtsmaterial, Screendesign oder Werbematerial

✔ **Funktionen:** Design, Produkteinführung, Überarbeitung, Test

✔ **Geografische Bereiche:** Region 1 oder Nordwest

✔ **Organisatorische Einheiten:** Marketing, Arbeitsvorbereitung, Fertigung

Am geläufigsten sind die Unterteilungen nach Produktkomponenten und Funktionen.

 Wenn Sie sich für ein Unterteilungsprinzip entschieden haben, bleiben Sie bei diesem Prinzip, um Überschneidungen innerhalb der Kategorien zu vermeiden.

Stellen Sie sich vor, Sie sollen die Aufgabe »Bericht erstellen« weiter unterteilen. Sie könnten sie nach Funktionen folgendermaßen unterteilen:

✔ Entwurf schreiben

✔ Entwurf überarbeiten lassen

✔ Endgültige Fassung des Berichts schreiben

Oder Sie könnten diese Aufgabe nach Komponenten unterteilen, nämlich folgendermaßen:

✔ Kapitel 1

✔ Kapitel 2

✔ Kapitel 3

 Auf jeden Fall sollten Sie diese Aufgabe nicht nach unterschiedlichen Kriterien unterteilen, z.B.:

✔ Kapitel 1

✔ Kapitel 2

✔ Kapitel 3

✔ Entwurf überarbeiten lassen

✔ Endgültige Fassung des Berichts schreiben

Eine derartige Unterteilung ist verwirrend, weil die Aufgabe »Endgültige Fassung von Kapitel 3 schreiben« in die beiden Kategorien – »Kapitel 3« oder »Endgültige Fassung des Berichts schreiben« – eingeordnet werden könnte.

Wenn Sie sich für ein Unterteilungsprinzip entscheiden, bedenken Sie folgende Faktoren:

✔ **Welche übergeordneten Meilensteine sind am wichtigsten, wenn ein Fortschrittsbericht abgegeben werden soll?** Ist es besser zu berichten, dass sämtliche Arbeiten an Kapitel 1 fertig sind, oder dass sämtliche Arbeiten für den gesamten Entwurf des Berichts getan sind?

✔ **Wie wird die Verantwortung verteilt?** Ist eine Person für den Entwurf, die Überarbeitung und Fertigstellung von Kapitel 1 verantwortlich oder ist eine Person für den Entwurf aller Kapitel zuständig?

✔ **Wie wird die Arbeit tatsächlich durchgeführt?** Wird der Entwurf, die Überarbeitung und die Fertigstellung von Kapitel 1 tatsächlich getrennt von denselben Tätigkeiten für Kapitel 2 behandelt oder wird der Entwurf, die Überarbeitung und die Fertigstellung aller Kapitel gleichzeitig erledigt?

Die richtige Erfassung von Informationen in der Projektstruktur (Work-Breakdown-Structure)

In Abbildung 3.3 sehen Sie, wie man die Einträge in eine Projektstruktur sinnvoll nummeriert.

✔ Die erste Zahl bezeichnet das Aufgabenpaket, der die Tätigkeit zugeordnet wird

✔ Die Zahl nach der ersten bezieht sich auf die Tätigkeit, der diese Arbeit zugeordnet wird

✔ Die dritte Zahl bezeichnet die Teiltätigkeit, unter der diese Tätigkeit aufgeführt wird

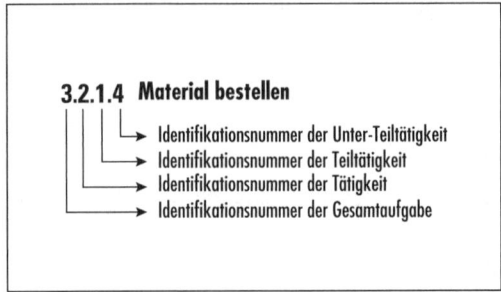

Abbildung 3.3: Ein nützliches Schema zur Identifikation der Tätigkeiten in einer Projektstruktur (Work-Breakdown-Structure)

Stellen Sie sich die in Abbildung 3.3 dargestellte Tätigkeit vor:

3.2.1.4 Material bestellen

Diese Tätigkeit ist Unter-Teiltätigkeit 4 unter Teiltätigkeit 1 unter Tätigkeit 2 unter der Gesamtaufgabe 3. Mit diesem Schema können Sie ganz leicht erkennen, wohin die einzelnen Tätigkeiten in der Projektstruktur gehören.

Die Projektstruktur (Work-Breadown-Structure) entwickeln

Wie Sie Ihre Projektstruktur entwickeln, hängt davon ab, wie vertraut Sie und Ihr Team mit Ihrem Projekt sind, ob in der Vergangenheit ähnliche Projekte von Ihnen erfolgreich durchgeführt wurden und wie viele neue Methoden und Vorgehensweisen eingesetzt werden. Entscheiden Sie sich – je nach den Merkmalen Ihres Projekts – für eine der beiden folgenden Vorgehensweisen:

✔ **Top down:** Beginnen Sie auf der oberen Ebene und erarbeiten Sie systematisch für alle Tätigkeiten immer detailliertere Stufen

✔ **Brainstorming:** Schreiben Sie alle notwendigen Tätigkeiten, die Ihnen einfallen, auf und dann gruppieren Sie sie in unterschiedlichen Kategorien

 In beiden Fällen eignet sich die Verwendung einer Pinwand mit Metaplan-Kärtchen oder Klebezetteln. Schreiben Sie die Tätigkeiten in der Reihenfolge, wie sie Ihnen einfallen, auf, und heften Sie sie an die Wand. Fügen Sie weitere hinzu, entfernen sie welche und gruppieren Sie sie um, während Sie den Projektverlauf durchplanen. Diese Methode erlaubt eine offene Diskussion über Ideen und hilft allen, genau zu verstehen, welche Tätigkeiten im Einzelnen erforderlich sind.

Top-down-Methode

Bei Projekten, die Ihnen und den anderen Teammitgliedern vertraut sind, benutzen Sie die Top-down-Methode. Gehen Sie folgendermaßen vor:

1. **Legen Sie fest, welche Aufgaben für das gesamte Projekt erledigt werden müssen.**

2. **Legen Sie fest, welche Tätigkeiten erforderlich sind, um die Aufgaben zu erledigen.**

3. **Legen Sie – wo notwendig – die Teiltätigkeiten fest, die für die Durchführung der Tätigkeiten notwendig sind.**

4. **Fahren Sie so fort, bis Sie das gesamte Projekt ausreichend unterteilt haben.**

Brainstorming-Methode

Die Brainstorming-Methode sollten Sie für Projekte einsetzen, bei denen neue Methoden und Vorgehensweisen eingesetzt werden sollen, oder bei solchen, die Sie und Ihr Team noch nie durchgeführt haben.

1. **Notieren Sie in einer Liste alle Aufgaben, die für dieses Projekt erledigt werden müssen:**

   ◈ Achten Sie noch nicht auf Überschneidungen oder den Detaillierungsgrad.

   ◈ Diskutieren Sie nicht über die Formulierung oder andere Details.

   ◈ Beurteilen Sie nicht, ob eine Aufgabe angemessen ist oder nicht.

   ◈ Schreiben Sie alles auf!

2. **Arbeiten Sie die Liste noch einmal durch und ordnen Sie die Aufgaben in ein paar Hauptkategorien mit gemeinsamen Merkmalen.**

   Dies sind dann Ihre zu erledigenden Aufgaben.

3. **Wenn notwendig, ordnen Sie die Tätigkeiten unter bestimmten Aufgaben in eine kleine Anzahl Untertätigkeiten.**

4. **Schauen Sie sich die einzelnen Kategorien, die Sie festgelegt haben, noch einmal an und stellen Sie mit dem Top-down-Verfahren fest, ob Sie weitere notwendige Tätigkeiten übersehen haben.**

Unterschiedliche Darstellungsformen der Projektstruktur (Work-Breakdown-Structure)

Um die Projektstruktur darzustellen, gibt es unterschiedliche Möglichkeiten.

Der Projekt-Strukturplan

In Abbildung 3.4 sehen Sie, wie Sie Ihre Projektstruktur in einem Projekt-Strukturplan dar-stellen können. Diese Darstellungsform bietet einen Überblick über Ihr Projekt und die hierar-chischen Beziehungen zwischen den unterschiedlichen Aufgaben (und evtl. Tätigkeiten) auf den obersten Ebenen. Da diese Darstellungsform sehr viel Platz in Anspruch nimmt, ist sie für die Visualisierung einer großen Anzahl von Tätigkeiten weniger gut geeignet.

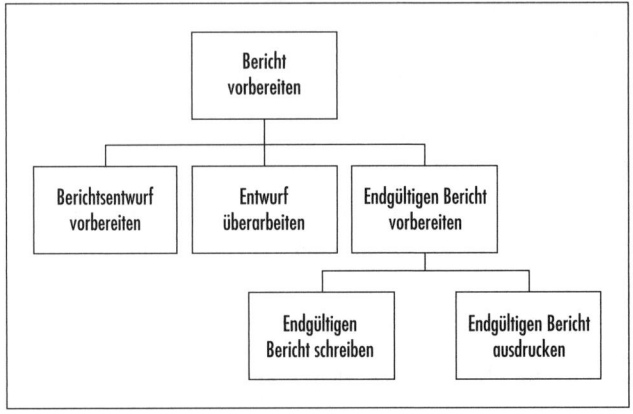

Abbildung 3.4: Visualisieren Sie Ihre Projektstruktur in einem Projekt-Strukturplan.

Die abgestufte Gliederung

Eine andere Möglichkeit, Ihre Projektstruktur darzustellen, ist in Abbildung 3.5 dargestellt – die so genannte abgestufte Gliederung. Eine komplexe Projektstruktur mit vielen Einzel-Tä-tigkeiten ist leichter zu lesen und zu verstehen, wenn sie in dieser Form dargestellt wird.

> **Bericht vorbereiten**
>
> 1.0 Berichtsentwurf vorbereiten
> 2.0 Entwurf überarbeiten
> 3.0 Endgültigen Bericht vorbereiten
>   3.1 Endgültigen Bericht schreiben
>   3.2 Endgültigen Bericht ausdrucken

Abbildung 3.5: Die Darstellung der Projektstruktur in einer abgestuften Gliederung

Bei besonders großen Projekten können Sie auch eine Kombination aus Projekt-Strukturplan und abgestufter Gliederung verwenden. Die Aufgaben und möglicherweise die Tätigkeiten können Sie in einem Strukturplan festlegen und die Unterteilung der einzelnen Tätigkeiten in einer abgestuften Gliederung.

Cluster-Darstellung

Die in Abbildung 3.6 gezeigte Cluster-Darstellung eignet sich besonders gut zur Unterstützung von Brainstorming-Prozessen. Man liest so eine Cluster-Darstellung folgendermaßen:

✔ Der Kreis in der Mitte symbolisiert das gesamte Projekt.

✔ Die Linien führen vom mittleren Kreis zu den einzelnen Aufgaben.

✔ Die Linien von den Aufgaben führen zu den Tätigkeiten, die für diese Aufgaben notwendig sind.

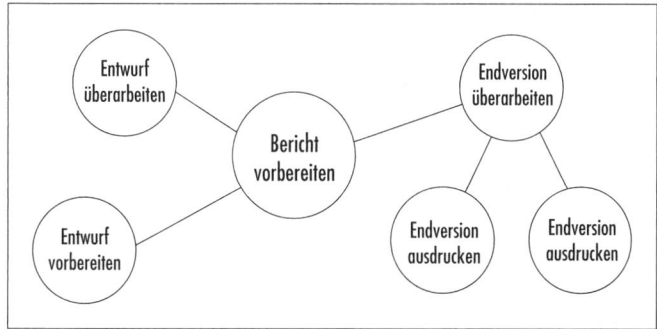

Abbildung 3.6: Die Projektstruktur im Rahmen einer Cluster-Darstellung visualisieren

Diese freie Cluster-Darstellung erlaubt es, Ideen, die im Rahmen eines Brainstormings gesammelt werden, gut einzuarbeiten. Man kann die einzelnen Aktivitäten auch zu einem späteren Zeitpunkt umsortieren.

 Das Cluster-Diagramm ist nicht dazu geeignet, Ihre Projektstruktur Außenstehenden vorzustellen, die das Projekt nicht kennen. Setzen Sie die Cluster-Darstellung ein, um die Work Breakdown Structure Ihres Projekts zu entwickeln, aber dann sollten Sie sie in einen herkömmlichen Projekt-Strukturplan oder eine abgestufte Gliederung übertragen, wenn Sie sie anderen vorstellen wollen.

Ein paar Tipps und Hinweise

Um die Qualität Ihrer Projektstruktur zu verbessern und den Nutzen zu erhöhen, halten Sie sich an folgende Grundsätze:

✔ **Beziehen Sie die Personen, die später die eigentliche Arbeit erledigen sollen, in die Entwicklung der Projektstruktur mit ein.** Beziehen Sie sie, wenn möglich, schon bei den allerersten groben Planungen mit ein. Wenn diese Personen erst zu dem Projekt stoßen, nachdem die Pläne fertig sind, bitten Sie sie, sich die Projektstruktur anzusehen, gegebenenfalls zu überarbeiten und Kommentare abzugeben, bevor sie mit der eigentlichen Arbeit beginnen.

✔ **Holen Sie sich Informationen aus anderen Projektstruktur von ähnlichen Projekten und integrieren Sie sie so weit möglich.** Schauen Sie sich Pläne an, reden Sie mit Leuten, die in ähnlichen Projekten wie dem Ihren gearbeitet haben. Beziehen Sie die so gewonnenen Informationen in die Projektstruktur mit ein.

✔ **Aktualisieren Sie Ihre Projektstruktur regelmäßig.** Wenn Sie im Verlaufe des Projekts Tätigkeiten hinzufügen, streichen oder ändern, vergessen Sie nicht, dieses auch in der Work Breakdown Structure zu tun.

✔ **Bei unsicheren Tätigkeiten legen Sie Annahmen fest.** Wenn Sie nicht sicher sind, ob eine bestimmte Tätigkeit durchgeführt werden muss, machen Sie eine Annahme und entwerfen Sie Ihre Projektstruktur auf der Grundlage dieser Annahme. Vergessen Sie nicht, zu vermerken, dass es sich hierbei um eine Annahme handelt. Wenn sich Ihre Annahme im Verlaufe des Projekts als falsch erweist, ändern Sie den Plan, so dass er die tatsächlichen Gegebenheiten widerspiegelt.

✔ **Denken Sie immer daran, dass Ihre Projektstruktur lediglich die Teiltätigkeiten einer Aufgabe darstellt; sie erlaubt keine Aussage darüber, in welcher Reihenfolge Tätigkeiten durchgeführt werden müssen.** Natürlich können Sie Tätigkeiten je nach der wahrscheinlichen Reihenfolge von links nach rechts oder von oben nach unten aufschreiben. Bei umfangreichen Projekten ist es jedoch oftmals schwierig, die einzelnen Abhängigkeiten zwischen Tätigkeiten in der Projektstruktur darzustellen. Der Sinn der Work Breakdown Structure ist in erster Linie, sicherzustellen, dass alle notwendigen Tätigkeiten erfasst werden. Wie man den Projekt-Zeitplan entwickelt und die Tätigkeiten in eine bestimmte Reihenfolge bringt, erfahren Sie in Kapitel 4.

Mit Vorlagen arbeiten

Eine _Work-Breakdown-Structure-Vorlage (WBS-Vorlage)_ ist ein vorgefertigter Projektstrukturplan, der die Tätigkeiten beinhaltet, die in solchen Projekten wie dem Ihren erledigt werden müssen.

Auf Erfahrungen aufbauen

Eine WBS-Vorlage spiegelt sämtliche Erfahrungen, die in vielen ähnlichen Projekten gemacht wurden, wider. Wenn Sie im Laufe der Zeit immer mehr Projekte betreuen, fügen Sie Tätigkeiten hinzu, die Sie bei früheren Projekten übersehen haben, und entfernen Sie diejenigen, die sich als unnütz erwiesen haben. Der Einsatz von Vorlagen spart Zeit und erhöht die Genauigkeit Ihrer Pläne.

Nehmen wir einmal an, Sie sollen jedes Vierteljahr das Budget für Ihre Abteilung festlegen. Nachdem Sie schon viele solche Budgets festgelegt haben, kennen Sie fast alle Tätigkeiten, die notwendig sind, um die notwendigen Informationen zu bekommen, den Budgetplan zu entwerfen, die notwendigen Genehmigungen einzuholen und die Endversion auszudrucken. Jedes Mal, wenn Sie wieder ein Budget erstellt haben, überarbeiten Sie Ihre WBS-Vorlage, fügen neu gewonnene Informationen hinzu und entfernen solche, die nur für diesen speziellen Budgetentwurf galten.

Nächstes Mal, wenn Sie die Erstellung des vierteljährlichen Budgetplans vorbereiten, beginnen Sie Ihre Work Breakdown Structure mit einer WBS-Vorlage, die Sie aus den letzten Projekten entwickelt haben. Dann fügen Sie solche Tätigkeiten, die nur für dieses spezielle Budget notwendig sind, hinzu und löschen die, die hier nicht notwendig sind.

Mit Vorlagen können Sie Zeit sparen und die Genauigkeit verbessern. Achten Sie aber darauf, dass Sie die aktive Teilnahme der Beteiligten an der Entwicklung der Work Breakdown Structure nicht durch eine zu perfekte WBS-Vorlage bremsen. Ein Mangel an aktiver Beteiligung kann dazu führen, dass Tätigkeiten übersehen werden und sich die Verantwortlichen nicht engagiert genug für den Projekterfolg einsetzen.

Wie man WBS-Vorlagen modifiziert

Wenn Sie mit WBS-Vorlagen arbeiten, denken Sie an Folgendes:

✔ **Erstellen Sie Vorlagen sowohl für regelmäßig wiederkehrende Tätigkeiten als auch für komplette Projekte.** Eine wertvolle Hilfe können Vorlagen z.B. bei der Planung der jährlichen Mitarbeiter-Blutspende oder bei der Beantragung der Freigabe eines neuen Medikaments bei den entsprechenden Behörden sein. Aber auch Vorlagen für einzelne Tätigkeiten, die Bestandteil dieser Projekte sind, beispielsweise die Verleihung einer Anerkennungsmedaille oder das Ausdrucken eines bestimmten Formulars, können sehr hilfreich sein. Vorlagen für einzelne Tätigkeiten können in die jeweilige Projektstruktur des Gesamtprojekts eingearbeitet werden.

✔ **Entwickeln und modifizieren Sie Ihre WBS-Vorlagen auf der Grundlage von Projekten, die auch in die Praxis umgesetzt wurden, nicht auf der Grundlage hübscher Pläne.** Es kommt häufig vor, dass man am Anfang eines Projekts eine detaillierte Work Breakdown Structure erarbeitet, sie aber im Verlaufe des Projekts nicht um die Tätigkeiten ergänzt, die man am Anfang übersehen hatte. Wenn Sie Ihre WBS-Vorlage auf der Grundlage dieses ursprünglichen Plans überarbeiten, sind darin nicht die Informationen enthalten, die Sie bei der eigentlichen Projektdurchführung gesammelt haben.

✔ **Benutzen Sie Vorlagen als Ausgangs- nicht als Endpunkt.** Erklären Sie sowohl Ihren Teammitgliedern als auch Außenstehenden, dass die WBS-Vorlage nur der Ausgangspunkt für die Struktur (Work-Breakdown-Structure) Ihres Projekts ist, nicht die Endversion. Jedes Projekt unterscheidet sich in bestimmten Punkten von vorherigen, ähnlichen Projekten. Wenn eine Vorlage nicht sorgfältig überprüft wird, kann es passieren, dass man Tätigkeiten vergisst, die in vorangegangenen Projekten nicht notwendig waren, für dieses Projekt aber erforderlich sind.

✔ **Vorlagen müssen ständig aktualisiert werden, damit sie wirklich die Erfahrungen widerspiegeln, die Sie in den unterschiedlichen Projekten gesammelt haben.** Die Abschlussbewertung ist eine hervorragende Möglichkeit, Ihre ursprüngliche Work Breakdown Structure zu überprüfen und zu kritisieren. In Kapitel 15 finden Sie Informationen darüber, wie man eine Abschlussbewertung durchführt. Am Ende jedes Projekts sollten Sie sich die Zeit nehmen, Ihre WBS-Vorlage zu überarbeiten, um die gemachten Erfahrungen festzuhalten.

Risiken bei der Aufgabenunterteilung erkennen

Die Entwicklung einer Projektstruktur hilft Ihnen nicht nur, die Tätigkeiten zu ermitteln, die ausgeführt werden müssen, sondern auch, unbekannte Größen zu erkennen, die Probleme verursachen könnten. Während Sie die einzelnen Aufgaben und Tätigkeiten, aus denen Ihr Projekt besteht, durchdenken, tauchen häufig Faktoren auf, die Einfluss darauf haben, wie oder ob Sie eine bestimmte Tätigkeit ausführen können. Manchmal kennt man diese Faktoren ganz genau, manchmal stellen sie eine unbekannte Größe dar. Diese unbekannten Größen zu erkennen und sie zu meistern, erhöht Ihre Chancen, Ihr Projekt erfolgreich zu Ende zu führen.

Unbekannte Größen, von denen Sie meinen, sie müssten geklärt werden, lassen sich in zwei Kategorien unterteilen:

✔ **Eine bekannte Unbekannte:** Informationen, über die nicht Sie verfügen, sondern jemand anders

✔ **Eine unbekannte Unbekannte:** Informationen, über die Sie nicht verfügen, weil sie einfach nicht existieren

Mit bekannten Unbekannten geht man um, indem man herausfindet, wer die Informationen hat und was sie besagen. Mit unbekannten Unbekannten wird man fertig, indem man entweder einen Eventualplan festlegt, der dann durchgeführt wird, wenn die Informationen bekannt werden, oder indem man versucht, den Inhalt der Information zu beeinflussen.

Schauen Sie sich noch einmal den Teil der Projektstruktur in Abbildung 3.2 an, wo aufgeführt wird, welche Tätigkeiten notwendig sind, um bei einer Auswahl von Kunden eine Befragung durchzuführen. Die erste Aufgabe lautet: »Eine repräsentative Gruppe von Kunden auswählen, die befragt werden sollen«. Ganz am Anfang Ihres Projekts wissen Sie noch nicht, ob es überhaupt eine aktuelle Kundendatei gibt. Wenn ja, dauert die Auswahl ungefähr eine Woche. Wenn nicht, muss eine solche Datei erst erstellt werden, und die Auswahl der Befragungsgruppe wird etwa vier Wochen in Anspruch nehmen.

Ob eine solche Datei existiert oder nicht, ist eine bekannte Unbekannte; Sie wissen es zwar nicht, aber jemand anders weiß es. Sie können dieses Problem lösen, indem Sie jemanden in der Vertriebsabteilung anrufen und fragen, ob eine solche Datei existiert.

Mit einer Projektstruktur können Sie leichter Situationen erkennen, die eine Bedrohung für Ihren Projekterfolg darstellen könnten. Dann müssen Sie entscheiden, wie Sie mit diesen Situationen umgehen wollen. In Kapitel 14 wird ausführlich erörtert, wie man Risiken und Unsicherheiten erkennt und bewältigt.

Festlegen, welche Informationen Sie über Ihre Tätigkeiten benötigen

Nachdem Sie die Aufgaben in Ihrem Projekt weit genug unterteilt haben, beschreiben Sie sämtliche wichtige Informationen über die unterste Tätigkeitsstufe. Diese Informationen werden bei größeren Projekten in einem so genannten Projektstruktur-Glossar, auch *Work-Breakdown-Structure-Glossar (WBS-Glossar) genannt,* gesammelt und aktualisiert.

Das WBS-Glossar enthält für jede Teiltätigkeit folgende Informationen:

✔ **Tätigkeitsbeschreibung:** Eine Beschreibung der Arbeitsprozesse und Abläufe, die notwendig sind, um die betreffende Tätigkeit auszuführen.

✔ **Inputs:** Arbeitsergebnisse aus anderen Tätigkeiten, die zur Durchführung dieser Tätigkeit notwendig sind.

✔ **Outputs:** Produkte oder Ergebnisse, die im Rahmen dieser Tätigkeit produziert werden.

✔ **Rollen und Verantwortlichkeiten:** Wie die einzelnen Teammitglieder bei den jeweiligen Tätigkeiten zusammenarbeiten.

✔ **Dauer:** Wie viele Tage Sie für diese Tätigkeit veranschlagen.

✔ **Benötigte Ressourcen:** Personal, Geld, Anlagen, Betriebsmittel, Rohstoffe, Informationen etc., die notwendig sind, um die mit dieser Aufgabe verbundenen Tätigkeiten ausführen zu können.

Manchmal sind auch folgende Informationen darin enthalten:

✔ **Unmittelbare Vorgänger:** Tätigkeiten, die vollendet sein müssen, bevor die betreffende Tätigkeit durchgeführt werden kann.

✔ **Unmittelbare Nachfolger:** Tätigkeiten, die erst beginnen können, sobald die betreffende Tätigkeit beendet wurde.

Viele Wege führen nach Rom

In der Anfangsphase der Entwicklung einer Projektstruktur hilft es manchmal, zwei oder mehrere unterschiedliche hierarchische Darstellungsformen zu verwenden, um das Projekt zu beschreiben. Wenn Sie Ihr Projekt aus zwei verschiedenen Perspektiven betrachten, erkennen Sie vielleicht notwendige Tätigkeiten, die Sie andernfalls übersehen hätten.

Nehmen wir beispielsweise an, eine Gemeinde möchte ein Rehabilitationszentrum für Drogenabhängige einrichten. In den Abbildungen 3.7 und 3.8 finden Sie zwei unterschiedliche Darstellungsformen, die beide geeignet sind, um die für die Eröffnung dieses Zentrums notwendigen Aufgaben zu unterteilen.

In Abbildung 3.7 werden folgende Projektkomponenten als Aufgaben definiert:

✔ Mitarbeiter

✔ Gebäude

✔ Bewohner (Betroffene, die in der Einrichtung wohnen und die Dienstleistungen in Anspruch nehmen)

✔ Schulungen

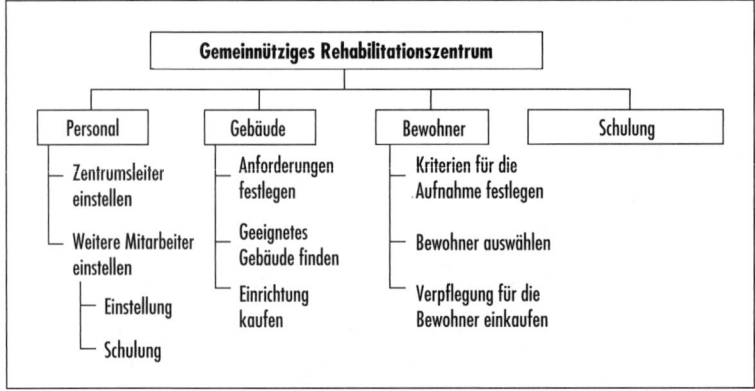

Abbildung 3.7: Eine Projektstruktur zur Vorbereitung der Eröffnung eines Rehabilitationszentrums

In Abbildung 3.8 sind die Funktionen als Aufgaben definiert:

✔ Planung

✔ Einstellung

✔ Kauf

✔ Schulung

In beiden Projektstrukturen sind dieselben Teiltätigkeiten definiert.

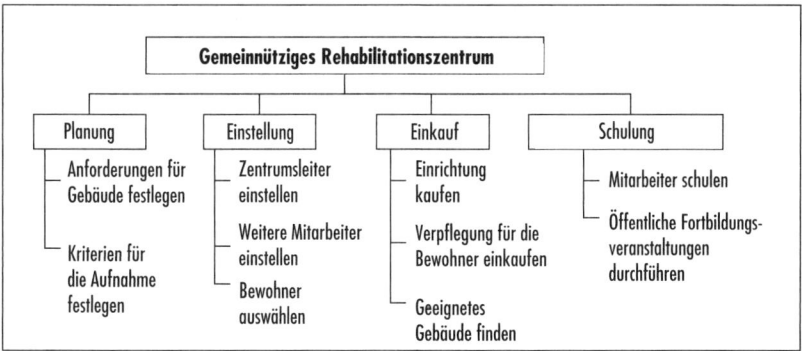

Abbildung 3.8: Eine weitere Projektstruktur zur Vorbereitung der Eröffnung eines Rehabilitationszentrums

Wenn Sie Ihr Projekt im Rahmen von Funktionen, die ausgeführt werden müssen (und nicht als Projektkomponenten, die erfüllt werden müssen), sehen, werden Sie feststellen, dass Sie folgende Tätigkeiten vergessen haben:

✔ Sie haben keinen Planungsprozess für die Einstellung der Mitarbeiter festgelegt.

✔ Sie haben keine Aufgabe festgelegt, die bestimmt, dass das notwendige Material für die Mitarbeiter eingekauft wird.

✔ Sie haben keinen Planungsprozess für die Durchführung der Fortbildungsveranstaltungen einbezogen.

Wenn Sie herausgefunden haben, welche Tätigkeiten Sie übersehen haben, können Sie sie in eine der beiden Projektstruktur aufnehmen.

 Bevor Sie die Planungsphase verlassen, sollten Sie sich für eine Projektstruktur entscheiden. Nichts verwirrt die Beteiligten schneller, als wenn man versucht, noch während der Durchführungsphase dasselbe Projekt mit zwei oder mehreren verschiedenen Projektstrukturen zu beschreiben.

Wer will was bis wann erledigt haben?

In diesem Kapitel

▷ Einen Netzplan entwickeln und analysieren

▷ Die Dauer von Tätigkeiten einschätzen

✔ Zeitbeschränkungen einhalten

✔ Zeitpläne darstellen

*B*ei Projekten gibt es immer eine Terminvorgabe. Vielleicht wissen Sie noch nicht genau, wann Ihr Projekt beendet sein wird, aber Sie müssen genau wissen, bis wann es beendet sein muss. Wenn man diesen Termin dann erfährt, ist leider oft die erste Reaktion, dass man meint, viel zu wenig Zeit zu haben!

In Wahrheit ist es aber so, dass Sie, wenn Sie den Auftrag für ein Projekt bekommen, meistens nicht wissen, wie lange die Durchführung dauern wird. Ihre erste Reaktion beruht daher eher auf Furcht als auf Fakten, vor allem, wenn Sie mit unterschiedlichen Verantwortungsbereichen herumjonglieren müssen und das Projekt sehr komplex ist.

Sie müssen mit einer gut strukturierten Methode klären, wie Sie die Projektaufgaben durchführen wollen, welche Zeitpläne am Anfang noch möglich sind und was Sie tun können, um Termine einhalten zu können, die zunächst unrealistisch erscheinen. Dieses Kapitel zeigt Ihnen, wie man Pläne entwirft, die realistisch sind, und wie man auf Veränderungen reagiert, die im Verlauf eines Projekts eintreten können.

Den Zeitrahmen abschätzen

Die gesamte Zeit, die für ein Aufgabenpaket benötigt wird, hängt von folgenden Faktoren ab:

✔ **Dauer:** Wie lange dauern die einzelnen Tätigkeiten?

✔ **Ablauf:** In welcher Reihenfolge werden die Tätigkeiten ausgeführt?

 Nehmen wir einmal an, Sie bekommen den Auftrag für ein Projekt, das aus zehn Tätigkeiten besteht, für die jeweils eine Woche nötig ist. Wie lange würde es dauern, um das Projekt zu beenden? Die Wahrheit ist, dass Sie es nicht wissen. Das Projekt könnte schon nach einer Woche abgeschlossen sein, wenn alle Tätigkeiten gleichzeitig ausgeführt werden können und Sie die notwendigen Ressourcen zur Verfügung hätten. Das Projekt könnte aber auch zehn Wochen in Anspruch nehmen, wenn Sie die Tätigkeiten eine nach der anderen durchführen müssen. Oder Ihr Projekt könnte zwischen einer und zehn Wochen in Anspruch nehmen, wenn einige Tätigkeiten parallel durchgeführt werden können.

Tätigkeitsdauer und Zwischenbeziehungen kann man, wenn man einen Zeitplan für kleinere Projekte aufstellt, im Kopf abschätzen. Bei Projekten mit 15 bis 20 Tätigkeiten, von denen man viele gleichzeitig durchführen kann, braucht man eine Methode, die einem bei der Analyse hilft.

Netzpläne entwerfen

Ein *Netzplan* ist eine Grafik, mit der man die Reihenfolge darstellt, in der Projekttätigkeiten durchgeführt werden sollen. Betrachten Sie den Netzplan als Versuchslabor Ihres Projekts: Er gibt Ihnen die Möglichkeit, verschiedene Projekt-Strategien auszuprobieren, bevor Sie die Arbeiten tatsächlich durchführen.

Netzpläne enthalten drei Elemente:

✔ **Ereignis:** Ein wichtiges Vorkommnis in Ihrem Projekt; manchmal nennt man diese Ereignisse auch *Meilensteine*. Ereignisse haben keine Dauer und verbrauchen keine Ressourcen; sie treten unverzüglich ein. Betrachten Sie sie als Markierung, die anzeigt, dass Sie einen bestimmten Punkt auf dem Weg zu Ihrem Ziel erreicht haben. Ereignisse markieren den Beginn oder das Ende eines Vorgangs oder einer Gruppe von Vorgängen. Beispielsweise können solche Ereignisse sein »Berichtsentwurf genehmigt« oder »Skizze begonnen«.

Das Word »Ereignis« wird in anderen Zusammenhängen manchmal anders definiert, als ich es hier tue. Stellen Sie sich vor, dass Sie von dem größten gesellschaftlichen Ereignis nach der Präsidentschaftswahl, dem Antrittsball, lesen. Im Projektjargon ist dieser Ball ein Vorgang, kein Ereignis, denn er verschlingt Zeit und *haufenweise* Ressourcen!

✔ **Vorgang:** Die notwendige Tätigkeit, die erledigt werden muss, um in Ihrem Projekt von einem Ereignis zum nächsten zu gelangen. Solche Vorgänge oder Tätigkeiten haben eine Dauer und verbrauchen Ressourcen; sie werden mithilfe von aktiven Verben beschrieben. Solche Vorgänge können beispielsweise sein »Berichtsformat entwerfen« oder »Bedarf für ein neues Produkt ermitteln«.

✔ **Dauer:** Die tatsächliche Zeit, die nötig ist, um einen Vorgang zu beenden; man nennt diese Dauer auch *Zeitabstand*. Der notwendige Arbeitsaufwand, personelle Ressourcen und ob zwei oder mehr Personen gleichzeitig an einem Vorgang arbeiten können, all diese Faktoren beeinflussen die Dauer eines Vorgangs. *Kapazität* (z.B. die Rechengeschwindigkeit eines Computers oder die Geschwindigkeit, mit der ein Drucker eine Seite ausdrucken kann) und die Verfügbarkeit anderer Ressourcen können ebenfalls die Vorgangsdauer beeinflussen.

Wenn man die Berechnungsgrundlage für eine Vorgangsdauer versteht, kann man sie, wenn nötig, leichter verkürzen. Nehmen wir an, Sie sollen ein Softwarepaket testen, das Sie gerade gekauft haben. Sie schätzen, dass Sie die Software 24 Stunden lang auf dem Computer laufen lassen müssen, um einen vollständigen Test durchführen zu können. Wenn Sie den Computer aber nur sechs Stunden pro Tag benutzen dürfen, beträgt die Dauer für den Softwaretest vier Tage.

Nehmen wir an, Sie möchten die Dauer des Softwaretests um die Hälfte reduzieren. Wenn Sie die Anzahl der Personen verdoppeln, die für diese Aufgabe eingesetzt wird, nützt Ihnen das gar nichts; aber die Genehmigung zu bekommen, den Computer 12 Stunden pro Tag nutzen zu dürfen, wäre eine große Hilfe.

 Die Zeiteinheiten werden benutzt, um zwei miteinander verbundene, aber unterschiedliche Vorgangsmerkmale darzustellen. Die Vorgangsdauer beschreibt eine Zeitspanne; der *Arbeitsaufwand* ist die Anzahl der Stunden, die eine Person brauchen würde, um die Tätigkeit durchzuführen.

Nehmen wir an, vier Personen müssten Vollzeit parallel fünf Tage lang an einem Vorgang arbeiten. Die Vorgangsdauer beträgt fünf Tage. Der notwendige Arbeitsaufwand beträgt 20 Personen-Tage (vier Personen mal fünf Tage). In Kapitel 5 gehen wir noch weiter auf das Thema Arbeitsaufwand ein.

 Eine bloße Verzögerung kann die Vorgangsdauer ebenfalls verzögern. Nehmen wir an, Ihr Chef muss einen Entwurf, den Sie erstellt haben, genehmigen. Sie legen den Bericht in den Eingangskorb Ihres Vorgesetzten und dort liegt er vier Tage und sieben Stunden. Dann nimmt Ihr Chef ihn aus dem Korb, liest ihn eine Stunde lang und unterschreibt dann. Die Vorgangsdauer beträgt fünf Tage, der investierte Arbeitsaufwand beträgt eine Stunde.

 Egal, wie komplex Ihr Projekt ist, der dazugehörige Netzplan besteht immer aus den oben vorgestellten drei Elementen.

 **Die Vorteile klar definierter Vorgänge und Ereignisse**

Je klarer Sie Vorgänge und Ereignisse festlegen:

✔ desto genauer kann man die benötigte Zeit und die notwendigen Ressourcen abschätzen

✔ desto leichter ist es, jemand anders eine bestimmte Aufgabe zu übertragen

✔ desto sinnvoller wird die Überwachung

Entscheiden Sie sich für eine von zwei Netzplanvarianten

Man kann Netzpläne in zwei unterschiedlichen Formaten darstellen:

✔ **Vorgangspfeil-Netzplan:** Wird auch als *Critical-Path-Methode* (CPM) bezeichnet.

✔ **Vorgangsknoten-Netzplan:** Wird auch als *Metra-Potential-Methode* (MPM) bezeichnet.

Diese beiden Grundmethoden sind austauschbar; es gibt nichts, das man nur in dem einen oder nur in dem anderen Format darstellen kann. Der einzige Unterschied zwischen diesen beiden Methoden besteht in den Symbolen, die verwendet werden, um die drei Grundelemente darzustellen.

 Vielleicht hören Sie im Zusammenhang mit Netzplänen auch folgende Begriffe:

✔ **Vorgangs-Netzplan:** Ein anderer Ausdruck für einen Vorgangsknoten-Netzplan

✔ **Anordnungsbeziehungs-Plan:** Ein anderer Ausdruck für einen Netzplan in einem der beiden oben beschriebenen Formate

✔ **PERT-Diagramm:** Bezeichnet einen Ereignisknoten-Netzplan

PERT ist eine Abkürzung für Program Evaluation and Review Technique. PERT wurde 1950 entwickelt, um die Entwicklung des Polarwaffensystems zu planen. PERT ist eine analytische Methode, mit der man optimistische, pessimistische und wahrscheinliche Schätzungen für die Dauer eines Vorgangs einarbeiten kann, wenn man davon ausgeht, dass sich wiederholende Vorgänge nicht immer dieselbe Dauer haben. Man kann mit Wahrscheinlichkeiten gewichten, ob eine einzelne Vorgangsdauer oder die gesamte Projektdauer innerhalb einer vorgegebenen Zeitspanne liegt.

Die Vorgangspfeilnetzplan-Methode (CPM)

Bei der Vorgangspfeilnetzplan-Methode werden ganz bestimmte Symbole verwendet, um jedes der Elemente im Netzplan darzustellen:

✔ Ein Kreis stellt ein Ereignis dar

✔ Eine Linie mit einem Pfeil stellt einen Vorgang dar

✔ Der Buchstabe »t« bezeichnet die Dauer

Jeder Vorgang startet von einem Ereignis und endet in einem Ereignis. In Abbildung 4.1 sehen Sie ein einfaches Beispiel. Wenn man Ereignis A (durch den linken Kreis dargestellt) erreicht, darf man Vorgang 1 (durch den Pfeil dargestellt) durchführen. Sie schätzen, dass der Vorgang 1 zwei Wochen dauert (dargestellt durch die Bezeichnung unter dem Pfeil). Wenn Vorgang 1 beendet ist, gelangt man zu Ereignis B (symbolisiert durch den rechten Kreis).

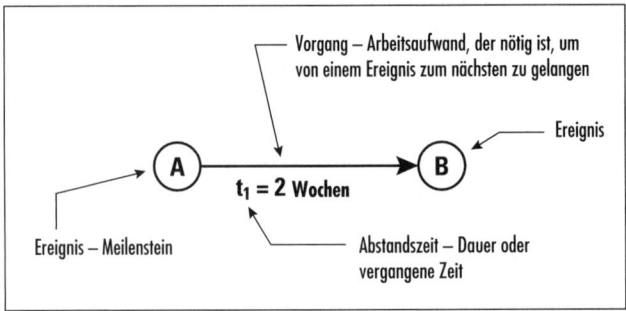

Abbildung 4.1: Die drei Symbole, die in einem Vorgangspfeil-Netzplan verwendet werden

Falls es Sie interessiert: Die Länge des Pfeils spiegelt nicht die Dauer des Vorgangs wider.

 Manchmal wird bei dieser Methode ein viertes Symbol verwendet: ein so genannter *Scheinvorgang*. Ein Scheinvorgang ist ein Vorgang mit einer Vorgangsdauer 0, der darstellt, dass zwischen zwei Ereignissen eine Beziehung besteht. Nehmen wir einmal an, dass Herr Meier und Frau Müller beide Ihren Entwurf genehmigen müssen, bevor Sie den Entwurf als endgültig ansehen und realisieren dürfen. Diesen Sachverhalt würde man in diesem Netzplan durch zwei separate Ereignisse darstellen, »Genehmigung von Herrn Meier liegt vor« und »Genehmigung von Frau Müller liegt vor«, und würde zwei Scheinvorgänge einfügen, die von beiden Ereignissen weggehen und zu dem Ereignis »Endgültiger Entwurf fertig« hinführen.

Die Vorgangsknotennetzplan-Methode (MPM)

Bei der Vorgangsknotennetzplan-Methode werden die drei Elemente des Netzplans lediglich durch zwei Symbole dargestellt:

✔ Ein Kasten stellt sowohl ein Ereignis als auch einen Vorgang dar. Ob ein Kasten für ein Ereignis oder einen Vorgang steht, erkennt man an der Dauer. Wenn die Dauer 0 beträgt, handelt es sich um ein Ereignis. Außerdem werden die Kästen, die ein Ereignis darstellen, häufig besonders markiert, beispielsweise dadurch, dass der Rahmen fett gedruckt wird oder aus einer Doppellinie besteht.

✔ Der Buchstabe »t« steht für die Dauer.

In Abbildung 4.2 sehen Sie einen einfachen MPM-Netzplan. Wenn man Ereignis A (dargestellt durch den linken Kasten) erreicht, darf man mit Vorgang 1 (dargestellt durch den Kasten in der Mitte) beginnen. Wenn Vorgang 1 abgeschlossen ist, erreicht man Ereignis B (dargestellt durch den rechten Kasten). Die Pfeile zeigen nur die Richtung des Arbeitsablaufs an.

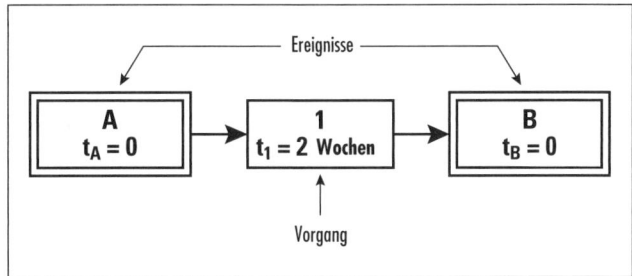

Abbildung 4.2: Die beiden Symbole, die in Vorgangsknoten-Netzplänen verwendet werden

In Abbildung 4.2 sehen Sie, wie man mit der Vorgangsknotennetzplan-Methode sowohl Ereignisse als auch Vorgänge darstellen kann. Bei dieser Methode ist die Darstellung von Ereignissen allerdings nicht unbedingt erforderlich. Ein Vorgang kann auch direkt zum nächsten Vorgang führen, ohne dass ein Ereignis dazwischen liegt.

Wann sollte man welche Methode benutzen?

Die beiden Netzplanmethoden sind austauschbar – es gibt nichts, was man nur mit einer der beiden Methoden darstellen kann. Folgendes sollten Sie jedoch beachten, wenn Sie überlegen, welche Methode Sie einsetzen wollen.

✔ **Bei der Vorgangspfeilnetzplan-Methode wird jedes Element durch ein eigenes Symbol dargestellt.** Das ist besonders dann nützlich, wenn man im Erstellen von Netzplänen noch nicht so geübt ist, weil man dann Vorgänge und Ereignisse nicht so leicht verwechselt.

✔ **Bei der Vorgangsknotennetzplan-Methode kann man das gesamte Projekt entwerfen, ohne je ein Ereignis festlegen zu müssen.** Diese Methode geht häufig schneller und ist platzsparender, weil man keine Ereignisse definieren muss, wenn man sie nicht für erforderlich hält.

✔ **Die meisten Projektmanagement-Softwarepakete gehen nach der Vorgangsknotennetzplan-Methode vor.**

Ich werde für den Rest dieses Kapitels mit der Vorgangsknotennetzplan-Methode arbeiten, weil sie für Sie leichter verständlich ist und Sie Ihre Pläne leichter in eine Projektmanagement-Software eingeben können, falls Sie ein solches Programm zur Planung und Überwachung Ihres Projekts einsetzen möchten.

Analysieren Sie Ihren Netzplan

Stellen Sie sich Ihr Projekt wie eine Reise vor, die mehrere Freunde miteinander unternehmen wollen. Jeder von ihnen hat ein eigenes Auto und fährt eine andere Route, um das gemeinsame Ziel zu erreichen. Während der Fahrt kreuzen sich zwei oder mehr der Strecken an bestimmten Orten. Sie haben vereinbart, dass alle Beteiligten, die zu einer vorgegebenen Zeit an einem bestimmten Punkt ankommen sollen, dort erst angekommen sein müssen, bevor ein anderer sich auf den nächsten Streckenabschnitt begeben darf. Die Reise ist beendet, wenn alle am Zielpunkt angekommen sind.

Eine derartig komplizierte Reise wird man sicher nicht antreten, ohne sich vorher die Landkarte angesehen und die Routen geplant zu haben. Wenn Sie Ihre Fahrten auf einer Landkarte planen, können Sie feststellen, wie lange eine Fahrt dauert, ob möglicherweise Schwierigkeiten auf Sie zukommen, und alternative Routen festlegen, damit Sie möglichst schnell zum Ziel kommen.

 Ihr Netzplan ist die Landkarte für Ihr Projekt. Die Streckenabschnitte der einzelnen Beteiligten sind die Vorgänge, die jedes Teammitglied durchführen muss, und Meilensteine repräsentieren den Anfang und das Ende der Streckenabschnitte. Ein *Pfad* ist eine beliebige Folge von Vorgängen innerhalb eines Projekts.

Wenn Sie Ihren Netzplan zeichnen und interpretieren, halten Sie sich an folgende zwei Regeln. Wenn Sie diese Regeln verstanden haben, ist die Interpretation eines Netzplans ein Kinderspiel:

✔ **Regel 1:** Wenn Sie einen Vorgang beendet oder ein Ereignis erreicht haben, können Sie entsprechend dem/den Pfeil(en), der aus diesem Vorgang/Ereignis herausführt, zum nächsten Vorgang oder Ereignis übergehen.

✔ **Regel 2:** Um einen Vorgang zu beginnen oder ein Ereignis zu erreichen, müssen alle Vorgänge beendet und alle Ereignisse erreicht sein, von denen Pfeile zu dem betreffenden Vorgang/Ereignis führen.

Abbildung 4.3 zeigt einen Netzplan in der Vorgangsknotennetzplan-Methode. Regel 1 besagt, dass Sie, nachdem Sie Ihr Projekt begonnen haben (also wenn Sie das Ereignis »Start« erreicht haben), die Vorgänge 1 und 3 bearbeiten können. Das heißt, Sie können Vorgang 1, Vorgang 3 oder beide Vorgänge 1 und 3 gleichzeitig durchführen. Mit anderen Worten, die Vorgänge sind voneinander unabhängig.

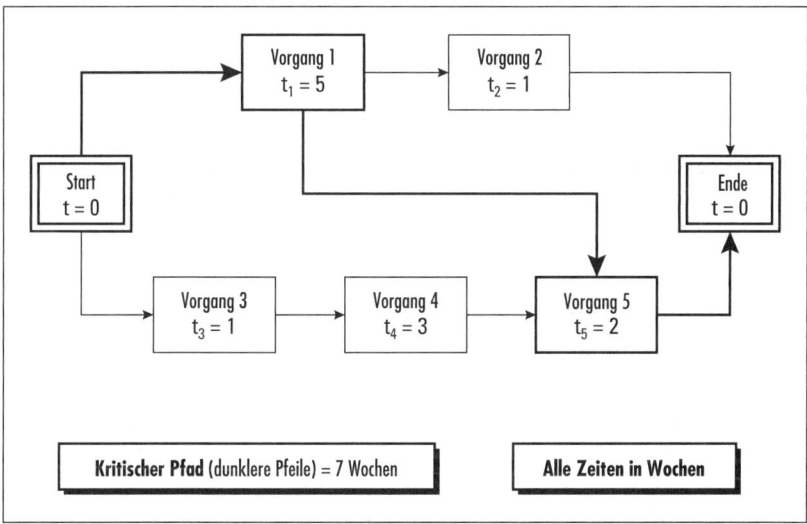

Abbildung 4.3: Beispiel für einen Netzplan

Die Regel bedeutet aber auch, dass Sie keinen der Vorgänge unbedingt bearbeiten müssen. Regel 1 ist eine »Kann«-Beziehung, keine »Soll«-Beziehung. Sie besagt, dass Sie, wenn Sie wollen, an den Vorgängen, deren Pfeile aus dem Ereignis »Start« herausführen, arbeiten können; sie besagt nicht, dass Sie einen dieser Vorgänge bearbeiten müssen. Wenn Sie allerdings keinen der Vorgänge bearbeiten, verzögert das Ihr Projekt. Aber das ist Ihre Entscheidung.

Regel 2 besagt, dass Sie mit Vorgang 2 beginnen können, sobald Sie Vorgang 1 beendet haben, denn der Pfeil, der aus Vorgang 1 herausführt, führt zu Vorgang 2. Regel 2 ist eine »Soll«-Beziehung. Wenn aus drei Vorgängen Pfeile zu Vorgang 2 führen würden, dann zeigt der Netzplan nicht an, dass Sie mit Vorgang 2 beginnen dürfen, wenn einer der drei Vorgänge abgeschlossen ist, den Sie frei wählen können. Die Vorgänge, von denen die drei Pfeile zu Vorgang 2 führen, *müssen* alle beendet sein, bevor Sie mit Vorgang 2 beginnen dürfen.

Entnehmen Sie folgende Informationen aus dem Netzplan, um festzustellen, welche Zeitvorgaben Sie einhalten können und wie Sie vorgehen.

✔ **Der kritische Pfad:** Eine Folge von Vorgängen in Ihrem Projekt, deren Beendigung am längsten dauert

✔ **Nicht kritischer Pfad:** Eine Folge von Vorgängen, die Sie bis zu einem gewissen Grad verzögern und das Projekt trotzdem noch in der kürzestmöglichen Zeit beenden können

✔ **Pufferzeit:** Die maximale Zeitdauer, um die Sie einen Vorgang hinauszögern und trotzdem das Projekt in der kürzestmöglichen Zeit beenden können

✔ **Frühester Anfangszeitpunkt (FAZ):** Der früheste Zeitpunkt, zu dem Sie einen Vorgang starten können

✔ **Frühester Endzeitpunkt (FEZ):** Der früheste Zeitpunkt, zu dem Sie einen Vorgang beenden können

✔ **Spätester Anfangszeitpunkt (SAZ):** Der späteste Zeitpunkt, zu dem Sie einen Vorgang beginnen und trotzdem das Projekt in der kürzestmöglichen Zeit beenden können

✔ **Spätester Endzeitpunkt (SEZ):** Der späteste Zeitpunkt, zu dem Sie einen Vorgang beenden und trotzdem das Projekt in der kürzestmöglichen Zeit beenden können

Die Länge des kritischen Pfades (oder der kritischen Pfade) bestimmt, wie lange Ihr Projekt bis zur Fertigstellung dauert. Wenn Sie Ihr Projekt schneller beenden möchten, überlegen Sie, wie Sie die für den kritischen Pfad benötigte Zeit verkürzen können. Die Vorgänge im kritischen Pfad müssen Sie sorgfältig überwachen, weil Verzögerungen bei diesen Aktivitäten zu Verzögerungen des Projektendes führen.

Denken Sie daran, dass Ihr Projekt gleichzeitig zwei oder mehr kritische Pfade aufweisen kann. Wenn alle Vorgangsfolgen in Ihrem Projekt gleich lange dauern, dann sind alle Pfade kritisch. Diese Situation birgt dann ein sehr großes Risiko, weil eine Verzögerung in einem einzigen Vorgang schon eine Verzögerung des Projektendes mit sich bringt.

Kritische Pfade können sich im Projektverlauf ändern. Manchmal dauern die Vorgänge innerhalb eines kritischen Pfades nicht so lange wie geplant, so dass die Gesamtdauer des kritischen Pfades kürzer ist als die Dauer eines oder mehrerer anderer Pfade. Es ist auch möglich, dass Vorgänge auf einem Pfad zu Beginn des Projekts nicht kritisch sind, sich dann aber so verzögern, dass sie länger dauern als der zunächst angenommene kritische Pfad.

Die Vorwärts-Rechnung – kritische Pfade, nicht kritische Pfade, FAZ und FEZ ermitteln

Man beginnt mit der Analyse eines Netzplans, indem man am Projektanfang beginnt und ermittelt, wie schnell man die Vorgänge in den einzelnen Pfaden beenden kann, bis man zum

Projektende gelangt. Diese Methode, bei der man sich vom Anfang zum Ende durcharbeitet, nennt man *Vorwärtsrechnung*.

Den in Abbildung 4.3 dargestellten Netzplan kann man mithilfe der Vorwärts-Rechnung folgendermaßen analysieren:

Regel 1 besagt, dass man sich, nachdem das Projekt begonnen hat (also sobald man das Ereignis »Start« erreicht hat), aussuchen kann, ob man Vorgang 1 oder 3 zuerst bearbeiten möchte. Gehen wir zunächst den oberen Pfad mit den Aktivitäten 1 und 2:

✔ Der früheste Anfangszeitpunkt von Vorgang 1 ist der Augenblick, in dem das Projekt beginnt.

✔ Der früheste Endzeitpunkt ist Ende Woche 5 (zählen Sie die geschätzte Dauer von Vorgang 1 von fünf Wochen zum frühesten Anfangszeitpunkt, also dem Projektbeginn, hinzu).

✔ Regel 2 besagt, dass Sie Vorgang 2 frühestens Anfang Woche 6 beginnen können, weil der Pfeil von Vorgang 1 der einzige ist, der zu Vorgang 2 führt.

✔ Der früheste Endzeitpunkt von Vorgang 2 ist Ende Woche 6.

So weit so gut. Jetzt nehmen wir uns den unteren Pfad vor, der aus den Aktivitäten 3, 4 und 5 besteht.

✔ Der früheste Anfangszeitpunkt von Vorgang 3 ist der Augenblick, an dem das Projekt beginnt.

✔ Der früheste Endzeitpunkt von Vorgang 3 ist Ende Woche 1.

✔ Der früheste Anfangszeitpunkt von Vorgang 4 ist Anfang Woche 2.

✔ Der früheste Endzeitpunkt von Vorgang 4 ist Ende Woche 4.

Jetzt stoßen Sie auf etwas Neues. Gemäß Regel 2 zeigen die beiden Pfeile, die zu Vorgang 5 führen, dass Sie Vorgang 5 nicht eher beginnen dürfen, bis beide Aktivitäten 1 und 4 beendet sind. Auch wenn Sie Vorgang 4 bis Ende Woche 4 beenden können, können Sie Vorgang 1 nicht vor Ende Woche 5 beenden. Deshalb kann Vorgang 5 nicht eher als Anfang Woche 6 beginnen.

Diese Situation beschreibt die folgende Regel:

Wenn zwei oder mehr Vorgänge in einen nächsten Vorgang münden, ist der früheste Anfangszeitpunkt dieses Vorgangs der früheste Endzeitpunkt der beiden vorhergehenden Vorgänge.

In unserem Beispiel sind die frühesten Anfangszeitpunkte von Vorgang 4 und Vorgang 1 Ende Woche 4 bzw. 5. Deshalb ist der früheste Anfangszeitpunkt von Vorgang 5 Anfang Woche 6.

Haben wir Sie schon schön verwirrt? Keine Sorge, Sie haben es gleich geschafft.

✔ Der früheste Anfangszeitpunkt von Vorgang 5 ist Anfang Woche 6.

✔ Der früheste Endzeitpunkt von Vorgang 5 ist Ende Woche 7.

✔ Der früheste Endzeitpunkt von Vorgang 2 ist Ende Woche 6. Deshalb können Sie das gesamte Projekt frühestens Ende Woche 7 beenden (also das Ereignis »Projektende« erreichen).

Sie haben bisher folgende Informationen über Ihr Projekt herausgefunden:

✔ Die Länge des kritischen Pfades beträgt sieben Wochen, das ist die kürzeste Zeitspanne, in der das Projekt beendet werden kann. Es gibt einen kritischen Pfad, der sieben Wochen dauert; er besteht aus dem Ereignis »Start«, Vorgang 1, Vorgang 5 und das Ereignis »Ende«.

✔ Vorgang 2, Vorgang 3 und Vorgang 4 sind keine kritischen Pfade.

✔ Die frühesten Anfangs- und Endzeitpunkte Ihres Projekts sind in Tabelle 4.1 zusammengefasst.

Vorgang	Frühester Anfangszeitpunkt	Frühester Endzeitpunkt
1	Anfang Woche 1	Ende Woche 5
2	Anfang Woche 6	Ende Woche 6
3	Anfang Woche 1	Ende Woche 1
4	Anfang Woche 2	Ende Woche 4
5	Anfang Woche 6	Ende Woche 7

Tabelle 4.1: Früheste Anfangs- und Endzeitpunkte für Abbildung 4.3

Die Rückwärtsrechnung – Pufferzeiten, FAZ und FEZ ermitteln

Die Hälfte haben Sie schon geschafft. Jetzt müssen Sie noch feststellen, wie lange Sie die einzelnen Aktivitäten auf den unterschiedlichen Pfaden verzögern und trotzdem das Projekt zum frühestmöglichen Zeitpunkt beenden können. Diese Analyse vom Projektende zum Projektanfang nennt man *Rückwärtsrechnung*.

Sie haben bei der Vorwärtsrechnung festgestellt, dass das Ereignis »Ende« frühestens Ende Woche 7 erreicht werden kann. Regel 2 besagt aber, dass Sie das Ereignis »Ende« nicht eher erreichen können, als bis Sie sowohl Vorgang 2 als auch Vorgang 5 abgeschlossen haben. Wenn Sie also Ihr Projekt bis Ende Woche 7 abgeschlossen haben möchten, dürfen Sie die Vorgänge 2 und 5 nicht später als Ende Woche 7 beenden. Sehen Sie sich noch einmal den unteren Pfad an, der aus den Vorgängen 3, 4 und 5 besteht.

✔ Sie müssen Vorgang 5 spätestens Anfang Woche 6 beginnen, wenn er bis Ende Woche 7 beendet sein soll.

✔ Regel 2 besagt, dass Sie Vorgang 5 nicht eher beginnen können, bevor Sie Vorgang 1 und Vorgang 4 beendet haben. Also müssen Sie Vorgang 1 und Vorgang 4 spätestens bis Ende Woche 5 beendet haben.

✔ Das bedeutet, dass Sie Vorgang 4 spätestens Anfang Woche 3 beginnen müssen.

✔ Sie müssen Vorgang 3 beendet haben, bevor Sie mit Vorgang 4 beginnen, also muss Vorgang 3 spätestens bis Ende Woche 2 beendet sein.

✔ Vorgang 3 muss spätestens Anfang Woche 2 begonnen werden.

Und zum Schluss sehen Sie sich noch einmal den oberen Pfad an.

✔ Vorgang 2 muss spätestens Anfang Woche 7 beginnen.

✔ Mit Vorgang 2 können Sie erst beginnen, wenn Vorgang 1 beendet ist. Also muss Vorgang 1 spätestens bis Ende Woche 6 beendet sein.

Auch hier stoßen Sie wieder auf etwas Neues. Sie müssen Vorgang 1 bis Ende Woche 5 beenden, damit Vorgang 5 Anfang Woche 6 beginnen und Ende Woche 6 beendet werden kann, so dass man mit Vorgang 2 Anfang Woche 7 beginnen kann. Wenn Vorgang 1 bis Ende Woche 5 beendet wird, werden beide Voraussetzungen erfüllt. Diese Situation veranschaulicht folgende Regel:

> Wenn zwei oder mehr Pfeile aus demselben Vorgang oder Ereignis herausführen, ist der früheste Zeitpunkt, zu dem der Vorgang beendet oder das Ereignis erreicht sein muss, der früheste der spätesten Anfangszeitpunkte, zu dem die Vorgänge beginnen oder die Ereignisse erreicht sein müssen, zu denen diese Pfeile führen.

In diesem Beispiel sind die spätesten Anfangszeitpunkte von Vorgang 2 und Vorgang 5 Anfang Woche 7 bzw. Anfang Woche 6. Der späteste Endzeitpunkt, zu dem Vorgang 1 beendet sein muss, ist daher Ende Woche 5. Der Rest ist klar: Vorgang 1 muss spätestens Anfang Woche 1 begonnen werden.

Die spätesten Anfangs- und Endzeitpunkte in Ihrem Projekt sind in Tabelle 4.2 dargestellt.

Vorgang	Spätester Anfangszeitpunkt	Spätester Endzeitpunkt
1	Anfang Woche 1	Ende Woche 5
2	Anfang Woche 7	Ende Woche 7
3	Anfang Woche 2	Ende Woche 2
4	Anfang Woche 3	Ende Woche 5
5	Anfang Woche 6	Ende Woche 7

Tabelle 4.2: Späteste Anfangs- und Endzeitpunkte für Abbildung 4.3

 Bestimmt haben Sie manchmal das Gefühl, in all diesen Berechnungen zu versinken. Sie können sich alle FAZ, SAZ, FEZ und SEZ über die einzelnen Felder schreiben. Dann sieht der gesamte Ablauf schon viel übersichtlicher aus. In Abbildung 4.4 sehen Sie, wie das aussehen kann.

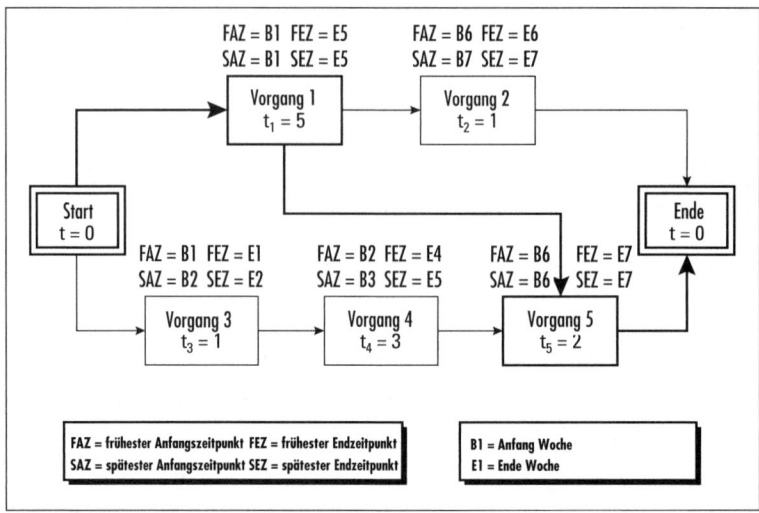

Abbildung 4.4: Beispiel-Netzplan mit eingetragenen FAZ, SAZ, FEZ und SEZ

Zum Schluss sollten Sie mit einer der beiden folgenden Methoden die Pufferzeiten ermitteln:

✔ Ziehen Sie den frühestmöglichen Anfangszeitpunkt vom spätestmöglichen Anfangszeitpunkt ab.

✔ Ziehen Sie den frühestmöglichen Endzeitpunkt vom spätestmöglichen Endzeitpunkt ab.

Vorgang	Pufferzeiten (in Wochen)
1	0
2	1
3	1
4	1
5	0

Tabelle 4.3: Pufferzeiten zu Abbildung 4.3

Pufferzeiten hängen von einer Folge von Vorgängen und nicht von einem einzelnen Vorgang ab. In Tabelle 4.3 erkennen Sie, dass die beiden Vorgänge 2 und 3, die
sich auf demselben Pfad befinden, Pufferzeiten von einer Woche haben. Aber wenn
Vorgang 2 um eine Woche verzögert wird, hat Vorgang 3 eine Pufferzeit von 0.

Wie Sie Ihren Netzplan entwickeln

Um den Netzplan für Ihr Projekt zeichnen zu können, müssen Sie festlegen, in welcher Reihenfolge Sie die einzelnen Vorgänge durchführen werden.

 Ein *Vorgänger* von Vorgang 4 ist ein Vorgang, den man beendet haben muss, bevor mit Vorgang 4 begonnen werden kann. Ein Vorgang ist ein *unmittelbarer* Vorgänger von Vorgang 4, wenn man zwischen dem Ende dieses Vorgangs und dem Beginn von Vorgang 4 keine weiteren Vorgänge beenden muss.

Ermitteln Sie für jeden Vorgang in Ihrem Projekt den unmittelbaren Vorgänger und schon haben Sie alle Informationen, die Sie benötigen, um den Netzplan für Ihr Projekt zeichnen zu können. Beziehungen zwischen Vorgängen basieren auf einigen Grundannahmen:

✔ **Zwingende Beziehungen:** Beziehungen, die beachtet werden müssen, um das Projekt erfolgreich zu Ende zu führen.

- **Rechtliche Anforderungen:** Gesetze und Richtlinien auf Bundes-, Landes- oder kommunaler Ebene zwingen Sie evtl. dazu, bestimmte Vorgänge zu beenden, bevor Sie mit anderen beginnen können. Stellen Sie sich beispielsweise ein Pharmaunternehmen vor, das ein neues Medikament entwickelt und die Sicherheit und Wirksamkeit dieses Medikaments in klinischen Tests nachgewiesen hat. Man würde nun gerne sofort damit beginnen, dieses Medikament zu produzieren und zu vertreiben, aber das geht nicht. Zunächst müssen die entsprechenden Behörden die Zulassung erteilen, bevor der Verkauf beginnen kann.

- **Ablaufbedingte Voraussetzungen:** Unternehmensrichtlinien und Abläufe, die festlegen, dass bestimmte Dinge vor anderen erledigt werden müssen. Nehmen wir beispielsweise an, Sie sollen für Ihr Unternehmen eine neue Softwarekomponente entwickeln. Den Entwurf haben Sie fertig und jetzt möchten Sie mit der Programmierung beginnen. In Ihrem Unternehmen gilt jedoch eine Systementwicklungsmethode, die festlegt, dass ein gesonderter Managementausschuss diesen Entwurf formal genehmigen muss, bevor Sie mit der eigentlichen Programmierung beginnen können.

✔ **Individuell festgelegte Abhängigkeiten:** Abhängigkeiten, die Sie festgelegt haben.

- **Logische Beziehungen:** Logische Beziehungen bestehen dann, wenn man sich dazu entschließt, einen bestimmten Vorgang vor anderen Vorgängen durchzuführen, weil das am sinnvollsten erscheint. Stellen Sie sich vor, Sie sollen einen Bericht schreiben. Da vieles von dem, was Sie in Kapitel 3 schreiben, davon abhängt, was Sie in Kapitel 2 schreiben, werden Sie entscheiden, zunächst Kapitel 2 zu schreiben. Natürlich könnten Sie auch zuerst Kapitel 3 oder sogar beide gleichzeitig schreiben, aber das würde die Wahrscheinlichkeit vergrößern, einen Teil von Kapitel 3 neu schreiben zu müssen, nachdem Sie Kapitel 2 fertig gestellt haben.

- **Organisatorische Festlegungen:** Dies sind willkürliche Entscheidungen, eine bestimmte Aufgabe vor anderen zu erledigen, beispielsweise weil sie z.B. schwieriger oder problembeladener ist.

Es gibt zwei Möglichkeiten, die unmittelbaren Vorgänger für die einzelnen Vorgänge Ihres Projekts zu ermitteln:

✔ **Von vorne nach hinten:**

- Suchen Sie sich den ersten Vorgang oder die ersten Vorgänge heraus, den oder die Sie nach Projektbeginn durchführen wollen.

- Nehmen Sie sich einen dieser Vorgänge vor und legen Sie fest, welchen Vorgang oder welche Vorgänge Sie durchführen wollen, nachdem Sie den betreffenden Vorgang beendet haben.

- Fahren Sie auf diese Weise fort, bis Sie sämtliche Vorgänge Ihres Projekts durchgeplant haben.

✔ **Von hinten nach vorne:**

- Legen Sie fest, welchen Vorgang oder welche Vorgänge Sie durchführen wollen, bevor das Projektende erreicht ist.

- Suchen Sie sich einen dieser Vorgänge heraus und entscheiden Sie, welchen Vorgang oder welche Vorgänge Sie direkt vor dem betreffenden Vorgang durchführen wollen.

- Machen Sie so weiter, bis Sie alle Vorgänge in Ihrem Projekt abgearbeitet haben.

Egal, für welche Methode Sie sich entscheiden, listen Sie die unmittelbaren Vorgänger Ihres Projekts in einer ähnlichen Tabelle wie der unten stehenden Tabelle 4.4 auf.

Projektstruktur-Kennzahl	Vorgangsbeschreibung	Unmittelbare Vorgänger
1	(Vorgangsbezeichnung)	Keine
2	(Vorgangsbezeichnung)	1
3	(Vorgangsbezeichnung)	Keine
4	(Vorgangsbezeichnung)	3
5	(Vorgangsbezeichnung)	1, 4

Tabelle 4.4: Unmittelbare Vorgänger

 Legen Sie die Reihenfolge entsprechend den Erfordernissen der einzelnen Vorgänge fest und nicht danach, welche Ressourcen Ihrer Meinung nach dafür notwendig sind. Nehmen wir beispielsweise an, die Vorgänge A und B könnten gleichzeitig durchgeführt werden. Machen Sie aus A nicht den unmittelbaren Vorgänger für B, nur weil die entsprechende Person nur einen Vorgang zur gleichen Zeit bearbeiten kann. Wenn Sie darstellen, dass beide Vorgänge parallel laufen könnten, können Sie besser abschätzen, welchen Einfluss es auf Ihr Projekt hätte, wenn man Ihnen sagen würde, dass Sie noch eine weitere Person zugeteilt bekommen, die Ihnen dabei helfen kann.

In Kapitel 5 erfahren Sie, wie man feststellt, dass Mitarbeiter überfordert sind und wie man dieses Problem lösen kann.

Bei einfachen Projekten können Sie Ihren Netzplan auch mithilfe von Haftnotizen entwickeln, auf denen Sie die Vorgänge und Ereignisse notieren und sie in der entsprechenden Reihenfolge auf eine Tafel oder an einen Flipchart kleben. Bei komplexeren Projekten sollten Sie überlegen, ob sich der Einsatz einer Projektmanagement-Software lohnt. In Kapitel 16 erfahren Sie, wie man die Projektplanung und Überwachung mithilfe spezieller Programme durchführt. Außerdem empfehlen wir das Buch *Microsoft Projekt 2000 für Dummies* von Martin Doucette, erschienen bei mitp, in dem die wichtigsten Projektmanagement-Programme vorgestellt werden.

Ein einfaches Beispiel per Netzplan darstellen

Als Beispiel dafür, wie Sie mithilfe eines Netzplans Zeitvorgaben ermitteln und die Erwartungen der Beteiligten erfüllen können, haben wir die Vorbereitung eines Picknicks ausgesucht. (Das soll nicht heißen, dass Sie nun alle Picknicks auf diese Weise planen sollen, aber Sie erkennen die Vorgehensweise.)

Eine anstrengende Woche ist vorbei und es ist endlich Freitagabend. Sie und Ihre Freundin überlegen sich, was man am Wochenende unternehmen könnte, um sich ein bisschen zu erholen und abzulenken. Die Wettervorhersage für Samstag ist gut und Sie beschließen, am nächsten Tag an einem nahe gelegenen See ein Picknick zu veranstalten. Sie wollen bei diesem Picknick so viel Spaß wie möglich haben. Deshalb wollen Sie diesen Ausflug sorgfältig vorbereiten, indem Sie einen Netzplan zeichnen und analysieren.

Tabelle 4.5 zeigt die sieben Vorgänge, die Sie zur Vorbereitung des Picknicks und der Fahrt zum See durchführen müssen.

Vorgangsbezeichnung	Beschreibung	Wer erledigt es	Dauer (Minuten)
1	Auto beladen	Sie und Ihre Freundin	5
2	Geld von der Bank holen	Sie	5
3	Ei-Brote schmieren	Ihre Freundin	10
4	Fahrt zum See	Sie und Ihre Freundin	30
5	Entscheiden, welcher See	Sie und Ihre Freundin	2
6	Tanken	Sie	10
7	Eier kochen (für die Brote)	Ihre Freundin	10

Tabelle 4.5: Notwendige Tätigkeiten zur Vorbereitung des Picknicks am See

Außerdem beschließen Sie beide, folgende Beschränkungen einzuhalten:

✔ Alle Tätigkeiten beginnen am Samstagmorgen um 8 Uhr in Ihrer Wohnung – vorher können Sie nichts tun.

✔ Sie müssen alle Vorgänge beendet haben, bevor das Projekt beendet ist.

✔ Sie können bei den Tätigkeiten nicht die Rollen tauschen.

✔ Die beiden Seen, die in Frage kommen, liegen von Ihrer Wohnung aus in entgegengesetzter Richtung, also müssen Sie sich für einen entscheiden, bevor Sie losfahren.

Als Erstes müssen Sie sich über die Reihenfolge einigen, in der Sie diese verschiedenen Vorgänge/Tätigkeiten durchführen wollen. Mit anderen Worten, Sie legen die unmittelbaren Vorgänger für jeden Vorgang fest. Folgende Abhängigkeiten sind vorgegeben:

✔ Ihre Freundin muss die Eier kochen, bevor sie die Brote schmieren kann.

✔ Sie beide müssen sich für einen See entscheiden, bevor Sie losfahren können.

In welcher Reihenfolge Sie die restlichen Aktivitäten durchführen, bleibt Ihnen überlassen. Sie könnten folgendermaßen vorgehen:

✔ Entscheiden, zu welchem See Sie fahren wollen, bevor Sie irgendetwas anderes tun.

✔ Sobald Sie beide sich für einen See entschieden haben, zur Bank fahren und Geld holen.

✔ Nachdem Sie Geld von der Bank geholt haben, zum Tanken fahren.

✔ Sobald Sie beide sich für einen See entschieden haben, beginnt Ihre Freundin damit, die Eier zu kochen.

✔ Sobald die Eier gekocht sind, schmiert Ihre Freundin die Brote.

✔ Sobald Sie mit dem vollen Tank nach Hause kommen und Ihre Freundin die Brote fertig hat, können Sie das Auto beladen.

✔ Gleich nachdem Sie das Auto beladen haben, fahren Sie los.

Tabelle 4.6 zeigt die Vorgänger-Beziehungen, die Sie festgelegt haben.

Vorgangsbezeichnung	Beschreibung	Unmittelbare Vorgänger
1	Auto beladen	3, 6
2	Geld von der Bank holen	5
3	Ei-Brote schmieren	7
4	Zum See fahren	1
5	Sich für einen See entscheiden	Keine
6	Tanken	2
7	Eier kochen (für die Brote)	5

Tabelle 4.6: Vorgänger-Beziehungen für Ihr Picknick

Entsprechend den Informationen aus der Tabelle sollten Sie Ihren Netzplan nun folgendermaßen zeichnen.

1. **Beginnen Sie Ihr Projekt mit einem einzelnen Ereignis »Start«.**

2. **Als Nächstes suchen Sie sich all die Vorgänge heraus, die keinen unmittelbaren Vorgänger haben – all diese Vorgänge können sofort nach Projektbeginn beginnen.**

   In diesem Fall ist Vorgang 5 der einzige, auf den das zutrifft.

3. **Beginnen Sie Ihren Netzplan, indem Sie diese Beziehungen wie in Abbildung 4.5 gezeigt, darstellen.**

   Schreiben Sie diesen Vorgang in einen Kasten und zeichnen Sie einen Pfeil aus dem Ereignis »Start« zu diesem Kasten.

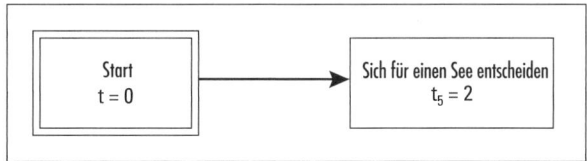

Abbildung 4.5: Der erste Teil des Netzplans für Ihr Projekt Picknick am See

4. **Suchen Sie alle Vorgänge heraus, die Vorgang 5 als unmittelbaren Vorgänger haben.**

   Aus der Tabelle entnehmen Sie, das es zwei sind, Vorgang 2 und 7. Schreiben Sie sie in Kästen und zeichnen Sie Pfeile von Vorgang 5 zu diesen Kästen.

5. **Machen Sie so weiter.**

   Sie erkennen anhand der Tabelle, dass der Vorgang 6 der einzige Vorgang ist, der Vorgang 2 als unmittelbaren Vorgänger hat. Zeichnen Sie einen Kasten, der Vorgang 6 darstellt und einen Pfeil von Vorgang 2 zu Vorgang 6.

   Die Tabelle zeigt außerdem, dass Vorgang 3 der einzige Vorgang ist, der Vorgang 7 als unmittelbaren Vorgänger hat. Zeichnen Sie einen Kasten, der Vorgang 3 darstellt, und einen Pfeil von Vorgang 7 zu Vorgang 3. Der jetzige Status Ihres Netzplans ist in Abbildung 4.6 dargestellt.

Sie sehen nun, dass Vorgang 1 sowohl Vorgang 3 als auch 6 als unmittelbare Vorgänger hat. Zeichnen Sie für Vorgang 1 einen Kasten und Pfeile von Vorgang 3 zu Vorgang 1 und von Vorgang 6 zu Vorgang 1.

Der Rest ist ziemlich einfach. Vorgang 4 ist der einzige Vorgang, der Vorgang 1 als unmittelbaren Vorgänger hat. Zeichnen Sie deshalb einen Kasten für Vorgang 4 und einen Pfeil von Vorgang 1 zu Vorgang 4. Und schließlich zeichnen Sie für das Ereignis »Ende« einen Kasten und einen Pfeil von Vorgang 4 zu dem Ereignis »Ende«.

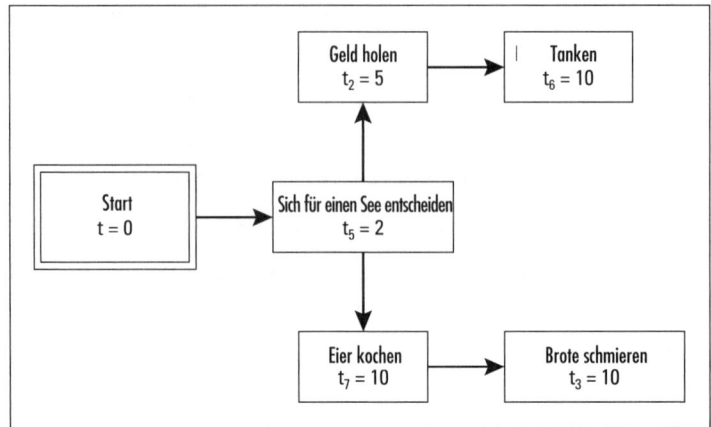

Abbildung 4.6 Der zweite Teil Ihres Picknick-am-See-Netzplans

In Abbildung 4.7 ist der komplette Netzplan für Ihr Projekt dargestellt.

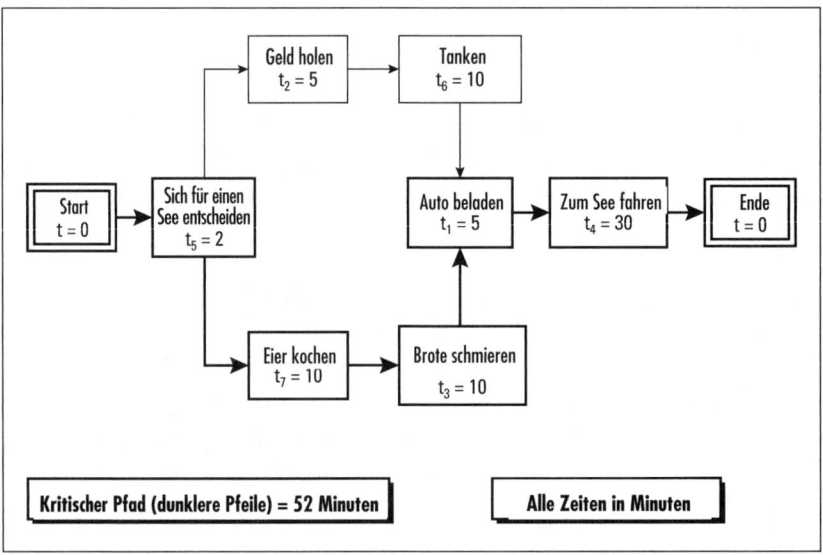

Abbildung 4.7: Der fertige Netzplan für Ihr Projekt Picknick am See im Vorgangspfeilnetzplan-Format

Und jetzt zu den entscheidenden Fragen. Erstens, wie lange dauert es, bis Sie am See sind und Ihr Picknick machen können?

✔ Der obere Pfad, der aus den Vorgängen 2 und 6 besteht, dauert 15 Minuten.

✔ Der untere Pfad, der aus den Vorgängen 7 und 3 besteht, dauert 20 Minuten.

✔ Der kritische Pfad ist der längste Pfad durch ein Projekt. In diesem Fall besteht er aus den Vorgängen 5, 7, 3, 1 und 4. Es dauert 57 Minuten, bis Sie zu dem See kommen, wenn Sie dem oben dargestellten Netzplan folgen.

Können Sie bestimmte Vorgänge hinauszögern und trotzdem noch nach 57 Minuten am See sein? Wenn ja, welche?

✔ Der obere Pfad, der aus den Vorgängen 2 und 6 besteht, ist ein nicht-kritischer Pfad.

✔ Der Netzplan zeigt, dass sich die Vorgänge 5, 7, 3, 1 und 4 auf dem kritischen Pfad befinden und deshalb überhaupt nicht verzögert werden dürfen, wenn Sie nach 57 Minuten am See sein möchten.

✔ Die Vorgänge 2 und 6 können aber gleichzeitig mit den Vorgängen 7 und 3 durchgeführt werden. Für die Durchführung von Vorgang 7 und 3 braucht man 20 Minuten, während die Vorgänge 2 und 6 15 Minuten dauern. Also haben die Vorgange 2 und 6 zusammen eine Pufferzeit von 5 Minuten.

In Abbildung 4.8 finden Sie den Netzplan für dieses Projekt im Vorgangspfeilnetzplan-Format. Ereignis A entspricht in dieser Abbildung dem »Start« und Ereignis I entspricht dem »Ende«.

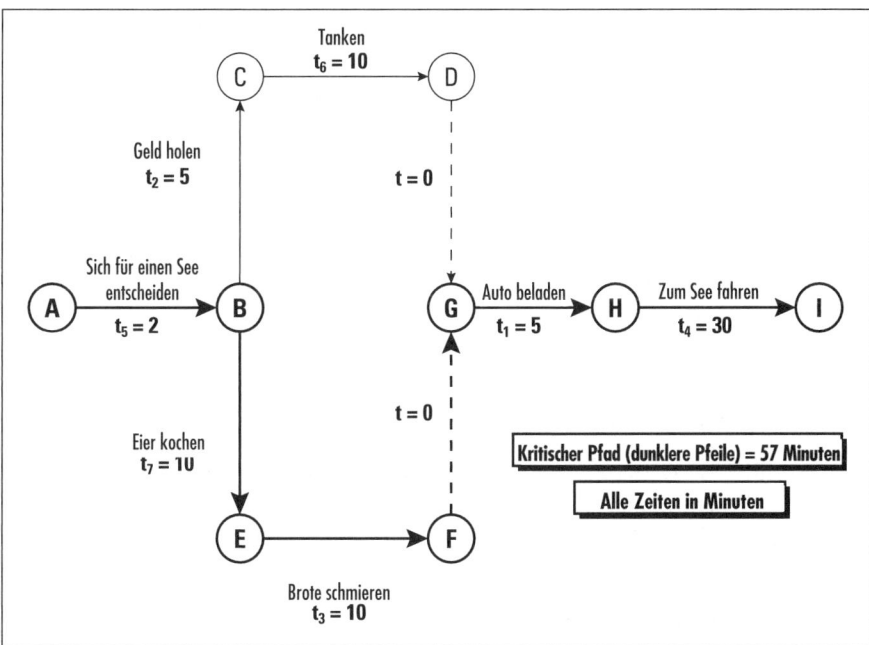

Abbildung 4.8: Der vollständige Netzplan für das Picknick am See im Vorgangspfeilnetzplan-Format

Übrigens haben Sie am Beginn und Ende aller Vorgänge Ereignisse eingezeichnet, aber noch nicht benannt. Suchen Sie sich Bezeichnungen, die den erreichten Punkt in Ihrem Projekt gut beschreiben. Wenn es möglich ist, versuchen Sie eine Bezeichnung zu finden, die sich auf den gerade beendeten Vorgang bezieht. Beispielsweise:

✔ Ereignis B, das Ende von Vorgang 5, »Für einen See entscheiden«, könnte heißen »Entscheidung gefallen«.

✔ Ereignis C, das Ende von Vorgang 2, »Geld von der Bank holen«, könnte heißen »Geld geholt«.

Ein *einfaches* Ereignis ist eines, das das Ende eines einzigen Vorgangs bezeichnet. Wenn Sie am Ende jedes Vorgangs ein solches einfaches Ereignis formulieren, erleichtert Ihnen das die Überwachung und Berichterstattung über den Projektfortschritt. Wenn Vorgang 1 mehrere Vorgänger hat, könnten Sie, statt für jeden Vorgänger einen Pfeil direkt zu dem Ereignis zu zeichnen, aus dem Vorgang 1 herausführt, folgende Variante ausprobieren.

✔ Jeden der Vorgänger in einem einfachen Ereignis enden lassen

✔ Alle mithilfe eines Scheinvorgangs in einem einzigen Ereignis zusammenfassen

✔ Vorgang 1 aus diesem einzelnen Ereignis herausführen

Diese Technik ist in Abbildung 4.8 dargestellt. Sie müssen Vorgang 6 »Tanken« beenden und Ihre Freundin muss Vorgang 3 »Brote schmieren« beenden, bevor Sie gemeinsam das Auto beladen können. Anstatt beide Aktivitäten direkt in Ereignis G enden zu lassen, endet Vorgang 6 in Ereignis D »Auto betankt« und Vorgang 3 endet in Ereignis F »Brote fertig«. Dann zeichnen Sie Scheinvorgänge von den Ereignissen D und F zu Ereignis G, das man »Bereit, um Auto zu beladen« nennen könnte.

Einen Zeitplan entwickeln

Um den tatsächlichen Zeitplan festzulegen, müssen Sie eine Kombination aus Vorgängen, Ressourcen und Vorgangsfolgen finden, bei der die Wahrscheinlichkeit am größten ist, dass Sie die Erwartungen der Beteiligten erfüllen und die am wenigsten riskant ist.

Einen vorläufigen Zeitplan erstellen

Gehen Sie folgendermaßen vor, um einen ersten Entwurf Ihres Zeitplans zu erstellen:

1. **Beschreiben Sie die Projektziele, die Beschränkungen und Annahmen (siehe Kapitel 2 »Projektauftrag«).**

2. **Listen Sie die Projektarbeiten detailliert auf (siehe Kapitel 3 »Projektstruktur«).**

3. Ermitteln Sie die unmittelbaren Vorgänger aller Vorgänge im Projekt.

4. Schätzen Sie die Dauer der einzelnen Vorgänge.

5. Ermitteln Sie Endtermine für Zwischenergebnisse und den Projekt-Endtermin, der eingehalten werden muss.

6. Ermitteln Sie alle Vorgänge oder Ereignisse außerhalb Ihres Projekts, die Einfluss auf die Durchführung Ihres Projekts haben könnten.

7. Zeichnen Sie Ihren Netzplan.

8. Analysieren Sie Ihren Netzplan und finden Sie heraus, welches die kritischen Pfade sind und wie lange sie dauern sowie die Pufferzeiten in den nicht-kritischen Pfaden.

Wenn der so ermittelte Endzeitpunkt Ihres Projekts die Zustimmung aller Beteiligten und der Auftraggeber findet, sind Sie mit der Zeitplanung fertig. Wenn man aber von Ihnen verlangt, das Projekt früher zu beenden, als der erste Entwurf erlaubt, fängt die eigentliche Arbeit erst richtig an.

Lassen Sie sich nicht dazu verführen, den Zeitplan nach der »Backing in«-Methode zu entwickeln

Keinesfalls sollten Sie Ihren Zeitplan nach der so genannten »Backing in«-Methode (terminorientierte Berechnungsmethode) entwickeln, bei der Sie sich von hinten an den heutigen Tag »anschleichen«. *Backing in* bedeutet, dass man mit dem Abgabetermin des Projekts beginnt und sich rückwärts bis zum Anfang vorarbeitet, indem man die notwendigen Vorgänge ermittelt und die Dauer abschätzt, die sich schließlich zu der Zeitspanne summiert, die Sie zur Verfügung haben. Bei dieser Methode ist die Wahrscheinlichkeit groß, dass Sie den so entwickelten Zeitplan nicht einhalten, und zwar aus folgenden Gründen:

✔ Sie übersehen Vorgänge, weil Sie sich mehr auf die Einhaltung der zeitlichen Beschränkungen konzentrieren als darauf, alle notwendigen Arbeiten zu ermitteln.

✔ Ihre zeitlichen Einschätzungen basieren eher auf der Annahme, welche Zeitspanne Sie für die einzelnen Vorgänge einplanen wollen als darauf, wie viel Zeit sie tatsächlich in Anspruch nehmen.

✔ Die so ermittelte Reihenfolge, in der die Vorgänge abgearbeitet werden sollen, ist möglicherweise nicht optimal.

 Vor einiger Zeit überprüfte ich den Zeitplan, den eine Kollegin für ein Projekt aufgestellt hatte, und stellte fest, dass sie für die Überarbeitung und Genehmigung ihres Abschlussberichts eine Woche eingeplant hatte. Als ich sie fragte, ob diese Einschätzung realistisch sei, entgegnete sie, dass sie das ganz bestimmt nicht sei, dass sie diesen Zeitrahmen aber ansetzen musste, damit der gesamte Projektplan funktionierte. Mit anderen Worten, sie wählte die Zeitangaben so, dass sie zusam-

mengerechnet den Zeitrahmen ergaben, den sie einhalten wollte, und nicht den Zeitrahmen, von dem sie glaubte, ihn realistisch einhalten zu können.

Festgelegte Zeitvorgaben einhalten

Nehmen wir einmal an, Sie müssen eine Möglichkeit finden, Ihr Projekt in weniger als der ursprünglich eingeplanten Zeit zu beenden. Sie haben jetzt folgende Möglichkeiten für alle Vorgänge auf den kritischen Pfaden:

✔ **Die ursprünglichen Zeitschätzungen prüfen.**

- Achten Sie darauf, ob die Tätigkeiten detailliert genug beschrieben sind.

- Falls vergangene Projekte als Grundlage für die Einschätzung der Vorgangsdauer dienten, prüfen Sie noch einmal, ob alle Aspekte Ihrer jetzigen Situation dieselben sind wie bei dem anderen Projekt, auf dem Ihre Schätzungen basieren.

- Andere Experten bitten, Ihre Schätzungen zu überprüfen und zu bestätigen.

- Diejenigen, die die Tätigkeiten durchführen sollen, bitten, Ihre Schätzungen zu prüfen und zu bestätigen.

✔ **Man könnte mehr qualifiziertes Personal einsetzen.** Manchmal können erfahrenere Mitarbeiter Arbeiten schneller erledigen. Natürlich kann der Einsatz von qualifizierterem Personal mehr kosten. Außerdem sind Sie in Ihrer Firma möglicherweise nicht der einzige, der diese Leute gerne einsetzen würde, also sind sie vielleicht nicht beliebig verfügbar.

✔ **Unterschiedliche Strategien zur Durchführung der Vorgänge durchdenken.** Wenn Sie beispielsweise alles intern abarbeiten wollten, können Sie jetzt überlegen, ob Sie Aufträge nach außen vergeben. Oder, falls Sie geplant hatten, Aufträge nach außen zu vergeben, könnten Sie sie jetzt intern erledigen lassen.

✔ **Überlegen Sie, ob Sie bestimmte Vorgänge aus dem kritischen Pfad herauslösen können, indem Sie sie parallel mit einem oder mehreren anderen Vorgängen auf dem kritischen Pfad bearbeiten.**

 Als *fast tracking* (parallel Arbeiten) bezeichnet man die Durchführung von zwei oder mehr Vorgängen gleichzeitig, um die Gesamt-Projektzeit zu verringern. Auch wenn es manchmal möglich ist, ein Projekt auf diese Weise zu beschleunigen, so steigt auch das Risiko, dass bestimmte Arbeiten noch einmal gemacht werden müssen.

Wenn Sie Möglichkeiten gefunden haben, die Länge von kritischen Pfaden zu verkürzen, behalten Sie die Pfade im Auge, die nicht kritisch sind, um sicherzustellen, dass diese nicht zu kritischen Pfaden geworden sind. Falls einer oder mehrere kritisch geworden sind, gehen Sie genauso vor, um deren Länge zu reduzieren.

Die erforderliche Zeit reduzieren

 Wie könnte man diese Verfahren bei Ihrem Picknick einsetzen? Wenn Sie damit leben können, nach 57 Minuten am See anzukommen, sind Sie mit Ihrer Analyse fertig. Aber stellen Sie sich vor, Sie und Ihre Freundin beschließen, dass Sie den See innerhalb von 45 Minuten, nachdem Sie am Samstagmorgen gestartet sind, erreichen müssen. Wie können Sie Ihren ursprünglichen Plan so ändern, dass Sie 12 Minuten einsparen?

 Vielleicht sind Sie versucht, die geschätzte Fahrtzeit von 30 Minuten auf 18 Minuten zu reduzieren, und einfach etwas schneller zu fahren. Leider funktioniert das nicht, wenn Sie wirklich der Meinung sind, dass die Fahrt 30 Minuten dauert! Denken Sie daran, dass Ihr Plan einen Ablauf darstellt, von dem Sie der Meinung sind, dass er funktionieren kann (auch wenn es keine Garantie dafür gibt). Wenn Sie mit 160 km/h über Sandwege fahren müssen, um den See in 18 Minuten zu erreichen, wird die Reduzierung der Fahrtzeit auf 18 Minuten nicht funktionieren.

Vorgänge gleichzeitig abarbeiten

Sie müssen schon ein bisschen kreativ sein, um einen Plan zu entwerfen, der sowohl Zeit spart als auch eine Chance hat, zu funktionieren. Hier eine erste Idee:

✔ Nehmen wir an, es gibt einen Geldautomaten an der Tankstelle. Wenn Sie bei einer Tankstelle halten, die auch einen Geldautomaten hat, können Sie während des Tankvorgangs Geld holen.

✔ Wenn Sie so vorgehen, können Sie Vorgang 2 und 6 gleichzeitig durchführen und brauchen dafür nur 10 Minuten, anstatt 15 Minuten wie in Abbildung 4.7 dargestellt.

Auf den ersten Blick sieht es so aus, als könnten Sie mit dieser Änderung die Gesamtzeit auf 52 Minuten reduzieren. Aber sehen Sie noch einmal genauer hin. Beide Vorgänge befinden sich nicht auf dem kritischen Pfad. Es nützt Ihnen also gar nichts, die Zeitspanne für diese Vorgänge zu reduzieren, weil das überhaupt keinen Einfluss auf die gesamte Projektdauer hat. (Falls Sie geglaubt haben, auf diese Weise fünf Minuten zu gewinnen, so dass Sie Ihrer Freundin bei der Vorbereitung der Ei-Brote helfen können, denken Sie daran, dass Sie sich für dieses Beispiel darauf verständigt hatten, dass Sie bei den einzelnen Vorgängen nicht die Rollen tauschen dürfen.)

Okay, jetzt zurück zum Zeichenbrett. Beginnen Sie mit der 57-Minuten-Lösung und denken Sie daran, dass Sie die Länge des kritischen Pfades verringern müssen, wenn Sie Zeit sparen wollen. Hier noch eine Idee: Sie und Ihre Freundin befinden sich beide im Auto, während Sie zum See fahren, aber nur einer von Ihnen fährt das Auto, während der andere lediglich daneben sitzt. Sie könnten sich anbieten, zu fahren, und Ihre Freundin könnte die Zutaten für die Ei-Brote ins Auto laden und die Brote während der Fahrt schmieren. Das würde den kritischen Pfad um 10 Minuten kürzen.

Die Frage ist aber, wie viel Zeit diese Änderung wirklich einspart. Sehen Sie sich den Plan in Abbildung 4.7 noch einmal genau an und versuchen Sie, folgende Fragen zu beantworten:

✔ Der obere Pfad, der aus den Vorgängen 2 und 6 besteht, dauert 15 Minuten und der unter Pfad, der aus den Vorgängen 7 und 3 besteht, dauert 20 Minuten. Da der untere Pfad der kritische ist, bringt eine Ersparnis von 5 Minuten im unteren Pfad eine Zeitersparnis von 5 Minuten in der gesamten Projektdauer. Dann haben Sie zwei kritische Pfade, die beide 15 Minuten dauern.

✔ Wenn Sie die zusätzlichen 5 Minuten vom unteren Pfad entfernen, spart das für die gesamte Projektdauer keine einzige Minute, da der obere Pfad noch immer 15 Minuten dauert. Allerdings gewinnen Sie 5 Minuten Pufferzeit für den unteren Pfad.

In Abbildung 4.9 sehen Sie diese Änderung Ihres Netzplans.

Und jetzt sollten Sie noch einmal die Variante durchdenken, bei der Sie während des Tankens Geld aus dem Geldautomaten holen. In diesem Fall sparen Sie 5 Minuten, da der obere Pfad nun kritisch ist.

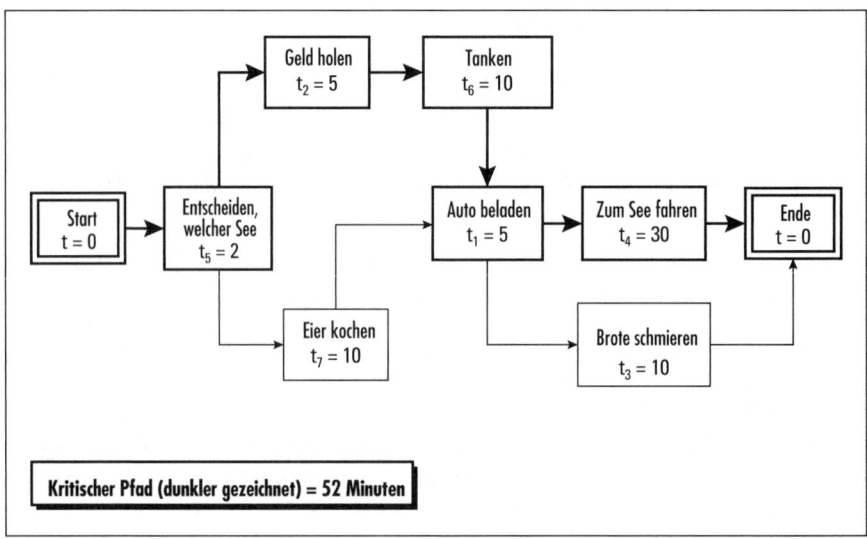

Abbildung 4.9: Brote schmieren auf der Fahrt zum See

Und schließlich können Sie überlegen, zu welchem See Sie fahren wollen und gleichzeitig das Auto beladen, was Ihnen weitere 2 Minuten spart. Die endgültige 45-Minuten-Lösung ist in Abbildung 4.10 dargestellt.

 Stellen Sie sich eine Situation vor, in der Sie mehrere Vorgänge beenden müssen, bevor Sie mehrere neue Vorgänge beginnen können. Stellen Sie diesen Sachverhalt in Ihrem Netzplan so dar, indem Sie ein Ereignis festlegen, das die Beendigung der zwei oder mehr Vorgänge darstellt, und zeichnen Sie Pfeile von diesen

Vorgängen zu dem Ereignis. Dann zeichnen Sie Pfeile von diesem Ereignis zu den anderen Vorgängen, die dann beginnen können. Das ist in Abbildung 4.10 dargestellt. Wenn Sie die Vorgänge »Geld holen«, »Tanken« und »Eier kochen« durchgeführt haben, können Sie die Vorgänge »Auto beladen« und »Für einen See entscheiden« durchführen. Zeichnen Sie diese Vorgänge, indem Sie von jedem der drei ersten Vorgänge einen Pfeil in ein neu definiertes Ereignis »Bereit, das Auto zu beladen« führen und dann Pfeile von diesem Ereignis zu den Vorgängen »Auto beladen« und »Für einen See entscheiden«.

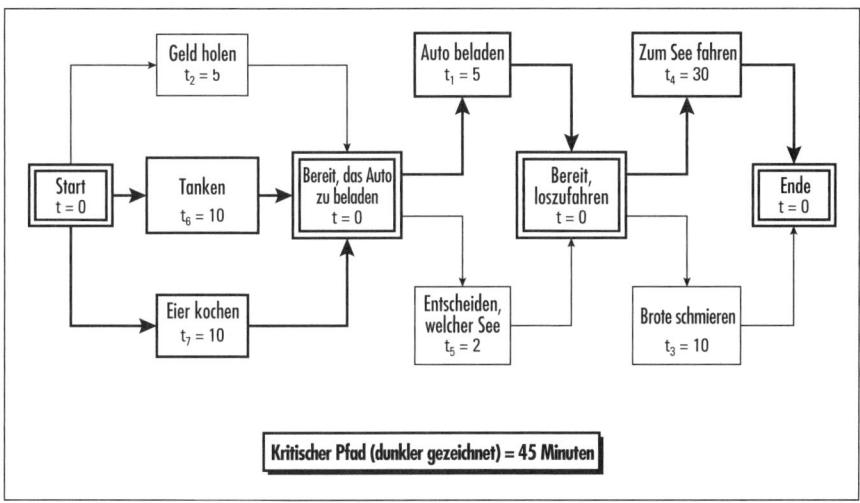

Abbildung 4.10: In 45 Minuten zum Picknick am See kommen

Hier noch einmal zusammenfassend, was Sie tun müssen, wenn Sie die gesamte Projektdauer verkürzen möchten:

1. **Einen kritischen Pfad suchen und die Dauer so lange reduzieren, bis ein zweiter Pfad kritisch wird.**

2. **Beide kritischen Pfade um dieselbe Zeitdauer kürzen, bis ein dritter Pfad kritisch wird.**

3. **Alle drei Pfade um dieselbe Zeitdauer kürzen, bis ein vierter Pfad kritisch wird und so weiter.**

Wenn Sie langsam das Gefühl bekommen, die Sache wird kompliziert, dann haben Sie Recht. Die Verkürzung von Vorgängen gibt es nicht kostenlos:

✔ **Gestiegene Planungszeit:** Sie müssen sämtliche Vorgänge und deren Beziehungen zueinander genau aufzeichnen; Fehler können Sie sich hier nicht leisten.

✔ **Gestiegenes Risiko:** Die Liste mit den Annahmen wird länger und die Wahrscheinlichkeit steigt, dass eine oder mehrere der Annahmen nicht zutreffen.

In unserem Picknick-am-See-Beispiel sind Sie für die 45-Minuten-Lösung von folgenden Annahmen ausgegangen:

✔ Sie brauchen an der Tankstelle, wenn Sie dort um kurz nach acht Uhr eintreffen, nicht zu warten, bevor eine Zapfsäule frei wird.

✔ Sie brauchen an der Kasse nicht zu warten.

✔ Der Geldautomat ist frei und funktionsfähig.

✔ Sie und Ihre Freundin können das Auto beladen und gemeinsam die Entscheidung fällen, ohne dass Sie in Streit geraten, den Sie erst nach einer Stunde beilegen können.

✔ Ihre Freundin kann während der Fahrt im Auto die Brote schmieren, ohne dabei die Sitze zu ruinieren.

Bei der Festlegung von Annahmen haben Sie aber zwei Möglichkeiten: Sie können entweder Schritte unternehmen, die dazu beitragen, dass die Annahmen mit größerer Wahrscheinlichkeit eintreten, oder Sie können Ausweichpläne für den Fall machen, dass die Annahmen nicht eintreten.

Sehen wir uns beispielsweise die Annahme, am Samstagmorgen um kurz nach acht Uhr sofort eine freie Zapfsäule zu finden, einmal näher an. Zunächst einmal könnte man bei der Tankstelle anrufen und fragen, ob die Annahme realistisch ist. Als Sie dort anrufen, teilt Ihnen der Tankwart aber leider mit, dass die Tankstelle am Samstagmorgen immer besonders voll ist und er keine Ahnung hat, wie lange Sie warten müssen. Als Sie ihm sagen, wie wichtig es ist, dass Sie sofort eine freie Zapfsäule finden, damit Sie um 8.45 beim Picknick sein können, entschuldigt er sich und sagt, dass er leider nichts für Sie tun kann.

Eine andere Idee: Sie fragen, ob es einen Unterschied machen würde, wenn Sie ihm 150 € bar auf die Hand zahlen würden. Sofort erklärt er sich bereit, von 7.55 Uhr bis 8.20 Uhr die entsprechende Zapfsäule für Sie freizuhalten und dafür zu sorgen, dass Sie an der Kasse nicht zu warten brauchen. Er garantiert Ihnen, dass Sie, wenn Sie um 8 Uhr da sind, um 10 nach acht die Tankstelle mit einem vollen Tank und einem Lächeln auf den Lippen verlassen können. Sie haben gerade gelernt, dass man mit Geld fast jede Unsicherheit reduzieren kann. Ihre Aufgabe ist es, festzustellen, wie weit sich die Unsicherheiten reduzieren lassen und was das kostet.

Eine ganz neue Strategie entwickeln

Sie haben also einen Plan, der Sie in 45 Minuten zum See bringt. Sie haben zwar keine Garantie, dass er funktioniert, aber zumindest haben Sie Chancen. Stellen Sie sich nun vor, Ihre Freundin teilt Ihnen mit, dass sie unbedingt in 10 Minuten und nicht erst nach 45 Minuten am See sein muss! Wahrscheinlich ist Ihre spontane Reaktion »unmöglich!«. Sie merken, dass kreative Planung das Eine ist, aber wie soll man in zehn Minuten an einen See kommen, wenn die reine Fahrtzeit schon 30 Minuten beträgt?

Ohne es zu merken haben Sie das Kriterium für den Projekterfolg geändert. Das gewünschte Ergebnis ist jetzt nicht mehr, eine Reihe von Aktivitäten durchzuführen, sondern am See anzukommen. Die sieben Vorgänge, die Sie formuliert haben, waren okay, solange Sie trotzdem innerhalb der festgelegten Zeit den See erreichten. Aber wenn diese Vorgänge es Ihnen unmöglich machen, Ihr neues Projektziel zu erreichen, sollten Sie vielleicht die Vorgänge umformulieren.

Sie stellen ein paar Nachforschungen an und finden heraus, dass Sie für 1.000 € pro Tag einen Hubschrauber mieten können, der Sie und Ihre Freundin in 10 Minuten zum See bringt. Allerdings überlegen Sie, dass Sie beide eigentlich nur 10 € für den Eintritt beim Seebad ausgeben wollten. Natürlich ist es absurd, 1.000 € auszugeben, nur um einen Picknickplatz zu erreichen, der 10 € kostet. Also erzählen Sie Ihrer Freundin gar nicht erst von der Möglichkeit, einen Hubschrauber zu mieten; Sie bestätigen ihr nur noch einmal, dass es unmöglich ist. Leider wussten Sie nicht, warum Ihre Freundin unbedingt in 10 Minuten am See sein wollte. Es stellt sich heraus, dass sie dann ein Geschäft abschließen könnte, bei dem sie 20.000 € verdienen könnte. Ist es den Einsatz von 1.000 € wert, um 20.000 € zu verdienen? Klar! Aber Sie wussten von den 20.000 € nichts.

Wenn Sie Zeitpläne aufstellen, ist es nicht Ihre Aufgabe, anderen, die ihre eigenen Zeitpläne aufstellen, in die Quere zu kommen und sie zu bevormunden. Sie sollen lediglich sämtliche möglichen Alternativen und die dazugehörigen Kosten feststellen, damit die Entscheider eine fundierte Entscheidung unter Einbeziehung aller Möglichkeiten treffen können.

Vorgänge unterteilen

Eine weitere Möglichkeit, Zeiten zu verkürzen, besteht häufig darin, eine Folge von Vorgängen durchzuführen, indem man sie in mehrere kleine Vorgänge unterteilt und einige davon gleichzeitig durchführt.

In Abbildung 4.11 ist dargestellt, wie Ihre Freundin beim Eier kochen und Brote schmieren sieben Minuten sparen kann.

✔ **Teilen Sie den Vorgang »Eier kochen« in zwei Teile.**

- Vorbereitung zum Eier kochen: Topf aus dem Schrank nehmen, Eier aus dem Kühlschrank nehmen, Wasser und Eier in den Topf geben, Topf auf den Herd stellen, Platte anstellen – geschätzte Dauer: 3 Minuten.

- Eier in Wasser kochen: Eier in einem Topf so lange kochen, bis sie hart genug sind – geschätzte Dauer: 7 Minuten.

✔ **Den Vorgang »Brote schmieren« in zwei Teile teilen.**

- Vorbereitung zum Brote schmieren: Brot, Mayonnaise, Salat und Tomaten aus dem Kühlschrank nehmen; Brotpapier zum Einwickeln aus der Schublade nehmen; Brot auf das Brotpapier legen; Mayonnaise, Salat und Tomaten auf das Brot legen – geschätzte Dauer: 7 Minuten.

- Brote fertig schmieren: Eier aus dem Topf nehmen, Schale entfernen, in Scheiben schneiden, auf das Brot legen, Brote durchschneiden, Brote einwickeln – geschätzte Dauer: 3 Minuten.

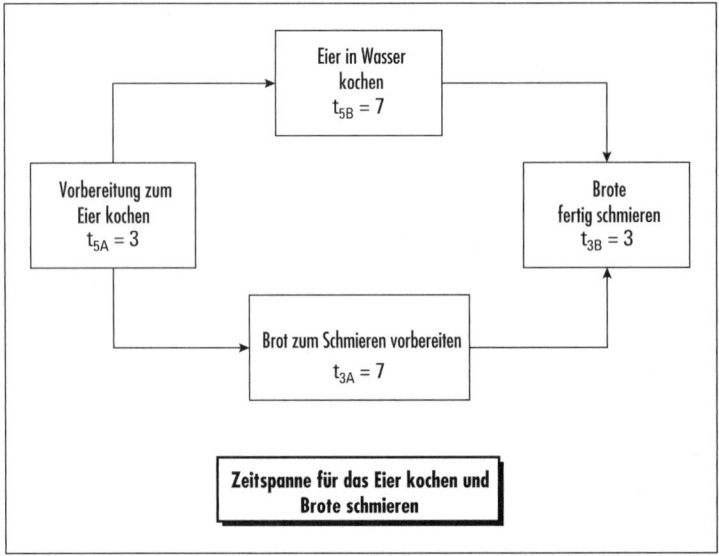

Abbildung 4.11: Vorgangszeiten durch Unterteilungen reduzieren

Sie sehen, dass die Gesamtdauer des ursprünglichen Vorgangs noch immer 10 Minuten beträgt (drei Minuten für die Vorbereitung und sieben Minuten für das Kochen) und die Gesamtdauer für den ursprünglichen Vorgang Brote schmieren beträgt ebenfalls noch immer 10 Minuten (sieben Minuten für die Vorbereitung, drei Minuten für das Belegen und Einpacken).

✔ **Führen Sie die Vorgänge wie in Abbildung 4.11 dargestellt aus**

- Vorbereitung Eier kochen

- Wenn Sie mit der Vorbereitung fertig sind, kochen Sie gleichzeitig Eier im Topf und bereiten die Brote vor.

- Wenn diese beiden Vorgänge beendet sind, schmieren Sie die Brote zu Ende.

Indem Sie detailliert beschreiben, wie Sie die einzelnen Vorgänge durchführen wollen, können Sie diese beiden Vorgänge in 13 anstatt 20 Minuten beenden.

Vorgangsdauer schätzen

Eine *Vorgangsdauer-Schätzung* ist Ihre realistische Einschätzung darüber, wie lange es tatsächlich dauert, einen bestimmten Vorgang durchzuführen. Dieser Wert soll nicht angeben, wie lange der Vorgang Ihrer Meinung nach dauern sollte oder wie lange er nach Meinung anderer dauern müsste, sondern wie lange es, realistisch betrachtet, dauern wird, den Vorgang durchzuführen.

Unrealistisch kurze Vorgangszeiten können sogar dazu führen, dass ein Projekt länger als nötig dauert, denn:

✔ Wenn man nicht die Gründe dafür ermittelt, warum ein bestimmter Vorgang eine bestimmte Zeit in Anspruch nimmt, ist es für Sie schwierig, Lösungen zu finden, wie man diese Zeitspanne reduzieren kann.

✔ Wenn die Beteiligten der Meinung sind, Zeitvorgaben seien total unrealistisch, dann werden sie sich nicht einmal bemühen, die Vorgaben einzuhalten.

 Schätzen heißt nicht, verhandeln oder feilschen.

Stellen Sie sich vor, Ihr Vorgesetzter verlangt von Ihnen, ein Projekt in sechs Monaten zu beenden. Sie erkunden alle möglichen Alternativstrategien, müssen aber feststellen, dass Sie das Projekt keinesfalls eher als in 12 Monaten abschließen können. Nach einigem Hin und Her beschließen Sie und Ihr Chef, dass Sie das Projekt in neun Monaten fertig stellen.

Wenn Sie beide gleich von Anfang an ehrlich gewesen sind, haben Sie soeben das Fehlschlagen Ihres Projekts besiegelt. Sie haben zugestimmt, das Projekt drei Monate früher zu beenden, als es Ihrer Meinung nach möglich ist. Ihr Chef hat zugestimmt, das Projektergebnis drei Monate später zu bekommen, als er es eigentlich braucht.

Wenn Sie beide am Anfang nicht ehrlich gewesen sind, haben Sie jeweils etwas über den anderen gelernt. Sie haben gelernt, wenn Ihr Vorgesetzter Ihnen einen Endtermin nennt, können Sie 50% draufschlagen (neun Monate sind 50% mehr als sechs Monate). Und Ihr Vorgesetzter hat gelernt, dass er, von jedem frühesten Endtermin, den Sie ihm geben, 25% abziehen kann (neun Monate sind 25% weniger als 12 Monate).

Im schlimmsten Fall haben Sie aber beide einem Endtermin zugestimmt, der für keinen von Ihnen akzeptabel ist. Im besten Fall haben Sie dann voneinander gelernt, dass Sie den Informationen, die Sie sich gegenseitig geben, nicht trauen können.

Die Durchführung beschreiben

Wenn Sie die Vorgangszeiten für die einzelnen Vorgänge schätzen, beschreiben Sie zunächst folgende Komponenten jedes einzelnen Vorgangs:

✔ **Vorgänge, die durch Menschen ausgeführt werden:** körperliche oder mentale Tätigkeiten, die von Menschen geleistet werden. Das kann beispielsweise das Schreiben eines Berichts, das Zusammensetzen eines Werkstücks oder die Ideenfindung für eine Werbekampagne sein.

✔ **Vorgänge, die nicht durch Menschen ausgeführt werden:** z.B. der Testlauf einer Software auf einem Computer, das Kopieren eines Berichts auf einem Hochgeschwindigkeits-Kopierer.

✔ **Prozesse:** physikalische oder chemische Reaktionen. Zum Beispiel das Durchhärten von Beton, das Trocknen von Farbe oder chemische Reaktionen in einem Labor.

✔ **Verzögerungen:** Zeit, die verstreicht, ohne dass Ressourcen irgendwelche Arbeiten leisten. Verzögerungen entstehen meistens durch fehlende Ressourcen, z.B. die Notwendigkeit, Konferenzräume zwei Wochen im Voraus reservieren zu lassen.

Merkmale von Ressourcen

Folgende Arten von Ressourcen können zur Durchführung von Projektarbeit notwendig sein:

✔ **Personal**

✔ **Anlagen**

✔ **Betriebsmittel**

✔ **Rohstoffe**

✔ **Informationen**

✔ **Budgets**

Stellen Sie für jede benötigte Ressource Folgendes fest:

✔ **Kapazität:** Produktivität pro Zeiteinheit.

✔ **Verfügbarkeit:** An welchem Tag ist die Ressource verfügbar?

Informationen überprüfen

Wenn Sie detailliert sämtliche Aspekte Ihrer Aufgaben beschrieben haben, benutzen Sie folgende Informationsquellen, um Ihre zeitlichen Schätzungen durchzuführen:

✔ Aufzeichnungen aus der Vergangenheit, die Aufschluss darüber geben, wie lange ähnliche Vorgänge früher gedauert haben

✔ Menschen, die ähnliche Aufgaben schon einmal durchgeführt haben

✔ Menschen, die die Aufgaben erledigen sollen

✔ Fachleute, die die Art der Aufgabe kennen, auch wenn Sie sie in dieser Form selbst noch nicht durchgeführt haben

Zeitschätzungen verbessern

Um die Genauigkeit Ihrer Zeitschätzungen zu verbessern, führen Sie folgende Schritte durch:

✔ Definieren Sie klar Ihre Aufgaben und Tätigkeiten: Benutzen Sie so wenig Fachausdrücke wie möglich und beschreiben Sie den dazugehörigen Arbeitsablauf detailliert und vollständig (in Kapitel 3 gehen wir noch näher auf dieses Thema ein).

✔ Unterteilen Sie die Aufgaben, bis Sie schätzen, dass die Vorgänge auf der untersten Stufe weniger als zwei Wochen dauern.

✔ Legen Sie klar und deutlich Beginn und Ende jedes Vorgangs fest.

✔ Benutzen Sie möglichst wenig Kaugummifaktoren

Ein *Kaugummifaktor* ist ein Zeitpuffer, den Sie zu Ihrer Zeitschätzung hinzugeben, »nur um sicher zu sein«. Von einem Kaugummifaktor würde man beispielsweise sprechen, wenn Sie zu jeder Ihrer Zeitschätzungen 50% aufschlagen würden. Kaugummifaktoren beeinträchtigen Ihre Planung aus folgenden Gründen:

✔ Man neigt dazu, Aufgaben so in die Länge zu ziehen, dass sie die vorgegebene Zeit ausfüllen: Wenn Sie einen Vorgang in zwei Wochen durchführen können, aber einen Kaugummifaktor von 50% aufschlagen und somit von einer Vorgangsdauer von drei Wochen ausgehen, ist die Wahrscheinlichkeit, in weniger als drei Wochen fertig zu werden, praktisch gleich Null.

✔ Manche Menschen setzen Kaugummifaktoren ein, weil sie keine Lust haben, die einzelnen Vorgänge detailliert genug zu beschreiben und Alternativpläne zu entwickeln.

✔ Andere verlieren das Vertrauen in die Genauigkeit und Durchführbarkeit Ihres Plans, weil sie wissen, dass Sie nur mit Zahlen herumjonglieren anstatt die einzelnen Tätigkeiten sorgfältig zu durchdenken.

So sehr Sie sich auch bemühen, manchmal ist es schwer einzuschätzen, wie lange ein Vorgang dauert. Das ist z.B. bei Vorgängen der Fall, die Sie noch nie durchgeführt haben, Vorgänge, deren Durchführung weit in der Zukunft liegen, und Vorgänge, die sich schon früher als schwer zu schätzen erwiesen haben. In diesen Fällen:

✔ machen Sie Ihre Schätzungen so genau wie möglich, indem Sie sich an die oben vorgestellten Methoden und Regeln halten.

✔ überwachen Sie den Projektverlauf sorgfältig, damit Sie sofort erkennen, wenn Sie Ihre ursprünglichen Schätzungen revidieren müssen.

✔ nehmen Sie eventuelle Änderungen in Ihren Zeitplan auf, sobald Sie Kenntnis von ihnen erhalten.

Den Zeitplan veröffentlichen

Ihr Netzplan enthält nicht Ihren Zeitplan; er beinhaltet lediglich die Informationen, die Sie benötigen, um den Zeitplan zu entwickeln. Sobald Sie die einzelnen Termine ermittelt haben, können Sie Ihren Zeitplan folgendermaßen darstellen:

✔ **Schlüsselereignis-Bericht (Key-Event-Bericht):** Eine Tabelle, in der Schlüsselereignisse und die Termine, wann diese Ereignisse erreicht sein sollen, aufgeführt werden

✔ **Vorgangs-Bericht:** Eine Tabelle, in der alle Vorgänge und die Termine, wann diese Vorgänge begonnen und beendet werden sollen, aufgeführt werden

✔ **Gantt-Diagramm:** Eine Zeitschiene, auf der dargestellt wird, wann welcher Vorgang beginnt, durchgeführt wird und endet

✔ **Kombiniertes Meilenstein/Gantt-Diagramm:** Eine Zeitschiene, auf der dargestellt wird, wann welcher Vorgang beginnt, durchgeführt wird und endet und wann ausgewählte Ereignisse erreicht sein werden

Der Zeitplan für Ihr Picknick am See ist in den Abbildungen 4.12, 4.13 und 4.14 in einem Schlüsselereignis-Bericht (Key-Event-Bericht), einem Vorgangs-Bericht bzw. in einem Gantt-Diagramm dargestellt.

Wenn Sie sich für eines der oben vorgestellten Formate entscheiden, bedenken Sie Folgendes:

✔ Ein Schlüsselereignis-Bericht und ein Vorgangs-Bericht sind besser geeignet, wenn man bestimmte Termine darstellen möchte.

✔ Ein Gantt-Diagramm bietet ein klareres Bild über die relativen Zeiten der Vorgänge und mögliche Überschneidungen.

Schlüsselereignis (Key Event)	Verantwortliche	Endzeitpunkt (in Minuten nach dem Start)	Anmerkungen
Bereit, das Auto zu beladen	Sie und Ihre Freundin	10	Kritischer Pfad
Bereit, loszufahren	Sie und Ihre Freundin	15	Kritischer Pfad
Ende: Ankunft am See	Sie und Ihre Freundin	45	Kritischer Pfad

> **Anmerkung:** Diese Liste enthält mehrere Schlüsselereignisse, die Sie für Ihr Projekt festgelegt haben. Wenn Sie wollen, können Sie nach jedem Vorgang ein Ereignis formulieren und darstellen.

Abbildung 4.12: Ihr Picknick-am-See-Zeitplan als Schlüsselereignis-Bericht (Key-Event-Bericht)

Vorgang	Verantwortlicher	Starttermin (in Minuten nach dem Start)	Endtermin (in Minuten nach dem Start)	Anmerkungen
1. Auto beladen	Sie und Ihre Freundin	10	15	Kritischer Pfad
2. Geld holen	Sie	0	5	
3. Ei-Brote schmieren	Ihre Freundin	15	25	
4. Zum See fahren	Sie und Ihre Freundin	15	45	Kritischer Pfad
5. Entscheiden, welcher See	Sie und Ihre Freundin	10	12	
6. Tanken	Sie	0	10	Kritischer Pfad
7. Eier kochen	Ihre Freundin	0	10	Kritischer Pfad

Abbildung 4.13: Ihr Picknick-am-See-Zeitplan als Vorgangs-Bericht

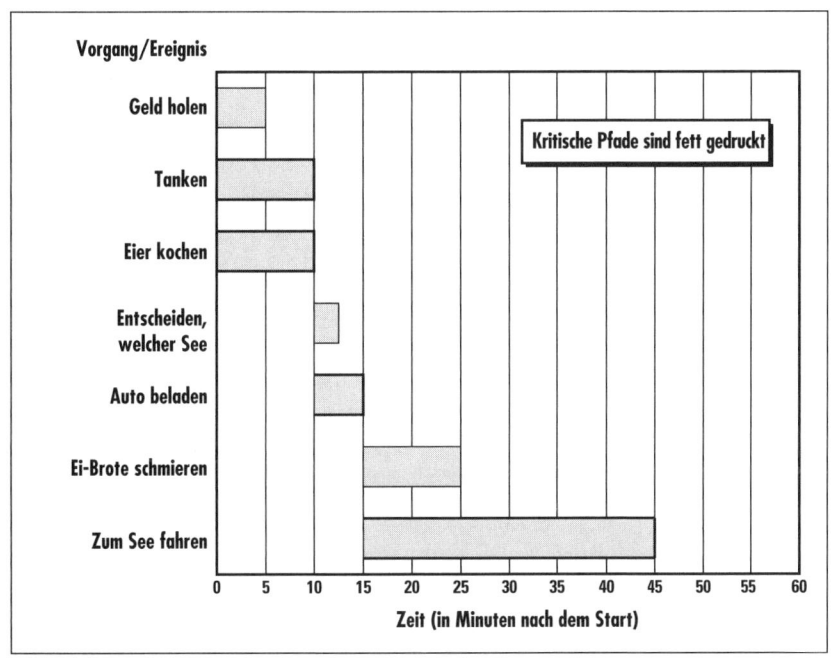

Abbildung 4.14: Ihr Picknick-am-See-Zeitplan als Gantt-Diagramm

Ressourcenplanung

5

In diesem Kapitel

▸ Qualifikationen und Fähigkeiten der Mitarbeiter beschreiben

▸ Den Personalbedarf abschätzen

▸ Mehrere Projekte gleichzeitig koordinieren

▸ Die anderen Ressourcen planen

▸ Das Projektbudget entwickeln

Denken Sie immer an folgende verärgerte Äußerung eines gestressten Projektmanagers: »Wir haben so lange so viel mit so wenig Aufwand geschafft, dass man jetzt von uns erwartet, dass wir alles ganz ohne Aufwand schaffen!«

Natürlich kann man nichts erreichen, ohne etwas zu investieren; alles hat seinen Preis. Wir leben in einer Welt beschränkter Ressourcen und akuten Zeitmangels. Es muss immer mehr Arbeit erledigt werden, als Zeit und Ressourcen es zulassen. Ihre Aufgabe ist es, zu entscheiden, welche Aufgaben erledigt werden sollen, und alles in Ihrer Macht stehende zu tun, diese Aufgaben, für die Sie sich entschieden haben, erfolgreich durchzuführen. Wenn Sie die Ressourcen, die Sie für die Durchführung Ihres Projekts benötigen, genau identifizieren und planen, werden Ihnen folgende Tätigkeiten leichter fallen:

✔ Denen, die Ihr Projekt unterstützen müssen, zu erklären, worin ihr Beitrag bestehen soll

✔ Sicherstellen, dass die Ressourcen zur Verfügung stehen, wenn sie gebraucht werden

✔ Genauere und realistischere Zeitpläne entwickeln

✔ Den Ressourcenverbrauch überwachen, um mögliche Überschreitungen zu erkennen und zu vermeiden

In einigen Unternehmen gibt es Systeme, mit denen ganz detailliert erfasst wird, welche Ressourcen für welches Projekt eingesetzt werden, während es in anderen Unternehmen überhaupt keine formale Planung oder Überwachung der Ressourcen gibt. Diese Informationen sind jedoch von unschätzbarem Wert, um den Projekterfolg sicherzustellen, unabhängig davon, ob in Ihrem Unternehmen derartige Vorgehensweisen gefordert werden.

Festlegen, wen Sie wann in welchem Umfang benötigen

Der Erfolg Ihres Projekts hängt von Ihrer Fähigkeit ab, sich zur Durchführung der notwendigen Arbeiten die richtigen Leute zu sichern. Zu einer erfolgreichen Personalplanung gehört Folgendes:

✔ Erkennen, welche Fähigkeiten und welches Wissen notwendig sind, um die Projektaufgaben zu erledigen

✔ Die Personen benennen, die an den einzelnen Aufgaben arbeiten sollen

✔ Festlegen, wie viel Aufwand für die Durchführung der einzelnen Tätigkeiten nötig ist

✔ Festlegen, in welcher Phase des Projekts bestimmte Personen ihre Aufgaben erledigen sollen, wenn sie nicht die gesamte Zeit über Vollzeit für das Projekt arbeiten

Wenn Sie Einfluss darauf nehmen können, welche Personen an Ihrem Projekt mitwirken, helfen die im folgenden Abschnitt dargelegten Personalplanungsmethoden, die am besten geeigneten Leute zu finden. Wenn Ihnen Mitarbeiter zugeteilt werden oder Ihr Projektteam bereits besteht, kann Ihnen der folgende Abschnitt helfen, aus den Fähigkeiten und Erfahrungen der einzelnen Teammitglieder das Beste zu machen.

Die Fähigkeiten und das Wissen der Teammitglieder beschreiben

In einem *Qualifikationsplan,* wie er in Abbildung 5.1 dargestellt ist, kann man am besten darstellen, welche Kenntnisse und Fähigkeiten die Personen haben müssen, die an Ihrem Projekt mitwirken.

	Thomas	Maria	Susanne	Matthias
Technisches Texten			◑△	△
Juristische Recherche	△	△		●
Grafikdesign	●△		○	●△
Fragebogen entwerfen	○			△

● – Sehr gute Kenntnisse   ○ – Grundkenntnisse   △ – Interesse

Abbildung 5.1: Die Kenntnisse und Fähigkeiten der Teammitglieder, dargestellt in einem Qualifikationsplan

In der linken Spalte des Qualifikationsplans stehen die Fähigkeiten und Kenntnisbereiche und in der oberen Zeile die Namen der Teammitglieder. In die einzelnen Felder schreiben Sie dann die besonderen Fähigkeiten, Wissens- und Interessengebiete der einzelnen Personen.

Folgendes Schema soll Ihnen bei der Bewertung der Kenntnisse und Fähigkeiten helfen:

✔ **Sehr gute Kenntnisse:** Die Person kann bei einer Aufgabe, für die diese Fähigkeiten oder Kenntnisse erforderlich sind, eine führende Rolle übernehmen.

✔ **Grundkenntnisse:** Die Person hat in diesem Bereich eine gewisse Ausbildung durchlaufen oder Erfahrung gemacht, sollte jedoch nur unter der Leitung eines anderen in diesem Bereich arbeiten.

✔ **Interesse:** Die Person würde gerne an Aufgaben arbeiten, für die diese Fähigkeit oder dieses Wissen erforderlich ist.

Der in Abbildung 5.1 dargestellte Qualifikationsplan zeigt Ihnen, dass Susanne eine führende Rolle im Bereich Technisches Texten übernehmen kann und dass sie auch gerne an derartigen Aufgaben arbeiten würde. Matthias wäre dafür qualifiziert, juristische Rechercheaufgaben zu übernehmen, aber er würde lieber nicht in diesem Bereich arbeiten. Er würde lieber beim Entwurf von Fragebogen mitarbeiten, aber er hat in diesem Bereich keine speziellen Kenntnisse oder Fähigkeiten.

Übrigens: Sie würden vielleicht festlegen, dass Sie Matthias nie dafür einsetzen würden, Fragebogen zu entwerfen, weil er dafür keinerlei Qualifikationen besitzt. Wenn Sie aber auf der Suche nach weiteren Mitarbeitern wären, die Fragebogen entwickeln, wäre Matthias ein bevorzugter Kandidat, weil er gerne in diesem Bereich arbeiten würde und sich deshalb höchstwahrscheinlich besonders bemühen würde, die notwendigen Fähigkeiten zu erlernen.

 Es gibt die verschiedensten Möglichkeiten, mit numerischen oder alphanumerischen Bezeichnungen die Fähigkeiten, das Wissen oder das Interesse einzelner zu beschreiben. So lassen sich die unterschiedlichen Kenntnisstufen beispielsweise als Rangliste beschreiben:

5: Hervorragend

4: Überdurchschnittlich

3: Durchschnittlich

2: Begrenzt

1: Minimal

Man könnte auch einen Indikator wählen, um die Erfahrungen, die die einzelnen Teammitglieder in den unterschiedlichen Bereichen haben, anzugeben.

So ein Qualifikationsplan hilft Ihnen nicht nur bei der Ermittlung des Personalbedarfs für Ihre Projektaufgaben, sondern er macht auch Lücken und Schwächen in der Qualifikation der Mitarbeiter deutlich. Diese Informationen können als Grundlage für folgende Bereiche dienen:

✔ **Schulung:** Das Unternehmen könnte Schulungsprogramme zur Behebung dieser Lücken entwickeln.

✔ **Personalentwicklung:** Wer sich in den Bereichen weiterbildet, die häufig benötigt werden, kann seine Chancen verbessern, mehr Verantwortung übertragen zu bekommen.

✔ **Personalbeschaffung:** Diejenigen, die für die Personalbeschaffung zuständig sind, können sich auf die Suche nach Kandidaten machen, die neben ihren eigentlichen Kenntnissen in dem Bereich, für den sie eingestellt werden, über solche Fähigkeiten und Kenntnisse verfügen, die im Unternehmen knapp sind.

Gerade weil man diesen Qualifikationsplan in so vielen Unternehmensbereichen einsetzen kann, haben viele Führungskräfte, Schulungsabteilungen und Personalabteilungen bereits für einige oder alle Teile der Personalstruktur entsprechende Tabellen aufgestellt. Wenn Sie beschließen, Ihre eigenen Tabellen zu entwickeln oder jemand anders in Ihrem Unternehmen zu helfen, eine aufzustellen, gehen Sie folgendermaßen vor:

1. **Erstellen Sie eine komplette Liste mit den Fähigkeiten und Wissensgebieten, die für die Projektaufgaben notwendig sein könnten.**

2. **Erstellen Sie eine Liste aller Personen, die in dem Qualifikationsplan aufgeführt werden sollen.**

3. **Lassen Sie die Personen in der Tabelle sich bezüglich ihrer Fähigkeiten und ihres Interesses in bestimmten Gebieten selbst einschätzen.**

4. **Lassen Sie den jeweiligen Vorgesetzten aller aufgelisteten Personen die Fähigkeiten, das Fachwissen und das Interesse dieser Personen einschätzen.**

5. **Vergleichen Sie diese beiden Einschätzungen und bringen Sie sie, wo nötig, in Einklang.**

6. **Erstellen Sie die endgültige Version des Qualifikationsplans.**

 Vergleichen Sie einmal Ihre eigene Einschätzung mit der Ihres Vorgesetzten. Sie erhalten so möglicherweise Informationen über mögliche Situationen, in denen in der Zukunft Leistungsprobleme auftauchen könnten. Nachstehend finden Sie einige typische Situationen, Probleme und mögliche Lösungsansätze, falls Diskrepanzen zwischen Ihrer Einschätzung und der Ihres Vorgesetzten auftreten:

✔ **Sie schätzen Ihre Fähigkeiten und Kenntnisse in einem bestimmten Bereich höher ein als Ihr Vorgesetzter.**

  • Mögliche Situation: Sie haben das Gefühl, dass Ihr Vorgesetzter Ihnen ungerechtfertigterweise keine schwierigeren Aufgaben mit größerer Verantwortung überträgt.

  • Mögliche Lösung: Ihr Vorgesetzter könnte Ihnen eine schwierigere Aufgabe übertragen und Ihre Leistung permanent sorgfältig überwachen. Wenn alles gut läuft, bessert sich die Einstellung Ihres Vorgesetzten zu Ihrer Leistungsfähigkeit. Wenn Sie Schwierigkeiten bei der Ausführung haben, können Sie mit Ihrem Vorgesetzten einen

Plan erarbeiten, der Ihnen hilft, die möglicherweise fehlenden Fähigkeiten oder Kenntnisse zu erwerben.

✔ **Sie schätzen Ihre Fähigkeiten und Kenntnisse in einem bestimmten Bereich niedriger ein als Ihr Vorgesetzter.**

- Mögliche Situation: Jedes kleinste Problem und jede Entscheidung erörtern Sie mit Ihrem Vorgesetzten, weil Sie das Gefühl haben, nicht qualifiziert genug zu sein, um diese selbst zu lösen.

- Mögliche Lösung: Ihr Vorgesetzter kann Ihnen zu Beginn eines Projekts deutlich machen, dass er oder sie der Meinung ist, dass Sie für Ihre Aufgabe qualifiziert genug sind, und Ihnen aufzeigen, wo Sie bestimmte Probleme richtig behandelt haben und warum.

✔ **Es gibt Interessengebiete, von denen Ihr Vorgesetzter nichts weiß.**

- Mögliche Situation: Sie verpassen Gelegenheiten, in denen Sie bestimmte Aufgaben bearbeiten könnten.

- Mögliche Lösung: Reden Sie regelmäßig mit Ihrem Vorgesetzten darüber, für welche Bereiche Sie sich interessieren und warum Sie der Meinung sind, dass Sie Aufgaben in diesen Bereichen erfolgreich erledigen könnten.

✔ **Ihr Vorgesetzter denkt, Sie interessieren sich für Bereiche, für die Sie sich in Wirklichkeit gar nicht interessieren.**

- Mögliche Situation: Immer wieder bekommen Sie Aufgaben übertragen, für die Sie sich eigentlich nicht interessieren. Ihre Arbeit langweilt Sie und Ihre Leistungen werden schlechter.

- Mögliche Lösung: Erörtern Sie Ihre Interessen mit Ihrem Vorgesetzten und fragen Sie ihn, ob Sie – zusätzlich zu Ihren normalen Tätigkeiten, bei denen Ihre speziellen Fähigkeiten gefragt sind – Aufgaben übernehmen dürfen, für die Sie sich interessieren.

In Projekten arbeitet man oftmals mit Menschen zusammen, die man nicht gut kennt oder mit denen man zuvor noch nicht viel Zeit verbracht hat. Sie sollten sich besondere Mühe geben, herauszufinden, welches die speziellen Fähigkeiten, Kenntnisse und Interessensgebiete der Teammitglieder sind, damit Sie deren besondere Fähigkeiten besser nutzen können. Außerdem dient es der Steigerung der Arbeitsmoral und Produktivität.

Arbeitsaufwand einschätzen

Um den Personalbedarf zu ermitteln, müssen Sie zunächst festlegen, wen Sie brauchen und wie viel Zeit er oder sie für Ihr Projekt investieren muss. Sie können diese Informationen in einer Human-Ressourcen-Matrix, wie in Abbildung 5.2 dargestellt, auflisten.

Tätigkeit		Personal Personenstunden		
Projektstruktur-Code	Beschreibung	J. Johann	S. Schmidt	Analytiker
2.1.1	Fragebogen entwerfen	32	0	24
2.1.2	Pilot-Fragebogen	0	40	60
2.2.1	Ausfüll-Anleitungen formulieren	40	24	10

Abbildung 5.2: Die Darstellung des Personalbedarfs in einer Human-Ressourcen-Matrix

In einer Human-Ressourcen-Matrix ist dargestellt, welche Ressourcen im Einzelnen für die Aufgaben eingesetzt werden und wie viel Zeit der jeweilige Mitarbeiter für diese Tätigkeit investieren muss.

 Als *Arbeitsaufwand* oder *Personalaufwand* bezeichnet man die Zeit, die jemand tatsächlich an einer bestimmten Aufgabe arbeitet. Der Arbeitsaufwand wird in Personenstunden, Personentagen, Personenwochen etc. ausgedrückt. Das hört sich zwar nicht schön an, macht aber deutlich, was gemeint ist!

Der Arbeitsaufwand hängt zwar mit der Vorgangsdauer zusammen, ist aber nicht dasselbe. Arbeitsaufwand ist ein Maß für den Einsatz von Ressourcen, Vorgangsdauer ist ein Maß für Zeit, die vergeht. Sehen Sie sich einmal den Arbeitsaufwand an, der für die Aufgaben »Fragebogen entwerfen« in der Human-Ressourcen-Matrix in Abbildung 5.2 notwendig ist. Die Matrix zeigt, dass für diese Aufgabe J. Johann für 32 Personenstunden gebraucht wird und der Analytiker für 24 Personenstunden.

Diese Information an sich sagt jedoch noch nichts über die Vorgangsdauer aus. Wenn beide Personen gleichzeitig an dieser Aufgabe arbeiten können, wenn beide ihre volle Arbeitskraft für die Projektarbeit einsetzen und wenn keine weiteren Aspekte dieser Aufgabe Zeit erfordern, kann dieser Vorgang in vier Tagen beendet werden. Wenn aber eine der beiden Personen mit weniger als 100% ihrer Arbeitskraft für das Projekt zur Verfügung stehen, wenn einer oder beide Überstunden machen würden oder wenn der eine seine Arbeit erst beginnen könnte, nachdem der andere seine beendet hat, dann würde die Vorgangsdauer davon abweichen.

In Kapitel 4 gehen wir ausführlicher auf das Thema Vorgangsdauer ein.

Personalbedarf beschreiben

 Eine *Lowest-Level-Aktivität* (Arbeitspaket) ist eine Tätigkeit in Ihrer Projektstruktur, die nicht weiter unterteilt werden kann. In Kapitel 3 gehen wir ausführlicher auf dieses Thema ein.

Erfassen Sie sämtliche Mitarbeiter, die an jeder der Lowest-Level-Aktivitäten in Ihrem Projekt beteiligt sind. Sie sollten dazu folgende Angaben machen:

✔ **Name:** der Name der Person, die die Arbeit erledigt

✔ **Jobbeschreibung:** die Jobbeschreibung oder den Titel der Person, die schließlich die Arbeit erledigt

✔ **Kenntnisse und Fähigkeiten:** die besonderen Kenntnisse und Fähigkeiten, über die jeder, dem die Aufgabe übertragen wird, verfügen muss

Schon in einer sehr frühen Planungsphase sollten Sie die benötigten Kenntnisse und Fähigkeiten konkret benennen, etwa »Jemand, der Arbeitsablaufdiagramme erstellen kann« oder »Jemand, der Microsoft PowerPoint bedienen kann«. Wenn Sie ganz konkret angeben können, welche Kenntnisse und Fähigkeiten eine Person haben sollte, um eine bestimmte Aufgabe erledigen zu können, erhöhen Sie die Wahrscheinlichkeit, dass die richtige Person dafür eingesetzt wird. Manchmal wird einfach eine Stellenbeschreibung oder eine Berufsbezeichnung angegeben, um den jeweiligen Personalbedarf zu beschreiben. Damit unterstellt man aber, dass diese Stellenbeschreibung oder die Berufsbezeichnung genau die Kenntnisse und Fähigkeiten beschreibt, über die jemand mit diesem Titel verfügen müsste. Leider sind solche Bezeichnungen häufig vage und Stellenbeschreibungen sind oftmals veraltet. Deshalb ist diese Methode ein riskantes Verfahren, um die richtige Person für die richtige Aufgabe zu finden.

 Häufig bezeichnet man die Personen, die man für sein Projekt einsetzen möchte, gleich mit ihrem Namen. Der Grund dafür ist einfach: Wenn man einmal mit jemandem zusammengearbeitet hat und er oder sie gute Arbeit geleistet hat, möchte man wieder mit dieser Person zusammenarbeiten. Obwohl dies zwar für das Ego der betreffenden Person sehr schön ist, schränken Sie damit die Wahrscheinlichkeit, auch wirklich die beste Besetzung für eine bestimmte Aufgabe zu finden, ein. Mitarbeiter, die aufgrund ihrer hervorragenden Leistungen einen guten Ruf genießen, werden häufig für mehr Stunden angefordert, als sie zur Verfügung haben. Wenn Sie nicht genau angeben, welche Kenntnisse und Fähigkeiten erforderlich sind, weiß der Vorgesetzte, der einen Ersatz für die gewünschte Person finden muss, nicht, über welche Kenntnisse und Fähigkeiten diese Ersatzperson verfügen sollte.

Den Arbeitsaufwand einschätzen

Schätzen Sie für alle Lowest-Level-Aktivitäten den Arbeitsaufwand ab, den die beteiligten Mitarbeiter für die ihnen zugewiesenen Aufgaben investieren müssen. Und so sollten Sie bei Ihren Schätzungen vorgehen:

✔ **Beschreiben Sie detailliert sämtliche Arbeiten, die erledigt werden müssen, um die jeweilige Tätigkeit durchzuführen.** Denken Sie auch an die Tätigkeiten, die indirekt mit der Aufgabe zusammenhängen. Beispiele für Tätigkeiten, die direkt mit einer Aufgabe zusammenhängen, sind: das Schreiben eines Berichts, Kundengespräche, die Durchführung eines Labortests oder der Entwurf eines neuen Logos.

Beispiele für Tätigkeiten, die indirekt mit einer Aufgabe zusammenhängen, sind: Erwerb der Kenntnisse und Fähigkeiten, die für die betreffende Tätigkeit notwendig sind, oder die Erstellung eines regelmäßigen Sachstandsberichts.

✔ **Erfahrungen einbeziehen.** Erfahrungen aus der Vergangenheit garantieren nicht unbedingt einen Erfolg in der Zukunft. Aber sie liefern Anhaltspunkte dafür, was möglich ist. Finden Sie heraus, ob bestimmte Aktivitäten oder Teile einer Aktivität schon einmal durchgeführt wurden. Wenn ja, sehen Sie sich schriftliche Unterlagen dazu an, um zu erfahren, welcher Arbeitsaufwand damals für diese Tätigkeit notwendig war. Wenn es keine schriftlichen Aufzeichnungen darüber gibt, fragen Sie die Personen, die damals an dieser Tätigkeit beteiligt waren, nach ihrer Einschätzung über den Arbeitsaufwand.

 Wenn Sie sich auf Erfahrungen aus der Vergangenheit verlassen, achten Sie darauf, dass die Tätigkeiten damals folgende Kriterien erfüllen:

- Sie wurden von Personen ausgeführt, deren Fähigkeiten und Erfahrungen denen der Mitarbeiter ähneln, die Sie für Ihr Projekt einsetzen möchten.

- Es wurden ähnliche Betriebsmittel, Anlagen und Technologien wie in Ihrem Projekt eingesetzt.

- Der Zeitrahmen damals ähnelte dem für Ihr Projekt.

✔ **Beziehen Sie die Personen, die die Arbeit durchführen sollen, in die Schätzung des Arbeitsaufwands mit ein.** Mitarbeiter bei der Einschätzung des Arbeitsaufwands für Tätigkeiten einzubeziehen, die sie selbst durchführen sollen, hat zwei Vorteile: Sie bekommen ein besseres Verständnis dafür, was alles zur Durchführung der ihnen zugeteilten Aufgabe gehört und man steigert ihre Motivation, die Aufgabe in der geschätzten Zeit auch wirklich zu erledigen.

Wenn Sie schon bei der Entwicklung des ersten Plans wissen, wer die einzelnen Tätigkeiten ausführen soll, beziehen Sie diese Personen mit ein. Wenn Teammitglieder erst bei Projektbeginn oder während des Projekts hinzustoßen, bitten Sie sie, Ihre Pläne zu überprüfen und Änderungen vorzuschlagen.

✔ **Holen Sie sich bei solchen Mitarbeitern Rat, die diese Art von Tätigkeit schon einmal durchgeführt haben, selbst wenn es sich nicht um genau die gleiche Aufgabe handelte.** Die Einbeziehung von Erfahrungen und Wissen aus möglichst vielen Quellen erhöht die Genauigkeit Ihrer Schätzung.

Produktivität, Effizienz und Verfügbarkeit einkalkulieren

Auch wenn jemand Vollzeit einem bestimmten Projekt zugeordnet ist, bedeutet das noch lange nicht, dass er oder sie auch wirklich in der Lage ist, 40 Stunden pro Woche, 52 Wochen pro Jahr mit höchster Produktivität daran zu arbeiten. Persönliche und unternehmensbedingte Verpflichtungen verringern die Anzahl der Stunden, die man tatsächlich an einem Projekt arbeiten kann. Deshalb sollten Sie bei der Festlegung, wie viele Stunden jemand für Ihr Projekt arbeiten muss, um die ihm zugeteilte Arbeit zu schaffen, jeden der folgenden Faktoren genau einkalkulieren:

✔ **Produktivität:** Das sind die Resultate, die Sie und Ihr Projektteam pro Zeiteinheit, die Sie an dem Projekt arbeiten, erzielen. Ihre Produktivität hängt von folgenden Faktoren ab:

- Kenntnisse und Fähigkeiten: die bloße Fähigkeit, eine bestimmte Aufgabe zu erledigen

- Erfahrungen mit ähnlichen Aufgaben: Erfahrungen mit der erforderlichen Arbeit und typischen Problemen, die bei bestimmten Aufgaben auftreten

- Eine gewisse Dringlichkeit: der Antrieb, der sich aus einem vorgegebenen Zeitrahmen ergibt. Dadurch konzentrieren Sie sich gezielt auf eine bestimmte Tätigkeit.

- Die Fähigkeit, zwischen verschiedenen Tätigkeiten hin und her zu springen: Damit ist gemeint, wie problemlos Sie sich einer nächsten Aufgabe zuwenden können, sobald bei der ersten ein Hindernis im Weg liegt, ohne frustriert herumzusitzen und Zeit zu verschwenden.

- Die Umgebung, in der Sie arbeiten: Entfernungen und Anordnung der Möbel und Büromaschinen sowie die Verfügbarkeit und der Zustand der Anlagen und Ressourcen, die Sie für Ihre Arbeit brauchen

✔ **Effizienz:** Der Anteil der Arbeitszeit, den Sie und Ihre Teammitglieder tatsächlich für das Projekt einsetzen, im Verhältnis zu dem Anteil, den Sie für organisatorische Aufgaben aufwenden müssen, die nicht mit konkreten Projekten in Zusammenhang stehen. Ihre Effizienz wird durch folgende Faktoren beeinflusst:

- Die Zeit, die Sie für nicht-projektbezogene berufliche Tätigkeiten aufwenden. Dazu gehört die Teilnahme an allgemeinen Sitzungen, die Beantwortung von Anfragen von Kollegen bezüglich bestimmter Bereiche, in denen Sie besondere Kenntnisse besitzen, oder das Lesen von Fachzeitungen und Veröffentlichungen.

- Die Zeit, die Sie für persönliche Tätigkeiten aufwenden. Dazu gehört beispielsweise, sich einen Kaffee zu holen, zur Toilette zu gehen, den Schreibtisch aufzuräumen, Privatangelegenheiten und Privatgespräche mit Kollegen.

Je mehr Zeit Sie täglich mit diesen nicht-projektbezogenen Tätigkeiten verbringen, desto weniger Zeit steht für die Projektarbeit zur Verfügung.

 Vor einigen Jahren las ich von einer Studie, die ergab, dass ein typischer Angestellter durchschnittlich vier von seinen acht Arbeitsstunden an geplanten Projektaufgaben arbeitet. Es wurden Mitarbeiter in mehr als 100 Unternehmen und in unterschiedlichen Positionen befragt. Das bedeutet, dass ein typischer Angestellter laut dieser Studie eine Effizienz von etwa 50% aufweist!

Seither bin ich auf mehrere Unternehmen gestoßen, die ähnliche Befragungen unter den eigenen Mitarbeitern durchgeführt haben. Hier lag das Ergebnis in allen Unternehmen bei ca. 75%. Aber bedenken Sie, dass diese vom Unternehmen durchgeführten Untersuchungen möglicherweise nicht die tatsächliche Situation widerspiegelten, denn natürlich möchte jeder Mitarbeiter, dass seine Firma glaubt, er würde den Großteil seiner Arbeitszeit in geplante Projektaufgaben investieren. Und jedes Unternehmen glaubt diese Aussagen gern. Und dennoch heißt dieses Ergebnis, dass die Leute ca. 25% des Tages mit anderen Dingen als geplanten, projektbezogenen Tätigkeiten verbringen!

✔ **Verfügbarkeit:** Der Teil Ihrer Zeit, den Sie tatsächlich am Arbeitsplatz und nicht außerhalb des Arbeitsplatzes verbringen. Ihre Verfügbarkeit hängt von der Unternehmensphilosophie ab. Ihre potenzielle Anwesenheit errechnen Sie, indem Sie die in Ihrem Unternehmen üblichen Urlaubstage, Krankheitstage, Geschäftsreisen und Abwesenheitstage aufgrund von persönlichen oder krankheitsbedingten Gründen und so weiter von der vollen Arbeitszeit abziehen.

⚠ Unterscheiden Sie sorgfältig zwischen Effizienz und Verfügbarkeit

Vor einiger Zeit lernte ich in einem meiner Seminare jemanden kennen, der davon überzeugt war, den Faktor Effizienz mit einzukalkulieren, wenn er den Ressourcenbedarf für sein Projekt ermittelte. Er erklärte mir, dass in seinem Unternehmen eine interne Studie durchgeführt worden war, die besagte, dass der durchschnittliche Mitarbeiter in diesem Unternehmen 25% seiner Arbeitszeit aufgrund von Krankheit, Urlaub, Feiertagen und betriebsbedingter Abwesenheit nicht am Arbeitsplatz verbrachte. Deshalb definierte er »volle Verfügbarkeit« mit 120 Personenstunden pro Monat, was 75% der schätzungsweise 160 Stunden pro Monat betrug, die jemand potenziell am Arbeitsplatz verbrachte. (Auf die 160 Stunden kam er, indem er 8 Stunden pro Tag mit 5 Tagen pro Woche und vier Wochen pro Monat multiplizierte – zugegeben, das ist nur ein Näherungswert.)

Ich erklärte ihm, dass die 120 Personenstunden, auf die er kam, die Gesamtzeit darstellte, die ein Mitarbeiter pro Monat zur Verfügung stand, und dass Mitarbeiter leider nicht während aller Stunden, die sie verfügbar sind, mit einer Effizienz von 100% arbeiteten. Ich sagte ihm, dass er, um genau zu sein, bedenken sollte, dass jeder nur ungefähr 90 produktive Stunden pro Monat zur Verfügung hatte, die für Projektarbeit eingesetzt werden können, wenn man von einer durchschnittlichen Effizienz von 75% ausgeht. (Auf die 90 Stunden bin ich gekommen, indem ich die 160 maximal möglichen Stunden mit dem Verfügbarkeits-Faktor von 75% und dann noch mit dem Effizienz-Faktor von 75% multipliziert habe.)

Seine Reaktion auf meine Rechnung war interessant. Er lehnte sie rundweg ab! Er sagte, dass er keinesfalls bereit wäre, den Teammitgliedern zu sagen, dass sie von ihren acht Arbeitsstunden, die dem Projektkonto belastet wurden, tatsächlich nur sechs Stunden daran arbeiten sollten. Er verstand nicht, dass sie dies bereits taten. Er konnte diese Tatsache entweder akzeptieren und in seine Planung mit einkalkulieren oder sie ignorieren; sie zu ignorieren änderte jedoch nichts an der Realität.

Belegen Sie Ihre Schätzungen mit Erfahrungswerten aus der Vergangenheit

Wie Sie die Effizienz Ihrer Personalplanung einschätzen, hängt davon ab, ob und wie Sie den Arbeitsaufwand erfassen. Sie brauchen keinen gesonderten Faktor für Effizienz einzubeziehen, wenn Sie Ihre Schätzungen auf der Basis von Daten aus einem in der Vergangenheit geführten Zeiterfassungssystem gewinnen und eine der beiden folgenden Situationen zutrifft:

✔ **Ihr Zeiterfassungsplan beinhaltet eine oder mehrere Rubriken, in der Zeiten aufgelistet werden, die nicht mit dem Projekt in Zusammenhang stehen *und* die Mitarbeiter tragen für jede Tätigkeit ganz genau die tatsächlichen Zeiten ein.**

Wenn das der Fall ist, geben diese Informationen die tatsächliche Anzahl der Stunden wieder, die die Betreffenden für bestimmte Tätigkeiten aufgeschrieben haben. In diesem Fall können Sie sich einfach auf diese Zahlen verlassen und aus ihnen ableiten, wie lange Sie in Ihrem Projekt für ähnliche Tätigkeiten brauchen werden.

✔ **Ihr Zeiterfassungsplan beinhaltet keine Rubrik, in der Sie Zeiten auflisten, die nicht mit dem Projekt in Zusammenhang stehen, aber Sie haben genau (mit Angabe der Tätigkeiten) aufgelistet, wie viel Zeit Sie mit beruflichen Tätigkeiten verbracht haben, und es lässt sich zuordnen, wie viel Zeit Sie davon für Projektaktivitäten investiert haben.**

Auch diese Informationen aus der Vergangenheit spiegeln die tatsächliche Anzahl von Stunden wider, die für eine bestimmte Aufgabe investiert wurden. In diesem Fall beinhalten die aufgelisteten Stunden allerdings auch Tätigkeiten, die nicht in Zusammenhang mit dem Projekt standen. Wenn Ihre Zeiterfassungsmethode sich inzwischen nicht geändert hat, gibt die Anzahl der Stunden wieder, wie lange Sie (sowohl für projektbezogene als auch für nicht-projektbezogene Arbeiten) diesmal brauchen.

Andererseits sollten Sie darüber nachdenken, einen gesonderten Effizienz-Faktor mit einzukalkulieren, wenn Sie Ihre Schätzungen aufgrund der persönlichen Meinung von Personen vornehmen, die mit ähnlichen Tätigkeiten bereits Erfahrungen gesammelt haben oder die die jeweiligen Tätigkeiten in Ihrem Projekt durchführen sollen.

Falls Sie selbst die Person sind, die die Tätigkeit durchführt, schätzen Sie den benötigten Arbeitsaufwand so, als wären Sie 100% effizient. (Mit anderen Worten: Kümmern Sie sich nicht um die normalen Unterbrechungen während eines Arbeitstages, gehen Sie davon aus, dass Sie immer nur eine Aufgabe gleichzeitig erledigen und so weiter.) Erst dann nehmen Sie sich den Schätzwert vor und modifizieren ihn folgendermaßen:

✔ Wenn Sie Ihre Arbeitszeit akkurat in einem Zeitplan erfassen, in dem es eine oder mehrere Rubriken für nicht-projektbezogene Tätigkeiten gibt, rechnen Sie keinen Effizienz-Faktor mit ein.

✔ Wenn Sie Ihre Arbeitszeit akkurat in einem Zeitplan erfassen, in dem es keine Rubrik für nicht-projektbezogene Tätigkeiten gibt, rechnen Sie einen Effizienz-Faktor mit ein.

Nehmen wir an, Sie schätzen, dass Sie 30 Personenstunden für eine bestimmte Aufgabe benötigen (wenn Sie zu 100% effizient arbeiten könnten), und in Ihrem Zeiterfassungsplan gibt es keine Rubrik für nicht-projektbezogene Tätigkeiten. Wenn Sie Ihre tatsächliche Effizienz mit 75% beziffern würden, sollten Sie 40 Personenstunden für diese Aufgabe einplanen, denn 75% von 40 Stunden ergeben die Ihrer Meinung nach erforderlichen 30 Personenstunden.

Folgende Zeiterfassungs-Praktiken führen dazu, dass die gesammelten Daten ungenau sind:

✔ Es dürfen keine Überstunden erfasst werden.

✔ Sie füllen Ihren Zeitplan für den gesamten Zeitraum erst wenige Tage vor Ende dieses Zeitraums aus.

✔ Sie übernehmen die Schätzungen für den Arbeitsaufwand aus dem Projektplan.

Falls in Ihrem Unternehmen eine der oben beschriebenen Methoden praktiziert wird, sollten Sie die Schätzungen des Arbeitsaufwands für Ihr aktuelles Projekt nicht auf der Basis dieser Daten vornehmen.

Wenn Sie den Faktor Effizienz bei der Schätzung des Arbeitsaufwands und bei der Überprüfung der tatsächlich investierten Stunden vernachlässigen, führt das möglicherweise zu falschen Rückschlüssen bezüglich der Leistung einzelner Teammitglieder. Stellen Sie sich vor, am Montagmorgen überträgt Ihr Vorgesetzter Ihnen ein Projekt. Er teilt Ihnen mit, dass seiner Meinung nach 40 Personenstunden für die Erledigung notwendig sind, dass er die Ergebnisse aber bis Freitag zum Feierabend benötigt. Stellen Sie sich weiter vor, dass Sie während der ganzen Woche intensiv an diesem Projekt arbeiten und die Aufgabe tatsächlich bis Freitagnachmittag beenden. Während dieser Zeit haben Sie die Arbeitszeiten erfasst und es stellt sich heraus, dass Sie 55 Personenstunden für dieses Projekt aufgewendet haben. Wenn Ihr Vorgesetzter nicht erkennt, dass seine ursprüngliche Schätzung mit 40 Personenstunden auf einer Effizienz von 100% basierte, wird er glauben, dass Sie für die Aufgabe 15 Stunden länger gebraucht haben, als Sie sollten. Mit anderen Worten: Ihr Vorgesetzter interpretiert die 55 Personenstunden so, als entsprächen sie 40 Personenstunden projektbezogener Arbeit, und bedankt sich dafür, dass Sie zusätzliche Stunden investiert haben, um seinen engen Zeitrahmen einzuhalten.

Wenn man den Einfluss der Effizienz vernachlässigt, erscheint man weniger leistungsfähig, obwohl die Leistung dieselbe ist. Wenn man die Effizienz richtig mit einbezieht, wirkt man konzentriert und engagiert.

Je mehr Zeit Sie für eine Aufgabe investieren müssen, desto wichtiger ist es, Effizienz und Verfügbarkeit mit einzukalkulieren. Nehmen wir einmal an, Sie beschließen, dass Sie für eine Aufgabe eine Stunde ansetzen müssen. Sie können davon ausgehen, dass Ihre Verfügbarkeit bei 100% liegt und Ihre Effizienz ebenfalls. Wenn Sie sechs Stunden für eine Aufgabe investieren müssen, können Sie vielleicht davon ausgehen, dass Ihre Verfügbarkeit 100% beträgt, Ihre

Effizienz aber möglicherweise nur 75% (oder welchen Faktor Sie auch immer hier einsetzen möchten). Deshalb sollten Sie für dieses Projekt einen kompletten Arbeitstag (acht Arbeitsstunden) einplanen, damit Sie wirklich sechs Stunden an der eigentlichen Aufgabe arbeiten können.

Wenn Sie für eine Aufgabe einen ganzen Monat oder mehr veranschlagen, denken Sie daran, dass Sie in diesem Zeitraum möglicherweise ein paar freie Tage haben. Auch, wenn Ihr Urlaub oder Ihre Krankheitstage nicht zu Lasten des Projektkontos gehen, so müssen Sie doch einkalkulieren, dass Ihnen ungefähr 97 Stunden für produktive projektbezogene Arbeit zur Verfügung stehen, wenn man von 75% Effizienz und 75% Verfügbarkeit ausgeht (2.080 Stunden pro Jahr: 12 Monate x 75% x 75%).

Bei der Schätzung des Personalbedarfs legen Sie folgende Zahlen zu Grunde:

	Verfügbare produktive Personenstunden		
	100% Effizienz, 100% Verfügbarkeit	75% Effizienz, 100% Verfügbarkeit	75% Effizienz, 75% Verfügbarkeit
1 Personentag	8	6	4,5
1 Personenwoche	40	30	22,5
1 Personenmonat	173	130	98
1 Personenjahr	2080	1560	1170

Tabelle 5.1: Verfügbare Personenstunden für Projektarbeit

Wenn es in Ihrem Unternehmen andere Erfahrungswerte gibt, die Sie als Effizienz- und Verfügbarkeitsfaktoren einsetzen können, legen Sie diese zu Grunde.

 Passen Sie auf hierarchiebedingte Fehleinschätzungen auf! Nehmen wir einmal an, Sie planen, eine bestimmte Aufgabe an Martins Gruppe zu übertragen. Martin wird diese Aufgabe an Marianne weitergeben, die sie an Bettina weitergibt, und die wiederum gibt sie an Jan weiter, der die erforderliche Arbeit schließlich erledigt.

Sie bitten Martin, abzuschätzen, wie viel Arbeitsaufwand für die Erledigung der Aufgabe notwendig ist. Martin seinerseits fragt Marianne, die fragt Bettina und die wiederum fragt Jan. Jan schätzt, dass man zwei Personenwochen benötigt, um die Arbeit zu erledigen. Jan, Bettina, Marianne und Martin wissen aber alle, dass in ihrem Unternehmen ein Effizienzfaktor von 75% anzunehmen ist, also bezieht jeder der vier diesen Faktor mit ein, um auf der sicheren Seite zu sein. Jan sagt Bettina, dass es 2,7 Personenwochen dauert; Bettina sagt Marianne, dass es 3,6 Personenwochen dauert; Marianne sagt Harry, dass es 4,8 Personenwochen dauert, und Martin erzählt Ihnen, dass Sie 6,4 Personenwochen veranschlagen sollten!

Das Problem lag hier natürlich in der Kommunikation. Jeder bezog den Effizienzfaktor in seine Schätzung mit ein, ohne den anderen davon etwas zu sagen. Diesen Faktor einmal mit einzubeziehen ist realistisch, ihn vier Mal einzubeziehen ist irreführend und reine Verschwendung.

Tipps zur genaueren Einschätzung des Arbeitsaufwands

Gewöhnen Sie sich folgende Vorgehensweisen an, um die Genauigkeit Ihrer Schätzungen zu verbessern:

✔ Definieren Sie die Tätigkeiten ganz konkret: Benutzen Sie so wenig Fachausdrücke wie möglich und beschreiben Sie den jeweiligen Arbeitsablauf detailliert (siehe Kapitel 3).

✔ Unterteilen Sie die Tätigkeiten, bis die Lowest-Level-Aktivitäten nicht mehr als zwei Personenwochen in Anspruch nehmen.

✔ Vermeiden Sie Kaugummi-Faktoren (siehe Kapitel 4).

✔ Aktualisieren Sie Ihre Arbeitsaufwandsschätzungen, wenn sich das Projektteam oder die Aufgabenstellung ändern.

Mehrere Aufgaben gleichzeitig bewältigen

Wenn man nur an einer Aufgabe arbeitet, ist es relativ einfach, festzustellen, ob man überlastet ist. Nehmen wir aber einmal an, Sie planen, an mehreren Aufgaben gleichzeitig zu arbeiten, die sich zu bestimmten Zeiten zum Teil überschneiden. Dann müssen Sie entscheiden, wann Sie wie viele Stunden für welche Aufgabe aufschreiben, um herauszufinden, ob Sie überlastet sind.

Eine vorläufige Analyse vorbereiten

Beginnen Sie Ihre Analyse, indem Sie:

✔ eine Human-Ressourcen-Matrix aufstellen

✔ für jede in der Human-Ressourcen-Matrix aufgeführte Person eine Arbeitslast-Tabelle oder ein Arbeitslast-Diagramm erstellen.

 Nehmen wir an, Sie wollen die Aufgaben 1, 2 und 3 eines Projekts erledigen. In Tabelle 5.2 sind die Personenstunden aufgeführt, die Sie für jede Aufgabe ansetzen (bedenken Sie, dass der Effizienz-Faktor hier bereits einkalkuliert wurde).

Vorgang	Aufwand (Personenstunden)
Aufgabe 1	60
Aufgabe 2	40
Aufgabe 3	30

Tabelle 5.2: Geschätzter Arbeitsaufwand für drei Tätigkeiten

In Abbildung 5.3 ist dargestellt, wann Sie die Aufgaben 1, 2 und 3 durchführen wollen. Laut Gantt-Diagramm wollen Sie Aufgabe 1 in den Wochen 1, 2 und 3 erledigen, Aufgabe 2 in den Wochen 2 und 3 und Aufgabe 3 in den Wochen 3, 4 und 5.

Das Gantt-Diagramm im oberen Teil der Abbildung 5.3 zeigt, dass Aufgabe 1 drei Wochen dauert, Aufgabe 2 zwei Wochen und Aufgabe 3 drei Wochen. In Tabelle 5.2 steht, dass Sie 60 Personenstunden (50% der verfügbaren Zeit), 40 Personenstunden (50% der verfügbaren Zeit) bzw. 30 Personenstunden (25% der verfügbaren Zeit) für die drei Aufgaben investieren müssen. Das bedeutet, dass Sie problemlos Ihre gesamte Arbeit erledigen könnten, wenn Sie nicht an mehreren Aufgaben gleichzeitig arbeiten müssten.

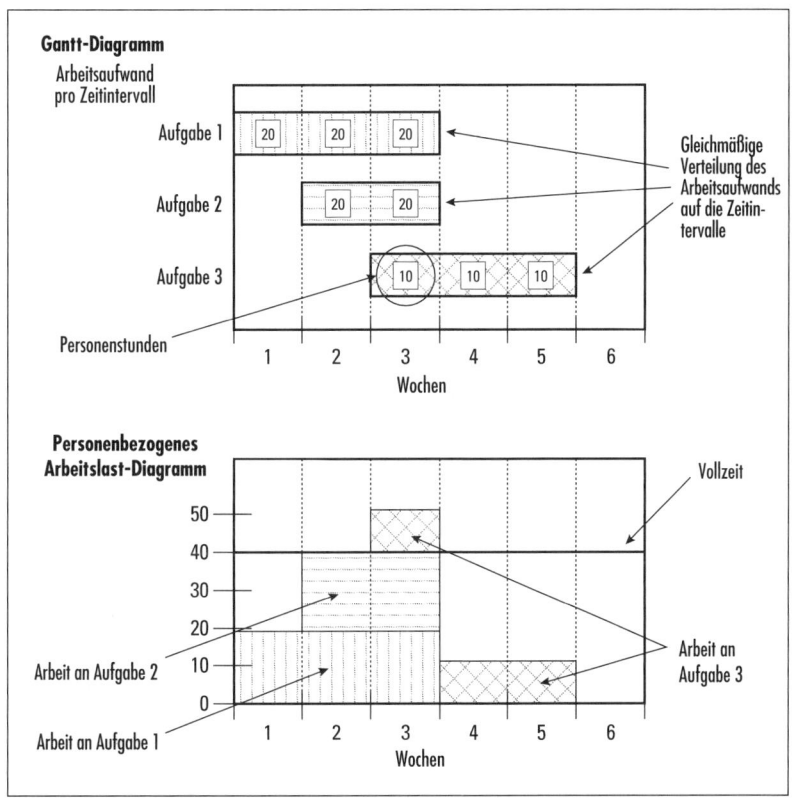

Abbildung 5.3: Planung für die Arbeit an mehreren Aufgaben im selben Zeitraum

Ihr ursprünglicher Plan sah jedoch vor, dass Sie in Woche 2 an den beiden Aufgaben 1 und 2 arbeiten wollten und in Woche 3 an allen drei Aufgaben. Um herauszufinden, ob Sie es schaffen können, alle drei Aufgaben nach diesem Zeitplan zu erledigen, müssen Sie folgende Entscheidung treffen:

Zu welchem Zeitpunkt im Verlauf jeder einzelnen Aufgabe setzen Sie die erforderliche Zeit ein?

Gehen Sie zunächst davon aus, dass Sie Ihre Zeit gleichmäßig auf die Dauer jeder Aufgabe verteilen. Das bedeutet, dass Sie 20 Stunden pro Woche an Aufgabe 1 in den Wochen 1, 2 und 3 arbeiten, 20 Stunden pro Woche an Aufgabe 2 in den Wochen 2 und 3 und 10 Stunden pro Woche an Aufgabe 3 in den Wochen 3, 4 und 5. Diese Aufteilung des Arbeitsaufwands nach Aufgaben ist in dem Gantt-Diagramm im oberen Teil der Abbildung 5.3 dargestellt.

Bestimmen Sie den Gesamt-Arbeitsaufwand, den Sie pro Woche in dieses Projekt investieren müssen, indem Sie die Stunden, die Sie für die einzelnen Aufgaben investieren, folgendermaßen erfassen:

✔ In Woche 1 arbeiten Sie 20 Personenstunden an Aufgabe 1, was einen Arbeitsaufwand von 20 Stunden ergibt.

✔ In Woche 2 arbeiten Sie 20 Personenstunden an Aufgabe 1 und 20 Personenstunden an Aufgabe 2, was einen Arbeitsaufwand von 40 Stunden ergibt.

✔ In Woche 3 arbeiten Sie 20 Personenstunden an Aufgabe 1, 20 an Aufgabe 2 und 10 an Aufgabe 3, was zusammen 50 Personenstunden für das Projekt ergibt.

✔ In den Wochen 4 und 5 arbeiten Sie 10 Personenstunden an Aufgabe 3, was insgesamt 10 Personenstunden für das Projekt ergibt.

Diese Verteilung ist in dem Arbeitslast-Diagramm in Abbildung 5.3 dargestellt. Sie erkennen sofort, dass Sie bei dieser Planung in Woche 3 zehn Überstunden machen müssen. Wenn es Ihnen nichts ausmacht, diese Überstunden zu leisten, funktioniert Ihr Plan. Wenn nicht, müssen Sie sich eine Alternative ausdenken, mit der Sie die Arbeitsbelastung in Woche 3 reduzieren können.

Eine mögliche Überlastung der Ressourcen verhindern

Folgende Strategien helfen Ihnen, sich nicht zu überlasten:

✔ Verteilen Sie Ihre Arbeitszeit während des gesamten Projektzeitraums nicht gleichmäßig auf die einzelnen Aufgaben.

✔ Nutzen Sie Pufferzeiten, die bei einzelnen Aufgaben möglicherweise auftauchen.

✔ Übertragen Sie einen Teil der Arbeit, die Sie in Woche 3 erledigen müssen, jemand anders.

✔ Lassen Sie sich mehr Personal zuteilen.

✔ Beschäftigen Sie einen externen Dienstleister, um einen Teil der Arbeit zu übernehmen, die Sie eigentlich selbst erledigen wollten.

 Nehmen wir einmal an, Sie beschließen, Ihre Arbeitsstunden, wie in Abbildung 5.3 dargestellt, ungleichmäßig auf die Dauer von Aufgabe 1 zu verteilen. In Abbildung 5.4 erkennt man, dass dadurch die Überstunden in Woche 3 entfallen.

Zeit	Aufwand (Personenstunden)
Woche 1	30
Woche 2	20
Woche 3	10

Tabelle 5.3: Geplanter Arbeitsaufwand in jeder einzelnen Woche für Aufgabe 1

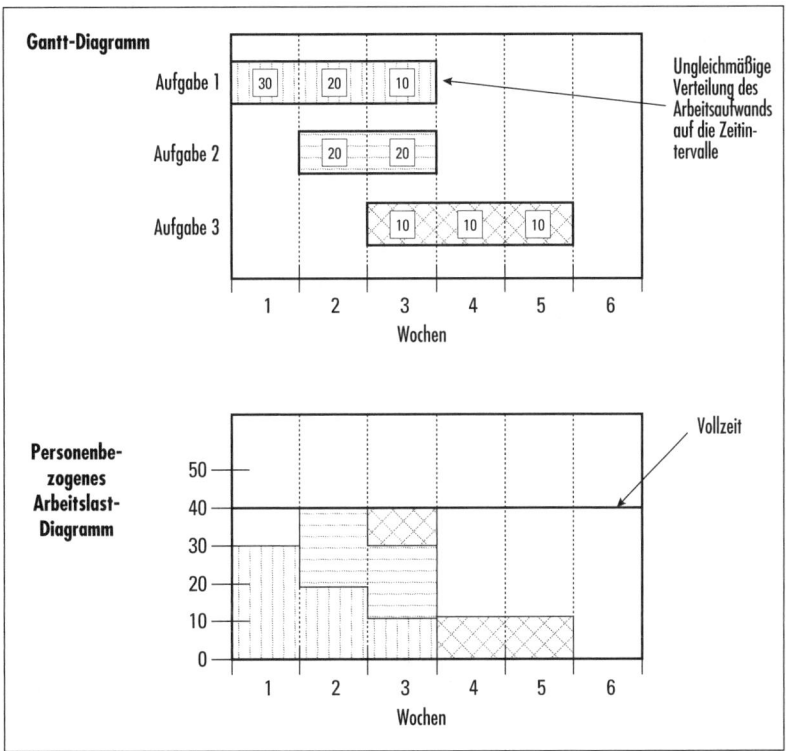

Abbildung 5.4: Vermeidung einer Ressourcen-Überbelastung durch eine unterschiedliche Verteilung der Arbeitsstunden während der Aufgabendauer

In Abbildung 5.5 sehen Sie, wie Sie die Überstunden in der dritten Woche vermeiden, indem Sie die Pufferzeiten nutzen, die zu Aufgabe 3 gehören. Wenn Aufgabe 3 mindestens eine Pufferzeit von einer Woche aufweist, könnten Sie Ihren Arbeitsaufwand in der dritten Woche auf 40 Personenstunden reduzieren, indem Sie sowohl den Beginn als auch das Ende von Aufgabe 3 um eine Woche verschieben. In Kapitel 4 finden Sie eine detaillierte Definition und weitere Informationen zum Thema Pufferzeiten.

Die genaue Verteilung des Arbeitsaufwands pro Zeiteinheit können Sie sowohl tabellarisch als auch in Form einer Grafik darstellen. In Abbildung 5.6 sind die Informationen aus der Arbeitslast-Tabelle in Abbildung 5.3 in einem personenbezogenen Arbeitslast-Diagramm dargestellt. Für jedes Teammitglied sollten Sie ein separates, personenbezogenes Arbeitslast-Diagramm erstellen.

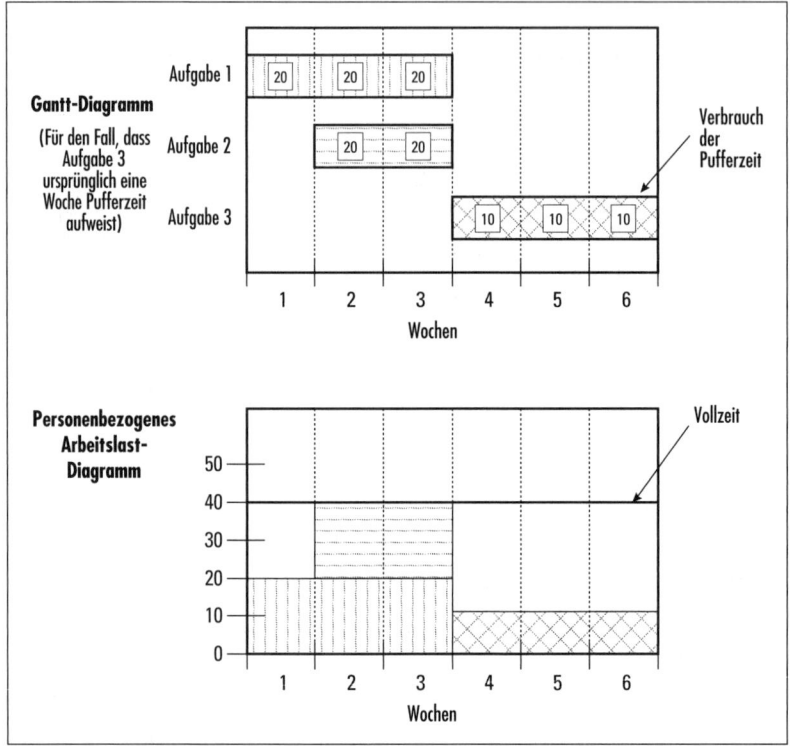

Abbildung 5.5: Verhinderung einer Ressourcen-Überbelastung durch Verschieben des Anfangs- und Endzeitpunkts von Aufgaben mit Pufferzeit

Listen Sie die Gesamtstundenzahl, die jede einzelne Person in Ihrem Projekt investiert, in einer zusammengefassten Arbeitslast-Tabelle auf, wie sie in Abbildung 5.7 dargestellt ist. Die Einträge in Ihrer Zeit für die Wochen 1 bis 5 sind dieselben wie in der Zeile »Gesamt« in der personenbezogenen Arbeitslast-Tabelle in Abbildung 5.6.

Diese Übersicht hilft Ihnen

✔ festzustellen, wer zur Verfügung stehen könnte, um einen Teil der Arbeit von Mitarbeitern zu übernehmen, die überlastet sind und

✔ das Personalbudget für Ihr Projekt festzulegen, indem Sie die Anzahl der Stunden, die die Team-Mitglieder für Ihr Projekt arbeiten, mit den gewichteten Effizienz- und Verfügbarkeitsfaktoren multiplizieren. (Siehe auch den Abschnitt »Zwei Methoden, indirekte Kosten zu ermitteln« am Ende dieses Kapitels.)

	Personenstunden					
	Woche 1	Woche 2	Woche 3	Woche 4	Woche 5	Gesamt
Aufgabe 1	20	20	20			60
Aufgabe 2		20	20			40
Aufgabe 3			10	10	10	30
Gesamt	20	40	50	10	10	130

Abbildung 5.6: Beispiel einer personenbezogenen Arbeitslast-Tabelle

	Personenstunden					
	Woche 1	Woche 2	Woche 3	Woche 4	Woche 5	Gesamt
Sie	20	40	50	10	10	130
Bill	10	20	10	30	10	80
Marianne	15	10	20	10	30	85
Gesamt	45	70	80	50	50	295

Abbildung 5.7: Beispiel einer zusammengefassten, personenbezogenen Arbeitslast-Tabelle

Die projektübergreifende Aufgabenverteilung

Wenn Sie für jedes einzelne Projekt personenbezogene Arbeitslast-Tabellen und -Übersichten erstellen, können Sie mit dieser Methode auch projektübergreifend Aufgaben verteilen.

In Abbildung 5.8 sehen Sie eine personenbezogene Arbeitslast-Tabelle, die zeigt, wie viele Stunden jedes einzelne Mitglied Ihrer Gruppe in einem Monat insgesamt arbeitet. Wir haben diese Tabelle aus den zusammengefassten, personenbezogenen Arbeitslast-Tabellen für die Projekte hergeleitet, an denen sie arbeiten sollen.

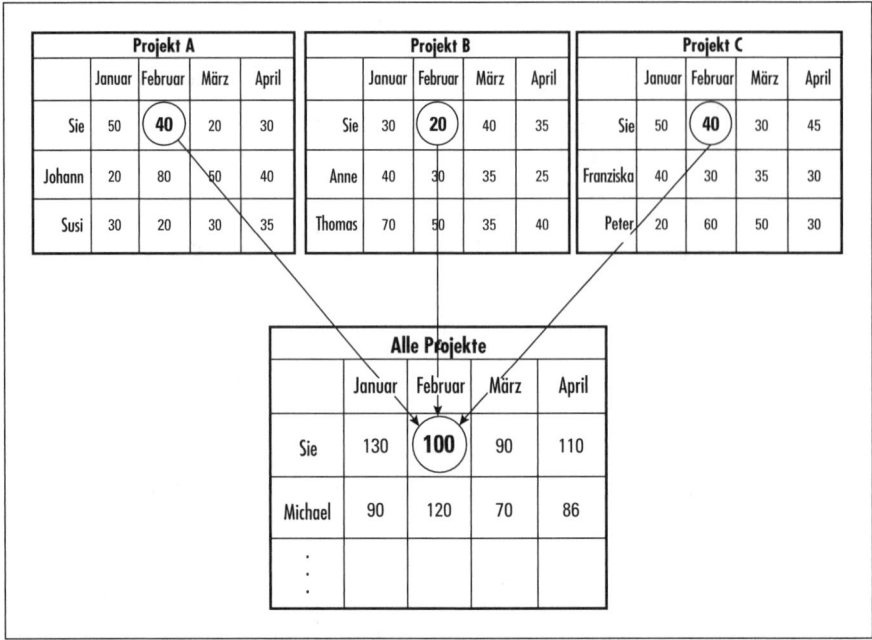

*Abbildung 5.6 Mit personenbezogenen Arbeitslast-Tabellen den Arbeitsaufwand
für mehrere Projekte gleichzeitig planen*

Nehmen wir an, Sie sollen im Januar, Februar und März an drei verschiedenen Projekten arbeiten. Sehen wir uns einmal Ihre derzeitigen Pläne für den Februar an. Sie sind bereits für die Projekte A, B und C mit 40, 20 bzw. 40 Personenstunden eingesetzt. Wenn jemand von Ihnen verlangt, dass Sie im Februar 80 Personenstunden in Projekt D investieren sollen, haben Sie mehrere Möglichkeiten. Wenn Sie davon ausgehen, dass Ihnen insgesamt 160 Personenstunden in diesem Monat zur Verfügung stehen, können Sie problemlos 60 Personenstunden in Projekt D investieren. Wenn die restlichen 20 Stunden aber nicht zur Verfügung stehen, können Sie folgendermaßen vorgehen:

✔ Sich jemanden suchen, der im Februar 20 Personenstunden Ihrer Projekte A, B oder C übernimmt

✔ Einen Teil Ihrer Arbeit an diesen Projekten auf den Januar oder März verlegen

✔ Überstunden machen

Alle anderen Faktoren einarbeiten

Planen Sie alle anderen Ressourcen z.B. Anlagen und Betriebsmittel genauso durch, wie Sie es mit den Personalressourcen getan haben. Erstellen Sie folgende Pläne:

✔ Eine Einsatzmittel-Matrix (für alle nicht-personellen Ressourcen)

✔ Einsatzmittelpläne (für alle nicht-personellen Ressourcen)

✔ Einen zusammengefassten Einsatzmittelplan (für alle nicht-personellen Ressourcen)

In Abbildung 5.9 sehen Sie, wie eine Einsatzmittel-Matrix für nicht-personelle Ressourcen aussehen kann. Für jede Lowest-Level-Aktivität in Ihrem Projekt sind folgende Informationen aufgeführt:

✔ Die nicht-personellen Ressourcen, die Sie zur Durchführung Ihres Projekts benötigen, z.B. Computer, Kopierer, Benutzung eines Testlabors etc.

✔ Wie lange Sie die einzelnen Ressourcen benötigen

Aktivität		Benötigte Ressourcen (in Stunden)		
Projektstruktur-Code	Beschreibung	Computer	Kopierer	Labor
1.2.1	Layout entwerfen	32	0	0
2.1.4	Bericht vorbereiten	0	40	0
3.3.1	Produkt entwickeln	40	0	32

Abbildung 5.9: Beispiel einer Einsatzmittel-Matrix

Sie entnehmen der Abbildung 5.9, dass Sie den Computer 40 Stunden und das Testlabor für 32 Stunden benötigen.

Schätzen Sie, wie lange Sie jede einzelne Ressource benötigen, indem Sie sich genau ansehen, um welche Tätigkeit es sich handelt und wie groß die Kapazität der Ressource ist. Bestimmen Sie beispielsweise die Zeit, in der Sie den Kopierer benötigen, um einen Bericht zu vervielfältigen, indem Sie folgendermaßen vorgehen:

✔ Schätzen Sie die Anzahl der Kopien, die Sie benötigen

✔ Schätzen Sie die Anzahl der Seiten pro Kopie

✔ Ermitteln Sie die Kapazität des Kopierers in Seiten pro Minute

✔ Multiplizieren Sie die ersten beiden Zahlen, um herauszufinden, wie lange Sie den Kopierer benötigen, um die Berichte zu kopieren

In Abbildung 5.10 sehen Sie einen Einsatzmittelplan für einen Computer, der veranschaulicht, zu welchem Zeitpunkt Ihres Projekts Sie den Computer benötigen. Sie erkennen, dass Sie den Computer für Aufgabe 1 für je zehn Stunden in den Wochen 1, 2 bzw. 3 benötigen.

Benötigte Computer-Zeit (in Stunden)						
	Woche 1	Woche 2	Woche 3	Woche 4	Woche 5	Gesamt
Aufgabe 1	10	10	10			30
Aufgabe 2		20	20			40
Aufgabe 3			10	20	30	60
Gesamt	10	30	40	20	30	130

Abbildung 5.10: Beispiel eines Einsatzmittelplans für einen Computer

Die Aufwandschätzung

Alle Projektressourcen kosten Geld. In einer Welt begrenzter Ressourcen müssen Sie ständig entscheiden, wie Sie aus einer Investition das meiste herausholen. Daher ist die Schätzung der Projektkosten aus mehreren Gründen wichtig:

✔ Sie sind dadurch in der Lage, den möglichen Nutzen des Projekts mit den angenommenen Kosten ins Verhältnis zu setzen, um zu sehen, ob die Durchführung überhaupt sinnvoll ist.

✔ Nur so können Sie herausfinden, ob Sie die nötigen Finanzmittel für Ihr Projekt zusammenbekommen.

✔ Sie haben damit ein Kriterium, das Ihnen bei der Fortschrittskontrolle hilft, um sicherzustellen, dass genügend Finanzmittel bereitstehen, um das Projekt erfolgreich zu Ende zu führen.

Natürlich weiß ich, dass Sie möglicherweise gar keinen detaillierten Budgetplan für Ihr Projekt erstellen müssen. Möglicherweise erfahren Sie niemals etwas darüber, wie hoch die laufenden Kosten und die Gesamtaufwendungen für Ihr Projekt sind. Es könnte sogar sein, dass in Ihrem Unternehmen Aufwendungen gar nicht mit dem Projekt in Verbindung gebracht werden, wofür sie getätigt wurden! Trotzdem sind Sie ein besserer Projektmanager und erhöhen die Wahrscheinlichkeit, Ihr Projekt erfolgreich zu beenden, wenn Sie wissen, wie Projektkosten definiert sind und eingesetzt werden können.

Unterschiedliche Arten von Projektkosten

 Ein *Projektbudget* ist eine zeitbezogene Schätzung der Kosten für sämtliche Ressourcen, die Sie für die Durchführung Ihres Projekts benötigen. Solch ein Budget wird gewöhnlich in mehreren Schritten entwickelt, von einer ersten groben Schätzung bis zu einem vollständigen, genehmigten Projektbudget. Es kann sogar vorkommen, dass Sie noch während der Projektdurchführung Änderungen vornehmen, um mögliche geänderte Gegebenheiten einzubeziehen.

 *Direkte Kosten* sind Aufwendungen für Ressourcen, die lediglich für die Durchführung Ihres Projekts notwendig sind. Dazu gehören Gehälter, die für Ihre Projektmitarbeiter gezahlt werden, Materialien, Betriebsmittel und Anlagen, die für Ihr Projekt angeschafften werden. Des Weiteren gehören Reisekosten und Kosten für externe Vertragspartner dazu, die Sie mit der Durchführung bestimmter Projektarbeiten beauftragen.

Indirekte Kosten sind Aufwendungen, die entstehen, um Projektaktivitäten zu unterstützen, die aber nicht einzeln aufgeführt werden. Indirekte Kosten lassen sich in zwei Gruppen unterteilen:

✔ **Schein-Gemeinkosten:** Aufwendungen für Ressourcen, die zur Durchführung der Projektaktivitäten notwendig sind, die aber schwer zu unterteilen und zuzuordnen sind. Dazu gehören beispielsweise Sozialleistungen an Mitarbeiter, Büromieten, Büromaterial, Miete oder Kauf von Büromöbeln sowie Anlagen, die zur Unterstützung Ihres Projekts benötigt werden.

✔ **Echte Gemeinkosten:** Aufwendungen, die notwendig sind, um den Geschäftsbetrieb zu sichern (wenn Ihr Unternehmen nicht mehr existierte, bräuchten Sie Ihr Projekt nicht mehr durchzuführen). Dazu gehören beispielsweise die Gehälter der Einkaufs- und Controllingabteilung, das obere Management sowie Bankgebühren und Beraterhonorare.

Natürlich wissen Sie, dass Sie ein Büro brauchen, um an Ihrem Projekt arbeiten zu können und natürlich wissen Sie, dass Büroräume Geld kosten. Ihr Unternehmen hat aber einen jährlichen Leasingvertrag für Büroräume abgeschlossen, bei dem 12 monatliche Leasingraten fällig sind. Die Büroräume sind in viele unterschiedliche Büros und Arbeitsbereiche unterteilt und in diesen Büroräumen wird an unterschiedlichen Projekten gearbeitet. Leider wissen Sie nicht genau, wie groß der Anteil der Leasingrate ist, der für die Büroräume, in denen Sie an Ihrem Projekt arbeiten, gezahlt wird. Die Kosten für Ihre Büroräume sind deshalb indirekte Projektkosten.

 Nehmen wir an, Sie planen, eine Unternehmensbroschüre entwerfen, ausarbeiten und drucken zu lassen. Zu den direkten Kosten für dieses Projekt gehört unter anderem:

✔ Personal: Gehälter, die Sie und andere für die Stunden bekommen, die Sie an der Broschüre arbeiten

✔ Material: der Papiervorrat, auf dem Sie die Broschüre drucken

✔ Reisekosten: die Kosten für die Fahrten, die Sie unternehmen, um unterschiedliche Firmen kennen zu lernen, die das Layout für den Umschlag Ihrer Broschüre erstellen könnten

✔ Auftragnehmer: die Dienstleistungen einer externen Firma, die das Layout für den Umschlag erstellt

Zu den indirekten Kosten für dieses Projekt gehören beispielsweise:

✔ Bonuszahlungen und Sozialleistungen: Zahlungen an Sie und Ihre Teammitglieder, die über Ihre normalen Gehälter hinausgehen

✔ Mieten: die Kosten für die Büroräume, die Sie nutzen, während Sie die Broschüre entwickeln und drucken

✔ Anlagen: der Computer, den Sie nutzen, um die Texte für die Broschüre zu entwerfen

✔ Gehälter für Management und Verwaltung: der Anteil an den Gehältern der Manager und Mitarbeiter der Verwaltung, die dafür sorgen, dass Ihr Unternehmen funktioniert

Wie Sie Ihr Projektbudget entwickeln

Bei der Erstellung Ihres Projektbudgets sollten Sie folgende Phasen durchlaufen:

✔ **Eine grobe Rahmen-Schätzung:** eine erste grobe Schätzung der Kosten, die auf der Grundlage der sonst für ähnliche Projekte angesetzten Kosten vorgenommen wird. Manchmal spiegelt eine solche Grobschätzung lediglich wider, was jemand bereit ist, für das Projekt zu investieren, und nicht, was die Durchführung tatsächlich kosten wird. Normalerweise wird diese Schätzung noch nicht aufgrund der Lowest-Level-Aktivitäten vorgenommen, weil meistens nicht genügend Zeit bleibt, zunächst die erforderlichen Projektaktivitäten detailliert zu ermitteln.

Egal, ob die Beteiligten es nun wahrhaben wollen oder nicht, die in Jahresplänen und langfristigen Strategieplänen angegebenen Budgetschätzungen sind meistens lediglich Größenordnungschätzungen.

✔ **Detaillierte Aufwandsschätzung:** eine Auflistung der für die einzelnen Projekttätigkeiten erforderlichen Aufwendungen. Sie erstellen diese Schätzung, indem Sie zunächst eine detaillierte Projektstruktur entwickeln (siehe Kapitel 3) und dann die Kosten schätzen, die mit den Lowest-Level-Aktivitäten verbunden sind.

✔ **Vollständiges, genehmigtes Projektbudget:** ein detaillierter Projekt-Budgetplan, der von den Verantwortlichen genehmigt wird.

Budgetänderungen während der Projektdurchführung

Von der Idee bis zur Realisierung durchläuft ein Projekt fünf Phasen:

✔ **Konzeptphase**

✔ **Abgrenzung**

✔ **Start**

✔ **Durchführung**

✔ **Abschluss**

In Kapitel 1 gehen wir näher auf diese fünf Phasen ein. Die dazugehörigen Budgetentwicklungsphasen sind in Tabelle 5.4 zusammengefasst.

Projektphase	Budgetaktivität
Konzeptphase	Größenordnungschätzung
Abgrenzung	Entwicklung einer detaillierten Budgetschätzung. Vollständiges Projektbudget genehmigen lassen
Start	Budgetmodifizierung, nachdem die erforderlichen personellen und nicht-personellen Ressourcen zugeteilt wurden. Neues Projektbudget genehmigen lassen, falls erforderlich
Durchführung	Situationen erkennen, die eine Änderung des Budgets erforderlich machen könnten. Neues Projektbudget genehmigen lassen, falls erforderlich
Abschluss	Situationen erkennen, die eine Änderung des Budgets erforderlich machen könnten. Neues Projektbudget genehmigen lassen, falls erforderlich

Tabelle 5.4: Budgetplan-Erstellung während der einzelnen Projektphasen

In der Konzeptphase wird lediglich eine Größenordnung geschätzt. Hier wird häufig keine Schätzung der tatsächlichen Kosten abgegeben, sondern diese Schätzung entspricht der Summe, die keinesfalls überschritten werden darf, damit sich das Projekt noch lohnt. Ihr Vertrauen in diese Schätzung ist sehr gering, weil Sie wissen, dass sie nicht auf einer Analyse der tatsächlich durchzuführenden Tätigkeiten beruht.

In der Abgrenzungsphase entwickeln Sie eine detaillierte Kostenschätzung, nachdem Sie die notwendigen Projekttätigkeiten konkretisiert haben. Bevor Sie diese Phase verlassen, sollten Sie sich das so entwickelte Budget genehmigen lassen.

Überarbeiten Sie Ihr Budget während der Startphase noch einmal, wenn Sie festlegen, welche Personen an Ihrem Projekt mitarbeiten und die formalen Vereinbarungen für die Nutzung von Anlagen, Betriebsmitteln, externe Auftragnehmer und andere Ressourcen treffen.

Überwachen Sie die Projekttätigkeiten und Vorkommnisse, die damit in Zusammenhang stehen, während der gesamten Durchführungs- und Endphase, um festzustellen, wann Budgetänderungen notwendig sind. Wenn Sie solche Änderungen vornehmen, lassen Sie sich dieses neue Budget so schnell wie möglich genehmigen.

Möglicherweise sind Sie nicht persönlich mit allen Schritten der Budgetentwicklung betraut. Wenn Sie erst in das Projekt kommen, nachdem die ersten Planungen schon durchgeführt wurden, müssen Sie die aufgestellten Pläne auf jeden Fall noch einmal durcharbeiten und mögliche Fragen und Probleme klären.

Projektkosten schätzen

Um Ihr detailliertes Projektbudget zu entwickeln, sollten Sie eine Kombination aus folgenden Methoden nutzen:

✔ **Bottom-up-Methode:** Nehmen Sie detaillierte Kostenschätzungen für jede Lowest-Level-Aktivität im Projektstrukturplan vor und addieren Sie diese Schätzungen zu einem Gesamtbudget auf.

✔ **Top-down-Methode:** Schätzen Sie pauschal, welche Kosten jeder größere Aufgabenblock in der Projektstruktur Ihres Projekts verursachen wird, um den oben gefundenen Wert zu bestätigen.

Für die Bottom-up-Schätzung gehen Sie folgendermaßen vor:

1. **Nehmen Sie sich jede Lowest-Level-Aktivität einzeln vor.**

2. **Entscheiden Sie, welche Personalkosten die Tätigkeiten verursachen, indem Sie die Anzahl der Stunden mit den Stundenlöhnen der jeweiligen Mitarbeiter multiplizieren.**

Direkte Personalkosten können auf folgenden Grundlagen geschätzt werden:

- Auf der Grundlage der einzelnen Stundenlöhne der Teammitglieder

- Auf der Grundlage eines durchschnittlichen Stundenlohns, der in der jeweiligen Position, in einer bestimmten Abteilung etc. gezahlt wird.

Nehmen wir einmal an, Sie müssen für die Vorbereitung einer Präsentation die Dienste eines Grafikers in Anspruch nehmen. Der Abteilungsleiter der Grafikabteilung schätzt, dass ein Mitarbeiter ca. 100 Stunden an Ihrem Projekt arbeiten müsste. Wenn Sie wüssten, dass Harald (mit einem Stundenlohn von 25 € pro Stunde) diesen Auftrag bekäme, könnten Sie ausrechnen, dass die geschätzten Personalkosten etwa bei 2.500 € lägen. Leider weiß der Abteilungsleiter noch nicht, wen er Ihnen zuteilt, und deshalb müssen Sie einen durchschnittlichen Stundenlohn für einen Grafiker in Ihrem Unternehmen ansetzen, um die direkten Personalkosten abschätzen zu können.

3. **Schätzen Sie für jede Tätigkeit die direkten Kosten für Material, Anlagen, Reisekosten, externe Auftragnehmer und weitere Ressourcen.**

4. **Ermitteln Sie die indirekten Kosten, die den einzelnen Tätigkeiten zugeordnet werden.**

Meistens schätzt man die indirekten Kosten, indem man einen prozentualen Anteil der direkten Kosten für eine Tätigkeit ansetzt. Gewöhnlich wird die Finanzabteilung Ihres Unternehmens diese Anteile jährlich folgendermaßen festlegen:

- Schätzung der direkten Personalkosten für das kommende Jahr

- Schätzung der indirekten Personalkosten für das kommende Jahr

- Teilen der geschätzten indirekten Kosten durch die geschätzten direkten Kosten

In einigen Unternehmen werden die indirekten Kosten als Prozentsatz angegeben, indem man den ermittelten Anteil mit 100 multipliziert.

Wenn Sie sich dazu entschließen, die indirekten Personalkosten mithilfe der detaillierten Methode vorzunehmen, müssen Sie abwägen, ob die mögliche Genauigkeit der Schätzung den Arbeitsaufwand lohnt. In dem grauen Kasten »Zwei Methoden, indirekte Kosten zu schätzen« finden Sie hierzu weitere Informationen.

 In Tabelle 5.5 sehen Sie, wie man eine normale Budgetschätzung darstellen würde. Nehmen wir einmal an, Sie sollen eine Unternehmensbroschüre entwerfen und drucken lassen. Sie haben folgende Informationen zusammengetragen:

✔ Sie schätzen, dass Sie für das Projekt 200 Personenstunden und Marianne ungefähr 100 Personenstunden investieren müssen.

✔ Ihr Stundenlohn liegt bei 30 €, Mariannes bei 25 €.

✔ Sie müssen Papier kaufen, auf dem die Broschüren gedruckt werden. Sie schätzen die Kosten dafür auf 1.000 €.

✔ Sie schätzen, dass etwa 300 € Reisekosten entstehen, weil Sie zu unterschiedlichen Lieferanten und Auftragnehmern fahren müssen.

✔ Sie rechnen damit, einer externen Firma 5.000 € für die Gestaltung der Broschüre zahlen zu müssen.

✔ In Ihrem Unternehmen gilt für indirekte Kosten der Faktor 60%.

Kostengruppe	Kosten (€)	Gesamt
Direkte Personalkosten		
Sie: 200 Std. x 30,– €/Std.	6.000,–	
Mary: 100 Std. x 25,– €/Std.	2.500,–	
Personalkosten gesamt		8.500,–
Indirekte Kosten (60%)		5.100,–
Andere direkte Kosten		
Material	1.000,–	
Reisekosten	300,–	
Auftragnehmer	5.000,–	
Andere Kosten gesamt		6.300,–
PROJEKTKOSTEN GESAMT		19.800,–

Tabelle 5.5: Projektbudget für Gestaltung und Herstellung einer Unternehmensbroschüre

Bei der Top-down-Methode werden Sie ermutigt, darüber nachzudenken, welchen Wert Sie den unterschiedlichen Aspekten Ihres Projekts zuordnen wollen. Nehmen wir beispielsweise an, Sie sollen ein neues Anlagenteil entwickeln. Sie erstellen eine Bottom-up-Schätzung, die ergibt, dass die Projektkosten bei etwa 100.000 € liegen werden, die sich folgendermaßen aufteilen:

- ✔ Entwurf (60.000 €)

- ✔ Entwicklung (15.000 €)

- ✔ Testphase (5.000 €)

- ✔ Herstellung (20.000 €)

Erfahrungen mit ähnlichen Projekten haben jedoch gezeigt, dass für ein solches Projekt maximal 40% der Gesamtkosten für den Entwurf ausgegeben werden sollten, und nicht 60% wie in Ihrer Schätzung. Scheinbar haben Sie die Entwurfsphase für ein 150.000-€-Projekt geplant und nicht für ein 100.000-€-Projekt.

Sie haben jetzt zwei Möglichkeiten. Sie können die Einzelaufgaben unter der Kategorie Entwurf noch einmal prüfen, um herauszufinden, ob Sie eine andere Alternative finden, oder Sie können weitere 50.000 € für Ihr Projekt anfordern. Aber unabhängig davon, für welche Lösung Sie sich entscheiden, ändern Sie nicht einfach nur die Zahlen in Ihrem Budget, sondern machen Sie sich auch Gedanken darüber, wie sie die erforderliche Arbeit für diese neuen Zahlen durchführen wollen!

 Bei der Erstellung der Aufwandsschätzung sollten Sie bereits Probleme und Unsicherheiten identifizieren. Planen Sie, wie Sie deren mögliche Auswirkungen auf Ihr Projekt in einen Risikomanagement-Plan aufnehmen können. In Kapitel 14 finden Sie weitere Informationen zu diesem Thema.

Zwei Methoden, indirekte Kosten zu schätzen

Wir stellen Ihnen im Folgenden zwei Methoden vor, die meistens zur Schätzung der indirekten Kosten einer bestimmten Aufgabe herangezogen werden:

1. **Methode: Die Verwendung von zwei unterschiedlichen Faktoren für die echten Gemeinkosten und die Schein-Gemeinkosten.**

   ◆ Die Finanzabteilung legt den Faktor der Schein-Gemeinkosten als Verhältnis der Projektgemeinkosten zu den direkten Projekt-Personalkosten fest.

   ◆ Die Finanzabteilung ermittelt den Faktor der echten Gemeinkosten, indem sie das Verhältnis von echten Gemeinkosten zur Summe aus direkten Personalkosten, Schein-Gemeinkosten und anderen direkten Kosten ins Verhältnis setzt.

   ◆ Sie ermitteln die Kosten für eine Aufgabe, indem Sie die direkten Gehälter für diese Aufgabe mit dem Schein-Gemeinkostenfaktor multiplizieren.

◆ Die echten Gemeinkosten einer Aufgabe ermitteln Sie, indem Sie die Summe der direkten Personalkosten, die ermittelten Schein-Gemeinkosten und die anderen direkten Kosten mit dem echten Gemeinkostenfaktor multiplizieren.

2. Methode: Die Verwendung eines einzigen Gemeinkostenfaktors für echte und scheinbare Gemeinkosten.

◆ Die Finanzabteilung ermittelt den kombinierten Gemeinkostenfaktor, indem sie sämtliche Gemeinkosten zu den direkten Personalkosten ins Verhältnis setzt.

◆ Sie ermitteln die indirekten Kosten für eine bestimmte Projektaufgabe, indem Sie die direkten Personalkosten für diese Aufgabe mit dem Gemeinkostenfaktor multiplizieren.

In manchen Unternehmen werden auch *gewichtete Personalkostensätze* ermittelt, indem man einen Stundenlohn mit einem bestimmten Satz für indirekte Kosten kombiniert. Nehmen wir an, Ihr Stundenlohn läge bei 30 € pro Stunde und die indirekte Kostenrate in Ihrem Unternehmen wäre 0,5. Der gewichtete Personalkostensatz betrüge 45 €/Std. (entspricht 30 € + (0,5 x 30 €)).

Teil II

Die Truppen aufstellen

»Und wie kommst du darauf, dass du jetzt plötzlich
eine Führungspersönlichkeit bist?«

In diesem Teil ...

Der Schlüssel zu einem erfolgreichen Projekt sind die beteiligten Personen – wie man ihre Fähigkeiten voll ausschöpft, sie zu tollen Leistungen motiviert, sie während des gesamten Projektverlaufs bei der Stange hält.

In diesem Teil stelle ich die verschiedenen Personengruppen vor, die die Arbeit in einem projektorientierten Unternehmen beeinflussen. Ich erkläre, wie man Rollen festlegt, die bestimmte Teammitglieder in einem Projekt übernehmen sollen und wie man Menschen dazu motiviert, gemeinsam an einem Strang zu ziehen.

Das Who's Who im Projektmanagement

In diesem Kapitel

▶ Der Unterschied zwischen einer projektorientierten und einer traditionellen Organisation

▶ Die Klärung der unterschiedlichen Rollenverteilungen in einer Matrixorganisation

▶ Die besten Tipps für mehr Erfolg

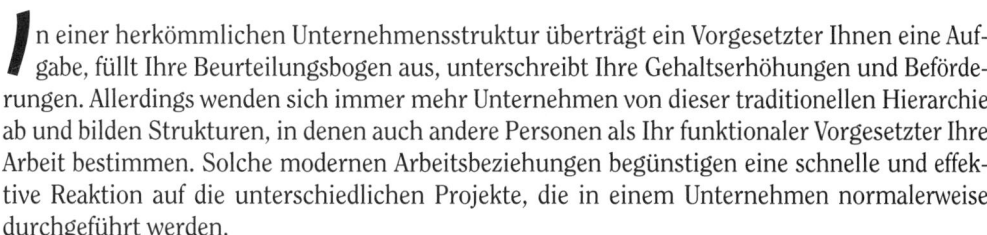

*I*n einer herkömmlichen Unternehmensstruktur überträgt ein Vorgesetzter Ihnen eine Aufgabe, füllt Ihre Beurteilungsbogen aus, unterschreibt Ihre Gehaltserhöhungen und Beförderungen. Allerdings wenden sich immer mehr Unternehmen von dieser traditionellen Hierarchie ab und bilden Strukturen, in denen auch andere Personen als Ihr funktionaler Vorgesetzter Ihre Arbeit bestimmen. Solche modernen Arbeitsbeziehungen begünstigen eine schnelle und effektive Reaktion auf die unterschiedlichen Projekte, die in einem Unternehmen normalerweise durchgeführt werden.

Um in einer solchen projektorientierten Organisation erfolgreich zu sein, muss man verstehen, welche Personen die Arbeitsumgebung bestimmen und beeinflussen und wie man mit diesen Personen umgeht.

Den organisatorischen Rahmen festlegen

Im Laufe der Jahre haben sich Projekte von organisatorischen Nebenprodukten zu wichtigen Werkzeugen zur Erfüllung von Arbeitsaufträgen und zur Entwicklung wichtiger Fähigkeiten gemausert. Auch die Methoden der Organisation und Durchführung von Projekten haben sich geändert.

Zentralisierte Organisationsstrukturen

Die so genannte zentralisierte Methode zur Abwicklung von Projekten in einem Unternehmen ist in Abbildung 6.1 dargestellt. Bei dieser Organisationsstruktur werden einzelne Abteilungen eingerichtet, die sämtliche Aufgaben in einem bestimmten Bereich übernehmen, wie beispielsweise die Personal-, Schulungs- oder EDV-Abteilung.

Jede Abteilung untersteht einem Vorgesetzten auf Gesamtunternehmensebene und wenn bei der Durchführung von Projekten irgendetwas benötigt wird, wird dieser Bedarf an die entsprechende Abteilung auf Gesamtunternehmensebene weitergeleitet. Wenn beispielsweise die

Produktion ein neues System zur Produktionsüberwachung benötigt, würde man die EDV-Abteilung beauftragen, ein solches Programm zu entwickeln.

 Man bezeichnet diese Organisationsform auch als *Fixgruppen-Struktur*, weil die Fachabteilungen dauerhafter Bestandteil der Gesamtunternehmensorganisation sind. Mitarbeiter, die über die Fähigkeiten und das Fachwissen verfügen, die für die Durchführung bestimmter Projekte notwendig sind, werden diesen Abteilungen dauerhaft zugeordnet.

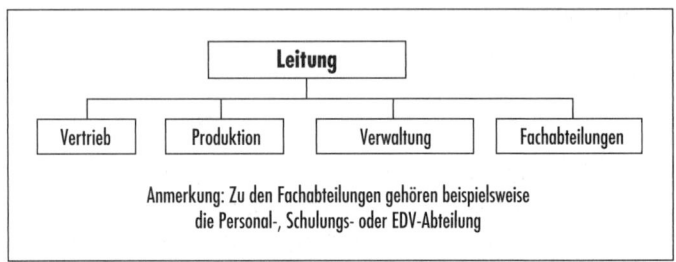

Abbildung 6.1: Eine zentralisierte Struktur zur Projektabwicklung

Projekte, die innerhalb solcher Strukturen durchgeführt werden, haben bestimmte Vorteile:

✔ **Zentrale Überwachung der Projektauswahl:** Sämtliche Projektanfragen werden dem Abteilungsleiter vorgelegt. Dieser entscheidet dann je nach potenziellem Nutzen für das Unternehmen, entsprechend den Prioritäten und personellen Möglichkeiten, welche Projekte durchgeführt werden.

✔ **Sämtliche Projekte haben ein einheitliches Verwaltungs- und Berichtssystem:** Zur Förderung bzw. Vereinfachung wichtiger Gruppenprozesse wie Change Management, Konfliktlösung, Entscheidungsprozesse und Formulierung von Sachstandberichten werden einheitliche Management-Methoden eingesetzt. Kommunikationssysteme, die zur Stützung eines Projekts eingerichtet werden, können so modifiziert werden, dass sie bei der Planung und Durchführung aller Projekte in dieser Abteilung eingesetzt werden können.

✔ **Bewährte Arbeitsbeziehungen unter den Teammitgliedern:** Die Projekte, die Ihrer Gruppe übertragen werden, werden von einer Auswahl von Mitarbeitern ausgeführt, die in Ihrer Abteilung beschäftigt sind. Im Laufe der Zeit kennen Sie also die Fähigkeiten, Fachkenntnisse und Arbeitsweise der einzelnen Mitarbeiter relativ gut. Sie wissen dann auch, auf wen Sie sich verlassen können und auf wen nicht.

✔ **Durch klar verteilte Verantwortlichkeiten und Hierarchien werden Konflikte vermieden:** Sämtliche Projektaufträge werden von Ihrem Abteilungsleiter vergeben oder genehmigt. Zeitliche Konflikte aufgrund mehrerer, parallel laufender Projekte werden also von einer einzigen Person gelöst.

✔ **Eine klare Verteilung der Verantwortlichkeiten führt dazu, dass sich die Mitarbeiter eher an ihr Wort gebunden fühlen:** Es ist der Leiter der Fachabteilung, der die Beurteilungen für die Mitarbeiter in dieser Abteilung schreibt. Daher spiegelt sich die Leistung der einzelnen Mitarbeiter bei der Durchführung eines Projekts möglicherweise direkt in ihren Beurteilungen wider.

✔ **Klar festgelegte Aufstiegsmöglichkeiten für die Mitarbeiter der Abteilung:** Ob man befördert wird oder mehr Verantwortung übertragen bekommt, hängt davon ab, wie erfolgreich man im Projekt seine Arbeit erledigt. Das erhöht die Wahrscheinlichkeit, dass die Mitarbeiter ihre Projektaufgaben erfolgreich bewältigen.

Die Arbeit in einer zentralisierten Organisationsstruktur hat allerdings auch einige Nachteile:

✔ **Lange Reaktionszeiten auf Anfragen:** Im gesamten Unternehmen gibt es mehrere Gruppen, die zur selben Zeit die Dienstleistungen einer bestimmten Fachabteilung mit einer begrenzten Mitarbeiterzahl in Anspruch nehmen möchten. Die Anzahl der dort arbeitenden Mitarbeiter kann bestimmte Projekte verzögern. Möglicherweise nimmt schon allein die Rechtfertigung dafür, warum man bestimmte Projekte bearbeitet und andere nicht, erhebliche Zeit in Anspruch.

✔ **Es ist schwieriger, Auftragsspitzen und -flauten zu managen:** Da die Mitarbeiter mit ihrer vollen Arbeitszeit einer bestimmten Fachabteilung zugeordnet sind, möchte man natürlich Projekte bearbeiten, die diese Kapazitäten möglichst zu 100% auslasten. Leider gehen Projektaufträge nicht immer gleichmäßig ein und die Anfragen, die Sie bekommen, müssten möglicherweise von Personen erledigt werden, die zu diesem Zeitpunkt gar nicht zur Verfügung stehen.

✔ **Fehlende abteilungsübergreifende Kenntnisse:** Die Mitarbeiter in den Fachabteilungen sind aufgrund ihrer Fachkenntnisse in den Bereichen tätig, die in dieser Abteilung üblich sind. Leider wissen diese Mitarbeiter oftmals kaum etwas über die anderen Geschäftsbereiche, die ihre Leistungen abfordern. Jemand aus der EDV-Abteilung, der beispielsweise ein Inventurkontroll-Programm für Ersatzteile entwickeln soll, hat vielleicht umfangreiche Erfahrungen im Bereich Inventurkontrollsoftware, aber leider überhaupt keine Kenntnisse über das Ersatzteillager in seinem eigenen Unternehmen.

Funktionalorganisation

Die Funktionalorganisation wurde entwickelt, weil sie besser auf die Bedürfnisse der einzelnen Unternehmensbereiche zugeschnitten ist. In der *Funktionalorganisation* werden einzelne Abteilungen, die bestimmte Funktionen erfüllen, den unterschiedlichen Unternehmensbereichen wie in Abbildung 6.2 dargestellt, zugeordnet. So könnte es beispielsweise drei unterschiedliche Informationsdienste geben, die der Vertriebsabteilung, der Produktion bzw. der Verwaltung zugeordnet sind. Jede Funktionsabteilung würde nur solche Aufträge annehmen, die aus dem Unternehmensbereich kommen, dem sie zugeordnet sind.

Eine Funktionalorganisation ist eine Fixgruppen-Struktur, weil die Fachabteilungen feste Bestandteile der Unternehmensorganisation sind. Diese Organisationsform bietet eine Reihe der

Vorteile, die allgemein für zentralisierte Strukturen gelten (siehe Abschnitt »Zentralisierte Organisations-Strukturen«). Hinzu kommen folgende Aspekte:

✔ **Die Mitarbeiter in den Fachabteilungen haben ein besseres Verständnis von den Bereichen, denen sie zugeordnet sind.** Da sich jede Fachabteilung nur mit den Anforderungen einer einzigen funktionalen Gruppe beschäftigen muss, kann man diese Abteilung mit Mitarbeitern besetzen, die in beiden Bereichen versiert sind, einerseits in dem Fachgebiet ihrer Abteilung und andererseits in dem Bereich, dem sie zugeordnet sind.

✔ **Die Unternehmensbereiche müssen nicht um ihre Fachabteilungen wetteifern.** Eine Fachabteilung kümmert sich lediglich um die Anfragen, die aus dem Bereich kommen, dem sie zugeordnet sind. Dadurch ist der Wettbewerb und die Spannungen geringer, als wenn unterschiedliche Gruppen um knappe Ressourcen buhlen müssen.

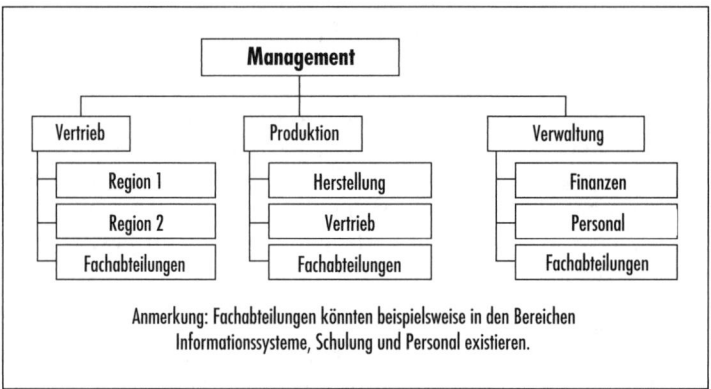

Abbildung 6.2: Eine Funktionalorganisation zur Projektabwicklung

Die Funktionalorganisation bringt allerdings auch einige Nachteile mit sich:

✔ **Möglicherweise werden in ein und demselben Unternehmensbereich Abläufe und Berichtswesen unterschiedlich gehandhabt.** Da jede Fachabteilung zu einem bestimmten Unternehmensbereich gehört, kann sie eigene Systeme und Abläufe einrichten.

✔ **Es ist schwieriger, größere Investitionen in Anlagen zu tätigen, die für die technische Arbeit einer Fachabteilung nötig sind.** Stellen Sie sich vor, sowohl die Vertriebsabteilung als auch die Produktion hätten ihre eigene Druckerei. Nehmen wir weiterhin an, beide Bereiche wollen einen neuen Drucker mit Sortiereinheit anschaffen, der ca. 200.000 € kostet. Beide Bereiche haben 150.000 € in ihrem Budget, die sie für eine solche Maschine ausgeben könnten, und jede der beiden Abteilungen schätzt, dass sie die Maschine zu 60% auslasten würde. Keine der beiden Abteilungen kann die Maschine voll auslasten und keine hat genügend Mittel zur Verfügung, sie alleine zu erwerben. Beide Bereiche gemeinsam hätten sowohl genügend finanzielle Mittel zur Verfügung als auch eine ausreichend große Auslastung, um die Maschine zu kaufen.

✔ **Es besteht die Gefahr, dass es zu Überschneidungen zwischen den Projekten desselben Unternehmensbereichs kommt, die von den unterschiedlichen Fachabteilungen durchgeführt werden.** Da die Teams in den Fachabteilungen in unterschiedlichen Teilen der Organisation ansässig sind, gibt es keine Vorschrift, die besagt, dass die Teams sich gegenseitig darüber informieren müssen, was sie gerade tun, oder wann sie Anfragen bekommen, die zu Überschneidungen führen würden. Es kann sogar passieren, dass eine Gruppe ein ähnliches Projekt wie eine andere Abteilung übernimmt, nur um die technische und organisatorische Kontrolle zu behalten. Das führt häufig zu doppelter Arbeit und unnötiger Vergeudung von Ressourcen.

Die Matrixorganisation

Immer mehr Projekte betreffen mehrere funktionale Bereiche eines Unternehmens. Um ein Projekt erfolgreich zu Ende zu bringen, ist es nötig, dass diese unterschiedlichen Bereiche gemeinsam versuchen, die gewünschten Ergebnisse zu erzielen, die die individuellen und kollektiven Bedürfnisse der Auftraggeber befriedigen.

Die *Matrixstruktur* wurde entwickelt, um eine schnelle und effektive Reaktion auf Projekte zu garantieren, die unter solchen Bedingungen durchgeführt werden müssen. In Abbildung 6.3 erkennen Sie, dass in einer Matrixorganisation die Mitarbeiter aus unterschiedlichen Unternehmensbereichen den Projekten so zugeordnet werden, wie sie gerade verfügbar sind. Sowohl der Projektmanager als auch die Teammitglieder werden einem bestimmten Projekt möglicherweise mit weniger als 100% ihrer Arbeitskraft zugeordnet.

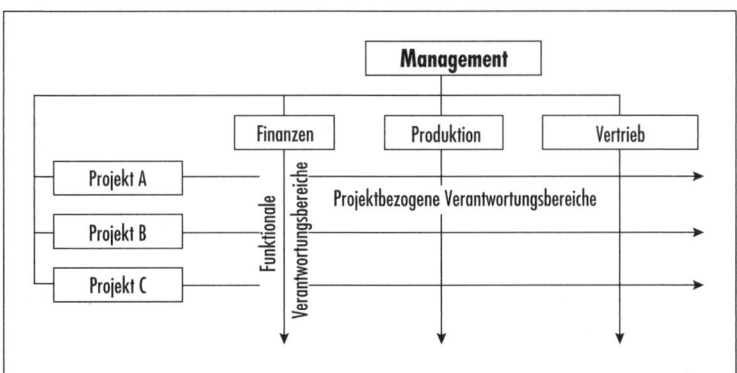

Abbildung 6.3: Eine Matrixorganisation

Eine Matrix-Projektorganisation birgt viele Vorteile, z.B.:

✔ **Teams können in kurzer Zeit zusammengestellt werden.** Ihnen steht ein größerer Pool von Ressourcen zur Verfügung, aus dem Sie Ihre Teammitglieder rekrutieren können, so dass Sie nicht warten müssen, bis eine bestimmte kleine Gruppe von Mitarbeitern ihre aktuellen Projekte beendet hat, bevor sie an Ihrem Projekt mitarbeiten kann. Außerdem braucht man bei dieser Struktur keine langwierigen Einstellungsverfahren zu durchlaufen, um neue, externe Mitarbeiter zu gewinnen.

✔ **Knapp vorhandene Fachkenntnisse können, je nach Bedarf, auf unterschiedliche Projekte verteilt werden.** Häufig wird für ein bestimmtes Projekt nur ein kleiner Anteil der Fachkenntnisse einer Person benötigt. Ihr Projekt alleine würde diese Person nicht voll auslasten, aber er oder sie könnte gleichzeitig an mehreren Projekten mitarbeiten.

✔ **Es ist einfacher, die Zustimmung der Mitarbeiter in den Funktionaleinheiten zu bekommen.** Einheiten, die an einem bestimmten Projekt mitarbeiten sollen oder von den Resultaten betroffen sind, unterstützen das Projekt eher, wenn sie wissen, dass ihre Probleme und Einwände vom Projektteam berücksichtigt werden.

✔ **Für ähnliche Projekte können immer die gleichen Abläufe und Systeme verwendet werden.** In einer Matrixorganisation legt eine einzige funktionale Gruppe fest, wie die Arbeit in diesem Bereich erledigt wird. Da diese Gruppe ihre Mitarbeiter auch an andere Projekte im gesamten Unternehmen »verleiht«, führen die Mitglieder dieser Gruppe ihre Arbeit entsprechend den technischen Standards und Verfahren durch, die in ihrer jeweiligen funktionalen Gruppe festgelegt wurden.

Neben allen potenziellen Vorteilen bringt diese Form der Organisation auch einige Probleme mit sich, die man nicht außer Acht lassen darf:

✔ **Die Teammitglieder unterstehen zwei unterschiedlichen Vorgesetzten.** Der Funktionalmanager setzt die Teammitglieder in unterschiedlichen Projekten ein, füllt die Beurteilungsbogen aus und unterschreibt die Urlaubsanträge. Der Projektmanager koordiniert die Projektaufgaben und die Mitarbeitermotivation.

✔ **Teammitglieder, die an mehreren Projekten arbeiten, müssen mit unterschiedlichen zeitlichen Anforderungen fertig werden.** Jedes Teammitglied empfängt von mindestens zwei Personen Weisungen – einem Projektmanager und einem funktionalen Manager. Wenn das Teammitglied außerdem auch noch in mehreren Projekten mitarbeitet, untersteht er sogar mehr als einem Projektmanager. Hinzu kommt, dass einige dieser Personen hierarchisch möglicherweise auf gleicher Stufe wie das Teammitglied stehen. Dann ist es noch schwieriger, Arbeitszeitkonflikte zu lösen.

✔ **Teammitglieder kennen die Arbeitsweise und das Fachwissen der anderen Teammitglieder nicht.** Da bestimmte Teammitglieder vielleicht noch nie vorher intensiv zusammengearbeitet haben, braucht es vielleicht einige Zeit, bis sie sich auf die Arbeitsstile und das Verhalten der anderen eingestellt haben.

✔ **Mangelnde Konzentration auf Ihr Projekt und Ihre, Ziele weil die einzelnen Teammitglieder noch andere Aufgaben haben.** Ein Teammitglied repräsentiert seinen eigenen Fachbereich häufig in mehreren Projektteams gleichzeitig. Ein hoch qualifizierter Einkäufer, der der Einkaufsabteilung zugeteilt ist, ist möglicherweise für die Beschaffung sämtlicher Anlagen für alle Projekte zuständig. In einem solchen Fall hat der Betreffende vielleicht nicht so ein großes Interesse daran, dass die einzelnen Projekte ihre Ziele erreichen, sondern er möchte, dass die Waren und Dienstleistungen in Übereinstimmung mit der Unternehmens-Gesamtpolitik beschafft werden.

✔ **Die unterschiedlichen Projektteams benutzen unterschiedliche Arbeitsmethoden und Berichtssysteme.** Die Teammitglieder kennen die Systeme und Abläufe, die in ihrem Unternehmensbereich üblich sind. Man muss sie dazu motivieren, gemeinsame Abläufe zu definieren, die sämtliche Teammitglieder für ihre jeweiligen Projekte nutzen sollen.

Die Schlüsselfiguren in einer Matrixorganisation

In einer Matrixorganisation spielen folgende Personen für den Erfolg eines Projekts eine entscheidende Rolle:

✔ **Der Projektmanager:** die Person, die letztendlich für die erfolgreiche Durchführung eines Projekts verantwortlich ist

✔ **Die Projekt-Teammitglieder:** Personen, die dafür verantwortlich sind, die einzelnen Projekttätigkeiten erfolgreich durchzuführen

✔ **Funktionalmanager:** die direkten Vorgesetzten der Teammitglieder

✔ **Das Unternehmens-Management:** diejenigen, die die wichtigsten Unternehmensbereiche (z.B. Marketing, Personal) leiten

Projektmanager

Als Projektmanager sind Sie für sämtliche Aspekte eines Projekts verantwortlich. (In Kapitel 8 finden Sie Definitionen zu den Begriffen Autorität, Verantwortung und Verantwortlichkeit.) Das heißt nicht, dass Sie alles selbst machen müssen, aber Sie müssen dafür sorgen, dass alles zufrieden stellend läuft. In dieser Eigenschaft sind Sie vor allem für Folgendes verantwortlich:

✔ Die Festlegung der Ziele, des Zeitplans und der Ressourcenbudgets

✔ Dafür zu sorgen, dass Sie einen eindeutigen, machbaren Projektplan haben, aus dem hervorgeht, wie Sie Ihre Ziele erreichen wollen

✔ Die Zusammenstellung und Motivation eines zielorientierten Teams

✔ Die Auswahl oder Festlegung der Arbeitsabläufe in Ihrem Team

✔ Die gesetzten Ziele in der vorgegebenen Zeit und mit den vorhandenen Mitteln zu erreichen

✔ Die Leistung mit den Plänen abzugleichen und auftretende Probleme zu lösen

✔ Konflikte hinsichtlich unterschiedlicher Prioritäten, Arbeitsmethoden oder zwischen den Teammitgliedern zu lösen

✔ Änderungen im Projekt zu überwachen

✔ Über die Projektaktivitäten Bericht zu erstatten

✔ Die Kunden zu informieren und zu motivieren

✔ Auf Wunsch Beurteilungen über die Arbeit Ihrer Teammitglieder abzugeben.

 Manchmal hört man auch den Begriff *Projektleiter*, der dieselbe Bedeutung hat wie der Projektmanager. Manchmal impliziert der Begriff Manager, dass sich die betreffende Person um die Koordination von Dingen kümmert und der Begriff Projektleiter, dass es um die Menschen in einem Projekt geht. Meistens werden die beiden Begriffe jedoch synonym verwandt. Ein weiterer Begriff ist der des *Projektkoordinators*, den es lediglich in der so genannten *Einfluss-Projektorganisation* gibt, einer Organisationsstruktur, in der der Projektkoordinator kaum Kompetenzen hat.

Teammitglieder

Die Teammitglieder müssen die Aufträge sowohl ihres Funktionalmanagers als auch die ihres Projektmanagers erfüllen. Als Teammitglied sind Sie für Folgendes verantwortlich:

✔ Sicherzustellen, dass Sie Ihre Aufgaben gemäß den höchsten technischen Standards in Ihrem Bereich durchführen

✔ Ihre Aufgaben innerhalb der zeitlichen und finanziellen Vorgaben zu erledigen

✔ Das Wissen und die Fähigkeiten, die Sie für Ihre Tätigkeit benötigen, regelmäßig aufzufrischen

Außerdem sind Sie dazu verpflichtet, gemeinsam mit den anderen Teammitgliedern an den Projektzielen zu arbeiten. Dazu gehört auch Folgendes:

✔ Zu überlegen, welche Auswirkungen Ihre Arbeit auf die Tätigkeiten der anderen Teammitglieder haben könnte

✔ Situationen und Probleme zu erkennen, die Auswirkungen auf die Aufgaben Ihrer Teamkollegen haben könnten

✔ Ihre Teammitglieder über den Projektfortschritt, Meilensteine und mögliche auftauchende Probleme zu informieren.

Funktionalmanager

Funktionalmanager sind dafür verantwortlich, ihre Mitarbeiter auf die verschiedenen Projekte zu verteilen und die Ressourcen bereitzustellen, damit die Mitarbeiter ihre Aufgaben auf höchstem technischen Niveau durchführen können. Insbesondere sind sie für Folgendes verantwortlich:

✔ Pläne zu entwickeln und zu genehmigen, in denen die Art und Menge der Ressourcen sowie die zeitliche Beanspruchung dieser Ressourcen festgelegt werden, die zur Durchführung der in Ihren Bereich fallenden Aufgaben notwendig sind

✔ Sicherzustellen, dass Teammitglieder zur Verfügung stehen, die die zugewiesenen Aufgaben zum geforderten Zeitpunkt erledigen

✔ Das Fachwissen zur Verfügung zu stellen, das den Teammitgliedern hilft, Probleme, die im Zusammenhang mit Projektaufgaben auftreten, zu lösen

✔ Die notwendigen Anlagen und Betriebsmittel zur Verfügung zu stellen, damit die Teammitglieder ihre Arbeit erledigen können

✔ Den Mitarbeiter dabei zu helfen, ihre Kenntnisse und Fähigkeiten auf dem Laufenden zu halten

✔ Sicherzustellen, dass in allen Projekten eines Unternehmensbereiches dieselben Arbeitsmethoden praktiziert werden

✔ Die Beurteilungen für Teammitglieder zu schreiben

✔ Gute Leistungen mit Gehaltserhöhungen, Beförderungen und neuen Aufgaben zu honorieren

✔ Urlaubsanträge zu bearbeiten und zu genehmigen

Unternehmens-Management

Das Unternehmens-Management prägt die Organisationsstrukturen; es überwacht die Entwicklung und Einhaltung der Unternehmensphilosophie, bestimmter Abläufe und Methoden. Außerdem stellt es die erforderlichen Mittel und die notwendigen Kommunikationssysteme zur Verfügung. Konkret ist das Unternehmens-Management für Folgendes verantwortlich:

✔ Strategien und Abläufe festzulegen, nach denen Ressourcen verteilt und Konflikte gelöst werden

✔ Arbeitsrichtlinien und Entlohnungssysteme festzulegen

✔ Die notwendigen Anlagen und Betriebsmittel bereitzustellen, damit die Mitarbeiter die Projektarbeit durchführen können

✔ Den Entscheidungsbereich der mittleren Führungsebene festzulegen

Erfolgreiches Projektmanagement in einer Matrixorganisation

Wenn Sie in einer Matrixorganisation überleben wollen, müssen Sie die verschiedenen Figuren, die in Ihrem Projekt eine Rolle spielen, kennen lernen und Methoden entwickeln, die Ihnen helfen, Ihre Mitspieler zusammenzuhalten und zu motivieren. Bedenken Sie, dass die vorher noch nie intensiv zusammen gearbeitet haben (und das Gefühl haben, von ganz vielen Seiten würde Druck auf sie ausgeübt).

 Wenn Sie folgende Ratschläge beherzigen, navigieren Sie Ihr Schiff erfolgreich durch diese Untiefen:

✔ **Ein Zusammengehörigkeitsgefühl erzeugen und aufrechterhalten**

- **Die Teamvision verdeutlichen und konkrete Arbeitsbeziehungen festlegen.** Sobald Sie Ihr Team zusammengestellt haben, entwickeln Sie mit den Teammitgliedern eine klare Vorstellung von der Mission Ihres Projekts, die die Beteiligten verstehen und unterstützen. Geben Sie den Teammitgliedern die Möglichkeit, sich mit den Arbeitsweisen jedes Einzelnen vertraut zu machen.

- **Teamstrukturen festlegen.** Ermutigen Sie Ihr Team dazu, gemeinsame Arbeitsabläufe festzulegen und nicht die in ihrem jeweiligen Funktionsbereich üblichen Methoden durchzusetzen.

- **Legen Sie die unterschiedlichen Verantwortlichkeiten innerhalb des Teams fest.** Teammitglieder müssen bei Entscheidungsprozessen ihre Funktionsbereiche vertreten. Klären Sie, wer wem untersteht und wer die Verantwortung für die Bereiche hat, die nicht im Verantwortungsbereich des Projektteams liegen.

- **Achten Sie darauf, wie Ihr Team funktioniert, und integrieren Sie sich in das Team.** Helfen Sie den einzelnen Mitgliedern, angenehme, produktive Beziehungen aufzubauen. Fördern Sie diese Beziehungen während der gesamten Projektdauer.

- **Achten Sie darauf, dass eine Person die Rolle des Projektmanagers übertragen bekommt – und die übergeordnete Koordinationsverantwortlichkeit hat.** Der Projektmanager motiviert alle Teammitglieder dazu, das übergeordnete Ziel vor Augen zu behalten und ihre Aufmerksamkeit auf mögliche Schnittstellen zwischen der Arbeit unterschiedlicher Teammitglieder zu richten.

✔ **Die Unterstützung aller Teammitglieder sichern**

- **Sie müssen Begeisterung erzeugen.** In einer Matrixorganisation sind die Mitglieder eines Teams sich meistens nicht gegenseitig unterstellt. Der einzige Grund, warum sie ihre Arbeit machen, ist der, dass sie sie von jemandem übertragen bekommen haben, von dem sie entweder glauben, dass er dazu das Recht (und die Macht) hat, oder weil sie sich persönlich dazu entschlossen haben, diese Arbeit zu erledigen. Motivieren Sie Ihre Teammitglieder von Anfang an und auch während der Durchführungsphase, damit sie sich für die Ziele Ihres Projekts einsetzen.

- Lernen Sie die Arbeitsweisen der Teammitglieder kennen. Je angenehmer Sie die Arbeitsumgebung für Ihre Teammitglieder gestalten, desto länger möchten diese den Aufenthalt in dieser Umgebung gestalten.

✔ **Weitere Unterstützung aus Ihrem Unternehmen heranholen.**

- **Einen Champion ins Boot holen.** Da Sie den Personen, die über Ihren Erfolg oder Misserfolg entscheiden, nicht übergeordnet sind, suchen Sie sich so schnell wie möglich einen Verbündeten, der Macht hat – oder der zumindest auf gleicher Ebene steht.

- **Bitten Sie bei den Funktionalmanagern Ihrer Teammitglieder um Unterstützung.** Wenn Sie sich bei einem Funktionalmanager dafür bedanken, dass er seine Mitarbeiter unterstützt und ihnen die Möglichkeit gibt, ihre Projektaufgaben wahrzunehmen, wird er Sie bei zukünftigen Projekten sicher wieder unterstützen.

✔ **Verfahren für häufig auftretende Probleme festlegen**

- **Ihre Pläne müssen ausreichend detailliert sein.** Erarbeiten Sie mit den Teammitgliedern detailliert, welche Arbeiten erledigt werden müssen und wie die Rollen und Verantwortlichkeiten bei den einzelnen Aufgaben verteilt sind, damit sich jeder darauf einstellen kann, wie viel Zeit er für das Projekt aufwenden muss.

- **Lösen Sie Konflikte sofort.** In Matrixorganisationen tauchen besonders viele Konflikte auf. Das liegt an den unterschiedlichen Verantwortlichkeiten, den unterschiedlichen Arbeitsmethoden und der fehlenden Erfahrung in der Zusammenarbeit der Teammitglieder. Ermuntern Sie Ihre Teammitglieder dazu, Konflikte zu benennen und zu lösen, sobald sie auftauchen. Entwickeln Sie Verfahren, um Konflikte möglichst schnell zu lösen, bevor sie außer Kontrolle geraten.

- **Fördern Sie eine offene Kommunikation zwischen den Teammitgliedern, insbesondere bei auftauchenden Problemen und Frustrationen.** Je eher Sie von Problemen erfahren, desto mehr Zeit haben Sie, sie zu lösen. Und je wohler sich Teammitglieder in Ihrem Projekt fühlen, desto mehr Zeit möchten sie in Ihrem Projekt verbringen.

- **Setzen Sie ein Komitee auf oberer Managementebene ein, das den Projektfortschritt überwacht und auftauchende Konflikte lösen hilft.** Projekt- und Funktionalmanager sind damit beschäftigt, ihre jeweiligen Aufgaben zu erfüllen. Leider führen diese vielfältigen Aufgaben häufig zu Konflikten bezüglich der Verteilung der Arbeitszeit und des Engagements. Ein »Überwachungskomitee« achtet darauf, dass die Folgen für das gesamte Unternehmen berücksichtigt werden, wenn darüber entschieden wird, wie solche Konflikte gelöst werden.

Die richtigen Leute einbeziehen

7

In diesem Kapitel

▶ Die verschiedenen Projektbeteiligten kennen lernen

▶ Eine Liste der Projektbeteiligten aufstellen

▶ Driver, Supporter und Beobachter identifizieren

▶ Feststellen, wer in Ihrem Projekt über Autorität verfügt

*E*in Projekt ist wie ein Eisberg: Neun Zehntel befinden sich unter der Oberfläche. Man bekommt einen Auftrag und glaubt zu wissen, was dazugehört und wer einbezogen werden muss. Und dann, während sich das Projekt entwickelt, tauchen immer mehr Leute auf, Leute, die mit entscheiden, was Sie leisten und wie Sie Ihr Projekt abwickeln müssen.

Wenn Sie wichtige Personen oder Personengruppen nicht rechtzeitig in Ihr Projekt einbeziehen, gehen Sie zwei Risiken ein. Erstens könnten Ihnen wichtige Informationen durch die Lappen gehen, die den Erfolg Ihres Projekts beeinflussen könnten. Und zweitens, was noch gefährlicher sein kann, könnten Sie jemanden dadurch beleidigen. Und Sie können sicher sein, wenn sich jemand übergangen oder beleidigt fühlt, wird er dafür sorgen, dass das in der Zukunft nicht noch einmal passiert!

Sobald Sie damit beginnen, über Ihr Projekt nachzudenken, überlegen Sie schon einmal, wer alles eine Rolle spielen könnte. In diesem Kapitel zeigen wir Ihnen, wie Sie solche Kandidaten erkennen; Sie lernen zu entscheiden, ob, wann und wie Sie diese Personen einbeziehen wollen, und wir helfen Ihnen zu erkennen, wer die Macht hat, wichtige Entscheidungen zu treffen.

Das Audience ermitteln

Projekt-Audience ist eine Person oder eine Gruppe von Personen, die Ihr Projekt unterstützt, davon beeinflusst wird oder sich in anderer Form dafür interessiert. Diese Projektbeteiligten sind sowohl innerhalb als auch außerhalb Ihres Unternehmens zu finden und sollten in einer schriftlichen *Audience-List* erfasst werden. Wenn Sie wissen, wer die Projektbeteiligten sind, können Sie:

✔ planen, ob, wann und wie Sie sie einbeziehen wollen

✔ festlegen, ob der Umfang Ihres Projekts größer oder kleiner ist als ursprünglich angenommen

Hin und wieder stoßen Sie auch auf andere Ausdrücke, mit denen Projektbeteiligte bezeichnet werden. Aber jeder dieser Ausdrücke bezeichnet lediglich einen Teil der Personen, die auf Ihrer Audience List auftauchen sollten. Hier ein paar Beispiele:

✔ Eine *Stakeholderliste* bezeichnet die Personen oder Gruppen, die Ihr Projekt unterstützen oder davon beeinflusst werden. Auf einer Stakeholderliste fehlen meistens die Personen außerhalb des Unternehmens oder solche, die lediglich an Ihrem Projekt interessiert sind, aber davon nicht beeinflusst werden.

✔ In einer *Verteilerliste* stehen all jene, die Kopien von der Korrespondenz zu Ihrem Projekt bekommen. Solche Verteilerlisten sind sehr häufig veraltet. Manchmal stehen noch Personen auf der Liste, weil man einfach vergessen hat, sie zu streichen; manche stehen noch auf der Liste, weil man Angst hat, sie zu beleidigen, wenn man sie streicht. Die Tatsache, dass ihr Name auf der Liste steht, bedeutet also noch lange nicht, dass eine bestimmte Person Ihr Projekt unterstützt, davon beeinflusst wird oder an dem Projekt interessiert ist.

✔ *Teammitglieder* sind all diejenigen, deren Arbeit vom Projektmanager bestimmt wird. Alle Teammitglieder gehören auf die Liste der Projektbeteiligten, aber nicht alle Projektbeteiligten sind Teammitglieder.

Mithilfe von Kategorien eine Audience-List erstellen

Sobald Sie damit beginnen, über Ihr Projekt nachzudenken, sollten Sie eine Audience-List aufstellen. Sie können so lange Namen hinzufügen und löschen, bis das Projekt beendet ist. Um die Wahrscheinlichkeit zu erhöhen, dass Sie auch wirklich alle Beteiligten erfasst haben, listen Sie sie in Kategorien auf. Wenn Sie genau überlegen, wen aus der Buchhaltungsabteilung, wen aus der Beschaffungsabteilung etc. Sie in die Liste aufnehmen sollten, ist die Wahrscheinlichkeit geringer, dass Sie jemanden vergessen, als wenn Sie gleichzeitig im gesamten Unternehmen nach möglichen Beteiligten suchen.

Einer meiner Kunden bat mich einmal, seine Audience-List durchzusehen, die er für ein mehrjähriges Projekt zusammengestellt hatte, das sämtliche Unternehmensbereiche beeinflussen würde. Er überreichte mir eine Liste mit über 300 alphabetisch sortierten Namen und fragte, ob jemand fehlte. Das Problem war, dass ich anhand einer für mich ungeordneten Liste mit 300 Namen nicht wissen konnte, ob jemand fehlte. Ich wusste ja nicht einmal, warum die dort aufgeführten Personen auf der Liste standen und welche Bereiche sie repräsentierten.

Beginnen Sie Ihre Audience-List, indem Sie, hierarchisch geordnet, die wichtigsten Unternehmensbereiche, aus denen Beteiligte kommen könnten, in Kategorien unterteilen. Dazu benutze ich persönlich meistens folgende Liste:

✔ **Intern:** Personen und Personengruppen innerhalb des Unternehmens, beispielsweise:

- **Oberste Unternehmensführung:** die Manager, die auf oberster Ebene für den Gesamtüberblick über die Unternehmenstätigkeit verantwortlich sind

- **Auftraggeber:** die Person, die die Idee für Ihr Projekt hatte, sowie sämtliche Personen, die den Auftrag für dieses Projekt weitergeleitet haben, bis er bei Ihnen ankam

- **Projektmanager:** die Person, die insgesamt für die erfolgreiche Durchführung des Projekts verantwortlich ist

- **Teammitglieder:** die Personen, deren Arbeit direkt vom Projektmanager bestimmt wird

- **Regelmäßig an Projekten beteiligte Personengruppen:** Gruppen von Personen, die an den meisten Projekten in einem Unternehmen beteiligt sind, beispielsweise Mitarbeiter aus der Personalabteilung, aus der Finanzabteilung, dem Einkauf und der Rechtsabteilung

- **Personengruppen, die nur für dieses Projekt benötigt werden:** Gruppen oder Einzelpersonen mit speziellen Kenntnissen, die für dieses Projekt benötigt werden

✔ **Extern:** Einzelpersonen und Personengruppen außerhalb Ihres Unternehmens, wie beispielsweise:

- **Kunden oder Klienten:** Personen oder Personengruppen, die die Produkte bzw. Dienstleistungen Ihres Unternehmens erwerben

- **Kooperationspartner:** Personengruppen oder andere Unternehmen, mit denen Sie gemeinsame Aufgaben für dieses Projekt durchführen

- **Zulieferer, Verkäufer und Auftragnehmer:** Unternehmen, die Personal, materielle oder finanzielle Ressourcen zur Verfügung stellen, damit Sie Ihr Projekt durchführen können

- **Behörden:** Offizielle Stellen, die Vorschriften aufstellen, die für bestimmte Bereiche Ihres Projekts gelten

- **Fachverbände:** Fachleute, die Ihr Projekt beeinflussen können oder besonderes Interesse an diesem Projekt haben

- **Die Öffentlichkeit:** die kommunale, nationale und internationale Öffentlichkeit, die von Ihrem Projekt beeinflusst wird oder Interesse daran haben könnte

 Sie können Ihre Audience-List weiter entwickeln, indem Sie so lange Gruppen oder Einzelpersonen innerhalb der einzelnen Kategorien ermitteln, bis sämtliche Beteiligten mit Namen und Positionsbezeichnung erfasst sind.

Die Realität nicht ignorieren, sondern sich mit ihr auseinander setzen

Vor vielen Jahren traf ich eine Frau, die einige Monate zuvor an einem Projektmanagement-Seminar von mir teilgenommen hatte. Nachdem wir ein paar Belanglosigkeiten ausgetauscht hatten, erzählte sie mir, dass ihr mein Seminar sehr geholfen hatte und dass sie einige der vorgestellten Techniken bereits in der Praxis angewandt hatte. Allerdings hätte sie auch eine Audience-List aufgestellt und feststellen müssen, dass sie völlig nutzlos war.

Dann erklärte sie mir, was passiert war. Ihr Vorgesetzter hatte ihr ein Projekt übertragen, das innerhalb von zwei Monaten abgeschlossen werden sollte. Sie erinnerte sich an das Seminar und begann sofort, eine Audience-List aufzustellen. Zu ihrem Erschrecken enthielt die erste Liste mehr als 150 Namen! Wie, so fragte sie sich, sollte sie mehr als 150 Leute in ein zwei Monate dauerndes Projekt einbeziehen? Sie entschied, dass diese Liste völlig nutzlos war. Tatsächlich hatte ihre Audience-List ihren Zweck vollkommen erfüllt. Offenbar war sie der Meinung gewesen, jede Person auf ihrer Liste wäre in irgendeiner Form von dem Erfolg ihres Projekts betroffen. Die Tatsache, dass sie diese Personen zu Beginn ihres Projekts ermittelt hatte, bot ihr drei Möglichkeiten:

✔ Sie konnte planen, wie und wann sie die einzelnen Personen einbeziehen wollte.

✔ Sie konnte abschätzen, ob sie mit den möglichen Konsequenzen leben konnte, wenn sie einige der Personen nicht mit einbezog.

✔ Wenn sie das Gefühl hatte, keine der Personen auslassen zu können, hätte sie mit ihrem Vorgesetzten über eine Verlängerung des Projekts sprechen können.

Beim Aufstellen Ihrer Liste dürfen Sie auf keinen Fall folgende Personengruppen vergessen:

✔ **Supporter:** Diese Leute sagen Ihnen nicht, was Sie tun sollen, sondern sie sind dazu da, Ihnen beim Erreichen Ihrer Projektziele zu helfen. Wenn solche Supporter früh genug von Ihrem Projekt erfahren, können sie ihre Zeitplanung besser darauf ausrichten. Vielleicht können diese Personen Ihnen auch schon sagen, ob und inwieweit sie in der Lage sind, Ihnen zu helfen, oder ob die Abläufe, die ihnen unterstehen, Einfluss auf den Erfolg Ihres Projekts haben könnten. Zu solchen Personengruppen gehören:

  • Mitarbeiter der Personalabteilung

  • Mitarbeiter der Qualitätssicherung

  • Mitarbeiter der Rechtsabteilung

  • Mitarbeiter der Einkaufsabteilung

- Mitarbeiter der Finanzabteilung

- Mitarbeiter der Sicherheitsabteilung

- Mitarbeiter der Fertigung

- Mitarbeiter der Informationsstellen

✔ **Anwender der Produkte, die in Ihrem Projekt entwickelt werden sollen:** In einigen Fällen müssen Sie die Endverbraucher von Ihrer Liste streichen, weil Sie gar nicht wissen, wer die Endverbraucher sind. Manchmal könnte es aber sinnvoll sein, diese Personen mit einzubeziehen, indem man Stellvertreter auswählt, also Personen, die die Interessen der Endverbraucher vertreten.

Eine große internationale Bank hat einmal viele Millionen Euro dafür ausgegeben, ihr gesamtes Informationssystem umzustrukturieren. Die für das Projekt Verantwortlichen arbeiteten eng mit den Vertretern der Filialen in Europa zusammen, die die Interessen der Mitarbeiter vor Ort vertreten sollten – diejenigen, die später Daten in das Informationssystem eingeben und abrufen sollten. Als das System online ging, tauchte ein fatales Problem auf: Über 90% der Bankangestellten in Europa sprechen kein Englisch, aber sämtliche Handbücher des Systems waren in Englisch verfasst. Das gesamte System war nicht zu gebrauchen!

Die Systementwickler hatten erhebliche Zeit und Geld in die Arbeit mit den Stellvertretern investiert, um sicherzustellen, dass deren Interessen und Bedürfnisse bezüglich des Informationssystems erkannt und erfüllt wurden. Offenbar hatten die Stellvertreter ihre Rolle aber völlig falsch verstanden: Sie dachten, sie sollten Probleme identifizieren, die sie aus ihrer eigenen Erfahrung kennen, und nicht die Probleme der Bankangestellten vor Ort. Es stellte sich heraus, dass Englisch die Muttersprache aller Repräsentanten war und das Thema Sprache deshalb völlig übersehen worden war. Hätte man sowohl die Repräsentanten als auch die Mitarbeiter vor Ort auf die Liste gesetzt, hätte man vielleicht daran gedacht, die Belange der Mitarbeiter vor Ort mit zu berücksichtigen.

✔ **Personen, die für die Wartung und Reparatur des Endprodukts zuständig sind:** Diejenigen, die später den Service für Ihre Produkte übernehmen sollen, haben großen Einfluss auf den dauerhaften Erfolg Ihres Produkts über die Markteinführung hinaus. Wenn Sie sie schon während des Projekts einbeziehen, haben diese die Möglichkeit, Vorschläge zu machen, wie man das Produkt wartungsfreundlicher gestalten kann. Außerdem geben Sie ihnen so die Gelegenheit, sich rechtzeitig mit den Produkten vertraut zu machen und zu prüfen, wie sie sie am besten in ihre bestehenden Wartungsarbeiten einbeziehen können.

Nehmen wir an, Sie sollen die jährliche Blutspendeaktion in Ihrem Unternehmen organisieren. In Tabelle 7.1 sind einige der Personengruppen und Einzelpersonen aufgelistet, die Sie möglicherweise in Ihre Audience-List aufnehmen sollten.

Kategorie	Unterkategorie	Beteiligte
Intern		
	Obere Führungsebene	Komitee auf oberster Managementebene, Vorstandsmitglied der Verkaufs- und Marketingabteilung, Vorstandsmitglied Fertigung, Vorstandsmitglied Verwaltung
	Teammitglieder	Kundendienstmitarbeiter, Betriebsratsmitglied, Verwaltungsassistent
	Personengruppen, die regelmäßig beteiligt sind	Finanzabteilung, Organisationsabteilung, Rechtsabteilung
	Personengruppen oder Einzelpersonen mit speziellem Fachwissen oder Interessen	Projektmanager und Teammitglieder aus der Aktion vom Vorjahr, PR-Beauftragte
Extern		
	Kunden, Klienten	Spender aus dem Vorjahr, potenzielle Spender
	Behörden	Gesundheitsbehörde
	Vertragspartner	Ärzte- und Schwesternteam, Catering Service, Vermieter der Räume, in denen die Aktion stattfinden soll
	Fachverbände	Rotes Kreuz, Blutspendedienste
	Öffentlichkeit	Gemeindevertreter, örtliche Zeitungen, örtliche Fernseh- und Radiosender

Tabelle 7.1: Auszug aus einer Audience-List

Vollständigkeit und Nutzen der Audience-List verbessern

 Damit Ihre Audience List so nützlich und vollständig wie möglich ist, halten Sie sich bei der Aufstellung an folgende Grundregeln:

✔ **Am Ende sollte jeder in der Liste namentlich und mit seiner Stellenbeschreibung aufgeführt sein.** Am Anfang legen Sie nur fest, dass jemand aus der Verkaufs- und Marketingabteilung auf der Liste erscheinen sollte. Irgendwann sollten Sie aber genau festlegen, wer aus dieser Abteilung auf Ihre Liste gehört, beispielsweise die Produktmanagerin für das Produkt XYZ, Karin Meier.

✔ **Reden Sie mit ganz unterschiedlichen Leuten.** Halten Sie mit Leuten aus ganz unterschiedlichen Abteilungen Rücksprache. Fragen Sie jeden Einzelnen, ob er oder sie jemanden kennt, mit dem Sie noch reden sollten. Je mehr Leute, mit denen Sie reden, desto geringer die Wahrscheinlichkeit, dass Sie jemand Wichtiges vergessen.

✔ **Lassen Sie sich mit der Aufstellung genügend Zeit.** Beginnen Sie mit der Aufstellung, sobald Sie den Projektauftrag bekommen. Je länger Sie über das Projekt nachdenken, desto mehr potenzielle Projektbeteiligte fallen Ihnen ein.

Sprechen Sie laufend, auch während des Projekts, mit möglichst vielen Leuten, um festzustellen, ob noch weitere Personen einbezogen werden müssen.

✔ **Beziehen Sie auch solche Personen mit ein, die möglicherweise zu einem späteren Zeitpunkt zu den Projektbeteiligten gehören könnten.** Zum jetzigen Zeitpunkt sollen Sie lediglich Namen festhalten, damit Sie sie nicht vergessen. Später werden Sie festlegen, ob, wann und wie Sie diese Personen einbeziehen (siehe »Driver, Supporter und Beobachter erkennen« im hinteren Teil dieses Kapitels).

✔ **Beziehen Sie die Funktionalmanager der Teammitglieder mit ein.** Nehmen Sie den *Funktionalmanager* (also die Person, der der Projektmanager oder ein Teammitglied direkt unterstellt ist) mit in Ihre Liste auf. Obwohl Funktionalmanager nicht direkt Projektaufgaben erledigen, können sie doch helfen dafür zu sorgen, dass der Projektmanager und die Teammitglieder ihre zugesagte Zeit auch wirklich voll dem Projekt zur Verfügung stellen.

✔ **Setzen Sie den Namen einer Person so oft auf die Liste, wie er oder sie unterschiedliche Rollen in Ihrem Projekt spielt.** Nehmen wir beispielsweise an, Ihr Vorgesetzter ist auch gleichzeitig der technische Berater für Ihr Team. Dann müssen Sie den Namen Ihres Vorgesetzten zweimal aufschreiben – einmal als direkten Vorgesetzten und einmal als technischen Berater. Wenn Ihr Vorgesetzter anschließend befördert wird oder das Unternehmen verlässt, erinnert Sie diese doppelte Erfassung daran, dass jemand anders jetzt möglichst schnell seine beiden Funktionen übernehmen muss.

✔ **Fügen Sie im Verlaufe des Projekts weitere Namen hinzu.** Je mehr Sie über Ihr Projekt erfahren und je mehr Veränderungen sichtbar werden, desto genauer wird Ihre Liste. Fordern Sie die Beteiligten auf, Ihnen zu sagen, wenn ihnen weitere Kandidaten für Ihre Liste einfallen.

 **Im Zweifel für den Betreffenden.** Sie sind daran interessiert, möglichst niemanden zu übersehen, der eine wichtige Rolle in Ihrem Projekt spielen könnte. Einen potenziellen Projektbeteiligten zu identifizieren bedeutet ja nicht, dass Sie ihn auch wirklich einbeziehen müssen, sondern lediglich, dass Sie ihn nicht vergessen dürfen. Es ist viel einfacher, einen Namen zu streichen, wenn man feststellt, dass jemand nicht zu den Projektbeteiligten gehört, als später einen Namen hinzuzufügen (den man anfänglich übersehen hatte).

Eine Audience-List-Vorlage entwickeln

Eine *Audience-List-Vorlage* ist eine vorgefertigte Audience List, die solche Personen und Personengruppen enthält, die normalerweise an ähnlichen Projekten beteiligt sind. In einer solchen Vorlage spiegeln sich sämtliche Erfahrungen aus vergangenen Projekten wider. Bei jedem neuen Projekt fügen Sie weitere Personen hinzu, die Sie bei vorangegangenen Projekten übersehen haben und entfernen solche, die sich als überflüssig erwiesen haben. Eine solche Vorlage kann viel Zeit ersparen und die Vollständigkeit Ihrer Liste erheblich verbessern.

 Nehmen wir an, Sie sollen jedes Jahr für Ihre Abteilung den Quartalsbericht erstellen. Nachdem Sie schon mehrere solcher Berichte erstellt haben, kennen Sie die meisten, die Ihnen die notwendigen Informationen geben, das Dokument entwerfen und drucken, und Sie wissen, wer die endgültige Version genehmigen muss. Jedes Mal, wenn Sie wieder einen solchen Bericht fertig gestellt haben, überarbeiten Sie Ihre Audience-List-Vorlage und arbeiten neu gewonnene Erkenntnisse aus dem letzten Projekt mit ein. Beim nächsten Bericht gehen Sie von der Version aus, die Sie im Anschluss an das letzte Projekt erstellt haben. Dann fügen Sie die Namen der Personen hinzu, die Sie für dieses spezielle Projekt benötigen, und entfernen die Namen von Personen, die jetzt nicht einbezogen werden müssen.

 Mit Vorlagen können Sie viel Zeit sparen und Ihre Genauigkeit erhöhen. Sie sollten aber die aktive Teilnahme einzelner Personen an Ihrem Projekt nicht dadurch hemmen, dass Ihre Vorlage schon zu ausgefeilt ist. Wenn man wichtige Schlüsselfiguren nicht ausreichend einbezieht, kann es dazu führen, dass sich diese Personen auch nicht voll für den Projekterfolg einsetzen.

 Denken Sie bei der Verwendung von Vorlagen immer an folgende Punkte:

✔ **Entwickeln Sie sowohl für einzelne Tätigkeiten als auch für komplette Projekte Vorlagen.** Eine Audience-List-Vorlage für die jährliche Blutspendeaktion oder das Genehmigungsverfahren für ein neues Medikament sind sicherlich sehr hilfreich. Ebenso nützlich können aber auch Vorlagen für einzelne Tätigkeiten innerhalb dieser Projekte sein, beispielsweise die Organisation der PR für die Blutspende oder das Erstellen eines Testberichts für das neue Medikament. Diese Vorlagen können dann in die jeweilige Gesamtprojekt-Vorlage eingebunden werden.

✔ **Konzentrieren Sie sich auf die Stellenbeschreibung, nicht auf den konkreten Namen der Beteiligten.** Benennen Sie in den Vorlagen die Personen mit »Chef der Einkaufsabteilung« und nicht mit »Klaus Müller«. Menschen kommen und gehen, Positionen sind beständig. Bei den konkreten Projektlisten können Sie ja dann die jeweiligen Namen eintragen.

✔ **Nehmen Sie als Grundlagen für Ihre Vorlagen Projekte, die wirklich praktikabel waren, und nicht Pläne, die nur gut aussahen.** Sehr oft entwickelt man am Anfang eines Projekts eine detaillierte Audience-List, die man dann im Verlauf des Projekts aber nicht weiter überarbeitet. So werden beispielsweise Personen, die man anfänglich vergessen hat, nicht in die Liste aufgenommen. Wenn Sie Ihre Vorlage nur aufgrund dieses ursprünglichen Planes aktualisieren, wird sie nicht das widerspiegeln, was Sie im Verlauf des Projekts dazugelernt haben.

✔ **Eine Vorlage sollte der Ausgangspunkt und nicht das Ziel sein.** Machen Sie allen Beteiligten klar, dass die Audience-List-Vorlage der Ausgangspunkt für Ihre Audience List ist und nicht die endgültige Liste. Jedes Projekt unterscheidet sich von ähnlichen Projekten in der Vergangenheit. Wenn eine Vorlage nicht sorgfältig geprüft wird, übersieht man möglicherweise Personen, die in alte Projekte nicht involviert waren, die aber für das jetzige Projekt möglicherweise wichtig sind.

✔ **Aktualisieren Sie Ihre Vorlagen regelmäßig, damit diese wirklich die gemachten Erfahrungen widerspiegeln.** Eine nachträgliche Projektbewertung (siehe Kapitel 15) ist der beste Zeitpunkt, um die ursprüngliche Audience-List zu überarbeiten und die gemachten Erfahrungen zu überdenken.

Image ist alles

Zwei Vertriebsmitarbeiter für ein und dieselbe Firma, nennen wir sie Frau X und Herr Y, hatten sehr unterschiedliche Erfahrungen bei der Aufstellung einer Audience-List für ein neues Projekt gemacht. Jeder von ihnen hatte gerade den Auftrag von einem Kunden bekommen, umfangreiche Computersysteme zu liefern und einzurichten. Beide wussten, dass ihr Projekt nur dann erfolgreich sein würde, wenn es ihnen gelänge, die richtigen Leute für ihr Projekt zu bekommen. Also begannen beide sofort damit, eine Audience-List aufzustellen.

✔ Herr Y druckte seine Audience-List-Vorlage auf ein paar Folien, die er mit einem herkömmlichen Grafik-Programm erstellt hatte. Als er seine Vorlage bei den Mitarbeitern des Kunden vorstellte, war man angesichts der Qualität der Folien und der Präsentation beeindruckt. Trotz mehrmaliger Nachfrage fiel keinem der Zuhörer ein, wen man noch in die Liste aufnehmen oder streichen könnte. Obwohl Herrn Y nicht ganz wohl dabei war, seine Vorlage als endgültige Audience List zu betrachten, ohne weitere Ergänzungen des Kunden vorzunehmen, hatte er keine andere Wahl. Während der gesamten Projektlaufzeit fielen den Mitarbeitern seines Kunden dann immer noch mehr Personen ein, die in die Liste aufgenommen werden mussten, was häufig zu Verzögerungen und doppelter Arbeit führte. Das Projekt verzögerte sich und das Budget wurde überschritten.

✔ Frau X schrieb ihre Audience-List-Vorlage mit der Hand auf mehrere Blätter Flipchart-Papier. Sobald sie mit ihrer Präsentation begann, fielen den Zuhörern nach und nach Personen ein, die hinzugefügt bzw. entfernt werden konnten. Nach einer kurzen, aber intensiven Diskussion hatten die Teilnehmer eine völlig überarbeitete und umfangreichere Liste aufgestellt. Im Verlauf des Projekts konnte Frau X die Einbeziehung aller wichtigen Personen rechtzeitig einplanen. Das Projekt wurde termingerecht und innerhalb des Budgets abgeschlossen.

Warum kam es zu diesen unterschiedlichen Ergebnissen? Beide Verkäufer waren wirklich daran interessiert, die Mitarbeiter ihres Kunden bei der Erstellung der Audience-List einzubeziehen. Die Präsentation von Herrn Y war aber so ausgefeilt, dass der Kunde gar nicht wirklich glaubte, dass seine Kommentare oder Ergänzungen noch erwünscht waren. Die Präsentation von Frau X überzeugte die Zuhörer davon, dass sie wirklich deren Beteiligung wünschte. Und die Ergebnisse spiegeln diesen Unterschied wider.

Driver, Supporter und Beobachter identifizieren

Nachdem Sie sämtliche an Ihrem Projekt beteiligten Personen erfasst haben, entscheiden Sie, unter welche Kategorie sie fallen und ob, wie und wann sie sie einbeziehen wollen.

✔ **Driver:** Personen, die bei den Ergebnissen, die Ihr Projekt erzielen soll, ein Mitspracherecht haben. Dies sind die Personen, für die Sie Ihr Projekt durchführen.

✔ **Supporter:** Personen, die Ihnen bei der Durchführung des Projekts helfen. Zu den Supportern gehören sowohl jene, die Ihrem Projekt die Ressourcen zuteilen, als auch jene, die die eigentliche Arbeit machen.

✔ **Beobachter:** Personen, die ein Interesse an den Tätigkeiten und Ergebnissen Ihres Projekts haben. Beobachter haben kein Mitspracherecht bezüglich der Ergebnisse Ihres Projekts und sie sind nicht aktiv an der Durchführung beteiligt. Allerdings könnten sie irgendwann in der Zukunft einmal von Ihrem Projekt beeinflusst werden.

 Stellen Sie sich beispielsweise vor, eine EDV-Abteilung bekommt den Auftrag, das Layout und die Inhalte eines monatlich an alle Außendienstmitarbeiter veröffentlichten Umsatzberichts zu überarbeiten. Der Leiter der Vertriebsabteilung ist Auftraggeber für dieses Projekt und genehmigt wurde es vom Leiter der EDV-Abteilung.

✔ **Driver:** Der Leiter der Verkaufsabteilung ist bei diesem Projekt der Driver, weil er konkrete Gründe dafür hat, dass er den Bericht überarbeiten lassen möchte; auch der Leiter der EDV-Abteilung ist ein möglicher Driver, weil er sich vielleicht durch dieses Projekt neue Erkenntnisse erhofft.

✔ **Supporter:** Der Systemanalytiker, der den Bericht entwerfen soll, der Mitarbeiter der Schulungsabteilung, der die Anwender einarbeiten soll, und der Abteilungsleiter der Finanzabteilung, der die notwendigen Gelder für den Druck der überarbeiteten Handbücher für das Programm zur Verfügung stellen muss – sie alle sind in diesem Projekt Supporter.

✔ **Beobachter:** Der Leiter des Kundendienstes, der wissen möchte, wie sich dieses Projekt auf die Chancen auswirkt, im nächsten Jahr ein Fehlererkennungsprogramm entwickeln zu lassen, ist ein potenzieller Beobachter.

 Achten Sie auf Supporter, die sich wie Driver verhalten. In dem vorangegangenen Beispiel könnte der Analytiker, der für die Überarbeitung zuständig ist, versuchen, zusätzliche Daten in den Bericht einzuschmuggeln, die er für wichtig hält. Es sind aber die Driver, die entscheiden, ob zusätzliche Daten in den Bericht aufgenommen werden sollen oder nicht. Der Analytiker bestimmt lediglich, ob es möglich ist und was es kostet.

 Denken Sie immer daran, dass ein und dieselbe Person gleichzeitig Driver und Supporter sein kann. Der Leiter der Verkaufsabteilung gehört für das Projekt »Umsatzbericht« zu den Drivern. Er ist aber gleichzeitig Supporter, wenn er Mittel aus dem Budget der Verkaufsabteilung zur Verfügung stellen muss, um den Bericht überarbeiten zu lassen.

Einen Projekt-Champion finden

Ein *Projekt-Champion* ist jemand in einer hohen Position, der sich sehr stark für Ihr Projekt einsetzt; er verteidigt Ihr Projekt in Diskussionen und Meetings und unternimmt die notwendigen Schritte, um sicherzustellen, dass Ihr Projekt erfolgreich zu Ende gebracht werden kann.

Sobald Sie mit Ihren Planungen beginnen, finden Sie heraus, ob es für Ihr Projekt einen Champion gibt. Wenn nicht, versuchen Sie, jemanden zu finden, der diese Rolle übernehmen kann. Ein guter Champion sollte folgende Eigenschaften haben:

✔ Ausreichend Macht und Autorität, um Konflikte bezüglich Ressourcen, Zeitplänen und technischen Problemen zu lösen.

✔ Ein ehrliches Interesse an den Ergebnissen, die Ihr Projekt liefert

✔ Die Bereitschaft, auch namentlich als Verfechter des Projekts genannt zu werden

Entscheiden, wann Sie wen einbeziehen wollen

Von der ersten Idee bis zum Ende durchläuft ein Projekt die folgenden fünf Phasen (in Kapitel 1 finden Sie nähere Informationen zu diesen fünf Phasen).

✔ Konzeptphase

✔ Abgrenzungsphase

✔ Startphase

✔ Durchführungsphase

✔ Abschlussphase

Je nachdem, welche Rolle sie spielen, sollten Sie Driver, Supporter und Beobachter in jeder dieser Phasen mit einbeziehen.

Driver

Driver sollten Sie von Anfang bis Ende einbeziehen.

✔ **Konzeptphase:** Intensive Einbindung. Ermitteln Sie in dieser Phase so viele Driver wie möglich und reden Sie mit ihnen. Deren Wünsche und Ihre Einschätzung bezüglich der Machbarkeit haben großen Einfluss darauf, ob das Projekt durchgeführt werden sollte oder nicht. Wenn sich im Verlauf des Projekts weitere Driver herauskristallisieren, sprechen Sie mit ihnen die Sachverhalte durch, die zur Initiierung Ihres Projekts führten. Finden Sie heraus, welche Erwartungen diese Personen möglicherweise haben.

✔ **Abgrenzungsphase:** Mäßige bis intensive Einbindung. Beraten Sie sich in dieser Phase mit den Drivern, um sicherzugehen, dass Ihr Projekt auch wirklich alle Erwartungen erfüllen kann. Lassen Sie Ihr Projekt formal genehmigen, bevor Sie mit der eigentlichen Projektarbeit beginnen.

✔ **Startphase:** Mäßige Einbindung. Stellen Sie dem Projektteam die Driver vor. Lassen Sie die Driver erklären, welches ihre Erwartungen und Interessen sind. Dadurch betonen Sie die Bedeutung des Projekts und die Teammitglieder bekommen eine bessere Vorstellung von dem, was vor ihnen liegt. Wenn Sie ein Treffen zwischen den Drivern und den Teammitgliedern arrangieren, vermitteln Sie den Drivern das Gefühl, das Projekt auch wirklich erfolgreich durchführen zu können.

✔ **Durchführungsphase:** Mäßige Einbindung. Halten Sie die Driver über den Fortschritt auf dem Laufenden, um deren Interesse und Engagement wach zu halten. Wenn Sie auch in dieser Phase die Driver regelmäßig einbeziehen, stellen Sie sicher, dass das Projekt wirklich auf deren Erwartungen zugeschnitten ist.

✔ **Abschlussphase:** Intensive Einbindung. Lassen Sie die Driver die Projektergebnisse beurteilen und fordern Sie Aussagen darüber, ob das Projekt deren Erwartungen erfüllt hat. Nehmen Sie Empfehlungen für zukünftige ähnliche Projekte auf.

Supporter

Genau wie die Driver sollten Sie auch die Supporter von Anfang bis Ende in Ihr Projekt einbeziehen.

✔ **Konzeptphase:** Mäßige Einbindung. Lassen Sie von wichtigen Supportern beurteilen, ob die Erwartungen der Driver erfüllt werden können. Wenn später im Verlauf des Projekts weitere wichtige Supporter identifiziert werden, lassen Sie sich von diesen ebenfalls die Machbarkeit bestätigen.

✔ **Abgrenzungsphase:** Intensive Einbindung. Supporter leisten den größten Beitrag für den Projektplan. Da sie die gesamte Arbeit erledigen oder ermöglichen, lassen Sie technische Details, Zeitpläne und Ressourcenpläne von Supportern ausarbeiten. Sorgen Sie außerdem dafür, dass sie sich auch formal zu sämtlichen aufgestellten Plänen bekennen.

✔ **Startphase:** Intensive Einbindung. Machen Sie alle Supporter mit der geplanten Projektarbeit vertraut. Klären Sie, wie die Supporter zusammenarbeiten sollen, um die gewünschten Projektergebnisse zu erzielen. Sorgen Sie dafür, dass die Supporter Kommunikationswege, Konfliktlösungsmethoden und Entscheidungsprozesse festlegen.

✔ **Durchführungsphase:** Intensive Einbindung. Schon laut Definition sind Supporter diejenigen, die in dieser Phase die Arbeit machen. Halten Sie sie ständig über den Projektfortschritt auf dem Laufenden und ermutigen Sie sie, mögliche Engpässe zu identifizieren, und entwickeln Sie mit ihnen gemeinsam Lösungsmöglichkeiten für diese Probleme.

✔ **Abschlussphase:** Intensive Einbindung. Sorgen Sie dafür, dass die Supporter ihre jeweiligen Tätigkeiten zum Abschluss bringen. Informieren Sie sie darüber, welche Ergebnisse erzielt wurden, und würdigen Sie ihre Rolle bei diesen Erfolgen. Notieren Sie mögliche Vorschläge, wie man zukünftige Projekte noch besser durchführen könnte.

Beobachter

Legen Sie fest, wem Sie Informationen über Ihr Projekt zukommen lassen wollen. Beziehen Sie sie während der gesamten Projektdauer kontinuierlich, aber so wenig wie möglich ein.

✔ **Konzeptphase:** Minimale Einbindung. Informieren Sie die Beobachter darüber, dass es Ihr Projekt gibt und was dabei herauskommen soll.

✔ **Abgrenzungsphase:** Minimale Einbindung. Informieren Sie die Beobachter über geplante Ergebnisse und Zeitpläne.

✔ **Startphase:** Minimale Einbindung. Sagen Sie den Beobachtern, dass Ihr Projekt begonnen hat, und teilen Sie ihnen die Termine für Zwischenergebnisse und Meilensteine mit.

✔ **Durchführungsphase:** Minimale Einbindung. Informieren Sie Beobachter über wichtige Zwischenergebnisse.

✔ **Abschlussphase:** Minimale Einbindung. Wenn das Projekt abgeschlossen ist, informieren Sie die Beobachter über die Projektprodukte und Ergebnisse.

Unterschiedliche Methoden der Kommunikation

Für den Projekterfolg ist es ganz wichtig, dass Sie Driver, Supporter und Beobachter über den Projektstand informieren. Mit der richtigen Methode können Sie das Interesse an Ihrem Projekt aufrechterhalten und die Beteiligten dazu ermutigen, Ihre Arbeit aktiv zu unterstützen. Folgende Methoden helfen Ihnen, Ihre Projektbeteiligten während der gesamten Projektdauer auf dem Laufenden zu halten:

✔ **Gespräche unter vier Augen:** Formale und informelle Gespräche mit einem oder zwei anderen Gesprächspartnern. Gespräche unter vier (oder sechs) Augen sind vor allem dann nützlich, wenn man ganz spezielle Probleme mit einer kleinen Gruppe von Personen besprechen und klären möchte.

✔ **Gruppen-Meetings:** Geplante Sitzungen, an denen einige oder alle Teammitglieder und evtl. andere Beteiligte teilnehmen. Kleinere Meetings sind sinnvoll, um Brainstormings zu bestimmten Projektthemen abzuhalten, die Rollenverteilung festzulegen und zu bestätigen sowie um gegenseitiges Vertrauen und Respekt aufzubauen. Größere Meetings sind nützlich, um Informationen zu präsentieren, die von allgemeinem Interesse sind.

✔ **Informelle schriftliche Korrespondenz:** Notizen, Memos, Briefe und E-Mails. Informelle Korrespondenz hilft Ihnen bei informellen Diskussionen und bei der Veröffentlichung wichtiger Informationen.

✔ **Schriftliche Genehmigungen:** Formale, schriftliche Vereinbarungen über das Projektprodukt, Zeitpläne, Ressourcenzuteilungen oder technische Verfahren.

Tipps für eine effektive Einbindung der Beteiligten

Sie müssen Driver, Supporter und Beobachter so einbinden, dass sie Ihrem Projekt am meisten nützen.

✔ **Binden Sie die Beteiligten auch dann schon sehr früh mit ein, wenn sie erst später für das Projekt wichtig werden.** Geben Sie Ihrem Audience die Möglichkeit, sich an der Planungsphase zu beteiligen, auch, wenn sie erst zu einem späteren Zeitpunkt mit ihrer Arbeit beginnen. Manchmal können diese Personen Ihnen bereits im Planungsstadium Informationen geben, die ihnen ihre Arbeit später erleichtern. Zumindest können die Betreffenden schon einmal Zeit für die Arbeiten einplanen, die sie für Sie erledigen sollen.

✔ **Wenn Sie Bedenken bezüglich der rechtlichen Situation haben, informieren Sie sich bei Ihrer Rechtsabteilung.** Nehmen wir einmal an, Sie wollen eine Ausschreibung für eine bestimmte Anlage veranstalten, die Sie für Ihr Projekt benötigen. Sie würden gerne wissen, ob potenzielle Anbieter diese Anlage gewöhnlich am Lager haben und wie lang die Lieferzeiten sind. Sie fürchten jedoch, dass diese Gespräche dazu führen könnten, dass potenzielle Ausschreibungsteilnehmer, die Sie nicht befragt haben, verärgert sind, dass sie nicht bereits im Vorfeld über die Ausschreibung informiert wurden. Anstatt diese wichtigen Beteiligten einfach zu ignorieren, sollten Sie in Ihrer Einkaufs- oder Rechtsabteilung fragen, wie man die gewünschten Informationen bekommt, ohne die Neutralität der Ausschreibung zu gefährden.

Denken Sie auch an Folgendes:

✔ **Gemeinsam mit allen Beteiligten-Gruppen einen Plan entwickeln, wie man sowohl deren als auch Ihre Erwartungen und Interessen erfüllen kann.** Stellen Sie fest, welche Informationen diese Beteiligten wünschen und ob sie der Meinung sind, dass diese Informationen notwendig sind. Legen Sie auch fest, wann Sie diese Informationen weitergeben wollen. Und Sie müssen klären, was genau Sie von diesen Beteiligten wollen, in welcher Form Sie es brauchen und wann.

✔ **Stellen Sie sicher, dass Sie das WHID (Was hab ich davon) jedes einzelnen Beteiligten kennen.** Klären Sie, welches Interesse die Beteiligten daran haben, dass Ihr Projekt erfolgreich zu Ende geführt wird. Erinnern Sie sie immer wieder daran, wie sie von Ihrem Projekt profitieren, und informieren Sie sie laufend darüber, welchen Fortschritt das Projekt in dieser Hinsicht schon gemacht hat. Weitere Informationen über den Nutzen eines Projekts für unterschiedliche Beteiligten-Gruppen finden Sie in Kapitel 12.

Personen mit ausreichender Autorität ins Boot holen

Autorität bezeichnet das Recht, Entscheidungen zu treffen, die andere befolgen müssen. Eine Meinung dazu zu haben, wie eine bestimmte Aufgabe in einem Projekt durchzuführen ist, ist etwas anderes, als die Autorität zu haben, entscheiden zu können, wie sie durchgeführt wird. Wenn man die Autorität eines Beteiligten falsch einschätzt, führt das zu Zeitverschwendung und Frustration.

Wenn Sie die Projektbeteiligten ermitteln, prüfen Sie, ob die Personen, die Sie identifiziert haben, auch wirklich die Autorität besitzen, die ihnen zugewiesene Aufgabe zu lösen. Wenn nicht, finden Sie heraus, wer diese Autorität besitzt und wie man diese Person in das Projekt einbezieht.

 Einer meiner Kunden nahm einmal an einem Meeting teil, auf dem über die Farbe entschieden werden sollte, in der die Büroräume gestrichen werden sollten. Alle Personen, die an der Renovierung beteiligt sein würden, nahmen an dieser Sitzung teil. Nach intensiven Diskussionen einigten sich alle Anwesenden darauf, die Büroräume hellgrau zu streichen.

Eine Woche später informierte ein Teammitglied aus der Instandhaltungsabteilung die anderen darüber, dass ihr Vorgesetzter beschlossen hatte, dass die Farbe, für die sich die Gruppe entschieden hatte, zu teuer war und dass sie sich auf eine andere Farbe einigen sollten. Die gesamte Sitzung, die eine Woche zuvor stattgefunden hatte, war eine komplette Zeitverschwendung. Jeder auf dem Meeting war davon ausgegangen, dass die anderen Anwesenden die Autorität hatten, die Entscheidung der Gruppe durchzusetzen. Hätten Sie vorher erkannt, dass die Vertreterin der Instandhaltungsabteilung diese Autorität nicht hatte, hätten Sie Folgendes tun können:

✔ die Vertreterin der Instandhaltungsabteilung fragen können, nach welchen Kriterien eine Farbe ausgesucht werden sollte

✔ mehrere Alternativen vorschlagen, die die Vertreterin der Instandhaltungsabteilung ihrem Vorgesetzten zur Auswahl hätte vorlegen können

✔ die Person einladen, die die nötige Entscheidungsgewalt hatte

In Ihren eigenen Projekten sollten Sie folgendermaßen vorgehen, um herauszufinden, wer welchen Entscheidungsspielraum hat:

1. **Den Aufgaben- und Entscheidungsbereich jedes Einzelnen klären.**

   Legen Sie für jeden einzelnen Beteiligten fest, was genau seine Aufgabe ist und welche Rolle er bei dieser Aufgabe spielt. Wird derjenige einfach nur an der Erledigung mitarbeiten? Soll er Zeitpläne, Budgets oder Vorgehensweisen genehmigen?

2. **Fragen Sie jeden, welche Autorität er oder sie hinsichtlich der anstehenden Entscheidungen und Aufgaben hat.**

   Fragen Sie jeden nach seiner Autorität hinsichtlich einer bestimmten Aufgabe und nicht hinsichtlich sämtlicher Entscheidungen in einem Bereich. Es ist einfacher, wenn jemand weiß, dass er über Anschaffungen von bis zu 10.000 € selbst entscheiden darf, als wenn ihm nur gesagt wird, dass er sämtliche Anschaffungen genehmigen darf, egal welche und in welcher Höhe.

   Klären Sie, welche Entscheidungen die betreffende Person selbst treffen darf. Bei Entscheidungen, die von jemand anders getroffen werden müssen, finden Sie heraus, wer diese Person ist. (Fragen Sie und gehen Sie nicht einfach von bestimmten Voraussetzungen aus!)

3. **Fragen Sie die Beteiligten, woher sie wissen, welche Autorität sie haben.**

   Gibt es schriftliche Vereinbarungen, Richtlinien oder Verfahren, die diese Autorität bestätigen? Hat der Vorgesetzte dieser Person es ihr in einem Gespräch mitgeteilt? Nimmt die betreffende Person diesen Entscheidungsspielraum lediglich als gegeben an?

4. **Blicken Sie in die Vergangenheit.**

   Haben Sie oder andere mit dieser Person bereits zusammengearbeitet? Hat der Betreffende Entscheidungen gefällt, die eigentlich über seinen Entscheidungsbereich hinausgingen?

5. **Hat sich kürzlich etwas geändert?**

   Ist die Person neu im Unternehmen? In der derzeitigen Projektgruppe? In ihrer aktuellen Position? Arbeitet die Person erst seit kurzem für einen neuen Vorgesetzten?

Überprüfen Sie diese Informationen noch einmal, falls sich die Entscheidungssituation ändert. Nehmen wir beispielsweise an, dass Sie zunächst davon ausgehen, dass die einzelnen Anschaffungen für Ihr Projekt nicht über 5.000 € liegen. Thomas, der Vertreter der Finanzabteilung, versichert Ihnen, dass er die Autorität hat, solche Anschaffungen zu genehmigen, ohne sie mit seinem Vorgesetzten abzustimmen. Sie stellen nun fest, dass Sie ein Gerät kaufen müssen, das 10.000 € kostet. Fragen Sie Thomas, ob er persönlich diesen Kauf genehmigen kann, und wenn nicht, finden Sie heraus, wessen Genehmigung notwendig ist.

Rollen und Verantwortungsbereiche der Teammitglieder festlegen

8

In diesem Kapitel

▷ Autorität, Verpflichtung und Verantwortlichkeit definieren

▷ Klären, was man delegieren kann und was nicht

▷ Personen zur Rechenschaft ziehen, obwohl sie einem nicht direkt unterstellt sind

▷ Eine Verantwortungs-Matrix (Linear Responsibility Chart) entwickeln und einsetzen

▷ Mikromanager erkennen und mit ihnen umgehen

Normalerweise gehören zu einem Projektteam Mitarbeiter aus ganz unterschiedlichen Unternehmensbereichen, die unterschiedliche Fachkenntnisse und Arbeitsmethoden haben. Vielleicht haben Sie noch nie zuvor intensiv mit diesen Personen zusammengearbeitet. Meistens gibt es für ein Projekt einen sehr engen Zeitplan und Ihre Teammitglieder arbeiten wahrscheinlich an mehreren Projekten gleichzeitig mit.

In einem solchen Umfeld können Sie nur dann erfolgreich sein, wenn Sie sich mit Ihren Teammitgliedern darauf einigen, wie sich der Beitrag jedes Einzelnen maximieren lässt und man möglichst wenig Zeit verschwendet und Fehler vermeidet. Sie müssen eine Vorgehensweise finden, die Ihnen und den anderen die Sicherheit gibt, dass jeder seinen Verpflichtungen nachkommen kann. Sie müssen die vorgesehenen Rollenverteilungen verstehen und mit ihnen einverstanden sein.

Die zentralen Begriffe definieren

Mithilfe folgender Begriffe sollten Sie festlegen und klären, welche Beziehungen zwischen den einzelnen Teammitgliedern herrschen und wie sie ihre Aufgaben angehen sollten:

✔ **Autorität:** die Fähigkeit, verbindliche Entscheidungen bezüglich Projektprodukten, Zeitplänen, Ressourcen und Maßnahmen treffen zu können. Hierzu gehören beispielsweise die Fähigkeit, selbstständig Einkäufe bis zu einer Höhe von 6.000 € tätigen zu können oder Zeitpläne um maximal zwei Wochen zu verschieben.

✔ **Verpflichtung:** die Verpflichtung, bestimmte Ergebnisse zu erzielen. Beispielsweise das Versprechen, einen Berichtsentwurf bis zum 1. März fertigzustellen.

✔ **Verantwortlichkeit:** Verantwortung für seine eigene Leistung übernehmen. Wenn Ihr Vorgesetzter in seiner Beurteilung erwähnt, dass Sie ein schwieriges Fertigungsproblem gelöst haben, dann ist auch das ein Beispiel für Verantwortlichkeit.

 Viele Menschen sind der Meinung, Verantwortlichkeit wäre ein negativ belegter Begriff – wenn sie etwas vermasseln, müssen sie es ausbaden. Diese Angst führt bei vielen Menschen dazu, dass sie Positionen meiden, in denen sie für das, was sie tun, die Verantwortung übernehmen müssen. Aber etwas ausbaden zu müssen, was man vermasselt hat, ist nur die eine Seite der Medaille. Die andere Seite ist, dass man für eine gute Leistung auch belohnt wird. Diese positive Bestätigung ist ein viel besserer Motivator. Alle drei genannten Begriffe bezeichnen ähnliche Sachverhalte. Jeder hat jedoch eine ganz besondere Bedeutung und dient dazu, Teambeziehungen zu definieren und zu stärken.

Die Begriffe Autorität und Verpflichtung sollte man folgendermaßen betrachten:

✔ **Ähnlichkeiten:** Beide Begriffe sind Vereinbarungen, die im Voraus getroffen werden. Bevor man ein Projekt beginnt, wird festgelegt, wer welche Entscheidungen treffen kann und wer sicherstellt, dass bestimmte Ergebnisse erzielt werden.

✔ **Unterschiede:** Der Begriff Autorität bezieht sich vor allem auf einen Prozess, während sich Verpflichtung auf ein Endresultat bezieht. Der Begriff Autorität legt fest, welche Entscheidungen man treffen darf, aber nicht, welche Ergebnisse man erzielen soll. Verpflichtung bezieht sich auf die Ergebnisse, die man erzielt, und nicht auf die Entscheidungen, die dazu getroffen werden müssen.

Verpflichtung und Verantwortlichkeit sollte man folgendermaßen unterscheiden:

✔ **Ähnlichkeiten:** Sowohl der Begriff Verpflichtung als auch Verantwortlichkeit beziehen sich auf Ergebnisse.

✔ **Unterschiede:** Verpflichtung ist eine im Voraus getroffene Vereinbarung, Verantwortlichkeit ist ein nachträglicher Prozess.

Leute, die ein Versprechen geben, das Versprechen brechen und dann dafür nicht zur Rechenschaft gezogen werden, führen bei anderen Teammitgliedern zu Frustrationen. Es ist ganz wichtig, dass Sie bezüglich der Verantwortlichkeit folgende Grundsätze einhalten:

✔ **Wenn Sie eine Verpflichtung eingehen, sollten Sie dafür auch verantwortlich gemacht werden.** Mit anderen Worten, wenn Sie ein Versprechen geben, sollten Sie immer auch die Folgen dafür tragen, je nachdem, wie gut oder wie schlecht Sie Ihr Versprechen halten.

✔ **Wenn Sie keine Verpflichtung eingegangen sind, sollten Sie auch die Konsequenzen nicht tragen müssen.** Wenn etwas danebengeht, Sie aber für die korrekte Durchführung nicht zuständig waren, sollten Sie auch nicht die negativen Folgen tragen müssen. (Natürlich sollten Sie in diesem Fall auch nicht belohnt werden, wenn alles gut läuft.)

Jemanden für etwas verantwortlich zu machen, für das er keine Verpflichtung übernommen hat, nennt man *einen Sündenbock suchen*. Immer den nächstbesten für etwas verantwortlich zu machen, führt dazu, dass in der Zukunft keiner mehr mit Ihnen zusammenarbeiten möchte.

Die Rollenverteilung in Projekten

Delegieren bedeutet, etwas wegzugeben, was Sie besitzen. (Ich weiß, dass es noch viele andere Definitionen gibt, aber ich möchte es einfach ausdrücken: Delegieren heißt abgeben.) Man delegiert aus drei Gründen:

✔ Damit man sich um andere Dinge kümmern kann

✔ Damit die qualifizierteste Person die Entscheidungen trifft

✔ Um den Aufgaben- und Verantwortungsbereich einer anderen Person zu erweitern und ihr damit Gelegenheit zu geben, sich in diesem Gebiet weiterzuentwickeln

Was kann ich delegieren und was nicht?

Wenn Sie die Rollen in Ihrem Projekt verteilen, halten Sie sich an folgende Grundsätze:

✔ Man kann Autorität delegieren, nicht aber Verantwortlichkeit

✔ Man kann Verantwortlichkeit teilen

Denken Sie dran: Sie können einer anderen Person zwar das Recht übertragen, Entscheidungen zu treffen, die eigentlich Sie selbst treffen sollen, aber Sie bleiben für die Folgen dieser Entscheidungen verantwortlich.

 Nehmen wir einmal an, Sie hätten die Autorität, Anschaffungen für Ihr Projekt bis zu maximal 10.000 € selbst zu unterschreiben. Nehmen wir weiterhin an, dass man Ihnen nicht ausdrücklich untersagt hat, dass Sie diesen Entscheidungsspielraum nicht weitergeben dürfen, und dass es auch keine Richtlinie gibt, die dies verbietet. Sie können diesen Entscheidungsspielraum nun an Matthias weitergeben. Wenn Matthias dann aber zehn Paletten Spezialpapier für 6.000 € anstelle der benötigten fünf Paletten kauft, wären Sie für diese falsche Entscheidung verantwortlich.

Sie können jederzeit die Autorität, die Sie jemandem übertragen haben, zurücknehmen. Aber Sie können diese Person nicht dafür verantwortlich machen, dass er diese Autorität ausübt, solange er oder sie sie noch hat.

 Entscheidend ist, dass Sie diese Delegation von Entscheidungsspielräumen immer wieder bekräftigen und unterstützen. Nehmen wir an, Sie sind seit zwei Monaten Projektleiter eines Teams und Marianne ist Ihre Assistentin. Marianne hat die fachlichen Probleme der Teammitglieder bisher folgendermaßen gelöst:

✔ Wenn jemand auf ein fachliches Problem stößt, bespricht er es mit Marianne.

✔ Marianne analysiert das Problem und entscheidet, wie es gelöst werden soll.

✔ Marianne erörtert das Problem mit Ihnen und macht einen Vorschlag zur Problemlösung.

✔ Wenn Sie mit Mariannes vorgeschlagener Lösung einverstanden sind, bitten Sie sie, sie durchzusetzen.

✔ Wenn Sie mit Mariannes Lösung nicht einverstanden sind, erarbeiten Sie mit ihr eine praktikablere Lösung.

Gestern teilten Sie Marianne mit, dass Sie möchten, dass Marianne fachliche Probleme in Zukunft anders löst. Sie erklären, dass sie von jetzt an Probleme gleich selbst lösen soll, ohne sich vorher mit Ihnen abzustimmen. Nachdem Sie ihr das erklärt haben, informieren Sie die anderen Teammitglieder über diese neue Vorgehensweise.

Heute morgen kam Johann zu Marianne, um mit ihr ein Problem zu besprechen, das er mit einem Lieferanten hatte. Nachdem sie sich das Problem angehört hatte, gab Marianne Johann ganz konkrete Anweisungen, wie er es lösen sollte. Sobald er Mariannes Büro verlassen hat, rief er jedoch bei Ihnen an. Er erklärte noch einmal das Problem und den Lösungsvorschlag, den Marianne gemacht hatte, und fragte, ob Sie mit dieser Vorgehensweise einverstanden sind.

Sie sitzen jetzt in der Zwickmühle. Einerseits möchten Sie Mariannes neue Autorität, Lösungen für fachliche Probleme alleine durchsetzen zu können, nicht untergraben. Andererseits möchten Sie sicherstellen, dass alles reibungslos läuft und Ihr Projekt erfolgreich ist. Was sollen Sie tun?

Die einzige Antwort, die Sie Johann geben können, lautet: »Mach, was Marianne gesagt hat.«

Was wäre, wenn Sie Johann sagen würden: »Ja, Mariannes Lösung klingt gut.«? Das genügt nicht. Indem Sie erklären, dass Sie Mariannes Lösung gut finden, untergraben Sie ihre Autorität, diese Entscheidung alleine treffen zu können! Vielleicht wollten Sie Johann lediglich signalisieren, dass Sie volles Vertrauen in Mariannes Fähigkeiten, eine Lösung zu finden, haben, und dass ihr Vorschlag zeigt, dass sie ein gutes Urteilsvermögen hat. Tatsächlich lässt Ihre Reaktion aber darauf schließen, dass Sie noch immer die Entscheidungsgewalt haben, da Sie gerade Mariannes _Entscheidung_ bestätigt haben und nicht ihre _Autorität_, ihre Entscheidungen selbst fällen zu können.

Sie möchten die Autorität, die Sie delegiert haben, gerne bekräftigen, aber Sie möchten auch, dass Ihr Projekt ein Erfolg wird. Wie sollten Sie sich dann in den folgenden Situationen verhalten?

✔ **Sie sind mit Mariannes Empfehlung nicht einverstanden.** Wenn Sie befürchten, dass Mariannes Vorgehensweise katastrophale Folgen haben wird, müssen Sie Johann sagen, dass er warten soll, bis Sie die Sache mit Marianne besprochen haben. In diesem Fall ist es wichtiger, die Firma zu schützen, als die Delegation der Autorität durchzusetzen.

In allen anderen Fällen aber müssen Sie Johann sagen, dass er so vorgehen soll, wie Marianne gesagt hat, weil sie diejenige ist, die die Entscheidung fällt. Hier ein paar Gründe dafür, auch wenn Sie nicht hundertprozentig mit ihrer Entscheidung einverstanden sind:

• Möglicherweise weiß sie mehr über den Sachverhalt, als Sie aus dem Gespräch mit Johann erfahren haben.

- Vielleicht hat sie einfach Recht und Sie Unrecht.

- Nehmen wir an, Ihre Lösung ist besser als Mariannes. Wie soll sie lernen, in der Zukunft bessere Lösungen zu finden, wenn Sie nicht mit ihr darüber sprechen, warum Sie mit ihrer Entscheidung nicht einverstanden sind?

- Wenn Marianne glaubt, dass Sie jedes Mal einspringen, wenn sie eine falsche Entscheidung trifft, wird sie sich weniger Mühe geben, gleich beim ersten Mal die richtige Entscheidung zu treffen.

Sie können Marianne zu einem späteren Zeitpunkt in einem Gespräch unter vier Augen fragen, warum sie die Entscheidung so getroffen hat, und ihr Ihre Überlegungen dazu erklären, falls Sie meinen, dass dies dann noch nötig ist.

✔ **Johanns Anruf lässt darauf schließen, dass er eher ein grundsätzliches Problem damit hat, wie die Abläufe und Arbeitsbeziehungen im Team organisiert sind.**

- Vielleicht haben Sie sich nicht klar genug ausgedrückt, als Sie Ihren Teammitgliedern die neuen Arbeitsbeziehungen erklärten. Erklären und bekräftigen Sie diese Johann gegenüber noch einmal.

- Vielleicht hat Johann Mariannes Antwort nicht gefallen und er versucht hinter ihrem Rücken seine eigene Meinung durchzusetzen. Auch in diesem Fall müssen Sie noch einmal deutlich machen, dass es Mariannes Aufgabe ist, die Entscheidung zu fällen.

- Vielleicht hat Marianne sich Johann gegenüber nicht klar genug ausgedrückt und ihm die Gründe für ihre Entscheidung nicht ausführlich genug dargelegt. Schlagen Sie Marianne vor, die Gründe für ihre Entscheidung noch einmal deutlich herauszustellen, damit die anderen sie besser verstehen und sich gut informiert fühlen.

- Vielleicht haben Johann und Marianne zwischenmenschliche Probleme. Reden Sie sowohl mit Johann als auch mit Marianne, um herauszufinden, ob das der Fall ist und, wenn ja, was die Ursachen sind. Versuchen Sie, gemeinsam mit Johann und Marianne diese Konflikte zu lösen.

Mit Zuversicht delegieren

Delegieren heißt immer, ein gewisses Risiko eingehen – Sie müssen mit den Konsequenzen leben, die die Entscheidung eines anderen mit sich bringt. Damit Sie ein besseres Gefühl dabei haben und um die Entscheidungsfähigkeit der betreffenden Person zu verbessern, sollten Sie folgendermaßen vorgehen:

✔ **Machen Sie klar, was Sie delegieren wollen.** Beschreiben Sie unmissverständlich, was genau der andere tun soll; erklären Sie auch, was er *nicht* tun soll.

✔ **Suchen Sie die richtige Person dafür aus.** Legen Sie fest, welche Fähigkeiten und Kenntnisse die Person haben muss, der Sie eine Aufgabe übertragen möchten, delegieren Sie nicht an jemanden, dem die dafür notwendigen Voraussetzungen fehlen.

✔ **Delegieren Sie richtig.** Erklären Sie genau die Aufgabe, sagen Sie, wie viel Arbeit der Betreffende hineinstecken soll und bis wann die Aufgabe erledigt sein soll.

✔ **Überwachen Sie die Ausführung.** Setzen Sie regelmäßige, genau definierte Zwischenziele fest, anhand derer Sie die Leistung und die Einhaltung der Zeitvorgaben überwachen können.

Beim Delegieren gibt es nicht nur die Ganz-oder-gar-nicht-Variante, das heißt, dass Sie eine Entscheidung entweder selbst fällen oder sich ganz heraushalten. Wir stellen Ihnen hier sechs mögliche Abstufungen für Ihre Delegation, die alle aufeinander aufbauen und die jeweils nachfolgende Stufe beinhalten.

✔ **Mach mich schlau:** Besorg die Fakten und leg sie mir zur weiteren Bearbeitung vor.

✔ **Zeig mir den Weg:** Entwickle auf der Grundlage der erarbeiteten Fakten alternative Vorgehensweisen.

✔ **Leg los, wenn ich den Startschuss gebe:** Bereite Dich so vor, dass Du eine oder mehrere der Maßnahmen durchführen kannst. Aber beginne erst, wenn ich das Signal dazu gebe.

✔ **Leg los, bis ich Stopp sage:** Sag mir, was Du wann tun willst; unternimm die vorgeschlagenen Schritte, bis ich etwas anderes sage.

✔ **Wie lief es?** Analysiere die Situation, entwickle einen Maßnahmenplan, unternimm die notwendigen Maßnahmen und informiere mich über die Ergebnisse.

✔ **Leg los!** Hier die Situation, sieh zu, wie du damit fertig wirst. Ich will nichts mehr davon hören.

Jede Stufe beinhaltet ein gewisses Maß an Autorität. Wenn ich Sie bitte, die Hintergrundinformationen zu einer bestimmten Situation zusammenzutragen, entscheiden Sie, welche Informationsquellen Sie nutzen, welche Informationen Sie an mich weitergeben und welche Sie weglassen. Der Hauptunterschied zwischen diesen Delegationsstufen besteht in dem unterschiedlichen Kontroll-Niveau, bevor die eigentlichen Maßnahmen eingeleitet werden.

Verantwortung übertragen

Die Entscheidung, etwas zu delegieren, ist eine einseitige; sie erfordert nicht die Zustimmung beider Partner. Sie können jemandem die Autorität übertragen, eine Entscheidung zu fällen, ob derjenige will oder nicht. Wenn Sie jemandem Autorität übertragen, kann er oder sie diese an jemand anders weitergeben (wenn Sie nichts Gegenteiliges verfügt haben).

Verantwortung ist jedoch eine zweiseitige Vereinbarung; Sie können mich bitten, eine Kundenanfrage zu beantworten, und ich kann zusagen, dass ich das übernehme. Da Sie und ich abgemacht haben, dass ich die Anfrage beantworte, kann ich diese Verantwortung nicht jemand anders übertragen, ohne darauf zu achten, dass er oder sie diese Aufgabe auch wirklich erfüllt. Ich habe versprochen, dass sich jemand um die Anfrage kümmert; die einzige Möglichkeit, mich von diesem Versprechen freizumachen ist die, Sie zu bitten, unsere ursprüngliche Vereinbarung zu ändern.

Nehmen wir einmal an, Frau Alexander, Ihre Vorgesetzte, bittet Sie, einen Bericht zu erstellen, in dem die neuesten Umsatzzahlen Ihres Unternehmens dargestellt werden. Sie überlegen, dass Sie den Text in Microsoft Word erfassen und die notwendigen Grafiken in PowerPoint erstellen können. Sie wissen, wo Sie die Rohdaten herbekommen und wie man Word bedient. Sie wissen allerdings nicht, wie man PowerPoint bedient. Also übernehmen Sie die Ihnen übertragene Aufgabe in dem Wissen, dass Sie Herrn Bock fragen werden, ob er die notwendigen Grafiken für Sie erstellt. Als Sie Herrn Bock fragen, ob er Ihnen hilft, verspricht er dies.

Eine Woche später fragt Frau Alexander, wie es mit dem Bericht steht. Sie erzählen ihr, dass Sie mit dem Text fertig sind, aber dass Herr Bock die Grafiken noch nicht erstellt hat. Sie schlagen vor, dass Frau Alexander sich bei Herrn Bock nach dem Stand der Dinge erkundigt. Was meinen Sie, wie sie auf diesen Vorschlag reagiert?

Zunächst herrscht Stille. Dann sagt Ihnen Frau Alexander, dass *Sie* sich dazu verpflichtet hatten, den Bericht zu erstellen. Sie tragen die Verantwortung dafür, sicherzustellen, dass alle dazu notwendigen Arbeiten durchgeführt werden, nicht Frau Alexander. Mit anderen Worten, die Tatsache, dass Sie die Verantwortung für die Erstellung des Berichts übernommen haben, bedeutet, dass Sie nicht einen Teil dieser Verantwortung an jemand anders übertragen können.

Übrigens war es auch aus anderen Gründen völlig richtig, dass Frau Alexander nicht direkt mit Herrn Bock gesprochen hat:

✔ Wenn Frau Alexander sich direkt bei Herrn Bock erkundigt hätte, würde Sie Ihnen keinen guten Dienst erweisen. Sie würde Herrn Bock dadurch indirekt zu verstehen geben, dass er, wann immer er von Ihnen eine Aufgabe übertragen bekommt, nicht Sie, sondern Frau Alexander zufrieden stellen muss. Mit anderen Worten, sie hätte dadurch Ihre Autorität als Führungskraft untergraben.

✔ Es wäre problematisch gewesen, bei Herrn Bock nachzufragen, weil Frau Alexander nicht weiß, welche Aufgabe Sie ihm übertragen haben und wann er diese Aufgabe erledigen soll.

Die einzige Möglichkeit, sich von einer übernommenen Verpflichtung freizumachen, ist die, den anderen zu bitten, einer anderen Vereinbarung zuzustimmen.

Menschen zur Rechenschaft ziehen, obwohl sie Ihnen nicht direkt unterstellt sind

Was passiert, wenn sich jemand bereit erklärt, Ihnen zu helfen, der Ihnen gar nicht unterstellt ist? Können Sie auch solche Personen zur Rechenschaft ziehen, über die Sie eigentlich gar keine Autorität haben?

Nehmen wir einmal an, Sie wären vor kurzem einem Projekt zugewiesen worden, bei dem es um ein neues Inventur-Kontrollsystem geht. Es soll ein moderneres Kontrollsystem für Ihr Unternehmen konzipiert, entwickelt, getestet und eingeführt werden. Es ist Montagmorgen und Sie erfahren soeben, dass Ihr Freund Erich bis vor einem Monat an diesem Projekt gearbeitet hat.

Sie rufen Erich an und bitten ihn, Sie über das, was bisher in diesem Projekt gelaufen ist, zu informieren. Nach einigen Minuten stellen Sie fest, dass Erich mehr über dieses Projekt weiß als irgendeiner Ihrer bisherigen Gesprächspartner. Dann äußern Sie eine ungewöhnliche Bitte. Sie erklären Erich, dass Sie und drei andere Teammitglieder ein Handbuch für das neue System entwickeln. Sie erklären ihm, dass Kapitel 1 den Hintergrund und die Entwicklung des neuen Systems beschreiben soll. Sie fragen ihn, ob er bereit wäre, Ihnen einen Gefallen zu tun und einen Entwurf für das erste Kapitel zu schreiben. Erich ist einverstanden und Sie legen auf.

Stellen Sie sich vor, es vergeht eine Woche und Sie haben noch kein erstes Kapitel von Erich bekommen. Er ruft Sie nicht an, um zu erklären, warum er bisher keinen Entwurf vorgelegt hat, und Sie rufen ihn nicht an, um herauszufinden, was los ist. Kommt Ihnen diese Situation bekannt vor? Wahrscheinlich erleben Sie mehrmals am Tag ähnliche Fälle. Und leider ist es bestimmt schon oft vorgekommen, dass man Ihnen Hilfe versprochen, sein Versprechen aber nicht eingehalten hat. Was, wenn überhaupt, können Sie tun?

 Wenn jemand die Verantwortung für eine komplette Aufgabe übernimmt, dann sollten Sie ihn dafür auch verantwortlich machen. Allerdings sollten Sie jemanden nicht dafür verantwortlich machen, wenn er die Verantwortung für eine bestimmte Aufgabe abgelehnt hat. Die erste Frage lautet daher: War Erich nach Ihrem Telefongespräch Ihnen und Ihren Kollegen gegenüber für die Erstellung des ersten Kapitels verantwortlich?

Ganz einfach, die Antwort lautet ja. Warum? Weil er ein Versprechen gegeben hat. Ich sagte nicht, dass Erich für die Erstellung des Entwurfs für das erste Kapitel allein verantwortlich ist und Sie aus dem Schneider sind. Ihre Verantwortung dafür, dass das Handbuch erstellt wird, hat sich nicht geändert, aber Erich hat die Verantwortung dafür übernommen, diesen Entwurf für Sie zu erstellen. Es spielt dabei überhaupt keine Rolle, dass Erich nicht mehr an diesem Projekt arbeitet oder er Ihrem Vorgesetzten nicht unterstellt ist. Er ist dafür verantwortlich, weil er es versprochen hat.

Vielleicht versucht Erich einen Unterschied zwischen »moralischer Verantwortung« und »unternehmerischer Verantwortung« zu machen. Er mag so argumentieren, dass er zwar eine persönliche Verantwortung hat, weil er zugesagt hat, den Entwurf zu erstellen, aber keine unternehmerische Verantwortung, weil nichts schriftlich abgemacht wurde und er dem Projektteam formal nicht angehörte. Dieses Argument zieht aber nicht. Es sollte keinen Unterschied zwischen persönlicher Verantwortung und unternehmerischer Verantwortung geben. Wenn er die Verantwortung nicht übernehmen wollte, hätte er die Aufgabe ablehnen müssen.

Die zweite Frage lautet: Haben Sie Erich dafür, dass er sein Versprechen nicht einhielt, zur Verantwortung gezogen? Die Antwort lautet nein. Für ihn hat es keine Konsequenzen, dass er keinen Entwurf des ersten Kapitels erstellt hat, obwohl er es versprochen hatte.

Nehmen wir einmal an, Sie haben den Entwurf noch nicht bekommen, weil Erich ihn nicht abgeschickt hatte. Was signalisieren Sie durch Ihr Verhalten (bzw. in diesem Fall Nicht-Verhalten)?

✔ **Die Aufgabe war gar nicht so wichtig.** Eine sehr unangenehme Botschaft. Sie haben Erich gebeten, Zeit von seinem sowieso schon arbeitsreichen Tag für Sie in eine Sache zu investieren, bei der es Ihnen egal ist, ob er die Aufgabe erledigt oder nicht? Wahrscheinlich ist er froh, dass er keine Zeit in diese Aufgabe investiert hat, weil es Ihnen offensichtlich sowieso egal ist.

✔ **Erichs Verhalten war völlig in Ordnung.** Diese Botschaft ist sogar noch schlimmer; sie macht deutlich, dass es völlig okay ist, eine Verpflichtung einzugehen, sie nicht einzuhalten und sein Verhalten noch nicht einmal zu erklären. Es kann Situationen geben, in denen Erich wirklich nicht in der Lage ist, eine übernommene Aufgabe wirklich zu Ende zu bringen. Aber rechtfertigt das sein Verhalten, Sie nicht einmal anzurufen? Leider prägt ein solches Verhalten eine Unternehmenskultur, in der Versprechen keine Bedeutung haben und das Nichteinhalten von Versprechen zum Alltag gehört.

Höchstwahrscheinlich wollten Sie keine dieser beiden Botschaften vermitteln. Wahrscheinlich denken Sie sich, dass Erich mit Arbeit überhäuft wurde, und Sie wollten keine große Sache daraus machen, weil er ja immerhin bereit gewesen war, für Sie eine zusätzliche Belastung auf sich zu nehmen. Leider weiß Erich überhaupt nicht, was Sie denken, weil Sie es ihm nicht mitteilen.

Vielleicht hat er gar nicht beschlossen, den Entwurf nicht zu erstellen. Denken Sie auch an andere Möglichkeiten:

✔ **Er hat Ihnen den Entwurf geschickt, aber Sie haben ihn nie erhalten.** Das Prinzip Verantwortlichkeit hat etwas mit Feedback zu tun. Leider glauben die meisten, »No news is good news«. Da Erich keinen Anruf von Ihnen erhielt, ging er davon aus, dass Sie den Entwurf erhalten haben und in Ordnung finden. Wenn Sie noch Fragen gehabt hätten, so glaubt er, hätten Sie sich sicher gemeldet!

✔ **Er hat Sie in Ihrem ersten Gespräch falsch verstanden; er dachte, Sie bräuchten den Entwurf in einem Monat (anstatt in einer Woche).** Vielleicht arbeitet er noch an dem Entwurf und will ihn Ihnen an dem Tag geben, von dem er meint, es sei der Tag, an dem Sie ihn brauchen.

Vielleicht ziehen Sie jemanden nicht zur Verantwortung, weil Sie keine Autorität über ihn haben und Sie der Meinung sind, es sei nicht angemessen (schließlich sind Sie ja nicht ihr oder sein Vorgesetzter). Oder Sie wissen nicht, wie. Aber vergessen Sie nicht, was ich oben bereits sagte: Jemanden zur Verantwortung ziehen ist gerechtfertigt und notwendig, wenn der Betreffende sich verpflichtet hat, eine Aufgabe zu übernehmen. Das Konzept Verantwortlichkeit hilft Menschen, zu wissen, wann sie auf dem richtigen Weg sind, und gibt Ihnen die Möglichkeit, formal die Erledigung einer Aufgabe zu bestätigen. Sie brauchen keine formale Autorität, um jemanden verantwortlich zu machen; der Betreffende muss die Verantwortung nur annehmen.

Wenn Sie jemanden verantwortlich machen wollen, der Ihnen nicht direkt unterstellt ist, gehen Sie folgendermaßen vor:

✔ **Finden Sie heraus, wer der direkte Vorgesetzte dieser Person ist, und beziehen Sie ihn mit ein.** Vielleicht sollten Sie sich das Okay des Vorgesetzten der betreffenden Person holen. Wenn Sie es richtig anstellen und zur rechten Zeit tun, erhöhen Sie Ihre Erfolgschancen. In dem Beispiel von Erich hätten Sie Ihre Bitte auch zusätzlich Erichs Vorgesetztem vorlegen können. Am Ende des Telefongesprächs hätten Sie Erich dann fragen können, ob er etwas dagegen hätte, wenn Sie seinen Vorgesetzten auch darüber unterrichten, dass er diese Aufgabe für Sie übernimmt. Höchstwahrscheinlich würde er sich dafür bedanken.

✔ **Machen Sie es schriftlich.** Ist Ihnen schon einmal aufgefallen, wie merkwürdig manche Leute reagieren, wenn man eine informelle Vereinbarung schriftlich festhält? Plötzlich verhalten sie sich so, als würden sie Ihnen nicht vertrauen. Halten Sie Ihre Vereinbarungen schriftlich fest, damit die Bedingungen klar sind, die Aufgabe nicht vergessen wird und Sie eine Möglichkeit haben, die Vereinbarung zu formalisieren. Wenn man Sie diesbezüglich fragt, sagen Sie, dass es nichts damit zu tun hat, dass Sie dem Betreffenden nicht vertrauen. Wenn Sie ihm nicht vertrauen würden, würden Sie überhaupt nicht mit ihm zusammenarbeiten!

✔ **Seien Sie konkret.** Je klarer Ihre Anfrage, desto leichter kann der Betreffende abschätzen, welcher Aufwand nötig ist, um die Anfrage zu erledigen und gleich beim ersten Versuch das richtige Ergebnis zu liefern.

Möglicherweise ist es Ihnen unangenehm, zu konkret zu sein, weil Sie es für unangemessen halten, der anderen Person »Befehle« zu geben (schließlich sind Sie ihr oder ihm ja nicht direkt vorgesetzt). Indem Sie sich klar und deutlich ausdrücken, machen Sie es Ihrem Gegenüber aber leichter, nicht schwerer.

✔ **Fassen Sie nach.** Vereinbaren Sie einen Zeitplan, nach dem Sie die Leistung der Person überwachen und mögliche Probleme oder Fragen klären können. Achten Sie dabei auf Folgendes:

- Vereinbaren Sie gleich zu Beginn einen solchen Zeitplan mit Zwischenzielen. Wenn Sie immer mal wieder zu rein zufällig gewählten Zeitpunkten anrufen und sich nach Ihrem Projekt erkundigen, könnte der Eindruck entstehen, Sie wollten den Betreffenden kontrollieren, weil Sie ihm nicht vertrauen.

- Richten Sie Ihren Kontroll-Zeitplan danach ein, welche Zwischenergebnisse der Betreffende wann erreichen will. Dadurch haben Sie objektivere Kriterien, anhand derer Sie beurteilen können, wie die Dinge laufen.

✔ **Machen Sie auch Ihrem Team gegenüber deutlich, wer jetzt die Verantwortung für die Aufgabe hat.** Ihr wertvollstes berufliches Gut ist Ihr Ruf. Wenn jemand verspricht, etwas für Sie zu erledigen, teilen Sie es den anderen in Ihrem Team mit. Wenn der Betreffende seine Verpflichtungen einhält, erkennen Sie diese Leistung vor den Kollegen an. Wenn er seine Versprechen nicht hält, lassen Sie denjenigen wissen, dass Sie auch das den Kollegen mitteilen.

✔ **Lassen Sie sich eine ausdrückliche Zusage geben.** Wenn jemand signalisiert, dass er Ihnen helfen will, achten Sie darauf, sich eine ausdrückliche Zusage darüber geben zu lassen, dass das gewünschte Ergebnis bis zu einem bestimmten Zeitpunkt und innerhalb eines vorgegebenen Kostenrahmens auch geliefert wird. Hüten Sie sich vor Äußerungen wie »Ich werde mein Bestes tun« oder »Du kannst dich auf mich verlassen«.

✔ **Machen Sie die Dringlichkeit und Wichtigkeit der Aufgabe deutlich.** Vielleicht sind Sie versucht, den Druck, der auf demjenigen, der eine Aufgabe übernommen hat, lastet, zu mindern, indem Sie ihm signalisieren, dass Sie es verstehen würden, wenn er Ihren Ansprüchen nicht gerecht wird, weil er ja so viele andere Dinge zu tun hat. Leider implizieren Sie damit, dass die Arbeit des Betreffenden eigentlich nicht so wichtig ist, und das Risiko, dass Sie nicht das bekommen, was Sie erwarten, steigt. Lassen Sie die betreffende Person stattdessen wissen, wie ihre Arbeit andere Tätigkeiten und Teammitglieder beeinflusst. Informieren Sie den Betreffenden, warum es so wichtig ist, dass sie oder er die Anforderungen erfüllt, und welche Folgen es für das Projekt und das gesamte Unternehmen hat, wenn er das nicht tut.

Beziehungen darstellen

Wenn die Rollenverteilung und die Verteilung der Verantwortlichkeiten in einem Team von Vornherein feststehen, erleichtert das die Projektdurchführung und mögliche Probleme tauchen gar nicht erst auf. In Abbildung 8.1 ist dargestellt, wie diese Beziehungen in einer so genannten Verantwortungs-Matrix (Linear Responsibility Chart) dargestellt werden können.

	Projekt- manager	Aufgaben- manager	Teammitglied A	Abteilungs- leiter	Einkauf
Fragebogen entwerfen	G	S,G	P		
Zielpersonen auswählen		P			
Testbefragungen durchführen		P	S		
Fragebogen drucken lassen	G	P		G	G

P = Primäre Verantwortung   S = Sekundäre Verantwortung   G = Genehmigung

Abbildung 8.1: Eine Verantwortungs-Matrix (Linear Responsibility Chart)
beschreibt Beziehungen.

Ein Linear Responsibility Chart ist eine Matrix, die die Rolle jedes Einzelnen bei den unterschiedlichen Tätigkeiten in einem Projekt darstellt (siehe Kapitel 7). Abbildung 8.1 zeigt Folgendes:

✔ Projektaktivitäten sind in der linken Spalte dargestellt.

✔ Projekt-Teammitglieder stehen in der oberen Zeile.

✔ Die Rolle, die jeder Einzelne bezüglich der einzelnen Tätigkeiten spielt, ist in den einzelnen Tabellenfeldern dargestellt.

Abbildung 8.1 zeigt den Teil einer Verantwortungs-Matrix (Linear Responsibility Chart), der den Bereich Entwurf und Durchführung einer Kundenbefragung darstellt. Nach dieser Tabelle sind bezüglich der einzelnen Projektaktivitäten drei Rollen möglich

✔ **Primäre Verantwortung (P):** Sie haben sich dazu verpflichtet, sicherzustellen, dass die Ergebnisse erzielt werden.

✔ **Sekundäre Verantwortung: (S):** Sie haben sich dazu verpflichtet, einen Teil der Ergebnisse zu erzielen.

✔ **Genehmigung (G):** Sie müssen keine Projektaktivitäten selbst durchführen, sondern die Ergebnisse freigeben.

 Eine Verantwortungs-Matrix ist eine Vorlage; Sie können selbst festlegen, welche Rollen es in Ihrem Projekt gibt. Zu den oben definierten drei Rollen könnten beispielsweise noch Folgende hinzukommen:

> ✔ **Prüfung (P):** Sie überprüfen und kommentieren die Ergebnisse einer Aktivität, aber Ihre formale Genehmigung ist nicht notwendig.
>
> ✔ **Output (O):** Sie erhalten die Produkte, die im Rahmen eines Projekts produziert werden.
>
> ✔ **Input (I):** Sie liefern für die jeweilige Projektaktivität den nötigen Input.

Ihrer Kreativität sind keine Grenzen gesetzt!

Um zu zeigen, wie man eine solche Verantwortungs-Matrix (Linear Responsibility Chart) interpretiert, nehmen wir uns die Tätigkeit »Fragebogen entwerfen« aus Abbildung 8.1 vor. Die Tabelle zeigt, dass drei Personen folgendermaßen zusammenarbeiten müssen:

✔ Die primäre Verantwortung für den Inhalt, das Format und das Layout für den Fragebogen bleibt bei Teammitglied A. In diesem Projekt untersteht Teammitglied A dem Aufgabenmanager, der wiederum dem Projektmanager unterstellt ist.

✔ Der Aufgabenmanager übernimmt Teile des Fragebogenentwurfs unter der allgemeinen Koordination von Teammitglied A. Der Aufgabenmanager muss sämtliche Aspekte des Fragebogenentwurfs genehmigen, bevor der nächste Schritt eingeleitet werden kann.

✔ Der Projektmanager muss den gesamten Fragebogen freigeben, auch wenn er oder sie nicht an dem Inhalt oder Layout mitgearbeitet hat.

Lesen Sie die Tabelle senkrecht hinsichtlich der einzelnen Projektbeteiligten und waagerecht hinsichtlich der einzelnen Aktivitäten, um Situationen zu erkennen, die zu Problemen führen können. Wenn Sie diese Situationen identifiziert haben, können Sie entscheiden, ob und wie Sie mit ihnen umgehen wollen. In Tabelle 8.1 sind ein paar Situationen und mögliche Probleme aufgelistet.

Situation	Mögliche Probleme
Der Teamleiter ist sehr beschäftigt.	Der Aufgabenmanager hat nicht genug Zeit, all diesen Verpflichtungen nachzukommen.
	Der Aufgabenmanager trifft alle wichtigen Entscheidungen.
	Was, wenn der Aufgabenmanager das Projekt vorzeitig verlässt?
Der Abteilungsleiter wird nicht einbezogen, bis er das Budget für den Druck der Fragebogen freigeben soll.	Der Abteilungsleiter verzögert den Genehmigungsprozess, weil er nach dem Sinn des Projekts, nach dem Nutzen der Resultate etc. fragt.
Der Projektmanager hat keine direkte Verantwortung für die einzelnen Projektaktivitäten.	Versteht der Projektmanager, welche Arbeit geleistet wurde und wie der Stand der Dinge ist?
Der Aufgabenmanager ist der einzige, der für die Auswahl der Zielpersonen zuständig ist.	Wollen Sie eine wichtige Entscheidung, die den Wert der gesamten Testbefragung verfälschen kann, auf der Grundlage der Informationen einer einzigen Person fällen?
Die Tätigkeit »Fragebogen drucken lassen« erfordert drei Genehmigungen.	Muss jemand anders die Fragebogen genehmigen, bevor sie eingesetzt werden können?
	Müssen zu viele Personen den Fragebogen absegnen?
	Wäre es möglich, nur ein oder zwei dieser Personen zu informieren?
	Die Tätigkeit dauert möglicherweise länger als geplant, weil Sie keinen Einfluss auf den Genehmigungsprozess haben.

Tabelle 8.1: Situationen und Probleme aus der Verantwortungs-Matrix in Abbildung 8.1

Wenn Sie eine Problemstelle erkannt haben, können Sie sich aussuchen, wie Sie damit umgehen wollen. Sie können beispielsweise Folgendes tun:

✔ **Das Problem ignorieren.** Sie können festlegen, dass drei Genehmigungen notwendig sind, auch wenn das eigentlich zu viele sind.

✔ **Einfache Maßnahmen ergreifen, damit ein bestimmtes Problem möglichst gar nicht erst auftaucht.** Sie könnten beispielsweise den Aufgabenmanager bitten, sämtliche wichtigen Informationen zu dokumentieren, für den Fall, dass er oder sie das Projekt überraschend verlassen muss.

✔ **Es in einen formalen Risikomanagement-Plan aufnehmen.** In Kapitel 14 erläutern wir, wie man Projektrisiken analysiert und managt.

Sicherstellen, dass alle an einem Strang ziehen

Vor einiger Zeit bereitete ein Kunde von mir den Start eines größeren Projekts vor. Ich fragte ihn, ob er eine Verantwortungs-Matrix (Linear Responsibility Chart) erstellt hätte, und er antwortete, dass jedes der zehn Projektmitglieder genau wüsste, was seine Rolle und Verantwortlichkeit ist, auch wenn nichts schriftlich festgehalten worden ist. Ich versuchte ihn davon zu überzeugen, dass es helfen könnte, darüber eine Tabelle zu erstellen, aber er war der Meinung, dass seine Teammitglieder Wichtigeres zu tun hätten, als Pläne zu machen. Am Ende sagte er, er würde mir beweisen, dass man nicht immer alles aufschreiben müsste. Er bat jeden seiner zehn Teammitglieder, einmal in einer Tabelle darzustellen, wie er oder sie die Rollen und Verantwortlichkeiten der einzelnen Mitglieder sah. Alle Teammitglieder hatten ihre Tabellen in weniger als einer Stunde fertig. Als mein Kunde sich die Ergebnisse ansah, musste er feststellen, dass die Rollen und Verantwortlichkeiten in jeder Tabelle anders dargestellt waren! Wenn die Teammitglieder sich einfach an ihre Arbeit gemacht hätten, ohne diese Übung mitzumachen, wären sie während des Projekts immer wieder auf Konflikte und Frustpotenziale gestoßen.

Eine Verantwortungs-Matrix (Linear Responsibility Chart) erstellen

Wenn Sie eine Verantwortungs-Matrix erstellen wollen, gehen Sie folgendermaßen vor:

1. **Finden Sie sämtliche Personen heraus, die an Ihrem Projekt beteiligt sind oder es unterstützen.**

   Einzelheiten hierzu finden Sie in Kapitel 1.

2. **Stellen Sie eine komplette Liste mit Tätigkeiten zusammen, die in Ihrem Projekt durchgeführt werden müssen.**

   Einzelheiten hierzu finden Sie in dem Abschnitt über die Projektstruktur in Kapitel 4.

3. **Sprechen Sie mit allen Teammitgliedern und entwerfen Sie eine Verantwortungs-Matrix (Linear Responsibility Chart).**

   Wenn für bestimmte Tätigkeiten die Personen noch nicht feststehen, befragen Sie Kollegen, die solche Aufgaben schon einmal erledigt haben.

4. **Bitten Sie sämtliche Personen, mit denen Sie gesprochen haben, sich Ihren Entwurf anzusehen und ihn zu bestätigen.**

5. **Wenn jemand den Entwurf nicht bestätigt, arbeiten Sie seine Änderungen in einen zweiten Entwurf ein und bitten Sie wiederum alle Beteiligten, diesen Entwurf zu überarbeiten und zu bestätigen.**

6. **Fahren Sie auf diese Weise fort, bis alle Beteiligten die Aufstellung bestätigt haben.**

Wie Sie die Genauigkeit Ihrer Matrix verbessern können

Um die Qualität Ihrer Linear Verantwortungs-Matrix zu verbessern, machen Sie Folgendes:

✔ **Bei größeren Projekten erstellen Sie eine Hierarchie mit einzelnen Matrizes.** 50 oder mehr Vorgänge in ein und demselben Verantwortungs-Matrix zusammenzufassen, kann sehr mühsam sein. Sie könnten für größere Projekte mehrere verschachtelte Matrizes erstellen. Erstellen Sie eine Matrix auf oberster Ebene, in der die Verantwortlichkeiten für die Aufgaben entsprechend der aufgestellten Projektstruktur festgelegt werden, und dann entwickeln Sie separate Teil-Matrizes für die einzelnen Teil-Aufträge, in denen die Verantwortlichkeiten für diese Einzel-Tätigkeiten festgehalten werden. (In Kapitel 3 finden Sie die Definitionen für Aufträge, Aufgaben und Low-Level-Aktivitäten in einer Projektstruktur.)

Abbildung 8.2 zeigt ein einfaches Beispiel. Nehmen wir an, Sie planen ein Projekt, in dem es um die Entwicklung und Einführung eines Informationssystems geht. Erstellen Sie eine Verantwortungs-Matrix für die oberste Ebene, das zeigt, welche Rollen die Teammitglieder bei den größeren Arbeitsaufträgen spielen, wie beispielsweise »Anforderungen festlegen« oder »System testen«. In einer zweiten Matrix legen Sie fest, welche Rollen die Teamleiter und ihre Gruppe bei den Low-Level-Aktivitäten (Teilaufgabe) innerhalb der Aufgabe »Anforderungen festlegen« spielen.

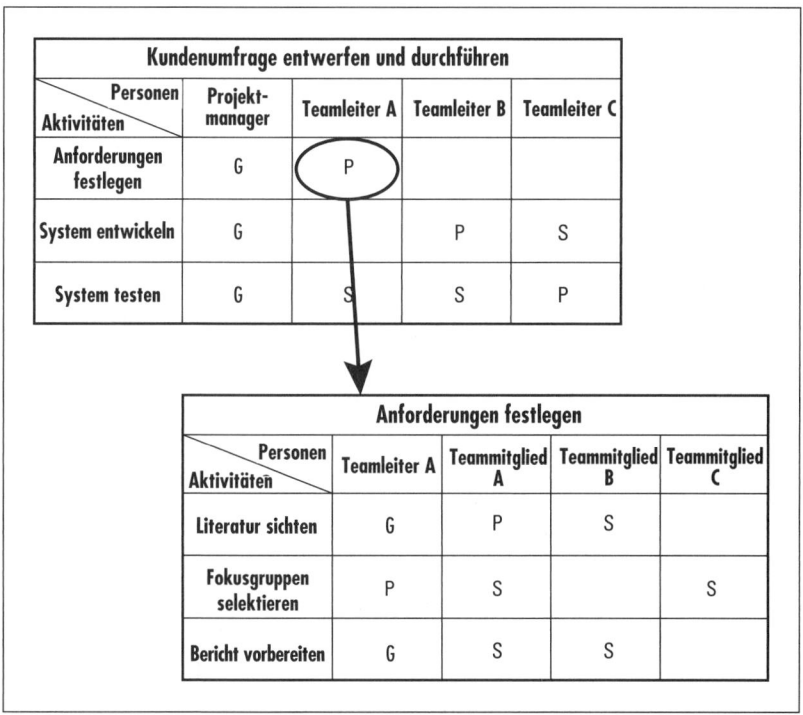

Abbildung 8.2: Eine hierarchische Struktur mehrerer Verantwortungs-Matrizes

✔ **Beziehen Sie Ihr gesamtes Team mit ein, wenn Sie Ihre Matrix erstellen. Auf diese Weise stellen Sie sicher, dass es genau ist und dass die Teammitglieder dahinter stehen.** Man kann nicht erwarten, dass ein Projektmanager genau weiß, wie Fachleute und Vertreter der einzelnen Fachabteilungen ihre jeweiligen Aufgaben lösen. Außerdem engagieren sich die Teammitglieder stärker für einen Plan, den sie selbst mit entworfen haben.

✔ **Stellen Sie Ihre Matrix schriftlich zusammen.** Alles, was in der Verantwortungs-Matrix aufgeführt ist, muss von den Beteiligten im Verlaufe des Projekts entwickelt und durchdacht werden. Vielleicht sind Sie der Meinung, Zeit zu sparen, indem Sie keine schriftliche Matrix aufstellen, weil Ihrer Meinung nach ja sowieso alle wissen, was drinsteht. Eine schriftliche Aufstellung ist aber aus zwei Gründen ganz wichtig:

- Sie sehen Dinge, die Sie übersehen hätten, wenn Sie nicht jede einzelne Information detailliert durchdacht hätten.

  Sehen Sie sich noch einmal die Verantwortungs-Matrix in Abbildung 8.1 an. Bevor diese Übersicht erstellt wurde, wusste der Aufgabenmanager, dass er der Hauptverantwortliche für die Auswahl der Zielpersonen für die Testbefragung war, und andere wussten, dass sie damit nichts zu tun hatten, sondern sich jemand anders darum kümmerte. Wenn man diese Information in der Übersicht erfasst hätte, hätte man gemerkt, dass tatsächlich nur eine einzige Person mit der Auswahl der Testpersonen betraut war.

- Sie stellen sicher, dass die Beteiligten alle dieselbe Vorstellung davon haben, wer wofür verantwortlich ist und wie die Rollen verteilt sind.

✔ **Überarbeiten und aktualisieren Sie diese Übersicht laufend.** Je länger die Laufzeit Ihres Projekts, desto größer die Wahrscheinlichkeit, dass Tätigkeiten hinzugefügt oder entfernt werden, dass Teammitglieder ausscheiden und dass neue Leute einsteigen. Wenn Sie Ihre Verantwortungs-Matrix regelmäßig aktualisieren, hilft Ihnen das in folgender Hinsicht:

- Sie können besser einschätzen, ob die derzeitige Verteilung der Rollen und Verantwortlichkeiten funktioniert und wenn nicht, wo Änderungen notwendig sind.

- Sie können die Rollen und Verantwortlichkeiten für neue Aufgaben deutlicher darstellen.

- Sie können die Rollen und Verantwortlichkeiten für neue Teammitglieder besser darstellen.

- Sie können besser deutlich machen, wie Sie die Rollen und Verantwortlichkeiten von Teammitgliedern verteilen, die aus dem Team ausscheiden.

 Wenn Sie erst später zu einem Projekt hinzustoßen und feststellen, dass noch keine Verantwortungs-Matrix existiert, erstellen Sie eins. Sie können das zu jedem Zeitpunkt während eines Projekts tun. Wenn das Projekt bereits läuft, erstellen Sie diese Übersicht aus der aktuellen Situation heraus.

Wie man mit Mikromanagern umgeht

 *Mikromanagement* nennt man das übertriebene, unangemessene und unnötige Einmischen in die Details einer Aufgabe, die einem anderen übertragen wurde. Die Gründe dafür sind vielfältig, aber immer führt es zu Zeit- und Energieverschwendung, aber auch zu Spannungen und Demotivation unter den beteiligten Mitarbeitern.

Warum jemand zum Mikromanager wird

Es gibt viele Gründe dafür, warum jemand zum Mikromanager wird. Hier ein paar Beispielsituationen und Lösungsvorschläge:

✔ **Der Betreffende liebt die Arbeit und interessiert sich für sie.** Richten Sie feste Termine ein, bei denen Sie interessante Fachfragen mit dieser Person erörtern.

✔ **Der Betreffende ist Spezialist auf seinem Gebiet und der Meinung, nur er kann diese Aufgabe richtig erledigen.** Sprechen Sie die fachlichen Aspekte Ihres Projekts mit dieser Person durch. Geben Sie dem Betreffenden die Möglichkeit, sein Fachwissen mit Ihnen zu teilen. Bringen Sie den Mikromanager dazu, sich noch einmal ins Gedächtnis zu rufen, warum er Ihnen die Aufgabe übertrug.

✔ **Der Betreffende glaubt, die Aufgabe nicht deutlich genug erklärt zu haben, oder er rechnet mit Unwegsamkeiten.** Machen Sie einen Zeitplan und sprechen Sie Ihre Fortschritte regelmäßig mit dem Mikromanager durch, so dass er mögliche Fehler umgehend erkennt und Ihnen bei der Behebung helfen kann.

✔ **Der Betreffende sucht eine Möglichkeit, weiterhin mit Ihnen und Ihrem Team in Kontakt bleiben zu können.** Legen Sie Termine fest, an denen Sie die Projektaktivitäten mit ihm durchsprechen. Liefern Sie Ihrem Mikromanager regelmäßig Berichte über den Projektfortschritt und lassen Sie sich regelmäßig bei ihm blicken.

✔ **Der Betreffende fühlt sich bedroht, weil Sie mehr technisches Fachwissen haben als er.** Wenn Sie vor anderen über Ihr Projekt sprechen, loben Sie den Mikromanager für seine Unterstützung und Anleitung. Informieren Sie ihn regelmäßig über wichtige fachliche Details.

✔ **Der Betreffende hat keine klare Vorstellung davon, wie er seine Zeit verbringen soll.** Erörtern Sie mit ihm, welche Rolle er in Ihrem Projekt übernehmen könnte. Erklären Sie dem Mikromanager, wie er Sie bei Ihrer Arbeit sinnvoll unterstützen kann.

✔ **Der Betreffende glaubt, ständig über Ihr Projekt auf dem Laufenden sein zu müssen, für den Fall, dass er danach gefragt wird.** Sprechen Sie mit dem Betreffenden darüber, welche Informationen er benötigt und in welchen Abständen er diese Informationen benötigt. Stellen Sie einen Plan auf, wann Sie Fortschrittsberichte liefern, die diese Informationen enthalten.

Interesse und Einmischung sind nicht dasselbe

Während meines Studiums jobbte ich bei einem großen Hersteller von Elektrogeräten. Ich war ganz aufgeregt, weil ich zum ersten Mal als vollwertiges Mitglied der Technikabteilung galt. Ich freute mich darauf, meine Fähigkeiten und mein Wissen einsetzen zu können und meinen Beitrag zu einem Projekt zu leisten, das ein ganz pragmatisches Ergebnis hatte.

Am ersten Tag erschien ich an meinem neuen Arbeitsplatz und war ganz versessen darauf, nun meine neue Aufgabe zu übernehmen. Mein neuer Chef erzählte mir, wie froh er war, dass ich den Sommer über in seiner Gruppe arbeiten würde und dass er dafür sorgen wollte, dass ich mich wohlfühlte und so produktiv wie möglich sein würde. Während der ersten Woche kam mein Chef mehrmals am Tag in mein Büro, um mit mir zu plaudern. Er kam herein, drehte den Papierkorb um (der einzige Stuhl im Raum war der, auf dem ich saß, und der Papierkorb war immer leer!) und diskutierte mit mir über das Projekt, das er mir übertragen hatte. Am Ende der Woche war ich demoralisiert und genervt. Jedes Mal, wenn ich gerade dabei war, die Hintergrundinformationen für das Projekt zu lesen, kam mein Chef in mein Büro, um mit mir zu reden. Ich war überzeugt davon, dass er glaubte, ich hätte nicht die nötigen Fähigkeiten, um das Projekt gut zu Ende zu bringen, und er wollte mir über die Schulter schauen, um sicherzugehen, dass ich keine größeren Fehler beging.

Als ich meinen Chef besser kennen lernte, merkte ich, dass ich sein Verhalten falsch interpretiert hatte. Erstens freute er sich, dass er jemanden in seinem Team hatte, der in seinem Studium mit den neuesten technischen Entwicklungen zu tun gehabt hatte, die für dieses Projekt wichtig waren. Und es war keinesfalls so, dass er der Meinung war, ich wäre nicht in der Lage, das Projekt erfolgreich zum Abschluss zu bringen, sondern er wollte von mir lernen, um sein eigenes Wissen zu erweitern. Zweitens war er ein einfühlsamer Mensch. Er wusste, wie schwierig es für einen jungen Menschen sein konnte, in eine bestehende Gruppe zu kommen und zu versuchen, jeden kennen zu lernen. Er kam regelmäßig vorbei, um mich kennen zu lernen, damit ich ihn besser kennen lernen konnte und damit ich mich in meiner neuen Umgebung wohl fühlte. Meine Unsicherheit hatte dazu geführt, dass ich sein freundliches und einfühlsames Verhalten als Kritik und Misstrauen interpretiert hatte.

Und so bekommt der Mikromanager Vertrauen in Ihre Fähigkeiten

Vielleicht ist Ihr Vorgesetzter deshalb ein Mikromanager, weil er nicht ganz davon überzeugt ist, dass Sie die nötigen Fähigkeiten besitzen, das Projekt erfolgreich abzuschließen. Anstatt sauer zu sein und ihn abzuweisen, versuchen Sie es einmal mit vertrauensbildenden Maßnahmen:

✔ Seien Sie nicht eingeschnappt, wenn derjenige Ihnen Fragen stellt; das würde den Eindruck vermitteln, als hätten Sie etwas zu verbergen, und das führt dazu, dass derjenige noch misstrauischer wird.

✔ Danken Sie dem Mikromanager für sein Interesse, seine Zeit und seinen fachlichen Rat. Wenn Sie sich über die Ihrer Meinung nach übertriebene Kontrolle beschweren, belastet das nur Ihre Beziehung, erhöht das Misstrauen und führt wahrscheinlich dazu, dass der Mikromanager Sie noch stärker überwacht. Wenn es Ihnen gelingt, dem Mikromanager klarzumachen, dass Sie seine Meinung schätzen und berücksichtigen, können Sie versuchen, eine bessere Beziehung zu ihm aufzubauen.

✔ Bieten Sie dem Mikromanager an, ihm zu erklären, wie Sie die Aufgabe angehen wollen.

✔ Setzen Sie sich mit dem Betreffenden zusammen und entwickeln Sie einen Plan, nach dem Sie über ihren Fortschritt berichten. Legen Sie wichtige und regelmäßige Kontrollpunkte fest. Eine rechtzeitige Überwachung gibt Ihnen beiden die Sicherheit, dass Sie Ihre Aufgabe erfolgreich erledigen.

Mit dem Mikromanager kooperieren

Die meisten Mikromanager können Sie beruhigen, indem Sie Ihre Kommunikation und Ihre zwischenmenschliche Beziehung verbessern. Vielleicht sollten Sie folgendermaßen vorgehen:

✔ **Gehen Sie nicht von falschen Voraussetzungen aus.** Ziehen Sie keine voreiligen Schlüsse. Analysieren Sie die Situation genau, lernen Sie Ihren Mikromanager besser kennen und versuchen Sie, seine Motivation zu verstehen. Gehen Sie davon aus, dass Sie eine Ebene finden können, mit der Sie beide leben können.

✔ **Hören Sie zu.** Hören Sie auf die Fragen und Kommentare Ihres Mikromanagers; finden Sie heraus, ob es da Verhaltensmuster gibt. Versuchen Sie, seine wahren Interessen und Ängste zu verstehen.

✔ **Beobachten Sie sein Verhalten gegenüber anderen.** Wenn der Betreffende sich auch anderen gegenüber als Mikromanager aufspielt, ist es sehr wahrscheinlich, dass sein Verhalten aus seinen eigenen Gefühlen resultiert und nicht aus dem, was Sie tun oder nicht tun. Versuchen Sie, Möglichkeiten zu finden, wie Sie den wahren Interessen und Ängsten dieser Person begegnen können.

✔ **Wenn es beim ersten Mal nicht klappt, versuchen Sie es noch einmal.** Ziehen Sie Ihre ersten Schlussfolgerungen und unternehmen Sie die notwendigen Schritte, um das Problem zu lösen. Wenn diese Methode nicht funktioniert, überdenken Sie die Situation noch einmal und entwickeln Sie eine Alternativstrategie. Machen Sie so weiter, bis Sie es geschafft haben.

Teil III

Das Schiff auf Kurs halten

The 5th Wave   By Rich Tennant

»Telefon – check; Aktenordner – check; Lineal – check;
Presslufthammer – check; Kartei ... MOMENT MAL! Was mach ich denn bloß?
Ich brauch doch kein LINEAL, um dieses Projekt zu leiten!«

In diesem Teil ...

Je weiter in die Zukunft Sie planen wollen, desto größer die Wahrscheinlichkeit, dass sich Änderungen ergeben. Um erfolgreich ein Projekt zu leiten, müssen Sie voller Elan loslegen, sich immer weiter in die richtige Richtung bewegen und zu gegebener Zeit die richtigen Änderungen vornehmen.

In diesem Teil erkläre ich, welche Schritte Sie unternehmen müssen, um nicht mit dem falschen Bein aufzustehen. Ich schlage unterschiedliche Kommunikationssysteme vor, die Sie benutzen können, um Projektleistung und die Kosten zu überwachen. Ich zeige Ihnen Verfahren zur Erfassung, Analyse und Auswertung der Projekttätigkeiten und ich stelle Techniken vor, mit denen Sie Ihr Projekt erfolgreich zum Abschluss bringen können.

Mit dem richtigen Bein aufstehen

In diesem Kapitel

▷ Einen endgültigen Aufgabenplan festlegen

▷ Den endgültigen Projektplan bestätigen lassen

▷ Das Team zusammenstellen

▷ Die Arbeitsabläufe innerhalb des Teams festlegen

▷ Kontrollmechanismen einrichten

▷ Einen Zeitplan für Zwischenberichte und Konferenzen festlegen

▷ Die Grundlinie für Ihr Projekt festlegen

▷ Das Projekt öffentlich machen

*N*achdem Sie unter großem Zeitdruck einen Plan aufgestellt haben, legen Sie ihn zur Prüfung und Genehmigung vor. Ein paar Tage später kommt Ihr Vorgesetzter zu Ihnen und sagt: »Ich habe eine gute und eine schlechte Nachricht. Welche möchten Sie zuerst hören?« »Die gute,« antworten Sie. »Ihr Plan ist genehmigt worden.» »Und was,« so fragen Sie, »ist die schlechte Nachricht?« »Jetzt müssen Sie das Projekt auch durchführen!«

Der richtige Start ist schon der halbe Sieg. Ihr Projektplan beschreibt, was bei Ihrem Projekt herauskommen soll, welche Aufgaben Sie erledigen werden, wie Sie sie erledigen, wann Sie sie erledigen und wie viele Ressourcen dafür notwendig sind. Ihr Plan basiert auf den Informationen, die Ihnen vorlagen, als Sie den Plan aufstellten; wenn eine Information nicht verfügbar war, sind Sie von bestimmten Annahmen ausgegangen. Je größer der Zeitraum zwischen der Aufstellung des Plans und der endgültigen Genehmigung Ihres Plans, desto größer die Wahrscheinlichkeit, dass sich einige der Bedingungen, auf denen Ihr Plan basierte, inzwischen geändert haben.

Bei der Vorbereitung des Projektstarts müssen Sie die Ihrem Plan zu Grunde liegenden Bedingungen noch einmal prüfen und evtl. überarbeiten, definitiv sagen, wer in Ihrem Projekt eine Rolle spielt und Systeme und Abläufe festlegen, die die Durchführung Ihres Projekts erleichtern sollen.

Endgültig die Projektteilnehmer festlegen

Ein *Projektbeteiligter* ist jemand, der Ihr Projekt unterstützt, davon beeinflusst wird oder daran interessiert ist. (In Kapitel 7 gehen wir ausführlich darauf ein, wie man die Projektbeteiligten erkennt.) In Ihrem Projektplan beschreiben Sie, welche Rollen die einzelnen Personen vermutlich übernehmen werden und wie viel

Zeit die Teammitglieder voraussichtlich investieren müssen. Sie benennen die Beteiligten mit ihrem Namen, ihrer Positionsbezeichnung oder durch die Fähigkeiten und Kenntnisse, die für diese Tätigkeit notwendig wären.

Prüfen Sie bei Projektbeginn noch einmal genau, wer dazu beitragen soll, dass Ihr Projekt erfolgreich wird, entweder indem Sie prüfen, ob die jeweiligen Personen noch zur Verfügung stehen, oder indem Sie neue Leute auswählen und rekrutieren, die die noch bestehenden Lücken schließen sollen.

Versichern Sie sich der Mitarbeit der Teammitglieder

Sprechen Sie jeden an, den Sie namentlich in Ihrem Plan erwähnt haben.

✔ **Informieren Sie den Betreffenden darüber, dass Ihr Projekt genehmigt wurde und wann die Arbeit beginnt.** Nicht alle Projektpläne werden genehmigt. Man weiß im Voraus meistens nicht, wie lange der Genehmigungsprozess dauern wird oder wie lange nach der Genehmigung das Projekt dann tatsächlich beginnt. Sagen Sie den Beteiligten, dass Ihr Projekt genehmigt wurde, so dass sie die notwendige Zeit einplanen können, um die Aufgaben zu erledigen, die sie Ihnen zugesichert haben.

✔ **Prüfen Sie, ob die Betreffenden noch an Ihrem Projekt mitarbeiten können.** Zwischen dem Zeitpunkt, an dem Sie Ihren Projektplan entwerfen und dem Zeitpunkt der Genehmigung kann sich die Arbeitsbelastung einzelner Teammitglieder geändert haben oder sie sind andere Verpflichtungen eingegangen. Holen Sie sich die Bestätigung, dass die Personen, die Ihnen ihre Unterstützung zugesagt haben, auch wirklich noch dafür zur Verfügung stehen. Wenn jemand nicht mehr in der Lage ist, die zugesagte Unterstützung zu gewähren, sorgen Sie so schnell wie möglich für Ersatz.

✔ **Machen Sie noch einmal deutlich, was Sie von den einzelnen Beteiligten erwarten, wann sie ihre Aufgaben erledigen sollen und wie viel Zeit sie dafür voraussichtlich brauchen werden.** Klären Sie mit allen Beteiligten, welche Aufgaben sie erledigen sollen und welcher Art die Arbeit ist, die sie für das Projekt leisten sollen. Je nach Größe des Projekts und Grad der Formalität können Sie das durch eine einfache E-Mail tun oder in Form eines formellen Arbeitsauftrags.

✔ **Erklären Sie, was Sie tun werden, um das Projektteam zusammenzustellen und beginnen Sie mit der eigentlichen Projektarbeit.** Informieren Sie die aktiven Teammitglieder darüber, wer noch im Team ist und welche Schritte Sie unternehmen wollen, um die Teammitglieder einander vorzustellen und mit der eigentlichen Arbeit zu beginnen.

 Ein _Arbeitsauftrag_ ist eine schriftliche Beschreibung der Aufgaben, die jemand für ein Projekt übernehmen will. Er beinhaltet die Anfangs- und Endtermine, zu denen der Betreffende sich verpflichtet, die Aufgabe zu erledigen, sowie die Anzahl der Stunden, die er zu investieren bereit ist. Sie (der Projektmanager), die Person, die die Arbeit erledigt und deren Vorgesetzter sollten diesen Arbeitsauftrag unterschreiben.

Wie Abbildung 9.1 zeigt, enthält ein typischer Arbeitsauftrag folgende Informationen:

✔ **Bezeichnungen:** Dazu gehören der Projektname, die Projektnummer, die Aufgaben-bezeichnung und die Identifikationsnummer in der Projektstruktur. Der Projektname und die -nummer zeigen, dass Ihr Projekt jetzt offiziell ist. Die Aufgabenbezeichnung und die Projektstruktur-Nummer benutzen Sie, um den Fortschritt zu protokollieren und um den Zeit- und Ressourcenaufwand zu kontrollieren.

✔ **Die zu leistende Arbeit:** Beschreiben Sie die verschiedenen Tätigkeiten, die erledigt wer-den müssen, sowie die geforderten Ergebnisse.

✔ **Anfangszeitpunkt und Endzeitpunkt der Aufgabe sowie Anzahl der zur Verfügung ste-henden Stunden:** Wenn Sie diese Daten mit aufnehmen, betonen Sie damit noch einmal:

• Wie wichtig es ist, dass die Arbeit innerhalb des vorgegebenen Zeit- und Budget-rahmens erledigt wird

• Dass es möglich ist, dass die oder der Betreffende die beschriebene Arbeit innerhalb der Zeit- und Budgetvorgaben erledigen kann

• Welche Kriterien Sie anlegen, um die Leistung der Betreffenden zu bewerten.

✔ **Schriftliche Zusagen der Person, die die Arbeit erledigt, seines Vorgesetzten und des Projektmanagers:** Wenn Sie diese schriftlichen Zusagen mit aufnehmen, vergrößern Sie die Wahrscheinlichkeit, dass die Beteiligten die Bestandteile dieser Vereinbarung gelesen und verstanden haben und bereit sind, sie mit zu tragen.

Arbeitsauftrag		
Projektbezeichnung:	Projektnummer:	
Aufgabenbezeichnung:	Projektstruktur-Identifikationsnummer:	
Beschreibung der zu leistenden Arbeit:		
Anfangszeitpunkt	Endzeitpunkt	Anzahl der zu investierenden Stunden
Genehmigungen		
Projektmanager:	Teammitglied:	Vorgesetzter des Teammitglieds:
Name Datum	Name Datum	Name Datum

Abbildung 9.1: Ein typischer Arbeitsauftrag

Falls Ihnen eine dieser Informationen noch fehlt, wenn Sie noch einmal prüfen, inwieweit sich jemand an Ihrem Projekt beteiligt, unternehmen Sie alles, was Sie können, um diese

Informationen zu bekommen bzw. festzulegen. Je länger Sie damit warten, desto größer die Gefahr, dass jemand seine Zusagen nicht in dem erwarteten Umfang einhält.

Unabhängig davon, ob Sie die Verpflichtungen der Beteiligten in einem formalen Arbeitsauftrag festhalten oder nicht, achten Sie auf Folgendes:

✔ Schreiben Sie alle wichtigen Informationen auf. Wenn Ihr Projekt ein eher informelles ist, hat es vielleicht keine offizielle Projektnummer, die Beteiligten tragen die geleisteten Stunden nicht in Stundenprotokolle ein oder Sie haben vielleicht kein gesondertes Projektbudget zur Verfügung. Schreiben Sie trotzdem sämtliche zur Verfügung stehenden Informationen auf, die die Vereinbarungen zwischen Ihnen und denjenigen, die die Arbeit machen, verdeutlichen.

✔ Holen Sie sich die schriftliche Zusage der Person, die die Arbeit machen soll, sowie die des jeweiligen Vorgesetzten.

Prüfen Sie, ob alle Mann an Bord sind

Weitere Personen sind vielleicht an Ihrem Projekt beteiligt, obwohl sie nicht direkt Zeit dafür aufwenden. Dazu gehören beispielsweise auch Driver und Supporter:

✔ **Driver** sind Personen, die bei der Festlegung der Ergebnisse, die Ihr Projekt hervorbringen soll, ein Mitspracherecht haben. Das sind die Personen, für die Sie Ihr Projekt durchführen.

✔ **Supporter** sind Personen, die Sie bei der Durchführung Ihres Projekts unterstützen. Dazu gehören diejenigen, die die Ressourcen für Ihr Projekt zur Verfügung stellen, aber auch diejenigen, die die eigentliche Arbeit machen.

Ein ganz besonderer Projektbeteiligter ist Ihr *Projekt-Champion*, eine Person in einer hohen Position, der sich für Ihr Projekt aktiv einsetzt; er verteidigt Ihr Projekt bei Auseinandersetzungen und in Meetings; er unternimmt alles Notwendige, um sicherzustellen, dass Ihr Projekt ein Erfolg wird. (In Kapitel 7 gehen wir näher auf die unterschiedlichen Projektbeteiligten ein.)

Nehmen Sie zu Ihrem Projektchampion und zu allen anderen Drivern und Supportern, die namentlich feststehen, Kontakt auf, um

✔ sie darüber zu informieren, dass Ihr Projekt genehmigt wurde und wann die Arbeit beginnt

✔ noch einmal deutlich zu machen, welche Ergebnisse Sie erzielen wollen

✔ mit den Drivern abzustimmen, ob die geplanten Ergebnisse auch wirklich noch ihre Bedürfnisse decken

✔ mit den ermittelten Supportern zu klären, welche Unterstützung Sie konkret von ihnen erwarten

✔ einzelne Pläne zu erstellen, wie die einzelnen Beteiligten während des gesamten Projektverlaufs eingebunden und auf dem Laufenden gehalten werden können.

Darüber hinaus wird es Personen geben, die einfach nur an Ihrem Projekt interessiert sind, allerdings kein Mitspracherecht bei der Festlegung der zu erzielenden Ergebnisse haben und Sie auch nicht aktiv bei der Durchführung unterstützen. Wenn Sie diese Beobachter ermittelt haben, entscheiden Sie, wen Sie auf dem Laufenden halten möchten und wie Sie das tun wollen.

Die Lücken füllen

Wenn in Ihrem Projektplan die benötigten Teammitglieder noch mit ihrer Stellenbeschreibung stehen oder lediglich Angaben über die notwendigen Fähigkeiten gemacht wurden, müssen Sie jetzt konkrete Personen finden, die die jeweilige Rolle übernehmen. Das geschieht, indem Sie entweder jemanden nominieren, der bereits Mitarbeiter Ihres Unternehmens ist, jemanden, der noch nicht in Ihrem Unternehmen ist, einstellen oder jemanden Externes beauftragen.

Egal für welche Methode Sie sich entscheiden, Sie werden feststellen, dass es hilft, eine schriftliche Beschreibung der Arbeiten anzufertigen, die die jeweilige Person durchführen soll. Diese Beschreibung kann entweder eine einfache Aktennotiz für ein informelles Projekt sein oder auch eine schriftliche Aufgabenbeschreibung für formellere Projekte.

Für jede Personalkategorie, die Sie benötigen, sollten Sie Ihre Anforderungen schriftlich festhalten. In dieser Beschreibung sollten wenigstens die folgenden Informationen enthalten sein:

✔ Projektname, -nummer und Startzeitpunkt

✔ Fähigkeiten und Fachwissen, über die die Person oder die Personen verfügen soll(en)

✔ Beschreibung sowie Anfangs- und Enddatum für die jeweiligen durchzuführenden Arbeiten

✔ voraussichtlich erforderliche Anzahl von Arbeitsstunden

Wenn Sie innerhalb Ihres Unternehmens nach den richtigen Teammitgliedern suchen, machen Sie Folgendes:

✔ Finden Sie potenzielle Kandidaten in Zusammenarbeit mit Ihrer Personalabteilung und mit den Bereichsmanagern

✔ Sprechen Sie mit den Kandidaten und erörtern Sie Ihr Projekt, beschreiben Sie, welche Aufgaben sie übernehmen würden, und schätzen Sie deren Qualifikationen ein

✔ Suchen Sie die besten Kandidaten heraus und bieten Sie ihnen an, in Ihrem Projekt mitzuarbeiten

✔ Halten Sie schriftlich fest, welche Aufgaben diese Mitarbeiter für Sie übernehmen werden

Wenn Sie außerhalb Ihres Unternehmens nach Kandidaten suchen, ermitteln Sie potenzielle Ressourcen in Zusammenarbeit mit Ihrer Personalabteilung, um Neueinstellungen vorzubereiten. Geben Sie der Personalabteilung eine detaillierte Beschreibung der Qualifikationen, Fähigkeiten und Kenntnisse, die die Kandidaten haben sollten. Informieren Sie sie über die

Aufgaben, die die Kandidaten übernehmen müssen, und wie viel Zeit dafür notwendig ist. An den Einstellungsgesprächen und -tests sollten Sie möglichst persönlich teilnehmen.

Setzen Sie sich auch mit der Einkaufsabteilung Ihres Unternehmens zusammen, um sich möglicherweise die Unterstützung externer Fachleute zu sichern. Geben Sie der Einkaufsabteilung eine detaillierte Beschreibung der Aufgaben, die zu vergeben sind, wie viel Zeit dafür voraussichtlich nötig ist und welche Kenntnisse und Fähigkeiten der externe Experte haben sollte. Bei der Auswahl der potenziellen Auftragnehmer sollten Sie ebenfalls möglichst dabei sein, bevor irgendwelche Verträge unterschrieben werden.

Sprechen Sie auch mit anderen wichtigen Abteilungen, um herauszufinden, ob noch andere Personen zu irgendeinem Zeitpunkt in Ihr Projekt einbezogen werden sollten. Wenn Sie diese Personen gefunden haben:

✔ Treffen Sie sich mit ihnen, um darzulegen, welches die Ziele Ihres Projekts sind. Erklären Sie den Betreffenden, wie sie Ihr Projekt unterstützen sollen.

✔ Finden Sie Methoden, diese Personen einzubeziehen und sie über den gesamten Projektverlauf hindurch auf dem Laufenden zu halten.

Den genehmigten Projektplan noch einmal überprüfen lassen

Sobald Ihr Team steht, lassen Sie die Teammitglieder noch einmal einen Blick auf den genehmigten Projektplan werfen.

✔ Teammitglieder, die an dem Entwurf mitgearbeitet haben, rufen sich noch einmal den Hintergrund und Zweck des Projekts, die ihnen zugewiesene Funktion und die notwendigen Tätigkeiten in Erinnerung.

✔ Neue Teammitglieder können etwas über den Projekthintergrund und den Sinn des Projekts erfahren und sie erfahren etwas über die ihnen zugewiesene Aufgabe. Sie haben die Möglichkeit, Bedenken bezüglich der Zeitpläne und Budgetvorgaben zu äußern, Fragen zu stellen und Probleme anzusprechen, die den Erfolg des Projekts beeinträchtigen könnten.

Das Team entwickeln

Um ein echtes Projektteam aufzustellen, genügt es nicht, einfach eine bestimmte Anzahl von Aufgaben, die im Zusammenhang mit einem Projekt erledigt werden muss, zu verteilen. Ein _Team_ ist eine Ansammlung von Menschen, die sich gemeinsamen Zielen verschrieben haben und darauf angewiesen sind, dass die jeweils anderen Teammitglieder ihre Arbeit machen. Ein Projektteam kommt nur unter der Voraussetzung zustande, dass jedes Mitglied einen wertvollen Beitrag zu dem Projekt leisten kann und muss.

 Ein Team unterscheidet sich von anderen Ansammlungen von Menschen, die zusammen arbeiten.

✔ Eine *Gruppe* besteht aus Personen, die einer gemeinsamen Aufgabe zugewiesen wurden, die aber individuell arbeiten, um ihre speziellen Aufgaben zu erledigen.

✔ Ein *Komitee* besteht aus Personen, die zusammenkommen, um bestimmte Dinge zu prüfen und zu kommentieren, Handlungsempfehlungen zu geben und, manchmal, um diese Empfehlungen auch durchsetzen.

In einem echten Team streben alle nach gemeinsamen Zielen, die Arbeit der Einzelnen hängt von den anderen ab und alle Mitglieder leisten ihre aktiven, individuellen Beiträge.

 Vor einigen Jahren führte ich für mehrere Abteilungen eines Unternehmens der Konsumgüterindustrie ein Seminar zum Thema Projektmanagement durch. Unser Seminar begann am Montagmorgen und zufällig hatte das Unternehmen am vorangegangenen Freitag veranlasst, dass ab Montagmorgen alle Mitarbeiter, die in Projekten arbeiteten, ab sofort Mitglied eines bestimmten Projektteams waren.

Als ich im Seminarraum ankam, bekam ich mit, wie man skeptisch darüber diskutierte, wie das Unternehmen den Übergang zu einer »Teamorganisation« geregelt hatte. Offenbar hatte das Management am Freitagnachmittag eine Reihe von Memos an alle Mitarbeiter geschickt, und ihnen mitgeteilt, in welchen Teams sie zukünftig arbeiten würden. Die Anwesenden im Seminarraum veranstalteten gerade einen kleinen Wettbewerb »Wer ist den meisten Projektteams zugeordnet?«. Der Gewinner war nicht weniger als 16 Teams zugeordnet worden!

Ich fragte den »Gewinner«, wie er in 16 unterschiedlichen Projektteams seinen Beitrag leisten konnte. Er erklärte, dass man in den meisten Fällen schon als Mitglied eines bestimmten Projektteams bezeichnet wurde, wenn man einmal pro Monat einen Bericht über den Stand eines bestimmten Projekts bekam. Wenn überhaupt, so besuchte er nur sehr selten Projektmeetings und er hatte bei den meisten der Projekte keinen Beitrag zu leisten. Er war lediglich dazu da, Unterstützung zu gewähren, falls diese notwendig war. Obwohl seine Firma beschlossen hatte, seine Mitarbeiter als Teammitglieder zu bezeichnen, arbeiteten diese ganz offensichtlich nicht an gemeinsamen Zielen und stimmten die Arbeit der Einzelnen untereinander nicht ab, um festgesetzte Ergebnisse zu erzielen.

Sobald Sie Ihre Teammitglieder bestimmt haben, legen Sie fest, wie diese zusammenarbeiten sollen. Besprechen und entwickeln Sie so früh wie möglich folgende Punkte, um sicherzustellen, dass alles verständlich formuliert und von allen akzeptiert wird:

✔ **Ziele:** was das Team insgesamt und was jedes einzelne Teammitglied zu erreichen hofft

✔ **Rollen:** die Aufgabe jedes einzelnen Teammitglieds

✔ **Abläufe:** die Techniken, die die Teammitglieder einsetzen, um ihre Projektaufgaben lösen zu können

✔ **Beziehungen:** welche Einstellungen und Gefühle habe ich bezüglich der anderen Teammitglieder?

Wenn Sie unsicher sind, fragen Sie!

Vor einiger Zeit begegnete ich in einem meiner Seminare jemandem, der erst seit kurzem in seiner Firma arbeitete. Gleich, nachdem er eingestellt worden war, war er seinem damaligen Projektteam zugewiesen worden. Das Projekt war noch in der Startphase, aber da er noch nicht lange in der Firma war, war er an der Entwicklung des Projektplans nicht beteiligt gewesen.

Er erzählte mir, dass er keine Möglichkeit sah, seinen Auftrag in der vorgegebenen Zeit und innerhalb des vorgegebenen Budgets auszuführen. Vor allem ärgerte er sich darüber, dass sein Vorgesetzter ihn nie gefragt hat, ob er glaubte, die Arbeit schaffen zu können; der erwartete das einfach von ihm.

Ich fragte ihn, ob er mit seinem Vorgesetzten über seine Bedenken gesprochen und konkrete Probleme aufgezeigt habe, die Auswirkungen auf das Projekt haben könnten und ob er Vorschläge gemacht hätte, wie man diese Probleme lösen könnte. Er gab zu, dass er das nicht getan hatte. Er hatte das Gefühl gehabt, dass diejenigen, die den Plan entworfen hatten, mehr über das Unternehmen wussten als er und dass seine Meinung deshalb nicht zählte. Außerdem meinte er, dass der Projektzeitplan und das Budget bereits festgelegt und genehmigt waren und dass es zum jetzigen Zeitpunkt unmöglich war, etwas zu ändern. Und schließlich, und das war der wichtigste Punkt, hatte sein Vorgesetzter ihn nie um seine Meinung gebeten.

Leider hat dieser Projektmanager nicht erkannt, dass die Tatsache, dass er seine Bedenken seinem Vorgesetzten nicht mitgeteilt hat, das Risiko eines Fehlschlags erhöhte. Erstens, wenn der Projektplan wirklich Fehler enthielt, wurden diese nicht dadurch weniger, dass der Plan bereits genehmigt war. Je eher solche Fehler erkannt werden, desto mehr Zeit hat man, nach Möglichkeiten zu suchen, diese zu beseitigen. Andererseits könnte es auch sein, dass er Teile des Plans falsch verstanden hat oder dass ihm die Erfahrung in dieser Firma fehlte, so dass er keine Möglichkeit sah, die ihm gestellten Aufgaben zu lösen. Vielleicht hätte man gar nicht den Plan ändern müssen, sondern er hätte vielleicht lediglich eine genauere Erläuterung zu dem Plan gebraucht. Dann hätte er vielleicht gewusst, wie er die Aufgabe lösen sollte. Sich darüber zu beschweren, dass der Plan Fehler enthielt und dem Management seine Meinung völlig egal war, half ihm nicht, seine Aufgaben besser zu erledigen. Im Gegenteil: Das Herumjammern schwächte seine Motivation und die seiner Teammitglieder, was wiederum dazu führte, dass die Wahrscheinlichkeit eines Fehlschlags noch weiter stieg.

Erfolgreiche Projektleiter und Teammitglieder warten nicht, bis man sie um ihre Meinung bittet; sie äußern von sich aus Bedenken und machen Lösungsvorschläge für potenzielle Probleme. Fragen und Bedenken werden nicht als Kritik an denjenigen geäußert, die die Pläne entwickelt haben. Stattdessen spiegeln sie den Erkenntnisgewinn wider, den man während des Projektverlaufs und durch die vielen unterschiedlichen Perspektiven gewinnt.

Gemeinsame und individuelle Projektziele festlegen

Teammitglieder engagieren sich für Ihr Projekt, wenn sie den Eindruck haben, dass ihr Beitrag ihnen hilft, ihre persönlichen und beruflichen Ziele zu erreichen. Helfen Sie Ihren Teammitgliedern, einen Sinn für das gemeinsame Projekt zu entwickeln, indem Sie:

✔ Gründe für das Projekt erläutern, sagen, wer das Projekt unterstützt und welche Auswirkungen die geplanten Ergebnisse haben werden. (In Kapitel 2 erläutern wir, wie man die Bedürfnisse erkennt, die zu dem Projekt geführt haben und die im Projektauftrag vermerkt werden.)

✔ klären, wie die Projektergebnisse den Kunden des Unternehmens nutzen.

✔ herausstellen, wie die Ergebnisse Ihres Projekts das Wachstum und Überleben der Firma fördern.

✔ untersuchen, wie die Projektergebnisse die Position jedes einzelnen Teammitglieds beeinflussen.

Ermutigen Sie Ihre Kollegen dazu, darüber nachzudenken, wie die Teilnahme an Ihrem Projekt ihnen beim Erreichen persönlicher Ziele hilft, z.B. neue Dinge zu lernen, neue Leute kennen zu lernen, sich im Unternehmen sichtbarer zu machen oder ihre Chancen für eine Beförderung zu erhöhen. Projekte werden nicht nur deshalb durchgeführt, damit Teammitglieder ihre persönlichen Ziele erreichen können; wenn aber Teammitglieder gleichzeitig einen persönlichen und einen Nutzen für ihr Unternehmen aus einem Projekt ziehen können, steigert das ihre Motivation, und die Wahrscheinlichkeit für einen Projekterfolg nimmt ebenfalls zu. In Kapitel 12 finden Sie weitere Informationen darüber, wie man die Motivation seiner Teammitglieder steigert und aufrechterhält.

Die Rollen der Teammitglieder festlegen

Nichts verursacht mehr Frust, als wenn man motivierte Leute zusammenbringt und ihnen keine Richtlinien vorgibt, wie sie zusammenarbeiten sollen. Mehrere Leute arbeiten an denselben Aufgaben gleichzeitig, ohne sich abzustimmen, während andere Tätigkeiten völlig übersehen werden. Das führt irgendwann dazu, dass jeder seine eigenen Aufgaben festlegt, die er alleine und ohne Abstimmung mit anderen erledigen kann, oder dass man sich allmählich aus dem Projekt zurückzieht und an lohnenswerteren Aufgaben arbeitet.

Um diese Art der Frustration zu vermeiden, legen Sie mit den Teammitgliedern gemeinsam fest, welche Rollen sie übernehmen sollen. Geben Sie konkret vor, an welchen Aufgaben sie arbeiten sollen und welche Art von Rolle sie in dem Projekt spielen sollen. Folgende Rollen sind denkbar:

✔ **Primäre Verantwortlichkeit:** Das Teammitglied hat die Verpflichtung, eine Aufgabe vollständig zu erfüllen

✔ **Sekundäre oder unterstützende Verantwortlichkeit:** Das Teammitglied hat die Verpflichtung, einen Teil einer Aufgabe zu erfüllen

✔ **Genehmigung:** Das Teammitglied muss die Ergebnisse einer Tätigkeit genehmigen, bevor weiter gearbeitet werden kann

✔ **Beratungsleistung:** Das Teammitglied kann, wenn nötig, zu fachlichen Beratungen hinzugezogen werden

✔ **Soll Ergebnisse erhalten:** Das Teammitglied soll als Ergebnis einer Tätigkeit entweder das physische Produkt oder einen Bericht erhalten

 Wenn Sie im Rahmen Ihres Projektplans eine Verantwortungs-Matrix (Linear Responsibility Chart) ausarbeiten, können Sie dieses als Ausgangspunkt zur Festlegung der Rollen Ihrer Teammitglieder nutzen. (In Kapitel 8 erklären wir, wie Sie mit dem Linear Responsibility Chart Projektrollen und Verantwortlichkeiten verteilen.) Vergessen Sie nicht, Ihre Teammitglieder dazu zu ermuntern, Fragen zu stellen oder Bedenken zu äußern, damit sie sich mit den ihnen übertragenen Rollen wohlfühlen und das Gefühl bekommen, sie richtig ausfüllen zu können.

Die Arbeitsabläufe festlegen

Legen Sie fest, wie Sie und Ihr Team die tägliche Arbeit organisieren wollen. Zumindest für folgende Bereiche sollten feste Abläufe existieren:

✔ **Kommunikation:** projektbezogene Informationen schriftlich oder persönlich übermitteln. Zu solchen Vereinbarungen gehört z.B., wann und wie man E-Mails benutzt, welche Art von Informationen schriftlich weitergegeben werden sollen, wann und wie informelle Gespräche dokumentiert werden sollen, wie regelmäßig fällige Berichte erstellt und Meetings zum Projektfortschritt abgehalten werden sollen und wie man auftauchende Probleme angeht.

✔ **Konfliktbewältigung:** unterschiedliche Meinungen bezüglich der Projektarbeit in Einklang bringen. Sie sollten sowohl _Standardabläufe_ festlegen oder Vorgehensweisen entwickeln, um Teammitglieder dazu zu ermutigen, zu gegenseitig akzeptierten Lösungen zu kommen, als auch _Notfallpläne_ für den Fall, dass die Beteiligten zu keiner Einigung gelangen können.

✔ **Entscheidungsfindung:** zwischen verschiedenen Vorgehensweisen und Tätigkeiten auswählen. Entwickeln Sie Richtlinien dafür, wie man für die richtige Situation den richtigen Entscheidungsprozess findet, z.B. Kompromissfindung, Mehrheitsentscheidung, einstimmige Entscheidung oder Entscheidung durch einen Fachmann; legen Sie auch hier wieder Notfallpläne für den Fall fest, dass die normalen Entscheidungsprozesse nicht funktionieren.

Die persönliche Beziehung zwischen den Teammitgliedern stärken

In Hochleistungsteams vertrauen sich die Mitglieder gegenseitig und haben herzliche, gut koordinierte Arbeitsbeziehungen. Es braucht einige Zeit und gemeinsame Anstrengungen, um ein solches vertrauensvolles, effektives Arbeitsumfeld aufzubauen. Beginnen Sie, sobald Ihr Projekt startet, damit, die Teammitglieder miteinander bekannt zu machen. Folgende Vorgehensweisen helfen Ihnen dabei:

✔ Lösen Sie Konflikte gemeinsam

✔ Bei technisch oder organisatorisch schwierigen Problemen suchen Sie in gemeinsamen Brainstorming-Sitzungen nach Lösungen

✔ Verbringen Sie auch neben der eigentlichen Arbeit Zeit miteinander, z.B. indem Sie gemeinsam zu Mittag essen oder nach Feierabend gemeinsamen Freizeitaktivitäten nachgehen.

Ihr Team zu einer reibungslos funktionierenden Einheit zusammenschmieden

Helfen Sie Ihrem Team, die folgenden Phasen eines Teambildungsprozesses erfolgreich zu durchlaufen:

✔ **Forming:** Die Teammitglieder werden benannt, treffen sich, reden vorsichtig über die Aufgabenverteilung usw. Erklären Sie den Projektplan, stellen Sie die Beteiligten einander vor und reden Sie über den Background und die Position im Unternehmen sowie über die Fachgebiete der einzelnen Mitglieder.

✔ **Storming:** Persönliche Konflikte bezüglich des Projekts oder anderer Teammitglieder äußern und lösen. Ermutigen Sie die Mitglieder, Fragen oder Bedenken über die Machbarkeit des Projektplans zu äußern und helfen Sie, diese Bedenken auszuräumen. Ermutigen Sie die Mitglieder dazu, offen zu sagen, wenn sie Vorbehalte haben, mit einer bestimmten Person zusammenzuarbeiten, oder wenn sie bezweifeln, dass ein bestimmtes Mitglied seine Aufgabe erfolgreich meistern kann. Sorgen Sie dafür, dass sich diese Diskussionen darauf konzentrieren, Lösungen zu finden, die eine erfolgreiche Projektdurchführung gewährleisten – es sollen keine unproduktiven persönlichen Angriffe geführt werden.

✔ **Norming:** Die Normen und Richtlinien festlegen, die das Verhalten jedes Teammitglieds bestimmen. Ermuntern Sie die Teammitglieder dazu, ihre eigenen Normen aufzustellen. Das ist deshalb so wichtig, weil die Teammitglieder wahrscheinlich aus völlig unterschiedlichen Unternehmensbereichen kommen, die alle ihre eigenen Abläufe haben. Solche verhaltensbezogenen Regeln könnten beispielsweise folgende sein:

• **Wie unterschiedliche Ansichten dargestellt und diskutiert werden:** Manche äußern ihre Meinung in höflicher Form, während andere aggressiv mit ihren Gegnern streiten, um ihre Meinung durchzusetzen.

- **Pünktlichkeit bei Konferenzen:** Manche kommen immer pünktlich, während andere regelmäßig 15 Minuten oder mehr zu spät kommen.

- **Beteiligung in Meetings:** Manche lehnen sich zurück und beobachten, während andere sich aktiv beteiligen und ihre Ideen äußern.

✔ **Performing:** Die Tätigkeiten durchführen, die zu den gewünschten Ergebnissen und Produkten führen, die Einhaltung der festgelegten Zeitpläne und Budgets überwachen, bestehende Pläne (wenn nötig) anpassen und die richtigen Personen über den Projektfortschritt informieren.

Während Sie Ihr Team durch diese Entwicklungsphasen führen, denken Sie an Folgendes:

✔ **Wenn in Ihrem Projekt alles reibungslos läuft, dann ist es völlig egal, ob Sie die Forming-, Storming- und Normingphase durchlaufen haben.** Nur wenn Ihr Team auf Probleme stößt, funktioniert Ihr Team möglicherweise nicht richtig, wenn es nicht jede einzelne Phase durchlaufen hat. Nehmen wir beispielsweise an, Ihr Team kann einen wichtigen Termin nicht einhalten. Wenn die Teammitglieder kein Vertrauensverhältnis zueinander aufgebaut haben, werden sie ihre Zeit wahrscheinlich damit vergeuden, nach jemandem zu suchen, dem sie die Schuld geben können, anstatt sich zusammenzusetzen und den Schaden zu beheben.

✔ **Es kann passieren, dass man noch einmal eine Stufe zurückgehen muss, obwohl Sie dachten, diese Phase sei längst beendet.** Seien Sie darauf vorbereitet, dass es Situationen gibt, in denen es notwendig sein kann, eine oder mehrere bereits abgeschlossene Phasen noch einmal zu durchlaufen. Dies kann beispielsweise der Fall sein, wenn jemand Neues ins Team kommt oder ein wichtiger Bestandteil des Projektplans sich ändert.

✔ **Ihr Team wird diese unterschiedlichen Phasen nicht von alleine durchlaufen; Sie müssen es führen.** Wenn man ein Team sich selbst überlässt, kommt es oftmals nicht über die Forming-Phase hinaus. Keiner löst gerne schwierige zwischenmenschliche Probleme, also geht man ihnen lieber aus dem Weg.

✔ **Werten Sie regelmäßig aus, wie jeder Einzelne Ihre Leistung beurteilt, und lösen Sie, falls nötig, Unstimmigkeiten.** Ein Team zu führen ist alleine schon ein Projekt! Deshalb sollten Sie in regelmäßigen Abständen abschätzen, wie Sie beim Team ankommen, und ob Sie korrigierende Maßnahmen ergreifen müssen, um das Team wieder auf den richtigen Kurs zu bringen.

Die Kontrollmechanismen einrichten

Während sich Ihr Projekt entwickelt, müssen Sie den Erfolg Ihres Projekts anhand folgender Kriterien bewerten:

✔ **Einhaltung von Zeitvorgaben:** Wie gut gelingt es Ihnen, die Zeitvorgaben zu erfüllen?

✔ **Personaleinsatz:** der Arbeitsaufwand, den die Beteiligten für ihre Aufgaben investieren

✔ **Kosten:** Ausgaben, die für Projektressourcen getätigt werden

In Kapitel 10 finden Sie eine detaillierte Darstellung der Informationssysteme, die Sie zur Überwachung des Projektfortschritts einsetzen können.

Wenn Sie mit bereits vorhandenen Systemen zur Projektüberwachung arbeiten wollen, richten Sie Ihr Projekt dort folgendermaßen ein:

✔ **Geben Sie Ihre offizielle Projekt-Identifikationsnummer ein.**

✔ **Legen Sie die endgültige Projektstruktur fest.** Lassen Sie die in Ihrem Projektplan enthaltene Projektstruktur noch einmal von Ihren Teammitgliedern überarbeiten und nehmen Sie die notwendigen Änderungen oder Ergänzungen vor. Ordnen Sie jeder Untertätigkeit die richtige Identifikationsnummer zu.

✔ **Richten Sie die Identifikationsnummern für die Überwachung des Arbeitseinsatzes ein:** Wenn es in Ihrem Unternehmen ein System gibt, mit dem Arbeitsstunden projektweise erfasst werden, und wenn die Teammitglieder ihre Stunden in diesem System erfassen sollen, richten Sie die jeweiligen Identifikationsnummern aus der Projektstruktur für alle Tätigkeiten ein, denen Stunden zugeordnet werden dürfen. Wenn das System Höchstgrenzen zulässt, legen Sie fest, wie viele Stunden jemand maximal für eine bestimmte Tätigkeit investieren darf.

✔ **Richten Sie Identifikationsnummern für die Überwachung der Finanzen ein.** Wenn es in Ihrem Unternehmen ein System gibt, mit dem projektbezogene Ausgaben überwacht werden können, richten Sie für alle Projektstruktur-Tätigkeiten, denen Ressourcen zugeordnet werden, Konten ein. Wenn Obergrenzen möglich sind, geben Sie auch hier die maximalen Summen ein, die für eine bestimmte Tätigkeit ausgegeben werden dürfen.

Zeitpläne für Berichte und Meetings aufstellen

Sprechen Sie mit den Projektbeteiligten und Teammitgliedern und legen Sie einen Zeitplan für regelmäßige Meetings und Sachstandsberichte fest. Einigen Sie sich über folgende Punkte:

✔ Welche Berichte sollen veröffentlicht werden?

✔ Welche Meetings sollen abgehalten werden und was ist der Zweck?

✔ Wann sollen die Berichte veröffentlicht und die Meetings abgehalten werden?

✔ Wer soll die Berichte erhalten bzw. an den Meetings teilnehmen?

✔ Form und Inhalt der Meetings und der Berichte

In Kapitel 13 gehen wir auf die Berichte und Meetings ein, mit denen Sie die laufende Kommunikation im Projekt verbessern können.

Die Projekt-Grundlinie festlegen

 Ihre *Grundlinie* ist der Plan, nach dem Sie sich bei der Durchführung der Projektaufgaben richten und der Ihnen bei der Beurteilung des Fortschritts hilft. Legen Sie den Plan, den Sie und Ihre Teammitglieder überarbeitet und (falls nötig) geändert haben, formal als Grundlinie fest, bevor Sie mit der eigentlichen Projektarbeit beginnen. Nutzen Sie diese Grundlinie, um regelmäßig die Leistungen Ihres Projekts zu überwachen.

Das Projekt öffentlich machen

Zu dem Zeitpunkt, wo Sie bereit sind, Ihr Projekt öffentlich zu machen, haben Sie die wichtigsten Projektbeteiligten (Teammitglieder, Driver und Supporter) darüber informiert, dass Ihr Projekt genehmigt wurde und wann es beginnt. Um die anderen interessierten Kollegen über Ihr Projekt zu informieren, können Sie eine oder mehrere der folgenden Vorgehensweisen wählen:

✔ Eine E-Mail an ausgewählte Personen oder Abteilungen in Ihrem Unternehmen

✔ Eine Veröffentlichung im Firmen-Rundbrief

✔ Ein Anschlag an einem gut zugänglichen schwarzen Brett

✔ Ein formales Kick-off-Meeting (wenn es sich um ein großes Projekt handelt oder wenn es große Auswirkungen auf das Unternehmen hat).

Stellen Sie in allen diesen Fällen dar, welchen Zweck Ihr Projekt hat, wie groß der Umfang ist, welche Ergebnisse erzielt werden sollen und welche wichtigen Termine anstehen. Ihre Intention besteht darin, den Kollegen mitzuteilen, dass es Ihr Projekt gibt. Lassen Sie sie wissen, wie sie Sie direkt erreichen können für den Fall, dass sie Fragen haben oder detailliertere Informationen wünschen.

Die Grundlage für eine Abschlussbewertung

Eine *Abschlussbewertung* ist ein Meeting, in dem Sie die in Ihrem Projekt gesammelten Erfahrungen auswerten, den Beteiligten für ihre Leistung danken, Verfahren festlegen, um sicherzustellen, dass gute Vorgehensweisen auch in zukünftigen Projekten beibehalten werden, und Pläne aufstellen, um in zukünftigen Projekten auftauchende Probleme besser bewältigen zu können. (In Kapitel 15 finden Sie detaillierte Informationen darüber, wie man eine Abschlussbewertung plant und durchführt.)

Sobald Ihr Projekt beginnt, sollten Sie schon für diese Abschlussbewertung vorplanen, und zwar folgendermaßen:

✔ Sagen Sie allen Teammitgliedern, dass es nach Beendigung des Projekts eine Abschlussbewertung geben wird.

✔ Ermutigen Sie Ihre Teammitglieder dazu, Probleme, Ideen und Vorschläge im Verlauf des Projekts aufzuschreiben.

✔ Klären Sie, welche Kriterien Sie bei der Projektbeurteilung anlegen werden.

✔ Wenn das Projekt eine Situation ändern oder verbessern soll, sorgen Sie dafür, dass diese Situation ausführlich beschrieben wird, bevor Sie mit der Projektarbeit beginnen, damit man die Veränderungen dieser Indikatoren von Anfang bis Ende beobachten und bewerten kann.

Führen Sie ein *Projekt-Logbuch* (eine beschreibende Aufzählung aller Problembereiche und Vorfälle) und ermuntern Sie Ihre Teammitglieder, dasselbe zu tun.

Fortschrittsüberwachung und Kontrolle

10

In diesem Kapitel

▷ Den Projektplan immer wieder überprüfen

▷ Das Budget nicht überschreiten

▷ Ein Zeit-Überwachungssystem einrichten

▷ Ein Arbeitsstunden-Überwachungssystem einrichten

▷ Ein Kosten-Überwachungssystem einrichten

▷ Alles zusammenfassen

▷ Change Management

*E*s ist leider bittere Realität, dass Projekte mit hochfliegenden Erwartungen und Hoffnungen gestartet werden und dann oft in Frust und Enttäuschung enden. Ihr Projektplan spiegelt Ihre Vorstellung davon wider, was Ihrer Meinung nach funktionieren kann; leider realisieren sich solche Pläne aber nicht von selbst und zukünftige Entwicklungen lassen sich nicht mit Sicherheit vorhersehen.

Erfolgreiche Projekte erfordern fortwährende Pflege und Überwachung, damit Pläne korrekt ausgeführt werden und dann auch zu den erwarteten Ergebnissen führen. Wenn etwas Unerwartetes geschieht, müssen Sie umgehend reagieren, um Ihr Projekt auf dem richtigen Kurs zu halten, und Ihre Anstrengungen in anderer Richtung verstärken.

Das Projekt kontrollieren

Unter *Projektkontrolle* versteht man Maßnahmen, die Sie einleiten, um sicherzustellen, dass Ihr Projekt planmäßig verläuft und die gewünschten Ergebnisse erzielt werden. Während der Laufzeit eines Projekts müssen Sie folgende Tätigkeiten durchführen:

✔ **Den Projektplan regelmäßig prüfen:** Am Anfang jeder Leistungsperiode (das Zeitintervall, in dem Sie Ihre Projektarbeit überprüfen und bewerten) stimmen Sie mit allen Teammitgliedern noch einmal deren Projekt-Verantwortlichkeiten und Arbeitseinsatz für die kommende Periode ab.

✔ **Leistungsbewertung:** Sammeln Sie während der gesamten Periode Informationen darüber, was produziert wurde; wann Aufgaben begonnen und beendet wurden; wann Meilensteine erreicht wurden und wie viele Arbeitsstunden, finanzielle und andere Ressourcen dafür eingesetzt wurden. Vergleichen Sie die Leistung Ihres Teams mit Ihren Plänen und finden Sie, falls nötig, heraus, warum es zu Diskrepanzen kam.

✔ **Korrigierende Maßnahmen:** Falls nötig, unternehmen Sie die notwendigen Schritte, um die Leistungsfähigkeit Ihres Projekts wieder mit den Plänen in Einklang zu bringen, oder, falls das nicht möglich ist, ändern Sie die bestehenden Pläne, indem Sie diese neuen Vorgaben einarbeiten.

✔ **Halten Sie die Beteiligten auf dem Laufenden:** Informieren Sie ausgewählte Beteiligte über Ihre Erfolge, Probleme und weitere Planung.

 Sicher gibt es Vorgänge, die Sie am liebsten täglich überwachen möchten. Auf jeden Fall sollten die Intervalle, in denen Sie eine Gesamtanalyse Ihres Projekts durchführen, nicht größer als ein Monat sein. Beurteilen Sie, wie gut Ihr Projekt läuft, indem Sie dieselben Kriterien wie bei Ihren Plänen anlegen:

✔ **Ergebnisse:** Produkte oder Resultate

✔ **Zeitplan:** Anfangs- und Endzeitpunkt der Projektarbeit

✔ **Ressourcen:** Personen, finanzielle Mittel, Anlagen, Betriebsmittel und Informationen, die Ihr Projekt in Anspruch nimmt

In Abbildung 10.1 erkennen Sie den zyklischen Charakter der Projektkontrolle. Zu Beginn jeder Leistungsperiode stimmen Sie Folgendes mit Ihren Teammitgliedern ab:

✔ Welche Tätigkeiten sie in der kommenden Periode ausführen werden

✔ Wann diese Tätigkeiten begonnen und beendet werden sollen

✔ Wie viele Arbeitsstunden voraussichtlich notwendig sind, um die versprochenen Tätigkeiten durchzuführen

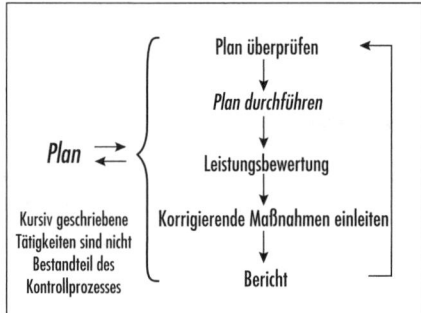

Abbildung 10.1: Projektkontrolle während einer Leistungsperiode

Wenn jemand bestätigt, seine zugesagten Leistungen in der erwarteten Form zu erbringen, steigen die Chancen, dass Sie die gewünschten Ergebnisse innerhalb der zeitlichen und ressourcenmäßigen Vorgaben erhalten. Wenn nicht, können Sie mit dieser Person besprechen, in welchem Umfang sie Ihr Projekt unterstützen wird, und den Plan entsprechend ändern.

 Am Anfang ist es Ihnen vielleicht unangenehm, sich ständig bei den Teammitgliedern zu versichern, dass sie ihre zugesagten Leistungen für die kommende Periode auch wirklich erbringen, weil Sie der Meinung sind, dass Sie dadurch

✔ **unterstellen, dass Sie der Person nicht vertrauen.** Schließlich hat sich die betreffende Person ja schon dazu verpflichtet, die jeweiligen Aufgaben zu erfüllen; würde sie es Ihnen nicht sagen, falls sie nicht in der Lage wäre, diese Aufgabe planmäßig zu erfüllen?

✔ **die Wahrscheinlichkeit erhöhen, dass die betreffende Person Ihnen mitteilt, die übernommenen Aufgaben nicht planmäßig durchführen zu können.** Wenn Sie dieses Thema von sich aus ansprechen, erhöhen Sie dadurch eventuell die Wahrscheinlichkeit, dass der Betreffende Ihnen sagt, dass er seinen Verpflichtungen nicht nachkommen kann.

In den meisten Fällen tritt jedoch keine der beiden beschriebenen Situationen ein. Erstens ist es kein Zeichen von Misstrauen, wenn Sie das Thema von sich aus ansprechen. Wenn Sie der betreffenden Person nicht vertrauen würden, würden Sie überhaupt nicht mit ihr reden! Nein, es zeigt vielmehr, dass Sie Verständnis dafür haben, dass Umstände eingetreten sein können, die die betreffende Person davon abgehalten haben, Ihnen mitzuteilen, dass sie ihren Verpflichtungen nicht nachkommen kann. Zweitens führt die Tatsache, dass Sie das Thema von sich aus ansprechen, keinesfalls dazu, dass sich jemand aus seiner Verantwortung zurückzieht. Falls der Betreffende seine Aufgaben nicht im zugesicherten Umfang erfüllt, würden Sie das erst am Ende der Leistungsperiode feststellen, wenn die zugesagten Arbeiten nicht erledigt wurden. Aber so haben Sie eine ganze Leistungsperiode gewonnen, um nach Lösungen dafür zu suchen, wie Sie mit der neuen Situation umgehen können.

Die Mitglieder eines Projektteams arbeiten während der Leistungsperiode an ihren Aufgaben. Während der gesamten Periode erfassen Sie folgende Informationen, um die Projektleistung zu beschreiben:

✔ Hergestellte Produkte und bestandene Abnahmetests

✔ Die Daten, an denen Meilensteine erreicht wurden

✔ Die Daten, an denen Aufgaben begonnen oder beendet wurden

✔ Die Ressourcen, die für die einzelnen Aufgaben nötig sind

✔ Die Kosten, die bei der Durchführung der Aufgaben entstanden sind

Am Ende der Leistungsperiode sammeln Sie diese Informationen ein und vergleichen sie mit dem aktuellen Projektplan. Wenn die tatsächliche Leistung mit dem Plan übereinstimmt, teilen Sie einem ausgewählten Publikum die Ergebnisse Ihrer Projektarbeit mit und beginnen mit der nächsten Leistungsperiode. Falls die tatsächliche Leistung nicht mit den Plänen übereinstimmt, unternehmen Sie die notwendigen Schritte, um diese Abweichungen zu beseitigen. Prüfen Sie zunächst, ob Sie etwas tun können, um das Projekt wieder auf den richtigen Kurs zu führen. Wenn das unmöglich ist, erarbeiten Sie mit dem zuständigen Projektbeteiligten die notwendigen Planänderungen, damit der Plan wieder akzeptable, realistische Vorgaben, Zeitpläne und Budgets enthält.

Budgets nicht überschreiten

Tolle Projektpläne bleiben häufig auf der Strecke, weil wohlmeinende Menschen sofort alles tun, was ihrer Meinung nach notwendig ist, um die bestmöglichen Ergebnisse zu erzielen. Sie investieren beispielsweise mehr Zeit, als eigentlich vorgesehen war, weil sie glauben, durch die zusätzliche Arbeit bessere Ergebnisse erzielen zu können. Möglicherweise bitten sie Kollegen, an dem Projekt mitzuarbeiten, die in den ursprünglichen Plänen nicht enthalten sind, weil sie glauben, das Fachwissen dieser Kollegen würde die Qualität der Projektergebnisse verbessern. Vielleicht geben sie mehr Geld als vorgesehen für eine bestimmte Sache aus, weil sie meinen, dass die Qualität besser ist. Oder sie überschreiten Budgetvorgaben, weil sie den Ressourceneinsatz nicht überwachen.

Legen Sie, falls möglich, bestimmte Abläufe fest, die verhindern, dass jemand ohne vorherige Genehmigung sein Budget überschreitet. Wenn die Teammitglieder beispielsweise die Stunden für jede Projekttätigkeit erfassen, tun Sie Folgendes:

✔ Bestätigen Sie die Anzahl der Stunden, die für jede Tätigkeit genehmigt wird, bevor mit der eigentlichen Tätigkeit begonnen wird.

✔ Richten Sie Zeiterfassungssysteme ein, die es nicht zulassen, dass jemand für eine bestimmte Tätigkeit mehr Stunden als vereinbart erfasst, ohne vorher Ihre schriftliche Genehmigung eingeholt zu haben.

✔ Richten Sie Zeiterfassungssysteme ein, die verhindern, dass Personen, die eigentlich nichts mit dem Projekt zu tun haben sollten, Ihr Projekt mit Arbeitsstunden belasten.

Bei der Anschaffung von Ausrüstung, Material, Betriebsmitteln und Dienstleistungen tun Sie Folgendes:

✔ Legen Sie genau fest, was angeschafft werden soll, wie viel Geld für jede einzelne Anschaffung maximal ausgegeben werden darf, und eventuell, wie viel Geld maximal insgesamt ausgegeben werden darf.

✔ Treffen Sie mit der Einkaufsabteilung oder der Finanzabteilung Vereinbarungen, die verhindern, dass diese Limits ohne Ihre vorherige schriftliche Genehmigung überschritten werden.

✔ Eine Änderung des Projektbudgets kann durchaus notwendig und wünschenswert sein. Allerdings sind Sie alleine für diese Entscheidung verantwortlich und Sie müssen sich vollkommen darüber im Klaren sein, welche Auswirkungen diese Veränderungen auf das Gesamtprojekt haben.

Projektmanagement-Informationssysteme einrichten

Ein *Projektmanagement-Informationssystem* (PMIS) besteht aus einer Reihe von Abläufen, technischen Hilfsmitteln und anderen Ressourcen zur Erfassung, Analyse, Speicherung und Veröffentlichung von Informationen zum Projektstand. Um die Leitung und Kontrolle des Projekts zu erleichtern, sollten Sie Informationen über den Projektfortschritt, die geleisteten Arbeitsstunden und die verbrauchten Ressourcen sammeln und ständig aktualisieren.

Manchmal kann man auf bestehende Systeme zurückgreifen, um diese Informationen zu erfassen, zu analysieren und zu veröffentlichen. In anderen Fällen müssen Sie vielleicht Ihr eigenes System entwickeln. Unabhängig davon muss ein solches System folgende drei Komponenten beinhalten, wie Abbildung 10.2 zeigt:

✔ **Inputs:** Rohdaten, die gesammelt werden, um ausgewählte Aspekte des Projektfortschritts zu beschreiben

✔ **Prozesse:** Speicherung und Analyse der gesammelten Daten, um die tatsächliche Leistung mit der geplanten Leistung zu vergleichen

✔ **Outputs:** Berichte, die die Ergebnisse der durchgeführten Analysen darstellen

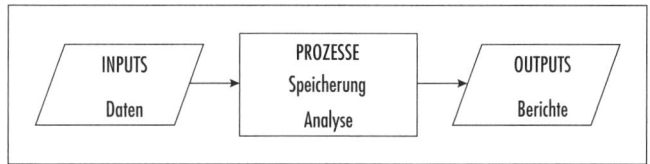

Abbildung 10.2: Die drei Elemente eines Projekt-Informationssystems

Sie sollten nicht nur festlegen, welche Art von Daten gesammelt werden soll, sondern auch, wie sie gesammelt werden, von wem, wann und wie sie eingegeben werden sollen. All diese Faktoren beeinflussen, wie aktuell und genau die Daten sind, und somit auch, wie genau und aktuell Ihre Projektbewertung ist.

 Viele Informationssysteme werden von Computern, Scannern, Druckern und Plottern unterstützt. So ein Informationssystem kann aber genauso gut manuell durchgeführt und physisch gespeichert werden. Sie können Ihre Projektaktivitäten in Ihrem Zeitplaner erfassen und die Daten Ihres Projekts in einem Ordner sammeln. Das ändert aber nichts daran, dass Sie kontrollieren müssen, wie die Daten gesammelt, gespeichert, analysiert und veröffentlicht werden, weil das die Genauigkeit und Aktualität der Projektbewertung beeinflusst.

Zeitpläne überwachen

Nur in wenigen Unternehmen gibt es abteilungsübergreifende Zeiterfassungssysteme. Meistens muss jedes Projektteam sein eigenes System entwickeln.

Festlegen, welche Daten gesammelt werden sollen

Um die Zeitpläne zu überwachen, sollten Sie mindestens eine der beiden folgenden Datenarten sammeln:

✔ die Zeitpunkte, an denen die Lowest-Level-Aktivitäten in der Projektstruktur beginnen und enden sollen

✔ die Zeitpunkte, an denen ausgewählte Ereignisse erreicht sein sollen

In Kapitel 3 erläutern wir die Projektstruktur und in Kapitel 4 finden Sie die Definitionen für Vorgänge und Ereignisse.

Passen Sie auf, wenn Sie den Fortschritt eines Projekts in Prozent der erreichten Ergebnisse angeben. Meistens stellt diese Zahl nur eine Schätzung dar, weil man nicht genau feststellen kann, wie viel Prozent einer bestimmten Aufgabe bereits erledigt sind. Zu sagen, ein neues Produktdesign sei zu 30% fertig gestellt, ist eigentlich völlig nutzlos; man kann überhaupt nicht bestimmen, wie viele der Denkprozesse und kreativen Leistungen tatsächlich bereits erbracht wurden. Davon auszugehen, man hätte 30% des Designs fertig, nur weil man 30 der 100 angesetzten Stunden investiert hat oder weil drei der zehn vorgesehenen Tage vorüber sind, ist ebenso falsch. Die erste Maßzahl gibt den Ressourcenverbrauch an und die zweite, wie viel Zeit vergangen ist. Keine von beiden Angaben spiegelt wirklich wider, wie viel der eigentlichen Arbeit erledigt wurde.

Wenn man allerdings an einer Aufgabe arbeitet, die klar in einzelne Teile untergliedert ist, die alle ungefähr gleich viel Zeit in Anspruch nehmen, kann man eine einigermaßen verlässliche Prozentzahl ermitteln. Wenn Sie beispielsweise eine telefonische Befragung mit 20 Kandidaten geplant haben und 10 Anrufe bereits erledigt sind, dann kann man davon ausgehen, dass 50% der Aufgabe erledigt sind.

Wie gut liegen Sie im Zeitplan?

Dazu müssen Sie Anfangs- und Endzeitpunkte der einzelnen Vorgänge ermitteln oder das Erreichen bestimmter Ereignisse mit den geplanten Terminen vergleichen. Die Abbildungen 10.3, 10.4, 10.5 und 10.6 zeigen unterschiedliche Möglichkeiten, wie man diese Daten übersichtlich darstellen kann.

In Abbildung 10.3 ist ein Schlüsselereignis-Bericht (Key-Event-Report) dargestellt. Folgende Informationen in diesem Bericht stammen aus Ihrem Projektplan:

✔ die Schlüsselereignis-Codenummer (Key-Event-Codenummer) und eine Beschreibung

✔ wer dafür verantwortlich ist, dass das Ereignis erreicht wird

✔ der Zeitpunkt, wann das Ereignis erreicht sein soll

Diese Daten geben Aufschluss über das Leistungsniveau Ihres Projekts während der Berichtsperiode:

✔ der Zeitpunkt, wann das Ereignis tatsächlich erreicht wurde

✔ wichtige Bemerkungen zu dem Ereignis

Schlüsselereignis (Key Event)	Verantwort-liche(r)	Fälligkeits-datum	Tats. Enddatum	Bemerkungen
KE 2.1.1 Fragebogenentwurf genehmigt	F. Schmidt	28. Februar	28. Februar	
KE 2.2.2 Pilotbefragung beendet	F. Schmidt	30. April	25. April	
KE 2.2.1 Anleitungen gedruckt	R. Hartig	15. Mai		

Abbildung 10.3: Ein Schlüsselereignis-Bericht (Key-Event-Report)

Abbildung 10.4 stellt einen Vorgangs-Bericht (Activity-Report) dar. Auch hier stammen die meisten Informationen aus Ihrem Projektplan, nämlich die Vorgangsbezeichnung und Beschreibung, wer dafür verantwortlich ist, dass die Tätigkeit ausgeführt wird, und wann der Vorgang beginnen und enden soll.

Vorgang	Verantwort-liche(r)	Starttermin		Endtermin		Bemerkungen
		geplant	tatsächlich	geplant	tatsächlich	
2.1.1 Fragebogen entwerfen	F. Schmidt	14. Februar	15. Februar	28. Februar	28. Februar	
2.2.2 Pilot-Befragung	F. Schmidt	20. April	21. April	30. April	25. April	Kritischer Pfad
2.2.1 Anleitungen drucken	R. Hartig	6. Mai	6. Mai	15. Mai		

Abbildung 10.4: Ein Vorgangs-Bericht (Activity-Report)

Diese Daten beschreiben den Leistungsstand des Projekts in der Berichtsperiode:

✔ die Termine, an denen der Vorgang tatsächlich beginnt und endet

✔ wichtige Bemerkungen zu dem Vorgang

Ein kombinierter Vorgangs-Schlüsselereignis-Bericht (Activity-Key-Event-Report), wie er in Abbildung 10.5 dargestellt ist, gibt sowohl über die Vorgänge als auch über Schlüsselereignisse Auskunft. Dieser Bericht sieht genau wie ein Vorgangs-Bericht aus, nur dass man die geplanten und tatsächlichen Ereignis-Eintrittszeitpunkte in der Spalte »Endtermin« einträgt.

Vorgang	Verantwort-liche(r)	Starttermin		Endtermin		Bemerkungen
		geplant	tatsächlich	geplant	tatsächlich	
2.1.1 Fragebogen entwerfen	F. Schmidt	14. Februar	15. Februar	28. Februar	28. Februar	
2.2.2 Fragebogenentwurf genehmigt	F. Schmidt	–	–	28. Februar	28. Februar	
2.2.1 Pilotbefragung	F. Schmidt	20. April	21. April	30. April	25. April	Kritischer Pfad

Abbildung 10.5: Ein kombinierter Vorgangs-Schlüsselereignis-Bericht (Activity-Key-Event-Report)

Abbildung 10.6 zeigt ein Fortschritts-Gantt-Diagramm. Um den Fortschritt eines bestimmten Vorgangs zu visualisieren, zeichnet man ihn schwarz. In unserem Beispiel wird der Projektstatus zum 30. Juni dargestellt. Das Diagramm zeigt, dass die Entwurfsphase beendet ist, die Herstellungsphase einen Monat im Verzug ist und die Phase der Testdurchführung einen Monat vor dem geplanten Zeitraum durchgeführt wurde.

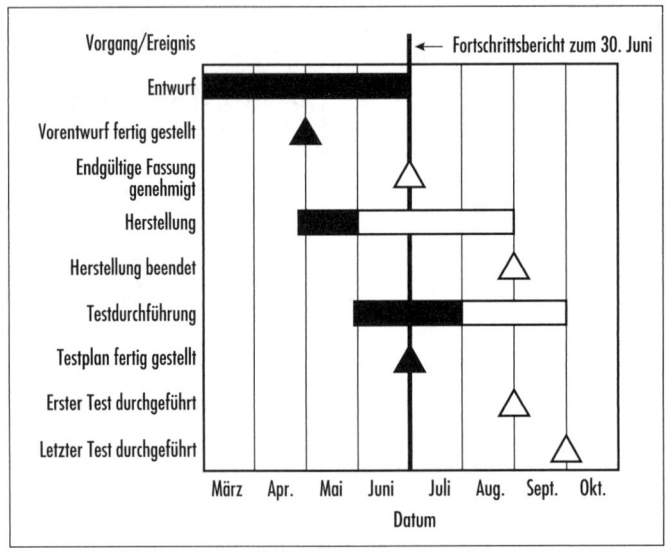

Abbildung 10.6: Ein Fortschritts-Gantt-Diagramm

Die aussagekräftigste Methode, den Fortschritt eines Projekts zu bewerten, besteht darin, sich die Ereignisse zu den jeweiligen Vorgängen anzusehen, die bis zum Stichtag erreicht wurden. Das Fortschritts-Gantt-Diagramm in Abbildung 10.6 sagt aus, dass Sie bis 30. Juni alle Zwischenereignisse erreicht haben, die mit Vorgang 2 verbunden sind, der bis 31. Mai abgeschlossen sein sollte.

Eine letzte Anmerkung: Vielleicht denken Sie jetzt, dass ich meinem eigenen Grundsatz untreu geworden bin, indem ich Vorgänge dargestellt habe, die sich über vier Monate hinziehen (in Kapitel 3 sagte ich, dass die Lowest-Level-Aktivitäten nicht länger als zwei Wochen dauern sollten). Diese Berichte können Sie jedoch in jedem beliebigen Detaillierungsgrad erstellen, je nachdem, welche Interessen und Bedürfnisse Ihr Publikum hat. Dieser Bericht stellt eine relativ hohe Ebene mit Informationen über Vorgänge in einem Zeitraum von vier Monaten dar, in einem detaillierteren Plan würden diese Vorgänge einfach in Subelemente unterteilt werden, die nicht länger als zwei Wochen dauern.

 Nicht jeder interpretiert ein Gantt-Diagramm gleich. Mein Diagramm soll zeigen, dass Vorgang 2 einen Monat im Rückstand liegt. Mir haben aber auch schon Leute gesagt, dass sie das Diagramm so interpretieren, dass 25% von Vorgang 2 durchgeführt wurden, weil ein Viertel des Balkens für Vorgang 2 schwarz ist. Ein Teilnehmer sagte mir sogar, er interpretiere das Diagramm so, dass Vorgang 2 am 30. Juni beendet war, obwohl ich nie herausfand, wie er auf diese Deutung kam. Was ich damit sagen will, ist Folgendes: Erklären Sie Ihren Teammitgliedern, wie sie die Informationen, die Sie grafisch darstellen, interpretieren sollen.

Daten für Fortschrittsberichte sammeln

Zur Erfassung der erledigten Tätigkeiten sollten Sie feste Formate und Vorgehensweisen entwickeln; Sie verbessern dadurch die Qualität der Informationen und brauchen weniger Zeit für die Datensammlung. Ich benutze meistens den kombinierten Activity-Key-Event-Report.

✔ Zu Beginn jeder Berichtsperiode drucke ich für jedes Teammitglied einen separaten Bericht aus, der die Vorgänge und Ereignisse für den jeweiligen Zeitraum enthält.

✔ Ich bitte die Teammitglieder in die jeweiligen Spalten einzutragen, wann sie einen Vorgang beginnen oder beenden oder wann ein Ereignis erreicht wird und welche wichtigen Bemerkungen sie haben.

✔ Ich bitte sie, mir eine Kopie des Berichts bis zum Nachmittag des folgenden Werktags nach dem Ende der Berichtsperiode zuzuschicken.

Diese Art der Fortschrittskontrolle hat mehrere Vorteile:

✔ Das einheitliche Format für die Datensammlung und -lieferung erleichtert die Sache und spart Zeit, sowohl bei der Erstellung als auch bei der Interpretation.

✔ Eine zeitgenaue Erfassung der Endzeitpunkte erhöht die Genauigkeit der Daten.

✔ Der vereinbarte Zeitraum, in dem die Daten zur Verfügung gestellt werden sollen, sorgt dafür, dass ich niemanden mit unerwarteten Forderungen nach Daten überraschen muss.

✔ Wenn die Teammitglieder ständig ihre Zeitpläne überprüfen und die Fortschritte erfassen, bekommen sie ein besseres Gefühl dafür, wie gut sie ihre Verpflichtungen einhalten, und man erhöht die Wahrscheinlichkeit, dass sie ihre Zusagen einhalten.

Denken Sie immer daran: Der Zweck der Kontrolle ist, die Teammitglieder dazu zu motivieren, planmäßig ihre Leistungen zu erbringen, und nicht, Daten darüber zu sammeln, wie gut die Einzelnen arbeiten. Je besser diejenigen, die die Arbeit erledigen sollen, wissen, wo sie stehen und wie sie im Plan vorankommen, desto größer die Wahrscheinlichkeit, dass sie diesen Zeitplan auch einhalten können. Wenn sie nicht wissen oder es ihnen egal ist, wann der Abgabetermin ist, werden sie ihn auch kaum einhalten.

 Den kombinierten Vorgangs-Schlüsselereignis-Bericht (Activity-Key-Event-Report) benutze ich auch dazu, mich noch einmal des Engagements der Teammitglieder am Anfang einer Berichtsperiode zu versichern. Wenn ich ihnen den Bericht übergebe, in dem ihre Vorgänge und Ereignisse für die kommende Periode aufgelistet sind, bitte ich sie, die Informationen zu überprüfen und mir zu sagen, ob sie zu ihren Zusagen stehen. Bei auftauchenden Problemen reden wir darüber und lösen sie.

Bei der Auswahl der Berichtsperiode sollten Sie Folgendes bedenken:

✔ **Liegt dieser Vorgang auf einem kritischen Pfad?** Vorgänge auf einem kritischen Pfad verzögern den Gesamt-Zeitplan, wenn sie verspätet durchgeführt werden (in Kapitel 4 finden Sie eine detaillierte Erläuterung der kritischen Pfade). Deshalb sollten Sie Vorgänge auf kritischen Pfaden möglicherweise häufiger überwachen, um mögliche Probleme so schnell wie möglich zu erkennen und deren Auswirkungen auf den Zeitplan zu minimieren.

✔ **Liegt der Vorgang auf einem Pfad, der fast kritisch ist?** Aktivitäten, die auf einem nicht-kritischen Pfad liegen, können bis zu einem bestimmten Punkt hinausgezögert werden, bis auch sie kritisch werden; weitere Verzögerungen wirken sich dann wieder auf den gesamten Zeitplan aus. Die maximale Zeit, um die sie nicht-kritische Vorgänge verzögern können, nennt man *Pufferzeit* (siehe Kapitel 4). Wenn die Pufferzeit eines Vorgangs sehr kurz ist, kann schon eine kleine Verzögerung dazu führen, dass ein Pfad kritisch wird. Vorgänge mit sehr kurzen Pufferzeiten sollten Sie deshalb möglicherweise ebenfalls häufiger überwachen, um auftauchende Probleme so schnell wie möglich zu erkennen.

✔ **Ist ein Vorgang besonders risikoträchtig?** Wenn Sie das Gefühl haben, dass es bei einem bestimmten Vorgang wahrscheinlich zu Problemen kommt, sollten Sie ihn möglicherweise in kürzeren Abständen überwachen, um diese Probleme möglichst gleich zu erkennen.

✔ **Kam es bei diesem Vorgang bereits zu Problemen?** Vorgänge, die in der Vergangenheit bereits zu Problemen geführt haben, sollten Sie möglicherweise ebenfalls häufiger überwachen. Wenn alle anderen Faktoren ähnlich gelagert sind, sollten Sie damit rechnen, dass es hier möglicherweise wieder zu Problemen kommt.

Die Leistungsperioden sollten nie länger als ein Monat sein. Die Erfahrung zeigt, dass längere Zeiträume zu folgenden Problemen führen:

✔ Die Teammitglieder verlieren den Vorgang aus den Augen und sind weniger motiviert, was dazu führen kann, dass der Vorgang nicht in der geplanten Zeit durchgeführt wird.

✔ Kleine Probleme können sich schnell in große verwandeln, wenn sie nicht rechtzeitig erkannt werden.

Die Datengenauigkeit verbessern

Um die Genauigkeit der Daten, die in Ihre Leistungsbewertung eingehen, zu verbessern, sollten Sie Folgendes tun:

✔ **Informieren Sie alle Personen, von denen Sie Daten benötigen, wie Sie diese Daten verwenden wollen.** Die meisten Menschen sind motivierter, wenn sie wissen, warum sie etwas tun sollen.

✔ **Stellen Sie den Personen, die Ihnen die Daten zur Verfügung stellen, den Bericht zur Verfügung, den Sie daraus entwickeln.** Die meisten Menschen sind noch eher bereit, etwas zu tun, wenn sie einen Nutzen davon haben.

✔ **Sprechen Sie offen Ihre Anerkennung für diejenigen aus, die Ihnen rechtzeitig die korrekten Daten zur Verfügung stellen.** Wenn Sie ein gewünschtes Verhalten positiv verstärken, zeigt das demjenigen, dass er Ihre Erwartungen erfüllt hat, und anderen, welches Verhalten Sie sich wünschen.

✔ **Definieren Sie eindeutig Vorgänge und Ereignisse.** Dadurch können Sie besser erkennen, wo ein Projekt steht, wann ein Meilenstein erreicht oder auch verpasst wurde und wann ein Vorgang ausgeführt oder nicht ausgeführt wurde.

✔ **Sammeln Sie nicht mehr Daten, als Sie analysieren wollen, und verwenden Sie alle Daten, die Sie bekommen.** Sammeln Sie nur solche Daten, von denen Sie wissen, dass Sie sie brauchen, um den Projektstand zu bewerten.

Das richtige Werkzeug, das Ihre Zeitplan-Überwachung erleichtert

Sehr wahrscheinlich werden Sie Ihr eigenes System entwickeln müssen, um den Zeitplan Ihres Projekts richtig zu überwachen. Das können Sie entweder manuell oder computergestützt tun; beide Methoden haben Vor- und Nachteile.

Zu den manuellen Systemen gehören beispielsweise Zeitplaner, Kalender und handgeschriebene Projekt-Logbücher. Wenn Sie die Vorgänge und Ergebnisse auf diese Weise erfassen, brauchen Sie keine besondere Software und können Geld sparen.

Manuelle Methoden haben jedoch folgende Nachteile:

✔ Die Aufbewahrung der Daten erfordert Platz. Je mehr Daten Sie haben, desto mehr Platz benötigen Sie.

✔ Daten per Hand zu vergleichen und zu analysieren kann sehr zeitaufwändig sein und es können sich leichter Fehler einschleichen.

✔ Berichte manuell auszuarbeiten ist zeitaufwändig.

Sie können auch folgende Softwareprogramme benutzen, die vielleicht schon auf den PCs in Ihrem Unternehmen installiert sind:

✔ eine Datenbanksoftware, beispielsweise Microsoft Access

✔ ein Tabellenkalkulationsprogramm, beispielsweise Microsoft Excel

✔ ein Textverarbeitungsprogramm, beispielsweise Microsoft Word

✔ eine Projektmanagement-Software, beispielsweise Microsoft Project

 Es gibt viele verschiedene Anbieter, die Programme für diese Bereiche anbieten. In ungefähr 80% der Unternehmen, in denen ich gearbeitet habe, wurden allerdings die Produkte der Firma Microsoft als Standardprogramme eingesetzt. Deshalb habe ich für die unterschiedlichen Softwaretypen als Beispiele die Softwarepakete der Firma Microsoft angegeben, weil die Wahrscheinlichkeit groß ist, dass Sie von diesen Programmen schon gehört haben und sie leicht auf Ihrem Computer installieren können (falls sie dort nicht schon installiert sind).

In Kapitel 16 erörtern wir ausführlich die potenziellen Vorteile von Projektmanagement-Software.

Arbeitsstunden-Überwachung

Um die Anzahl der geleisteten Arbeitsstunden zu überwachen, müssen Sie die Anzahl der Stunden zusammenzählen, die tatsächlich für jede einzelne in der Projektstruktur aufgeführte Lowest-Level-Aktivität investiert wurde. (In Kapitel 3 erklären wir die Projektstruktur.)

Die Analyse der geleisteten Arbeitsstunden

Beurteilen Sie den Arbeitsaufwand für Ihr Projekt, indem Sie die tatsächlich geleisteten Stunden mit der geplanten Anzahl der Stunden vergleichen. In Abbildung 10.7 sehen Sie einen typischen Personaleinsatzplan, der beschreibt, wie viel Arbeitseinsatz jedes Teammitglied für jede Lowest-Level-Aktivität erbracht hat. Folgende Informationen entnehmen Sie Ihrem Projektplan:

✔ Vorgangsbezeichnung und -beschreibung

✔ Die Gesamtstundenzahl, die jedes Teammitglied für die einzelnen Tätigkeiten aufwenden muss

✔ Die Anzahl der Arbeitsstunden, die jedes Teammitglied pro Woche für die einzelnen Tätigkeiten aufwenden soll

Folgende Daten entnehmen Sie den Informationen, die im Berichtszeitraum gesammelt werden:

✔ Die tatsächliche Stundenzahl, die jedes Teammitglied für die einzelnen Tätigkeiten aufgewendet hat

✔ Die Anzahl der Gesamtstunden, die jedes einzelne Teammitglied für die einzelnen Tätigkeiten noch zu leisten hat

✔ Die Differenz zwischen geplanter Stundenzahl und tatsächlich geleisteter Stundenzahl pro Tätigkeit

PS-Code	Beschreibung	Mitarbeiter		Geleistete Arbeitsstunden (Personenstunden)					
				Budget	Woche 1	Woche 2	Woche 3	Woche 4	. . .
3.1.2	Fragebogen entwerfen	H. Johann	Geplant	130	20	40	20	30	. . .
			Tatsächlich	0	10	30	5	25	. . .
				130	120	90	85	25	. . .
			Differenz	0	+10	+20	+35	+40	. . .
		F. Schmidt	Geplant	70	0	20	20	15	. . .
			Tatsächlich	0	0	25	10	15	. . .
			Rest	70	70	45	35	20	. . .
			Differenz	0	0	-5	+5	+5	. . .

Abbildung 10.7: Ein Personaleinsatzplan

Erwarten Sie bitte nicht, dass die tatsächlichen Aufwendungen immer mit den geplanten übereinstimmen. (Wenn sich die geplante Stundenzahl jeden Monat mit der Anzahl der tatsächlich geleisteten Stunden deckt, dann sollten Sie vielleicht sogar prüfen, ob die Teammitglieder nicht vielleicht einfach die Stunden aus dem Plan in ihre Arbeitsblätter übertragen!) Monatliche Abweichungen von 10 % nach oben oder unten sind normal.

Sehen Sie sich einmal die Stunden der beiden Teammitglieder an, die in dem Personaleinsatzplan in Abbildung 10.7 dargestellt sind. Herr Schmidt scheint ungefähr so viel zu arbeiten wie im Plan vorgesehen. In Woche 2 hat er mehr Stunden eingetragen als geplant, in Woche 3 weniger und in Woche 4 genauso viele wie geplant.

Bei Herrn Johann sieht die Situation ganz anders aus. Jede Woche investiert er weniger Zeit in das Projekt als geplant und die Differenz wird immer größer. Es ist nicht erkennbar, ob dieser

Rückstand auf ein Problem schließen lässt, aber diese fortwährende Diskrepanz sollte zumindest näher untersucht werden.

Daten für die Arbeitsaufwandsbewertung sammeln

Die besten Daten erhält man, wenn alle Teammitglieder ihre Einsatzpläne richtig ausfüllen. In Abbildung 10.8 ist ein typischer Einsatzplan dargestellt.

Ein Mitarbeiter-Einsatzplan enthält folgende Angaben:

✔ die Anzahl der Stunden, die sie im Laufe eines Tages für die einzelnen Tätigkeiten investieren

✔ Ihre Unterschrift, die besagt, dass die Informationen stimmen

✔ eine Unterschrift, die besagt, dass die eingetragenen Zeiten genehmigt und angemessen sind

			Von _____ bis _____						
Mitarbeiter: Name	Unterschrift					Genehmigt: Name	Unterschrift		

Vorgang			So.	Mo.	Di.	Mi.	Do.	Fr.	Sa.	Gesamt
Projekt-Nr.	PS-Code	Beschreibung	3.4.	4.4.	5.4.	6.4.	7.4.	8.4.	9.4.	
Stunden insgesamt										

Abbildung 10.8: Ein typischer Mitarbeiter-Einsatzplan für eine Woche

Meistens genügt es, die Anzahl der Stunden, die man für eine bestimmte Tätigkeit investiert, in halben Stunden anzugeben.

 Manche Mitarbeiter müssen ihre Zeiten in kleineren Intervallen als halben Stunden angeben. Rechtsanwälte beispielsweise, die leicht auf Stundensätze von mehreren Hundert Mark kommen, sollten ihre Zeiten in kleineren Einheiten erfassen.

 Ein *Logbuch* unterteilt den Tag in Intervalle und ermöglicht es Ihnen, zu erfassen, an welcher Tätigkeit Sie in den jeweiligen Intervallen gearbeitet haben. Wenn Sie Ihre Zeit in halbstündige Intervalle unterteilen möchten und um 8.30 Uhr morgens mit der Arbeit beginnen, dann würde das erste Intervall in Ihrem Logbuch von 8.30 Uhr bis 9.00 Uhr dauern, das zweite von 9.00 Uhr bis 9.30 Uhr und so weiter.

Wenn Sie Ihr Logbuch kontinuierlich führen, liefert es genauere Daten, weil Sie dadurch gezwungen sind, jeden Moment Ihres Tages zu belegen. Das Führen eines Logbuchs ist allerdings wesentlich zeitaufwändiger als das Ausfüllen eines normalen Einsatzplans. Normalerweise ist es nicht nötig, genau festzuhalten, zu welcher Zeit des Tages man welche Tätigkeiten ausgeübt hat – lediglich die gesamte Zeit, die man dafür aufgewendet hat.

Die Genauigkeit der Daten für die Beurteilung des Personaleinsatzes verbessern

Folgendes sollten Sie tun, um die Genauigkeit der Daten, die Sie für Ihre Personaleinsatz-Bewertung sammeln, zu verbessern:

✔ **Achten Sie darauf, dass alle verstehen, dass das Zeiterfassungssystem notwendig ist, um den geplanten Bedarf mit dem tatsächlichen vergleichen zu können und dann festzustellen, ob Teile des Plans geändert werden müssen.** Wenn Sie die Teammitglieder bitten, die Stunden, die sie in spezielle Aufgaben investieren, zu erfassen, haben viele Angst vor möglicher Kritik. Man fürchtet, Sie könnten kritisieren, dass jemand nicht, komme was wolle, seine geplante Stundenzahl leistet oder zu wenig Stunden für das Projekt arbeitet oder zu viel Zeit mit anderen organisatorischen Aufgaben verbringt. Wenn Ihre Teammitglieder der Meinung sind, dass dies Ihre Motive sind, werden sie ihre Arbeitsstunden so auf die einzelnen Tätigkeiten verteilen, wie man glaubt, dass Sie es so wünschen, und nicht so, wie sie tatsächlich aufgewendet werden.

✔ **Ermutigen Sie Ihre Teammitglieder dazu, ihre tatsächlich in einer Periode geleisteten Stunden zu erfassen. Sie sollen nicht ihre gesamten 40 Wochenstunden verteilen.** Wenn die Mitarbeiter ihre vollen 40 Wochenstunden verteilen sollen, müssen sie Überstunden machen, Stunden nicht eintragen oder weniger Stunden arbeiten, damit am Ende der Woche 40 Stunden herauskommen. Sie möchten aber, dass die Daten genau sind.

✔ **Lassen Sie auch Kategorien wie »Sonstiges« oder »Organisatorisches« zu, in die Zeiten eingetragen werden können, die keiner besonderen Projektaktivität zugeordnet werden können.** Wenn Sie möchten, dass die Zeiten ehrlich eingetragen werden, müssen Sie auch die richtigen Rubriken zur Verfügung stellen.

✔ **Fordern Sie die Teammitglieder auf, ihre Einsatzpläne selbst auszufüllen.** Einige bitten jemand anders, beispielsweise eine Sekretärin, die Formulare auszufüllen. Es ist schon schwer genug, für sich selbst am Ende eines Tages oder einer Woche noch zu wissen, was man getan hat. Für einen Außenstehenden ist das fast unmöglich.

✔ **Sammeln Sie die Pläne möglichst wöchentlich ein, mindestens aber alle zwei Wochen.** Egal, wie oft Sie die Teammitglieder bitten, ihre Zeiterfassungsbogen auszufüllen, viele werden damit warten, bis er abgegeben werden muss. Wenn Sie diese Formulare nur einmal pro Monat einsammeln, werden genau diese Leute davor sitzen und überlegen, was sie vor vier Wochen gemacht haben.

✔ **Sammeln Sie die Formulare für eine Bewertungsperiode erst ein, wenn die Periode vorbei ist.** Manchmal sammeln Projektmanager die Erfassungsbogen für die Woche bereits am Donnerstag ein. Einerseits nimmt dadurch die Genauigkeit der Daten automatisch ab, weil man kaum mit Sicherheit sagen kann, was man am nächsten Tag tun wird. Darüber hinaus suggeriert dieses Vorgehen den Teammitgliedern außerdem, dass man es mit der Genauigkeit der restlichen Daten auch nicht so genau nehmen muss, wenn der Freitag sowieso geschätzt wird.

Das richtige Werkzeug, um die Arbeitsstundenerfassung zu erleichtern

Finden Sie zunächst heraus, ob es in Ihrem Unternehmen bereits ein Zeiterfassungssystem gibt, ob es die Daten so erfasst, wie Sie sie benötigen, und ob die erfassten Daten genau genug sind. Bei der Bewertung der vorhandenen Zeiterfassungssysteme bedenken Sie Folgendes:

✔ Zeiterfassungssysteme sind meistens so angelegt, dass sie die Anteile des Gehalts oder Lohnes eines Mitarbeiters erfassen, die auf reguläre Arbeit, Urlaub, Krankheit und Feiertage entfallen. Bei Mitarbeitern, die ihre Überstunden nicht bezahlt bekommen, sind diese Systeme ungenau, weil diese eigentlich nicht mehr als 40 Stunden pro Woche erfassen dürfen. Außerdem ist es meistens nicht möglich, die Stunden anhand der in der Projektstruktur festgelegten Einzel-Tätigkeiten zu erfassen.

✔ Manche schreiben nur sehr ungern auf, wie viele Stunden sie für welche Aufgaben investiert haben, weil sie nicht wissen, wie diese Daten verwendet werden.

✔ Die Standardberichte dieses Systems stellen die Informationen möglicherweise nicht in der Form dar, wie Sie sie benötigen, um damit Ihr Projekt zu überwachen.

Falls Sie sich entschließen, ein eigenes System zu entwickeln, können Sie entweder ein manuelles Erfassungssystem oder ein computergestütztes einrichten. Zu den manuellen Systemen gehört beispielsweise das Führen eines Tageskalenders oder Zeitplaners, in den man die geleisteten Stunden einträgt. Diese Daten sind nicht nur häufig unvollständig und ungenau, sondern es ist auch schwierig, diese Daten zur Auswertung zusammenzufassen und in Berichten zu verarbeiten. Ein computergestütztes System lässt sich mit folgenden Programmen installieren:

✔ Projektmanagement-Software wie beispielsweise Microsoft Project

✔ Datenbank-Software wie beispielsweise Microsoft Access

✔ Tabellenkalkulationsprogramme wie beispielsweise Microsoft Excel

In Kapitel 16 erörtern wir, welche Vorteile der Einsatz von Computerprogrammen für das Projektmanagement hat.

Die Ausgaben überwachen

Die Kosten Ihres Projekts müssen Sie überwachen, um festzustellen, ob sie mit dem Projektplan übereinstimmen, und falls nicht, um herauszufinden, wie man die Abweichungen beseitigen kann. Vielleicht sind Sie der Meinung, um herauszufinden, welcher Anteil des Projektbudgets schon verbraucht wurde und wie viel Geld noch übrig ist, muss man lediglich das »Projektkonto« aufrufen (also das Konto, von dem die Ausgaben abgehen). Das Planen und auch das Ausgeben von Projektgeldern erfolgt aber in mehreren Stufen. Mit jeder Stufe ist die Sicherheit, ob Sie eine bestimmte Sache anschaffen, ob sie rechtzeitig eintrifft und was sie kostet, größer.

Der Beschaffungsprozess bis zur Bezahlung einer Sache oder Dienstleistung beinhaltet folgende Schritte:

1. **Man entwickelt eine erste Schätzung der Kosten für eine bestimmte Sache, meistens, ohne bereits bei den Lieferanten Angebote eingeholt zu haben.**

2. **Man schickt eine schriftliche genehmigte Bedarfsmeldung an die Einkaufsabteilung.**

3. **Die Einkaufsabteilung fragt beim Lieferanten den Artikel nach.**

   Die formale Angebotseinholung enthält meistens auch den zuletzt bezahlten Preis und wahrscheinlich Angaben zu den Versandkosten und Steuern.

4. **Der Lieferant verpflichtet sich, Ihnen den nachgefragten Artikel zu liefern, und er bestätigt den Preis, die Versandkosten und die Steuern.**

   Der von Ihrer Einkaufsabteilung und dem Lieferanten gegengezeichnete Auftrag stellt einen Vertrag zur Lieferung eines bestimmten Artikels dar.

5. **Sie erhalten die Ware und bestätigen, dass sie in einwandfreiem Zustand ist.**

6. **Sie erhalten eine Rechnung, in der die endgültigen Kosten für den Artikel, die gewährten Rabatte, Steuern und Versandkosten enthalten sind.**

7. **Sie bezahlen die Ware.**

Mit jedem Schritt wird die Höhe der Ausgabe genauer bestimmt und die Wahrscheinlichkeit, dass Sie die Ware tatsächlich kaufen, steigt.

 Manchmal müssen oder möchten Sie Angebote von unterschiedlichen Lieferanten einholen, bevor Sie einen Vertrag unterschreiben, um sicherzugehen, dass Sie die beste Qualität zum günstigsten Preis erhalten. In einer *Ausschreibung* werden Lieferanten, die sich daran beteiligen möchten, aufgefordert, formale Angebote abzugeben, in denen genau beschrieben ist, was sie liefern wollen, wann und zu welchem Preis. Wenn die Ware oder die Leistung, die Sie erwerben möchten, klar definiert ist und vor allem, wenn klar ist, welche Qualität Sie erwarten, sollten Sie eine Ausschreibung machen und interessierte Lieferanten dazu auffordern, lediglich den Preis zu nennen, den sie für diese Ware oder Leistung verlangen würden.

Nachdem Sie die verschiedenen Angebote geprüft und sich für ein Angebot entschieden haben, verhandeln Sie über die letzten Details des Vertrages und machen einen Kaufvertragsentwurf, den Sie und der Lieferant unterzeichnen.

Diese Liste zeigt jeden einzelnen möglichen Schritt eines Beschaffungsprozesses. Je nach Größe der Anschaffung sowie Größe und organisatorischem Formalitätsgrad des Unternehmens müssen Sie vielleicht nicht für jede Anschaffung alle oben genannten Schritte durchlaufen.

 Nehmen wir einmal an, Sie hätten in Ihrem Plan festgelegt, dass Sie so schnell wie möglich nach Projektbeginn einen neuen Computer kaufen müssen. Nach Ihren Erfahrungen und Ihrem Wissen über die Marktsituation veranschlagen Sie für den Erwerb 2.000 €. Sobald das Projekt beginnt, schreiben Sie eine Bedarfsmeldung für den Computer und schicken diese an die Einkaufsabteilung. Sie beschreiben, welche Merkmale der Computer haben sollte und notieren den geschätzten Preis von 2.000 €. Jetzt haben Sie 2.000 € weniger für andere Beschaffungen zur Verfügung, weil Sie irgendwann in der Zukunft wahrscheinlich 2.000 € an einen Computerhändler zahlen müssen.

Nachdem die Einkaufsabteilung Ihre Bedarfsmeldung erhalten hat, fragt sie bei verschiedenen Händlern an, entscheidet sich für einen und schreibt einen Auftrag über 1.850 € (worin sowohl der Kaufpreis als auch die Versandkosten und Steuern enthalten sind). Die Einkaufsabteilung teilt Ihnen jetzt mit, dass Ihre Bedarfsmeldung erfüllt wird und wie hoch die genauen Kosten sind.

Jetzt wissen Sie mit größerer Gewissheit, dass Sie einen Computer bekommen werden und wie viel Sie dafür ausgeben müssen. Der Verkäufer unterschreibt den Auftrag und bestätigt dadurch, dass er den Computer liefern wird und zu welchen Gesamtkosten.

Nachdem Sie den Computer erhalten und überprüft haben, sind alle Unsicherheiten darüber, ob Sie einen Computer bekommen oder nicht, praktisch ausgeräumt. Und wenn Sie die Rechnung erhalten, wissen Sie genau, was er kostet. Es ist noch immer möglich, dass der Computer nicht richtig funktioniert oder dass noch versteckte Kosten auf Sie zukommen, aber die Wahrscheinlichkeit ist sehr gering.

Nachdem Sie dann die Rechnung bezahlt haben, sind Sie fast sicher, dass kein Teil dieses Budgets mehr für andere Anschaffungen zur Verfügung steht. Es ist noch immer möglich, dass Sie sich irgendwann entschließen, den Computer zurückzugeben und einen Teil des Kaufpreises zurück zu bekommen, aber die Wahrscheinlichkeit ist eher gering.

Aktives Projektmanagement erfordert, dass Sie zu jedem beliebigen Zeitpunkt eine Vorstellung von den noch zur Verfügung stehenden Mitteln haben. Dazu ist es meistens erforderlich, dass Sie Bedarfsmeldungen, Aufträge, Verträge (Aufträge, die bereits durch Sie und den Lieferanten unterschrieben wurden), offenstehende Rechnungen und Ausgaben überwachen.

Die Kosten analysieren

Sie bewerten die Kosten für Ihr Projekt, indem Sie die tatsächlichen Kosten mit den geplanten vergleichen. In Abbildung 10.9 sehen Sie eine typische Kostenübersicht, der die Ausgaben für jede Lowest-Level-Aktivität und die Summen für die Vorgänge auf einer höheren Stufe für die aktuelle Berichtsperiode und die gesamte Projektperiode bis zum jetzigen Zeitpunkt zu entnehmen sind. Folgende Informationen für diese Übersicht stammen aus Ihrem Projektplan:

✔ Tätigkeitsbezeichnung und -beschreibung

✔ das Gesamtbudget für jede einzelne Aktivität für die jeweilige Berichtsperiode

✔ die kumulierten Budgets für jede Aktivität bis zum heutigen Tag

✔ das Gesamtbudget für jede Aktivität

PS-Code	Vorgang	Berichtsperiode		bis heute		Gesamt-budget
		geplant	tatsächlich	geplant	tatsächlich	
	Gesamt	$8,500	$8,200	$15,500	$15,100	$200,000
1.0	Anforderungskatalog fertig stellen	5,000	4,400	12,300	11,400	45,000
1.1	Testgruppen befragen	3,000	2,900	7,500	7,100	10,000
1.2	Unterlagen überprüfen	1,500	1,200	4,000	3,800	5,000
1.3	Bericht vorbereiten	500	300	800	500	4,000
⋮						

Abbildung 10.9: Eine Kostenübersicht

Die tatsächlichen Zahlen für den Berichtszeitraum entnehmen Sie den Daten, die Sie während dieser Zeit erhalten. Da es für »tatsächlich« in dieser Abbildung keine Definition gibt, kann damit entweder der Betrag der Bedarfsmeldung, die Auftragssumme, die Vertragssumme, die offene Rechnung und/oder die tatsächlich geleisteten Ausgaben gemeint sein.

 Eine *Arbeitswert-Analyse* ist eine Methode, mit der man alleine aus den bisher aufgewendeten Ressourcen nicht nur ermitteln kann, ob man über oder unter dem Budget liegt, sondern auch, ob man dem Zeitplan voraus ist oder zurückliegt. Bei komplexen Projekten ist dies eine gute Möglichkeit, kritische Bereiche und potenzielle Problemstellen zu erkennen. In Anhang B erläutern wir die Arbeitswert-Analyse im Einzelnen.

Daten für die Kostenkontrolle sammeln und ihre Genauigkeit verbessern

Angaben über die Kosten können Sie meistens den Bedarfsmeldungen, Aufträgen, Rechnungen und getätigten Überweisungen entnehmen. In den meisten Fällen werden Ihnen die Bedarfsmeldungen vorgelegt, weil Sie sie wahrscheinlich genehmigen müssen. Die Einkaufsabteilung schreibt für Anschaffungen meistens Aufträge, vielleicht können Sie davon jeweils eine Kopie bekommen. Lieferanten-Rechnungen werden meistens direkt an die Buchhaltungsabteilung geschickt und diese bezahlt dann die Rechnungen. Vielleicht können Sie veranlassen, dass man Ihnen Kopien der Rechnungen schickt, so dass Sie die Beträge prüfen können. Außerdem können Sie vielleicht über alle Ausgaben, die für Ihr Projekt getätigt werden, einen Bericht bekommen, wenn diese Ausgaben projektweise erfasst werden.

Um die Kostendaten exakter bestimmen zu können, gehen Sie folgendermaßen vor:

✔ Achten Sie darauf, dass eine Auftragssumme von der Gesamtsumme abgezogen wird, wenn die entsprechende Rechnung eingeht (oder die Überweisung getätigt wurde), um Doppelbuchungen zu vermeiden

✔ Achten Sie darauf, dass Sie bei jeder Bedarfsmeldung den korrekten Projektstruktur-Code angeben

✔ Achten Sie darauf, dass bei jedem Auftrag der korrekte Projektstruktur-Code angegeben wird

✔ Löschen Sie regelmäßig alte Bedarfsmeldungen und Aufträge, die storniert wurden

Das richtige Werkzeug zur Kostenüberwachung finden

Prüfen Sie zunächst, welche Systeme zur Kostenüberwachung in Ihrem Unternehmen bereits zur Verfügung stehen. In den meisten Unternehmen existieren Kostenerfassungssysteme, in denen sämtliche Ausgaben erfasst werden. Häufig werden hier auch die offenen Rechnungen aufgelistet. Leider werden die Kosten meistens nur nach Kostenstellen, nicht jedoch nach Projekten oder gar Projektaktivitäten sortiert.

Wenn Sie zur Überwachung Ihrer Projektkosten ein eigenes System entwickeln müssen, können wir folgende Programme empfehlen:

✔ ein Projektmanagement-Programm, z.B. Microsoft Project

✔ eine Buchhaltungssoftware wie QuickBooks

✔ ein Datenbankpaket wie beispielsweise Microsoft Access

✔ ein Tabellenkalkulationsprogramm, z.B. Microsoft Excel

In Kapitel 16 finden Sie weitere Informationen über die möglichen Vorteile von Projektmanagement-Programmen.

Auch wenn das Kostenerfassungssystem, das in Ihrem Unternehmen eingesetzt wird, die Kosten nach Projektaktivitäten sortieren kann, müssen Sie wahrscheinlich ein eigenes System zur Überwachung der Bedarfsmeldungen und Aufträge entwickeln. Dies könnten Sie beispielsweise mithilfe eines Tabellenkalkulations- oder Datenbankprogramms tun.

Alles zusammenfassen

Legen Sie genau fest, wie Sie die benötigten Informationen sammeln und zur Verfügung stellen und wie Sie den Projektfortschritt und die Ergebnisse analysieren. An diese Abläufe sollten Sie sich während der gesamten Projektlaufzeit halten.

1. **Zu Beginn einer Berichtsperiode sollten Sie mit den Beteiligten noch einmal besprechen, welche Aufgaben diese in der kommenden Periode erledigen sollen, wann diese Tätigkeiten begonnen und beendet werden sollen, wann wichtige Ereignisse erreicht sein sollen und wie groß der Arbeitsaufwand für diese Aufgaben ist.**

   Wenn Sie sich mit jemandem bezüglich dieser Informationen nicht einig sind, erarbeiten Sie mit dem Betreffenden eine für beide Seiten akzeptable Planänderung.

2. **Veranlassen Sie, dass alle Beteiligten in der kommenden Periode folgende Daten erfassen:**

   - die Anfangs- und Endzeitpunkte der Tätigkeiten und zu welchem Zeitpunkt ein Ereignis erreicht sein soll

   - wie viele Arbeitsstunden sie für die einzelnen Projektaktivitäten investiert haben

   - eingehende Bedarfsmeldungen und ausgehende Aufträge

3. **In fest vereinbarten Abständen oder am Ende der Periode sollten alle Beteiligten folgende Daten entweder an alle hausinternen Systeme oder an die projektbezogenen Systeme weiterleiten:**

   - Angaben zum Fertigstellungsgrad der einzelnen Aufgaben

   - Angaben zu den geleisteten Arbeitsstunden

   - Angaben über Bedarfsmeldungen und erteilte Aufträge

4. **Machen Sie am Ende der Periode Folgendes:**

   - noch einmal sicherstellen, dass alle Tests, Kundenbefragungen und andere Verfahren zur Beurteilung der erzeugten Produkte erfolgreich überstanden wurden

   - Zeitplan- und Ressourcen-Informationen in die entsprechenden Informationssysteme eingeben

   - Berichte aus den projektspezifischen Programmen oder den für alle geltenden Programmen generieren, in denen geplanter und tatsächlicher Zeit- und Ressourcenaufwand in der jeweiligen Periode miteinander verglichen wird

   - Ermitteln Sie mögliche Differenzen zwischen diesen Angaben und suchen Sie nach den Gründen

   - Legen Sie, falls nötig, korrigierende Maßnahmen fest, mit denen Sie Ihr Projekt wieder auf den richtigen Kurs bringen, oder ändern Sie Teile des Plans

◆ Holen Sie alle notwendigen Genehmigungen ein, um die notwendigen Planänderungen vornehmen zu können

◆ Leiten Sie die korrigierenden Maßnahmen ein

◆ Berichten Sie über erreichte Ziele, Probleme, korrigierende Maßnahmen und darüber, was diese Maßnahmen gebracht haben

5. **Zu Beginn der nächsten Berichtsperiode fängt dieser Kreislauf von vorne an.**

 Eine *Grundlinie* ist die aktuelle Version Ihres Projektplans, an die Sie sich bei der Durchführung Ihres Projekts halten und mit der Sie die tatsächlich erreichten Ergebnisse vergleichen. Als *Grundlinienverschiebung* bezeichnen wir es, wenn ein ganz neuer Projektplan verabschiedet wird, der von jetzt an als Richtlinie für die Durchführung und zur Beurteilung des Fortschritts dient.

Wenn Sie der Meinung sind, dass Sie Ihren Plan überarbeiten müssen oder dass eine neue Grundlinie notwendig ist:

✔ Sprechen Sie mit den wichtigsten Projektbeteiligten, erklären Sie ihnen, warum Änderungen notwendig sind und bitten Sie sie um Unterstützung und um Genehmigung der Änderungen

✔ Sorgen Sie dafür, dass alle wichtigen Beteiligten von den Änderungen erfahren

✔ Bewahren Sie eine Kopie des ursprünglichen Plans und aller aktualisierten Versionen auf, damit Sie bei der Abschlussbewertung auf diese Informationen zurückgreifen können

Eine Verschiebung der Grundlinie sollte der letzte Ausweg sein, wenn eine Sache nicht nach Plan läuft. Probieren Sie alle möglichen anderen Strategien aus, um Ihr Projekt wieder auf den richtigen Kurs zu bringen, bevor Sie den Plan selbst ändern.

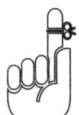 Die Fortschrittsüberwachung deckt keine Probleme auf, lediglich Symptome. Wenn Sie ein Symptom erkennen, müssen Sie den Fall untersuchen, um herauszufinden, welches Problem dahinter steckt, aus welchem Grund es zu dem Problem kam und wie man es lösen kann.

Sie können kein genaues Bild davon bekommen, wo Ihr Projekt gerade steht, wenn Sie nur ein oder zwei Aspekte überwachen. Sie müssen die Leistung in allen drei Dimensionen gleichzeitig überprüfen. Nur so finden Sie die Gründe für mögliche Unstimmigkeiten.

Stellen Sie sich beispielsweise vor, eines Ihrer Teammitglieder investiert während einer Berichtsperiode nur halb so viel Arbeitszeit in das Projekt wie ursprünglich geplant. Bedeutet das, dass es hier ein Problem gibt? Das weiß man nicht. Wenn derjenige alle geplanten Ereignisse erreicht hat, vielleicht nicht. Wenn einige der Ereignisse nicht erreicht wurden, vielleicht doch. Sie müssen sowohl die Kosten als auch den Zeitplan im Auge behalten.

Nehmen wir an, alle Ereignisse wurden erreicht. Trotzdem wissen Sie noch immer nicht, ob es ein Problem gibt – Sie müssen prüfen, ob die Produkte, die in dem jeweiligen Zeitraum produziert wurden, den Qualitätsanforderungen genügen.

Die Ursachen für mögliche Verzögerungen und Abweichungen herausfinden

Wenn ein Vorgang sich verzögert, kann das folgende Ursachen haben:

✔ Die Mitarbeiter investieren weniger Zeit in die Tätigkeit als ursprünglich vorgesehen

✔ Der Vorgang erfordert mehr Aufwand als angenommen

✔ Die Mitarbeiter dehnen eigenmächtig den Arbeitsumfang aus

✔ Die Aufgabe erfordert mehr Einzeltätigkeiten, als Sie ursprünglich angenommen hatten

✔ Die Person, die die Tätigkeit ausführen soll, hat weniger Erfahrung mit solchen Tätigkeiten, als Sie dachten

✔ Die Mitarbeiter erfassen ihre Arbeitsstunden nicht sorgfältig

Folgende Situationen führen dazu, dass Mitarbeiter mehr oder weniger Arbeitsstunden für eine Tätigkeit erfassen als geplant:

✔ Derjenige, der die Tätigkeit ausführt, ist produktiver oder weniger produktiv als Sie angenommen hatten

✔ Sie haben sich vor Beginn der Tätigkeit nicht genügend Zeit gelassen, um sich mit der Tätigkeit vertraut zu machen

✔ Derjenige, der die Tätigkeit ausführt, arbeitet effizienter oder weniger effizient, als Sie angenommen hatten

✔ Die Mitarbeiter erfassen ihre Arbeitsstunden nicht richtig

Verschiedene Gründe können dazu führen, dass Sie mehr Geld für Ihr Projekt ausgeben als ursprünglich geplant:

✔ Die Rechnungen für Waren oder Dienstleistungen gingen sehr spät ein

✔ Sie mussten einige Artikel im Voraus bezahlen, um einen Rabatt zu bekommen

✔ Bestimmte Dinge, die Sie in den Plan aufgenommen hatten, benötigen Sie gar nicht

✔ Sie benötigten Dinge oder Leistungen, die Sie nicht in den Plan aufgenommen hatten

✔ Ausgaben wurden dem falschen Konto belastet

Mögliche korrigierende Maßnahmen

Wenn der tatsächliche Projektfortschritt von Ihrem Plan abweicht, können Sie Folgendes tun:

✔ **Wenn die Abweichung auf einer einmalig auftretenden Schwierigkeit basiert, versuchen Sie Schritte einzuleiten, die Ihr Projekt wieder auf den richtigen Kurs bringen.** Nehmen wir beispielsweise an, Sie hätten für die Beschaffung einer Anlage 40 Arbeitsstunden geplant. Sie waren davon ausgegangen, dass Sie vier Geschäfte aufsuchen müssen, bevor Sie genau das Richtige finden würden, aber Sie fanden gleich in dem ersten Geschäft genau das, was Sie gesucht hatten, zu genau dem Preis, den Sie veranschlagt hatten. Ändern Sie Ihren Plan nicht, da Sie wahrscheinlich für andere Aktivitäten mehr Zeit als geplant benötigen werden, und auf lange Sicht wird sich das sicher ausgleichen.

✔ **Wenn die Abweichung darauf schließen lässt, dass es in der Zukunft zu weiterer Abweichungen kommen wird, sollten Sie vielleicht den Plan entsprechend ändern.** Nehmen wir einmal an, ein Mitarbeiter beendet eine Tätigkeit nach der Hälfte der eingeplanten Zeit, weil er mehr Erfahrung hatte als ursprünglich angenommen. Wenn er durch diese Erfahrung auch die anderen Tätigkeiten in der Zukunft effizienter ausführen kann, überarbeiten Sie den Plan und reduzieren Sie die für diese Tätigkeiten eingeplante Arbeitszeit.

Change-Management

Egal, wie sorgfältig Sie geplant haben, es wird immer etwas passieren, was Sie nicht vorhersehen konnten. Vielleicht erfordert eine Tätigkeit mehr Engagement als gedacht, Kundenwünsche und -anforderungen verändern sich oder es wird eine neue Technologie entwickelt. Wenn solche Dinge passieren, müssen Sie Ihren Plan möglicherweise überarbeiten, um sich auf diese neue Situation einstellen zu können.

Auch wenn Veränderungen notwendig und wünschenswert sind, so haben sie auch meistens Nachteile. Außerdem sind unterschiedliche Beteiligte möglicherweise unterschiedlicher Ansicht darüber, welche Veränderungen wichtig sind und wie man sie in die Pläne einbezieht.

Bei großen Projekten gibt es spezielle Kontrollsysteme, die regeln, wie Veränderungen bewertet werden, und wie man auf sie reagiert. Egal, ob es formale Vorschriften für den Umgang mit Veränderungen gibt, sollten Sie immer wie in Abbildung 10.10 dargestellt vorgehen.

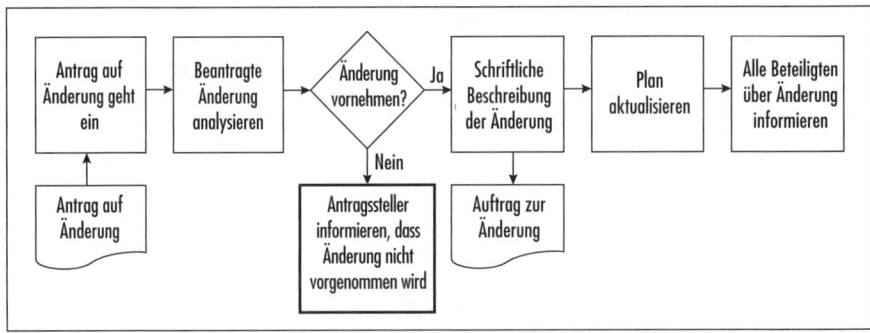

Abbildung 10.10: Ein Change-Management-System

✔ Wenn Sie einen Antrag auf Änderung eines Teils Ihres Projektplans bekommen, klären Sie genau, was man von Ihnen erwartet. Bitten Sie, wenn möglich, darum, dass man diesen Antrag schriftlich formuliert, oder bestätigen Sie die Anfrage, indem Sie schriftlich zusammenfassen, was der Antragssteller Ihrer Meinung nach erwartet. In einem formalen Change-Management-System müssen alle Änderungen schriftlich in Form eines Änderungsantrags eingereicht werden.

✔ Ermitteln Sie, welche Auswirkungen diese Änderungen auf das gesamte Projekt haben. Überlegen Sie auch, was passieren würde, wenn Sie dem Antrag nicht stattgeben.

✔ Entscheiden Sie, ob Sie die Änderungen vornehmen wollen. Wenn diese Änderungen auch andere betreffen, beziehen Sie sie ebenfalls in den Entscheidungsprozess mit ein.

✔ Wenn Sie sich dafür entscheiden, die Änderungen vorzunehmen, schreiben Sie auf, was notwendig ist, um die Änderungen durchzuführen. In einem formalen Change-Management-System werden sämtliche Aspekte einer Änderung in einem schriftlichen Änderungsauftrag festgehalten.

✔ Aktualisieren Sie Ihren Plan, damit auch mögliche Veränderungen im Zeitplan, bei den angestrebten Ergebnissen oder Ressourcenbudgets eingebaut werden können.

✔ Informieren Sie alle Teammitglieder und die wichtigsten Beteiligten über die Änderungen und welche Auswirkungen sie wahrscheinlich auf das Projekt haben.

Um sicherzustellen, dass die Veränderungen reibungslos durchgesetzt werden können, beachten Sie folgende Regeln:

✔ **Benutzen Sie das Thema Veränderungen nicht als Ausrede für schlechte Planung.** Seien Sie bei der Erstellung Ihres Projektplans so genau und detailliert wie möglich; das spart Ihnen in der Zukunft Zeit und Geld.

✔ **Vergessen Sie nicht, dass Veränderungen immer auch etwas kosten.** Ignorieren Sie die Kosten nicht, nur weil Sie der Meinung sind, dass die Änderungen unvermeidlich sind; ermitteln Sie die Kosten, damit Sie sich darauf einstellen können, und, wenn möglich, halten Sie sie so niedrig wie möglich.

✔ **Schätzen Sie die Auswirkungen der Veränderungen auf das gesamte Projekt ab.** Beleuchten Sie es von allen Seiten; eine Änderung zu einem sehr frühen Zeitpunkt kann ein Projekt von Anfang bis Ende beeinflussen.

 Unter *schleichender Ausdehnung* versteht man die allmähliche Ausdehnung der Projektarbeit ohne vorherige formale Genehmigung der Änderungen und der mit ihnen verbundenen Kosten und Auswirkungen. Zu einer solchen schleichenden Ausdehnung der Projektarbeit kann es aus folgenden Gründen kommen:

✔ Die ursprüngliche Beschreibung des Projektumfangs, der Ziele und der anstehenden Arbeit war unklar

✔ Eine Grundbereitschaft, »geringfügige« Änderungen ohne formale Überprüfung und Genehmigung einzuführen

✔ Sie lassen es zu, dass andere Personen als die, die die Arbeit erledigen, die mit den Veränderungen im Zusammenhang steht, entscheiden, ob die Änderungen vorgenommen werden oder nicht

✔ Nie »nein« zu einem Kunden oder Auftraggeber zu sagen

✔ Persönlicher Stolz, der Ihnen das Gefühl vermittelt, alles schaffen zu können

Eine schleichende Ausdehnung der Projektarbeit verhindern Sie, indem Sie:

✔ sämtliche Projektziele in Ihrem Projektplan benennen und ausführlich genug beschreiben

✔ immer die Auswirkungen einer beantragten Änderung auf Projektprodukte, Zeitpläne und Ressourcen abschätzen

✔ ehrlich sagen, ob Sie der Meinung sind, die geforderten Änderungen durchsetzen zu können

✔ eine positive, vertrauensvolle Beziehung zu Ihren Kunden entwickeln, so dass sie Ihre Bedenken bezüglich einer Änderung bereitwilliger anhören

Alle Beteiligten auf dem Laufenden halten

11

In diesem Kapitel

▷ Informationen schriftlich weitergeben

▷ Informationen im Rahmen von Meetings weitergeben

▷ Einen Statusbericht erstellen

▷ Statusberichte für das obere Management

Der Schlüssel zu erfolgreichen Projekten liegt in einer effektiven Kommunikation – die richtigen Botschaften an die richtigen Personen zum richtigen Zeitpunkt weiterzuleiten. Eine informative Kommunikationspolitik hat folgende Vorteile:

✔ Aufrechterhaltung der Motivation und Unterstützung bei wichtigen Beteiligten und den Teammitgliedern

✔ Eine schnelle Problemerkennung und Entscheidung

✔ Eine klare Projektausrichtung

✔ Anerkennung der Zwischenerfolge

✔ Produktive Arbeitsbeziehungen unter den Teammitgliedern

Wenn Sie Ihre Projektkommunikation von vornherein planen, können Sie rechtzeitig die richtigen Medien auswählen, die Sie zur Versendung von Informationen benutzen möchten.

Das richtige Medium für Ihre Bedürfnisse

Projektkommunikation kann formal oder informell geschehen. *Formale* Kommunikation ist geplant und erfolgt entsprechend dem festgesetzten Zeitplan nach einem bestimmten Verfahren. *Informelle* Kommunikation erfolgt, wenn jemandem spontan einfällt, dass er einem anderen etwas mitteilen möchte.

Informelle Kommunikation erfolgt im normalen Geschäftsverkehr laufend. Man muss aber aufpassen, dass man sich nicht auf einen solchen informellen Gedankenaustausch verlässt und nur noch diesen Weg wählt, weil an diesen Gesprächen meistens nur eine kleine Anzahl der Personen teilnimmt, die aus den angesprochenen Themen einen Nutzen ziehen können. Um das Risiko von Missverständnissen zu mindern und zu verhindern, dass sich jemand verletzt fühlt, sollte man Folgendes tun:

✔ wichtige Informationen, die man in informellen Gesprächen ausgetauscht hat, schriftlich weitergeben

✔ informelle Gespräche vermeiden, wenn nur ein Teil der Personen, die von den Themen betroffen sind, anwesend sind

Eine ungewöhnliche Methode, Menschen dazu zu bringen, Ihre Berichte zu lesen

Vor einigen Jahren sprach ich mit einem Kunden, der ein großes Projekt bei der Regierung seines Bundesstaates betreute. Er erklärte, dass er am Ende jedes Monats von der geleisteten Arbeit einen umfangreichen Bericht erstellte, in dem er auch auf Probleme einging, die aufgetaucht waren, und welche Maßnahmen er empfahl, um die Verträge erfüllen zu können. Es kam jedoch immer wieder vor, dass sein Auftraggeber ihn anrief und um Informationen bat, die in dem Bericht enthalten waren. Er nahm nie zu aufgezeigten Problemen Stellung oder unternahm irgendwelche der empfohlenen Maßnahmen. Mein Kunde hatte den starken Verdacht, dass sein Auftraggeber die Berichte überhaupt nicht las!

Als er sich immer mehr darüber ärgerte, hatte mein Kunde eine ganz neue Idee, die er in seinen letzten Monatsbericht aufnahm. Ein paar Wochen, nachdem er den Bericht abgegeben hatte, fuhr er zu seinem Kunden, um ihm einen Höflichkeitsbesuch abzustatten.

Im Verlauf ihres Gesprächs fragte mein Kunde seinen Auftraggeber rundheraus, ob er den letzten Monatsbericht gelesen hätte. Der versicherte ihm, dass er das getan hätte. Mein Kunde fragte ihn dann, ob ihm an dem Bericht etwas Ungewöhnliches aufgefallen sei. Der sagte, dass er sich daran nicht erinnern könne, dass er es aber noch einmal überprüfen würde. Nach einigen Minuten Suchens fand er den Bericht unter einem großen Stapel Papier, der offenbar seit Wochen nicht bewegt worden war, und blätterte ihn durch. Als er auf Seite zehn angekommen war, fand er eine 100-Dollar-Note, die an die Seite geklammert war! Mein Kunde äußerte unglaubliche Erleichterung, als er den Geldschein sah. »Gott sei Dank«, rief er aus »Ich wusste doch, dass ich den Schein irgendwo gelassen hatte; ich wusste nur nicht mehr wo!«

Zumindest konnte mein Kunde nun sicher sein, dass sein Auftraggeber zumindest die Seiten mit einer Büroklammer sorgfältiger ansehen würde.

Informationen schriftlich weitergeben

In einem schriftlichen Bericht haben Sie die Möglichkeit, Daten und Fakten besser zu vermitteln und die Worte sorgfältig zu wählen, um Missverständnisse zu vermeiden. Außerdem haben Sie nicht nur einen Beleg über die Informationen, die Sie weitergegeben haben, sondern können diese Informationen einem größeren Publikum zugänglich machen. In folgenden Bereichen stoßen schriftliche Berichte aber an ihre Grenzen:

✔ Die Leser haben nicht die Möglichkeit, sofort Fragen zum Inhalt und zu den möglichen Auswirkungen zu stellen

✔ Sie haben keine Möglichkeit festzustellen, ob die Empfänger die Nachricht empfangen und so interpretiert haben, wie Sie sie gemeint haben

✔ Sie haben keine Möglichkeit, non-verbale Signale als Reaktion auf Ihren Bericht zu empfangen

✔ Eine interaktive Diskussion über Ihren Bericht ist praktisch nicht möglich

Das Schlimmste ist, dass Sie nicht einmal wissen, ob die Empfänger Ihren Bericht überhaupt gelesen haben!

Um die Wahrscheinlichkeit zu erhöhen, dass man Ihre Berichte auch wirklich liest, können Sie Folgendes tun:

✔ Regelmäßig versandte Berichte in immer dem gleichen Format erstellen. Dadurch ist es für den Empfänger leichter, nach bestimmten Informationen zu suchen.

✔ Seien Sie zielorientiert. Es ist besser, mehrere kurze Berichte zu speziellen Themen zu verfassen, als mehrere Themen in einem langen Bericht abzuhandeln.

✔ Verwenden Sie so wenig Fachausdrücke und Fremdwörter wie möglich.

✔ Nutzen Sie schriftliche Berichte, um Fakten zu veröffentlichen, und geben Sie immer einen Ansprechpartner an, den man kontaktieren kann, wenn man zu bestimmten Themen weitere Informationen wünscht.

✔ Beschreiben Sie klar und deutlich, welche Maßnahmen aufgrund der in dem Bericht enthaltenen Informationen getroffen werden sollen, und wer sie treffen soll.

✔ Wichtige Schlüsselinformationen können Sie besonders kenntlich machen, indem Sie moderne Formatierungsmöglichkeiten nutzen, z.B. indem Sie sie in einer anderen Farbe oder auf farbigem Papier ausdrucken oder indem Sie wichtige Abschnitte in einem Deckblatt-Memo zusammenfassen.

✔ Nachdem Sie den Bericht verschickt haben, besprechen Sie mit den Empfängern ein oder zwei wichtige Punkte, die in dem Bericht angesprochen werden. Auf diese Weise können Sie recht schnell feststellen, ob jemand Ihren Bericht gelesen hat oder nicht.

✔ Ihre Berichte sollten, wenn möglich, nicht länger als eine Seite sein; falls sie länger sind, erstellen Sie am Anfang des Berichts eine kurze (höchstens eine Seite lange) Zusammenfassung des Inhalts.

 Hüten Sie sich vor dem »ja, aber ...«-Syndrom, das eigentlich nur ausdrückt, dass Sie der Meinung sind, dass sich eine Idee zwar ganz toll anhört, dass Ihre spezielle Situation aber eine ganz spezielle Herangehensweise erfordert. Vor einigen Jahren erzählte ich den Teilnehmern eines meiner Seminare ebenfalls, dass man Projektberichte auf eine Seite oder weniger beschränken sollte. Die meisten stimmten mir zu, dass das sicher sinnvoll sei, aber ein Teilnehmer fand diesen Gedanken

völlig abwegig. Er erklärte, dass sein Projekt so wichtig und so komplex ist, dass er seinem Vorgesetzten jeden Monat einen Bericht schickte, der mindestens zehn Seiten lang war, und dass sein Vorgesetzter jedes einzelne Wort lesen würde.

Ich hatte einige Wochen später die Gelegenheit, in einem ganz anderen Zusammenhang mit dem Vorgesetzten dieses Teilnehmers zu sprechen. Im Verlauf unseres Gesprächs erwähnte er zufällig, wie unzufrieden er mit einem seiner Mitarbeiter sei, der der Meinung war, dass sein Projekt so wichtig sei, dass er jeden Monate einen Statusbericht schickte, der mindestens zehn Seiten lang war. Er sagte, dass er meistens nur den ersten Absatz las und nur selten die Zeit hatte, alles sorgfältig durchzulesen. Er sagte, er hoffte sehr, dass dieser Mitarbeiter in meinem Seminar gut zugehört hat, als ich davon sprach, dass Projektberichte nicht länger als eine Seite sein sollten!

Informationen im Rahmen von Meetings weitergeben

Kaum ein Wort verursacht so viel Frust wie das Wort *Meeting*. Die Meinungen über Meetings reichen von »im Zeitalter einer technologie- und computerorientierten Gesellschaft die letzte Möglichkeit zu persönlichen, zwischenmenschlichen Kontakten« bis »die größte Zeitverschwendung aller Zeiten«. Hier ein paar Faktoren, die am häufigsten zu Verärgerung führen:

✔ Man wird nicht rechtzeitig im Voraus benachrichtigt.

✔ Es nehmen nicht die richtigen Personen teil.

✔ Das Meeting beginnt nicht pünktlich.

✔ Es gibt keine Tagesordnung.

✔ Wenn es eine gibt, hält sich keiner dran.

✔ Es wird viel geredet, aber nichts getan.

✔ Es werden Probleme erörtert, die eigentlich schon auf früheren Meetings gelöst worden sind.

✔ Bestimmte Leute brüsten sich damit, die Macht zu haben, bestimmte Entscheidungen zu fällen, nur um sie nach dem Meeting wieder zu revidieren.

✔ Dokumente werden laut vorgelesen, obwohl sie jeder vor dem Meeting hätte lesen können.

✔ 95% der Zeit wird über Themen diskutiert, die Sie nicht interessieren oder mit denen Sie nichts zu tun haben.

✔ Zu wissen, dass das nächste Meeting auch nicht besser wird als das letzte.

Meetings können allerdings dann durchaus sinnvoll und nützlich sein, wenn sie sorgfältig geplant und durchgeführt werden. Wenn man sie richtig nutzt, kann man in Meetings mehr über die Erfahrungen, das Hintergrundwissen und die Arbeitsmethoden der Teammitglieder erfahren; man kann Brainstormings veranstalten, Probleme analysieren und Entscheidungen treffen. Außerdem bieten sie ein Forum, um Hintergrundinformationen und Interpretationsmöglichkeiten von bestimmten Botschaften zu erfahren.

Sie können Ihre Meetings effizienter gestalten, wenn Sie folgendermaßen vorgehen:

Vorbereitung

✔ Den Zweck des Meetings erklären

✔ Entscheiden, wer teilnehmen soll und warum. Wenn Sie Informationen benötigen, stellen Sie fest, wer sie besitzt. Wenn Sie auf dem Meeting Entscheidungen fällen wollen, stellen Sie fest, wer die dazu erforderliche Autorität besitzt, und sorgen Sie dafür, dass diese Person an dem Meeting teilnimmt.

✔ Laden Sie rechtzeitig im Voraus dazu ein.

✔ Bereiten Sie eine schriftliche Tagesordnung vor, in der die Themen und Zeiten angegeben sind. Dadurch erkennen die Eingeladenen, warum es für sie wichtig ist, an dem Meeting teilzunehmen. Die Tagesordnung ist außerdem Ihr roter Faden zur Durchführung des Meetings.

✔ Verteilen Sie die Tagesordnung und evtl. Hintergrundmaterial im Voraus, damit sich alle auf das Meeting vorbereiten können.

✔ Meetings sollten nicht länger als eine Stunde dauern. Sie können die Teilnehmer zwar dazu zwingen, stundenlang in einem Raum zusammenzusitzen, aber Sie können sie nicht dazu zwingen, sich stundenlang auf die Diskussion zu konzentrieren. Setzen Sie, falls nötig, mehrere Meetings an, um verschiedene oder besonders komplexe Themen zu besprechen.

Durchführung

✔ Beginnen Sie pünktlich, auch wenn noch jemand fehlt. Wenn die Teilnehmer merken, dass Sie warten, bis auch der Letzte eingetroffen ist, kommen irgendwann alle zu spät.

✔ Bestimmen Sie einen »Zeitwächter« - jemanden, der die Gruppe daran erinnert, wenn die vorgesehene Zeit für einen Tagesordnungspunkt überschritten wird.

✔ Halten Sie schriftlich fest, wer teilgenommen hat, welche Themen erörtert wurden, welche Entscheidungen getroffen und welche Aufgaben verteilt wurden.

✔ Listen Sie die Punkte auf, die nach dem Meeting noch weiterverfolgt werden sollen, und benennen Sie Verantwortliche zu jedem einzelnen Punkt auf dieser Liste.

✔ Wenn für eine bestimmte Entscheidung nicht die richtigen Personen anwesend oder die richtigen Informationen vorhanden sind, diskutieren Sie nicht länger darüber, sondern setzen Sie diesen Punkt auf die »To-do-Liste«.

✔ Beenden Sie das Meeting pünktlich.

Nachbereitung

✔ Verteilen Sie umgehend das Protokoll an alle Teilnehmer.

✔ Überwachen Sie, dass alle Punkte auf der To-do-Liste auch wirklich abgearbeitet werden.

✔ Denken Sie über die gemachten Vorschläge nicht nur nach; handeln Sie entsprechend!

Einen schriftlichen Statusbericht erstellen

Das am häufigsten eingesetzte Kommunikationsmittel in einem Projekt ist der Statusbericht. Ein solcher *Statusbericht* ist eine Zusammenfassung dessen, was in der vergangenen Leistungsperiode passiert ist, beschreibt Probleme und korrigierende Maßnahmen und gibt einen Überblick über das, was in der nächsten Periode geplant ist.

Ein solcher Statusbericht ist eine einfache und gute Möglichkeit, alle wichtigen Beteiligten auf dem Laufenden zu halten und sie darüber zu informieren, wenn sie Sie unterstützen sollen. Außerdem haben Sie schon bei der Vorbereitung die Möglichkeit, einmal einen Schritt zurückzutreten und sämtliche Aspekte Ihres Projekts zu überdenken. Auf diese Weise können Sie Erfolge anerkennen und frühzeitig Probleme feststellen und lösen.

Die Entscheidung, wem Sie regelmäßig einen Statusbericht zusenden sollen, sollten Sie anhand folgender Fragen treffen:

✔ Wer muss über das Projekt informiert werden?

✔ Wer möchte über das Projekt informiert werden?

✔ Wer sollte Ihrer Meinung nach über das Projekt informiert werden?

Einen solchen Statusbericht sollten Sie mindestens an Ihren Vorgesetzten, das obere Management, Ihre Klienten oder Kunden, die Teammitglieder und andere Personen schicken, die Ihnen bei dem Projekt helfen oder an Ihrem Projekt interessiert sind oder von den Ergebnissen beeinflusst werden.

Folgende Informationen sollten in Ihrem Statusbericht nicht fehlen:

✔ **Projekt-Highlights:** Ihr Bericht sollte immer mit einer kurzen (nicht mehr als eine Seite) Auflistung aller Highlights beginnen.

✔ **Informationen über den Projektfortschritt:** Beschreiben Sie ausführlich, welche Resultate erzielt wurden, welche Tätigkeiten durchgeführt wurden, wie viele Arbeitsstunden investiert wurden und wie viel Geld ausgegeben wurde.

✔ **Probleme:** Stellen Sie Probleme heraus, auf die Sie während der Leistungsperiode gestoßen sind, und schlagen Sie korrigierende Maßnahmen vor.

✔ **Genehmigte Planänderungen:** Berichten Sie über sämtliche genehmigten Planänderungen.

✔ **Status des Risikomanagements:** Aktualisieren Sie Ihre Risikoeinschätzung, indem Sie über geänderte Annahmen oder Eintrittswahrscheinlichkeiten berichten und darüber, welche Auswirkungen diese Veränderungen auf die bestehenden Projektpläne haben.

✔ **Pläne für die nächste Periode:** Fassen Sie zusammen, welche größeren Aufgaben für die nächste Berichtsperiode geplant sind.

Wenn Sie folgende Tipps befolgen, können Sie die Qualität Ihrer Statusberichte verbessern:

✔ **Schneiden Sie Ihre Berichte auf die Interessen und Bedürfnisse Ihrer Leser zu.** Veröffentlichen Sie nur die Informationen, die die Beteiligten erbitten oder benötigen. Wenn notwendig, erstellen Sie unterschiedliche Berichte für unterschiedliche Zielgruppen.

✔ **Wenn Sie unterschiedliche Berichte für unterschiedliche Zielgruppen erstellen, schreiben Sie zuerst den detaillierteren Bericht und leiten Sie daraus die Informationen für die anderen Berichte ab.** Auf diese Weise sind Ihre Berichte konsistent und die Wahrscheinlichkeit, dass Sie etwas doppelt machen müssen, sinkt.

✔ **Egal, was Ihre Projektbeteiligten wünschen: Einen Statusbericht sollten Sie mindestens einmal pro Monat abgeben.**

✔ **Achten Sie darauf, dass sich alle Informationen über Produkte, Zeitpläne und Ressourcen auf denselben Zeitraum beziehen.** Das ist möglicherweise nicht ganz einfach, wenn Sie Ihre Informationen aus unterschiedlichen Systemen zusammentragen müssen. Wenn Sie beispielsweise die Informationen über den Projektfortschritt aus einem System entnehmen, das Sie selbst entwickelt haben, können Sie vielleicht schon eine Woche nach Ende der Berichtsperiode einen Bericht generieren. Die Buchhaltung in Ihrem Unternehmen, mit der Ihre Ausgaben überwacht werden, kann Auswertungen über einen bestimmten Zeitraum vielleicht erst einen Monat nach Ende des Zeitraums generieren.

✔ **Stellen Sie den tatsächlichen Fortschritt immer in Zusammenhang mit dem geplanten Fortschritt dar.** Dadurch erkennt man schneller, wenn sich ein Problem abzeichnet.

✔ **Vermeiden Sie Überraschungen.** Wenn im Verlauf der Berichtsperiode etwas Wichtiges passiert, das sofortige Maßnahmen erfordert, informieren Sie alle Beteiligten sofort und arbeiten Sie an der Lösung des Problems. Erwähnen Sie den Vorfall und mögliche korrigierende Maßnahmen in dem Statusbericht, um die Maßnahmen später belegen zu können.

✔ **Nutzen Sie Ihre ohnehin regelmäßig stattfindenden Team-Meetings, um über Probleme zu reden, die in dem Statusbericht aufgetaucht sind.**

Wichtige Projektmeetings durchführen

Die Wahrscheinlichkeit, dass Ihr Projekt erfolgreich zum Abschluss gebracht werden kann, ist dann am größten, wenn es Ihnen gelingt, die wichtigsten Projektbeteiligten dazu zu bewegen, Sie voll zu unterstützen. Damit diese Personen wissen, wann und wie sie Ihrem Projekt am besten helfen können, müssen Sie ihnen immer wieder die Vision Ihres Projekts und die bereits erreichten Ergebnisse vor Augen führen.

Einige oder alle der folgenden Meetings sollten Sie im Verlauf Ihres Projekts deshalb durchführen:

✔ **Regelmäßig stattfindende Team-Meetings:** Bei diesen Sitzungen haben die Teammitglieder die Möglichkeit, über Fortschritte und Probleme zu reden und eine produktive, vertrauensvolle zwischenmenschliche Beziehung aufrechtzuerhalten.

✔ **Spontane Meetings:** Sondersitzungen für Teammitglieder, die sich mit aktuellen Problemen beschäftigen.

✔ **Meetings mit der Unternehmensleitung:** Eine regelmäßige Zusammenfassung des Projektfortschritts und wichtiger Zwischenergebnisse. Außerdem werden hier Probleme, bei denen Sie die Unterstützung der Firmenleitung benötigen, diskutiert.

Die folgenden Abschnitte gehen näher auf jede dieser Arten von Meetings ein.

Regelmäßige Team-Meetings

Projektteams sollten die Möglichkeit haben, sich regelmäßig zu treffen, um das Ziel nicht aus den Augen zu verlieren und sich über Vorgänge innerhalb und außerhalb des Projekts zu informieren, die Einfluss auf ihre Arbeit und somit auf den Projekterfolg haben könnten. Wenn man bedenkt, dass die meisten an mehreren Projekten gleichzeitig arbeiten, ist es besonders wichtig, im Rahmen solcher Meetings den Zusammenhalt im Team zu stärken und die Zusammenarbeit zu verbessern.

Besprechen Sie mit den Teammitgliedern, welcher Zeitplan möglichst vielen passt. Wenn jemand nicht persönlich teilnehmen kann, versuchen Sie ihn im Rahmen einer Konferenzschaltung einzubeziehen. (In Kapitel 16 finden Sie weitere Informationen über Technologien, die Sie im Projektmanagement einsetzen können.)

Neben den allgemeinen Hinweisen zur Durchführung eines erfolgreichen Meetings, die ich bereits oben aufgeführt habe, sollten Sie sich bei der Planung und Durchführung von Team-Meetings an folgende Grundsätze halten:

✔ Auch wenn die Meetings regelmäßig stattfinden, bereiten Sie jedes Mal eine neue Tagesordnung vor, verteilen Sie sie im Voraus und bitten Sie um Kommentare und Vorschläge.

✔ Verteilen Sie vor dem Meeting an alle den Statusbericht der letzten Leistungsperiode.

✔ Verteilen Sie andere Hintergrundinformationen, die mit den Themen in Zusammenhang stehen, die auf dem Meeting besprochen werden sollen.

✔ Schränken Sie Diskussionen ein, die zu sehr in die Tiefe gehen; diese sollten Sie in einem anderen Kreis führen.

✔ Beginnen und beenden Sie das Meeting pünktlich (ja, ich sag es noch einmal!).

✔ Schreiben Sie ein kurzes Protokoll und verteilen Sie es an die Teilnehmer.

Spontane Meetings

Um sich mit Problemen auseinander zu setzen, die im Projektverlauf aufgetreten sind, sollten Sie spontane Meetings veranstalten. An einem solchen spontanen Meeting nehmen einige oder alle Teammitglieder teil, je nachdem, welcher Art die anstehenden Probleme sind. Da Probleme häufig unerwartet auftauchen, ist es wichtig, dass Sie Folgendes tun:

✔ Das Problem deutlich machen und sagen, was Sie mit dem Meeting erreichen möchten

✔ Feststellen, wer an diesem Thema interessiert sein könnte, davon betroffen sein könnte oder daran arbeitet, und diese Personen einladen

✔ Allen Teilnehmern genau erklären, was der Zweck des Meetings ist

✔ Sämtliche Maßnahmen, die auf dem Meeting beschlossen werden, und wer für die Durchführung verantwortlich ist, müssen sorgfältig dokumentiert werden.

Meetings mit der Unternehmensleitung

Nutzen Sie jede Gelegenheit, um der Unternehmensleitung in Erinnerung zu bringen, warum Ihr Projekt wichtig für sie ist. Vielleicht haben sie Ihr Projekt schon vor Monaten genehmigt und es besteht das Risiko, dass es inzwischen nur eines von vielen Dingen ist, die im täglichen Geschäft eines Unternehmens ablaufen.

Den Vorsitz bei einem solchen Meeting hat meistens jemand von der Unternehmensleitung, durchgeführt wird es vom Projektmanager. Außerdem nehmen Teammitglieder und Vertreter aller Abteilungen teil. In diesem Meeting haben Sie die Gelegenheit, den Fortschritt Ihres Projekts darzulegen, sich für die Unterstützung zu bedanken, die Sie von der Unternehmensleitung erfahren haben, die Unternehmensleitung an zukünftige Projektpläne zu erinnern, festzustellen, ob sich an den Prioritäten, die ursprünglich zur Planung Ihres Projekts geführt hatten, etwas geändert hat und ob Sie Ihr Projekt entsprechend ändern sollten, sowie um Möglichkeiten aufzuzeigen, wie die Unternehmensleitung Ihr Projekt unterstützen sollte, damit es erfolgreich zu Ende geführt werden kann.

Beherzigen Sie folgende Tipps, dann sind Ihre Meetings effektiv:

✔ Finden Sie heraus, welche Interessen Ihre Zuhörer haben, und erklären Sie ihnen, wie Ihr Projekt ihnen nutzen kann.

✔ Halten Sie Ihre Präsentation so kurz wie möglich; suchen Sie sich ein paar Schlüsselbotschaften heraus und konzentrieren Sie sich darauf.

✔ Stellen Sie wichtige Informationen heraus, aber seien Sie darauf vorbereitet, weiter ins Detail zu gehen, falls Sie darum gebeten werden.

✔ Geben Sie den Teilnehmern die Gelegenheit, Fragen zu stellen.

✔ Präsentieren Sie aktuelle Informationen zu den Risiken, die mit diesem Projekt verbunden sind, und erklären Sie, wie Sie damit umgehen wollen.

✔ Verteilen Sie auf dem Meeting ein Papier, auf dem die wichtigsten Punkte Ihrer Präsentation zusammengefasst sind.

✔ Verteilen Sie nach dem Meeting ein Papier, auf dem die angesprochenen Probleme und die vereinbarten Maßnahmen zusammengefasst sind.

Reden Sie nur, wenn Sie etwas zu sagen haben

Vor einigen Jahren begann ich mein dreitägiges Seminar zum Thema Projektmanagement damit, dass ich die Teilnehmer bat, einmal zu sagen, was sie von diesem Seminar erwarteten. Ein Herr teilte mir mit, dass er alles über Projektmanagement wusste, und dass dieses Seminar, was ihn anging, eine reine Zeitverschwendung wäre. Er sagte, dass er an dem Seminar auf Wunsch seines Vorgesetzten teilnahm, dass er aber nicht erwartete, etwas Sinnvolles zu lernen, das er bei seiner Arbeit verwenden könnte.

Ich fragte ihn, warum er so dachte, und er erzählte mir von einem Erlebnis, das er ein Jahr zuvor gehabt hatte. Er war als Teammitglied in einem wichtigen Projekt in seiner Firma tätig. Das Projekt lief schlecht und das Unternehmen hatte einen Berater angeheuert, der herausfinden sollte, warum das so war. Nach mehreren Befragungen und einigen Tagen, in denen der Berater das Team beobachtete, kam er zu dem Schluss, dass die Teammitglieder einfach nicht miteinander kommunizierten. Jeder war völlig überlastet und keiner nahm sich die Zeit, mit anderen über seine Gedanken, Maßnahmen oder Ängste zu reden.

Nachdem die Unternehmensleitung davon hörte, wurde dem Projektteam vorgeschrieben, jeden Montagmorgen ein einstündiges Meeting abzuhalten. Zuerst spielten die Teammitglieder mit. Obwohl der Montagmorgen immer die Zeit war, wo man mit Schwung in eine neue, arbeitsreiche Woche startete, änderten die Teammitglieder ihren Zeitplan, um an den Meetings teilzunehmen. Trotz anfänglicher Bedenken hielten sie das erste Meeting für produktiv, weil es seit Monaten das erste Mal gewesen war, dass sie miteinander geredet hatten. Bei dem zweiten Treffen hatte man sich allerdings nicht viel Neues zu sagen, weil seit dem letzten Meeting erst eine Woche vergangen war. Beim dritten Meeting waren die Beteiligten schon so darüber verärgert, dass sie eine Stunde ihrer kostbaren Arbeitszeit für eine sinnlose Tätigkeit investieren mussten, dass sie in Massen zur Unternehmensleitung strömten und mitteilten, dass sie alle aus dem Projekt ausscheiden würden, wenn sie weiterhin zu diesen Meetings gehen müssten. Die Meetings wurden sofort abgeschafft.

Ich verstand nicht nur, warum der Betreffende so dachte, wie er dachte, sondern ich war auch völlig mit ihm einer Meinung. Man sollte niemals Meetings veranstalten, nur weil jemand es so möchte; Sie sollten sie durchführen, wenn Sie der Meinung sind, dass Sie damit eine wichtige Lücke schließen. Erklären Sie diesen Bedarf und gestalten Sie die Meetings so, dass sie diesen Bedarf effektiv decken. Wenn die Meetings nicht mehr produktiv sind, schaffen Sie sie ab.

Zu Höchstleistungen motivieren

In diesem Kapitel

▶ Der Unterschied zwischen Management und Führung

▶ Ein Exkurs zum Thema Machtformen und Quellen der Macht

▶ Motivation erzeugen und aufrecht erhalten – in vier Schritten

Der Erfolg Ihres Projekts hängt davon ab, wie gut Sie in der Lage sind, zu organisieren, zu koordinieren und ein heterogenes Team dazu zu motivieren, an einem gemeinsamen Ziel zu arbeiten. Häufig kommen die Beteiligten aus unterschiedlichen Unternehmensbereichen, haben unterschiedliche Arbeitsstile und sind Ihnen formal meistens nicht unterstellt. Um eine solche Gruppe erfolgreich zu führen, müssen Sie nicht nur über Visionen verfügen, sondern auch hervorragend organisiert sein.

Managen und führen können

Führung und Management sind zwei verwandte, aber unterschiedliche Methoden, um Menschen durch die verschiedenen Phasen eines Projekts zu leiten und sie zu unterstützen. Beim Management steht das Plänemachen und Analysieren im Vordergrund; beim Thema Führung geht es um Visionen und um Maßnahmen, die die Wahrscheinlichkeit erhöhen, dass diese Visionen Wirklichkeit werden. Management bezieht sich auf Systeme, Abläufe und Informationen; bei der Führung stehen die Menschen im Mittelpunkt. Management erzeugt Ordnung und Berechenbarkeit; Führung hilft den Menschen, mit Veränderungen umzugehen.

In Abbildung 12.1 sind die unterschiedlichen Herangehensweisen an wichtige Projektphasen aufgeführt. Sie sollten sowohl managen als auch führen, damit Ihr Projekt erfolgreich abgeschlossen werden kann, nämlich folgendermaßen:

✔ Während der Projekt-Planungsphase forschen Sie nach dem »Warum« für Ihr Projekt (Führung), um die Beteiligten zu motivieren und »bei der Stange zu halten«. Aber Sie müssen auch das »Was«, »Wann« und »Wie« (Management) kennen.

✔ Wenn Sie den Projektbeginn vorbereiten, stellen Sie das Team zusammen und erklären die verschiedenen Rollen und Verantwortlichkeiten. Die Teammitglieder sollen Ihnen versprechen, dass sie ihre Aufgaben unter vollem Einsatz ihrer Fähigkeiten erledigen werden.

✔ Während des gesamten Projektverlaufs sollten Sie die Fortschritte protokollieren und auftauchende Probleme umgehend lösen. Außerdem müssen Sie die Beteiligten dazu ermuntern, sich weiterhin für den Erfolg Ihres Projekts einzusetzen.

Aufgabe	Führung	Management
Planung	Visionen und Strategien erzeugen und kommunizieren	Ziele, Zeitpläne und Budgets festlegen
Organisation	Die Teammitglieder zu Höchstleistungen motivieren	Personen dem Team zuteilen und deren Rollen festlegen
Durchführung	Teammitglieder motivieren	Projektfortschritt überwachen, Berichte erstellen, Probleme lösen

Tabelle 12.1: Vergleich unterschiedlicher Herangehensweisen an wichtige Projektphasen

Persönliche Macht und Einfluss erwerben

Macht ist die Möglichkeit, das Tun anderer zu beeinflussen. Eine effektive Machtgrundlage verbessert Ihre Fähigkeit, das Projektteam und andere wichtige Beteiligte zu koordinieren und das Projekt zum Erfolg zu führen.

Ursachenforschung: Warum sollte jemand tun, was Sie von ihm verlangen?

Die Menschen befolgen Ihre Anweisungen aus unterschiedlichen Gründen:

✔ **Belohnung:** Man tut, was Sie sagen, weil man die Vorteile genießen möchte, die Sie gewähren können. Dazu gehören beispielsweise Gehaltserhöhungen, Bonuszahlungen und Lob.

✔ **Bestrafung:** Man tut, was Sie sagen, weil man das, was Sie vergeben können, *nicht* haben möchte, beispielsweise öffentliche Kritik, unattraktive Aufgaben.

✔ **Ihre Position:** Wenn Sie der Projektmanager sind, nehmen die Teammitglieder Ihre Forderungen ernster, weil sie der Meinung sind, dass es für einen Projektmanager angemessen ist, Anweisungen zu erteilen. Diese Art der Macht können Sie verlieren, wenn Sie sie missbrauchen, aber zu Anfang besitzen Sie sie.

✔ **Was Sie repräsentieren:** Wenn man hinter dem steht, was Sie erreichen wollen, wird man Ihnen folgen. Die Teammitglieder wissen, dass Ihre Forderungen und Maßnahmen dazu dienen, die Ergebnisse zu erreichen, die auch sie erreichen wollen.

✔ **Wer Sie sind:** Wenn man Sie als Person schätzt und respektiert, wird man Ihnen ebenfalls folgen. Dazu gehört, dass Sie Loyalität, Sensibilität und Humor oder andere gute Eigenschaften besitzen.

✔ **Ihr Fachwissen:** Man wird auf Sie hören, wenn man Ihre Kenntnisse und Fähigkeiten respektiert, die Sie dorthin gebracht haben, wo Sie jetzt stehen. Man wird auf Sie hören, weil man glaubt, dass Sie wahrscheinlich Recht haben.

Sie müssen in Ihrem Projekt nicht unbedingt der fachliche Spezialist sein, um sich den Respekt der Teammitglieder zu verdienen. Sie müssen ein Spezialist in den Dingen sein, die für die Durchführung des Projekts entscheidend sind. Da Sie der Projektmanager sind, gehören zu diesen Kenntnissen und Fähigkeiten, dass Sie das Projekt planen und steuern können, dass Sie effektive Kommunikation ermöglichen, dass Sie eine positive und produktive Arbeitsumgebung schaffen und das politische Umfeld des Unternehmens kennen, in das Ihr Projekt eingebettet ist.

Gleichzeitig fachlicher Spezialist und Projektmanager zu sein, kann nachteilige Folgen haben. Wenn Sie nicht vorsichtig sind, hemmen Sie dadurch die Bereitschaft anderer, Verantwortung zu übernehmen und ihre Arbeit unabhängig von Ihnen zu erledigen, weil

✔ die der Meinung sind, dass ihre Leistung sowieso nie so gut sein kann wie Ihre

✔ Sie die spannenden und wichtigen Aufgaben selbst erledigen, weil Ihnen die Arbeit Spaß macht und Sie der Meinung sind, dass Sie sie am besten erledigen können

✔ Sie sich gegen Vorgehensweisen sperren, die neu für Sie sind

✔ Sie dazu neigen, Mitarbeiter zu »mikromanagen«, um sicherzugehen, dass sie ihre Aufgaben so erledigen, wie Sie es tun würden

Natürlich kann Ihr Fachwissen, wenn Sie es richtig einsetzen, ein großer Vorteil sein. Ihr Lob bedeutet viel mehr als das Lob eines Projektmanagers, der die Arbeit weniger gut einschätzen kann.

Auch wenn viele Faktoren dabei eine Rolle spielen, wie gut Sie andere beeinflussen können, Macht ist immer entweder

✔ **übertragen:** Jemand gibt Ihnen die Macht, andere, die Sie beeinflussen wollen, zu belohnen und zu bestrafen, oder

✔ **erworben:** Sie verdienen sich den Respekt und den Gehorsam derer, die Sie beeinflussen möchten.

Erworbene Macht ist viel stärker als verliehene. Wer die Anweisungen eines Projektleiters befolgt, der lediglich über verliehene Macht verfügt, wird in der Regel nur so viel tun, wie unbedingt nötig ist, um die gewünschte Belohnung zu bekommen oder die Bestrafung zu vermeiden. Wer aber durch erworbene Macht motiviert wird, wird alles daransetzen, die bestmöglichen Ergebnisse zu erzielen, weil er glaubt, dass es in seinem eigenen Interesse ist.

Ob Sie es wissen und akzeptieren oder nicht, Sie haben hervorragende Möglichkeiten, erworbene Macht zu entwickeln und einzusetzen. Sie können sich aussuchen, wie Sie das Verhalten anderer beeinflussen möchten, oder Sie können ihr Verhalten unbeabsichtigt beeinflussen. Egal wie, Ihr Verhalten wird das Verhalten anderer beeinflussen.

Aus Erfahrungen lernen

Wenn es keinen Grund dafür gibt, sich anders zu verhalten, neigen die meisten Menschen dazu, das zu glauben, was man sagt. Leider sagen wir oftmals genau das, was andere gerade nicht hören oder tun sollen, und dann wundern wir uns, dass man uns zuhört.

Als ich noch in der High School war, war mein gesellschaftliches Leben überhaupt nicht so, wie ich es gerne gehabt hätte. Jahre später, als meine Söhne sich auf die High School vorbereiteten, dachte ich an meine eigenen Erfahrungen und überlegte, wie ich ihnen helfen könnte, um ihnen den Frust und die Enttäuschungen zu ersparen, die ich selbst erlebt hatte. Je mehr ich darüber nachdachte, desto überzeugter war ich davon, dass meine Methode damals genau die Ursache dafür war, warum ich keinen Erfolg hatte. Hier ein Beispiel für ein typisches Telefongespräch, das ich mit Mädchen führte, die ich fragen wollte, ob sie mit mir ausgehen würden:

»Hallo, hier ist Stan Portny.«

»Hallo Stan.«

»Sag mal, Du hast nicht zufällig Lust, heute Abend mit mir auszugehen, oder?«

»Darüber habe ich noch nicht nachgedacht, aber ich denke, du hast Recht.«

Ich hab dann ganz deprimiert aufgelegt und war überzeugt, dass ich es nie schaffen würde, ein Mädchen dazu zu bringen, mit mir auszugehen. Obwohl ich es damals nicht gemerkt habe, hatte ich das Mädchen erfolgreich dazu gebracht, genau das zu tun, was ich ihr unterstellte.

Vor einiger Zeit erzählte ich einem Freund von dieser Geschichte und er stimmte meinen Beobachtungen sofort zu. Dann stellte er die entscheidende Frage: »Wie kommt es, dass wir genau das sagen, von dem wir nicht wollen, dass andere es hören?« Nach langer Diskussion kamen wir überein, dass dahinter entweder Angst vor Erfolg steckt (was hätte ich sagen sollen, wenn ich dann drei Stunden lang mit dem Mädchen irgendwo alleine herumgesessen hätte?) oder Angst vor Misserfolg (indem ich versuchte, den Schmerz der Ablehnung zu minimieren). Indem wir aber versuchen, den Schmerz vor Ablehnung zu mindern, sorgen wir schließlich doch dafür, dass wir ihn spüren.

Sie sehen dieses Verhalten häufig auch beim Projektmanagement. Sie werden einem neuen Projekt zugeteilt und der Projektleiter nennt Ihnen sofort alle Gründe dafür, warum das Projekt möglicherweise fehlschlägt, selbst wenn es zu Ende geführt werden kann, und warum die Ergebnisse doch nicht so toll sein werden, wie alle glauben. Und dann wundert er sich, dass nicht jeder sich für den Erfolg des Projekts einsetzt! Wenn Sie die Chance haben wollen, erfolgreich zu sein, müssen Sie bereit sein, ein Risiko einzugehen.

Die Grundlagen Ihrer Macht legen

Gehen Sie folgendermaßen vor, um Ihre Fähigkeit, Teammitglieder und andere wichtige Projektbeteiligte zu beeinflussen, zu stärken:

✔ Stellen Sie fest, welche Art von Autorität Sie über die Menschen haben, die Sie beeinflussen möchten. Dazu gehört beispielsweise die Fähigkeit, Gehaltserhöhungen durchzusetzen, Beförderungen auszusprechen, Beurteilungen zu schreiben und zukünftige Aufgaben zu verteilen.

✔ Finden Sie heraus, wer noch über Autorität über die Menschen verfügt, die Sie beeinflussen möchten.

✔ Klären Sie für sich selbst, warum die erfolgreiche Durchführung Ihres Projekts im Interesse des Unternehmens ist, und teilen Sie diese Gründe auch anderen mit.

✔ Lernen Sie andere kennen, verstehen und schätzen und erkennen Sie deren besondere Talente und Stärken an.

 Geben Sie den anderen Gelegenheit, Ihre guten Seiten kennen zu lernen. Ihre Macht, andere zu beeinflussen, basiert auf deren Einschätzung über Ihren Charakter, Ihre Fähigkeiten und Ihre Autorität.

✔ Schimpfen oder jammern Sie nicht, aber geben Sie, wo nötig, Feedback.

✔ Üben Sie sich in den Aufgaben, die Sie erledigen müssen.

 Ihre Machtgrundlagen verschwinden im Laufe der Zeit, wenn Sie sie nicht immer wieder stärken. Ein Treffen mit den Teammitgliedern am Anfang Ihres Projekts kann ihnen dabei helfen, Ihren Stil kennen und schätzen zu lernen und zu akzeptieren, dass Sie alle an einem gemeinsamen Ziel arbeiten. Wenn Sie in den folgenden sechs Monaten keinen Kontakt zu den Teammitgliedern haben, verblasst der erste positive Eindruck und Ihre Fähigkeit, den Einsatz und die Leistung der Teammitglieder zu beeinflussen, nimmt ebenfalls ab.

Die Motivation der Teammitglieder erzeugen und aufrecht erhalten

Effiziente Abläufe und reibungslose Arbeitsbeziehungen bieten das richtige Umfeld für erfolgreiche Projekte. Wenn Sie in Ihrem Team Mitglieder haben, die sich persönlich für den Erfolg Ihres Projekts einsetzen, haben Sie die größte Chance, diesen auch wirklich zu erreichen. Als Projektmanager ist es Ihre Hauptaufgabe, alle beteiligten Personen zu motivieren und dazu zu bringen, die übernommenen Aufgaben mit vollem Einsatz zu erledigen.

Motivation ist eine persönliche Entscheidung – der einzige Mensch, den Sie direkt motivieren können, sind Sie selbst. Sie können anderen die *Gelegenheit* geben, sich selbst zu motivieren, aber Sie können ihnen diese Entscheidung nicht abnehmen.

Vier Faktoren sorgen dafür, dass jemand sich für die Erreichung eines Ziels motiviert und motiviert bleibt:

✔ **Wünschenswert:** der Wert, den die Erreichung eines bestimmten Ziels hat

✔ **Machbar:** die Wahrscheinlichkeit, dass dieses Ziel erreicht werden kann

✔ **Fortschritt:** Wie weit sind Sie von dem Ziel entfernt?

✔ **Belohnung:** die Belohnung, die Sie erhalten, wenn Sie das Ziel erreichen

Wenn Sie anderen zeigen, wie Ihr Projekt ihren beruflichen und persönlichen Interessen dient, motivieren Sie sie dazu, sich für einen erfolgreichen Projektverlauf einzusetzen.

Den Nutzen des Projekts herausstellen

Es gibt zwar Leute, die sich für eine Sache einsetzen, weil man es ihnen befiehlt, aber das Engagement ist viel größer, wenn man für sich selbst einen Vorteil erkennt. Wenn Sie mit Ihrem Team über die Vorteile des Projekts sprechen, denken Sie auch an solche Dinge wie die folgenden, die für Ihr Unternehmen, seine Mitarbeiter und Klienten wichtig sind:

✔ verbesserter Produkt- und Kundenservice

✔ mehr Umsätze

✔ verbesserte Produktivität

✔ effizientere Abläufe

✔ eine bessere Arbeitsatmosphäre

Denken Sie auch an die Vorteile, die die Teammitglieder persönlich haben, wie beispielsweise:

✔ neue Fähigkeiten erlernen und mehr Wissen erwerben

✔ in einer angenehmen Arbeitsatmosphäre arbeiten

✔ die Geschäftskontakte ausdehnen

✔ Aufstiegschancen verbessern

✔ eine Herausforderung erfolgreich meistern

 Jahrelang habe ich in meinen Seminaren gelehrt, dass man den Menschen helfen sollte, herauszufinden, welche Vorteile sie persönlich durch die Teilnahme an einem Projekt ziehen können. Das verstärkte ihr Engagement für das Projekt und dadurch stiegen die Chancen auf einen Projekterfolg. Immer wieder stoße ich auf Menschen, die mich daran erinnern, dass ihre Mitarbeiter Geld dafür bekommen, dass sie ihre Aufgaben erledigen. Diese Menschen sind der Meinung, dass sie sich deshalb keine Gedanken darüber zu machen brauchen, ob ihre Mitarbeiter der Meinung sind, dass sie persönlich von einem Projekt profitieren. Soweit es sie betrifft, tun ihre Mitarbeiter ihre Arbeit, weil sie am Monatsende ihr Gehalt bekommen wollen. Wenn man sich in dieser Weise auf die Belohnungsmacht verlässt, ermutigt man die Mitarbeiter aber leider nur dazu, sich nur so weit anzustrengen, dass sie jeden Monat Gehalt bekommen, aber man motiviert sie dadurch nicht zu Höchstleistungen.

Ich will damit nicht sagen, dass Sie sich bei der Planung und Durchführung eines Projekts darauf konzentrieren sollten, welchen Nutzen die Teammitglieder daraus ziehen können. Aber auf jeden Fall sind die Menschen wesentlich engagierter, wenn sie der Meinung sind, dass sie persönliche Ziele erreichen und gleichzeitig ihrem Unternehmen helfen, seine Ziele zu erreichen.

Sie können Ihren Teammitgliedern helfen, den Nutzen, den Ihr Projekt für das Unternehmen mit sich bringt, zu erkennen und anzustreben, indem Sie

✔ erklären, welche Situation zur Initiierung des Projekts geführt hat

✔ die wichtigsten Initiatoren des Projekts suchen und herausfinden, was sie mit dem Projekt erreichen wollen (in Kapitel 7 finden Sie eine Definition zu den »Drivern« Ihres Projekts)

✔ ihnen helfen, diese Vorteile zu akzeptieren und anzustreben

✔ sie dazu ermutigen, über die erwarteten Vorteile zu diskutieren und deren Wert anerkennen

✔ sie dazu ermutigen, über weitere mögliche Vorteile nachzudenken, die bisher möglicherweise übersehen wurden

Sie können Ihren Teammitglieder dabei helfen, ihre persönlichen Vorteile durch das Projekt zu erkennen, indem Sie

✔ mit ihnen ihre persönlichen Interessen und beruflichen Ziele diskutieren und diese Bestrebungen mit dem Projekt in Verbindung bringen

✔ mit ihnen über bereits beendete Projekte sprechen, die ihnen Spaß gemacht haben, und deutlich machen, warum es ihnen so viel Spaß gemacht hat

✔ einige der Vorteile herausstellen, von denen Sie und andere hoffen, sie mit dem Projekt realisieren zu können

Die Machbarkeit demonstrieren

Ein Projekt ist dann machbar, wenn Sie das Gefühl haben, dass Sie eine Chance haben, es zu vollenden. Egal wie wünschenswert ein Projekt sein mag, wenn Sie der Meinung sind, dass es nicht machbar ist, werden Sie sich nicht besonders dafür engagieren. Der Erfolg muss nicht garantiert sein, aber man muss daran glauben, dass man eine Chance hat.

Machbarkeit ist natürlich eine subjektive Einschätzung. Was dem einen unmöglich erscheint, erscheint dem anderen vielleicht durchaus machbar.

Die Einschätzung der Machbarkeit kann zu einer selbsterfüllenden Prophezeiung werden. Wenn Sie der Meinung sind, dass eine Aufgabe machbar ist, werden Sie sich anstrengen, diese Aufgabe zu lösen, und wenn Sie auf Probleme stoßen, versuchen Sie, diese zu lösen. Wenn Sie aber in Wirklichkeit der Meinung sind, dass Sie überhaupt keine Erfolgschancen haben, geben Sie bei der ersten Schwierigkeit auf. Auftauchende Probleme bestätigen dann lediglich, was Sie schon wussten – dass das Projekt von Anfang an zum Scheitern verurteilt war.

Wenn Sie erst aufgegeben haben, haben Sie auch keine Chance mehr auf Erfolg. Und Ihre anfängliche Meinung, dass das Projekt nicht machbar sei, wurde zu einer selbsterfüllenden Prophezeiung! Helfen Sie den Beteiligten, an die Machbarkeit zu glauben, indem Sie mit ihnen gemeinsam erarbeiten, was dabei herauskommt, wann und wie die Ergebnisse erreicht werden. Denken Sie dabei vor allem an Folgendes:

✔ Beziehen Sie die Beteiligten in den Planungsprozess mit ein

✔ Ermuntern Sie sie dazu, mögliche Bedenken zu äußern, damit Sie sie analysieren und Pläne machen können, um diesen Bedenken zu begegnen

✔ Erklären Sie, warum Sie der Meinung sind, dass Ihre Ziele erreichbar und Ihre Pläne realistisch sind

✔ Erstellen Sie Pläne für das Risiko-Management

Über Fortschritte berichten

Wenn die Beteiligten den Wert eines Projekts erkennen und an die Machbarkeit glauben, sind sie zunächst einmal sehr motiviert. Wenn das Projekt jedoch länger als ein paar Wochen dauert, verblasst die anfängliche Motivation, wenn sie nicht ständig wieder verstärkt wird. Aus zwei Gründen ist es wichtig, dass die Teammitglieder wissen, wo sie stehen:

✔ Jeder Meilenstein, der erreicht wird, bringt persönliche Befriedigung.

✔ Indem Sie gute Leistungen anerkennen, wissen Ihre Teammitglieder, dass sie auf dem richtigen Weg sind, wodurch sie wiederum in ihrer Meinung bestärkt werden, dass sie Erfolg haben können und werden.

Kennen Sie ein Projekt, das über 12 Monate läuft und wo die Meilensteine erst im 11. und 12. Monat erreicht werden? Was glauben Sie, wann werden sich die Beteiligten in einem solchen Projekt richtig ins Zeug legen? In den Monaten 10, 11 und 12, falls sie dann noch dabei sind, richtig? Sorgen Sie dafür, dass alle Beteiligten während der gesamten Projektlaufzeit Spaß haben, indem Sie Folgendes tun:

✔ Bauen Sie in Ihren Plan wichtige Zwischenziele, die so genannten Meilensteine, ein.

✔ Schätzen Sie immer wieder ab, wo die Teammitglieder stehen.

✔ Reden Sie regelmäßig mit den Teammitgliedern über ihre Leistungen und Erfolge.

✔ Betonen Sie immer wieder, welchen Nutzen alle daraus ziehen, wenn das Projekt erfolgreich zu Ende geführt wird.

Belohnen

Aus zwei Gründen ist es wichtig, dass die Menschen wissen, dass das, was sie getan haben, von Bedeutung war:

✔ Um zu bestätigen, dass sie die richtigen Ergebnisse erzielt haben und die Bedürfnisse der Auftraggeber erfüllt haben

✔ Um deutlich zu machen, dass die Mühe, die man sich gemacht hat, anerkannt wurde

 Am Anfang meiner beruflichen Laufbahn war ich beim Department of Health, Education and Welfare (HEW) eines Bundesstaates angestellt. Das HEW wurde von einem Cabinet-Level Secretary geleitet und wichtige Programme des HEW wurden von Assistant Secretaries durchgeführt. Viele funktionale Bereiche innerhalb der einzelnen Programme wurden von den so genannten Deputy Assistant Secretaries geleitet.

Einer dieser Deputy Assistent Secretaries stellte mich für eine neue Gruppe ein, die zusammengestellt wurde, um Sozial- und Gesundheitsprogramme formal zu analysieren. Meine erste Aufgabe bestand darin, eine durch den Kongress initiierte Studie zu koordinieren, die das Verfahren bewerten sollte, nach dem die Bundesmittel auf die unterschiedlichen Programme aufgeteilt wurden. Ich erhielt einen kleinen Auftrag für die analytische Unterstützung und beendete das Projekt in sechs Monaten. Das Projekt lief problemlos und ich schloss es innerhalb der vorgesehenen Zeit ab, innerhalb des vorgesehenen Budgets und ich erfüllte die Erwartungen der Auftraggeber.

Als ich den Bericht meinem Vorgesetzten vorlegte, erzählte er mir, dass eine Delegation des HEW diesen Bericht formell dem Kongress in einer speziellen Anhörung vorstellen würde. Ich würde Ihnen ja nun gerne erzählen, dass ich die Delegation des HEW anführte, dem Senator persönlich meinen Bericht übergab, auf dessen erster Seite ganz groß mein Name prangte. Aber leider war das nicht der Fall. Ich war nicht einmal Mitglied der Delegation und mein Name war aus dem Bericht entfernt worden. Allerdings durfte ich ganz hinten in der riesigen

Senatskammer sitzen, während die Anhörung stattfand, und wusste, dass ich diesen Bericht erstellt hatte.

Obwohl schon die Teilnahme an diesen Sitzungen aufregend war, kam die eigentliche Überraschung eine Woche später, als ich eine persönlich vom Assistant Secretary der Abteilung unterschriebene Notiz erhielt. In dieser Notiz dankte mir der Assistant Secretary für mein Engagement für die Studie und bemerkte, dass es, so weit er sich erinnern kann, das erste Mal war, dass die Abteilung eine vom Kongress initiierte Studie rechtzeitig auf den Tisch bekommen hatte.

Das ist jetzt mehr als 25 Jahre her und ich bin sicher, dass der Assistant Secretary gar nicht mehr weiß, wer ich bin, oder dass ich die Studie durchgeführt hatte. Trotzdem erinnere ich mich 25 Jahre danach noch an ihn und seine Notiz, für die er sicher nicht mehr als fünf Minuten gebraucht hatte!

Vielleicht sagen Sie jetzt, dass Sie viele solche Briefe schreiben werden, wenn Sie stellvertretender Staatssekretär bei einer Landesregierung werden. Aber müssen Sie wirklich diesen Level an Prominenz erreichen, damit Ihre Briefe den Menschen etwas bedeuten?

Seitdem ich Seminare leite, habe ich einen Ordner angelegt. In diesem Ordner befinden sich sechs Briefe, die von unterschiedlichen Seminarteilnehmern geschrieben wurden, und die alle ungefähr den gleichen Inhalt haben. In jedem dieser Briefe schreibt der Verfasser, dass etwas, das ich in meinem Seminar angesprochen habe, sein Leben verändert hat. Soweit es mich betrifft, kann ich gar kein größeres Kompliment bekommen, als zu wissen, dass etwas, das ich gesagt habe, das Leben eines anderen verändert hat!

Ich mag den Gedanken, dass von den mehr als 25.000 Menschen, die ich in den letzten 20 Jahren unterrichtet habe, vielleicht 1.000 der Meinung sind, etwas, das ich in meinem Seminar gesagt habe, hätte ihr Leben verändert. Ich möchte das gerne glauben, aber ich kann Ihnen versichern, dass es zumindest sechs sind.

Diese sechs Menschen waren keine stellvertretenden Staatssekretäre oder Vorstandsvorsitzende großer Firmen, als sie ihre Briefe schrieben. Sie waren Menschen wie Sie und ich. Aber sie haben sich von den anderen abgesetzt, indem sie ein paar Minuten investiert haben, um mir einen Brief zu schicken. Und diese paar Minuten zahlen sich auch Jahre später noch aus.

Das Projekt zum Abschluss bringen

In diesem Kapitel

▷ Das Projektende planen

▷ Das Organisatorische erledigen

▷ Den Beteiligten helfen, sich von dem Projekt zu lösen

▷ Eine ganz neue Methode, das Projektende zu verkünden

*E*in Merkmal unterscheidet ein Projekt von anderen Arbeitsaufträgen, nämlich dass es ein klares Ende hat, einen Zeitpunkt, an dem alle damit verbundenen Arbeiten abgeschlossen und alle Ergebnisse erzielt wurden. Wenn Sie sehr stark von einem nächsten Projekt in Anspruch genommen werden, kann es manchmal passieren, dass beendete Projekte einfach so vor sich hin dümpeln und schließlich verblassen, anstatt dass man klar verkündet, dass ein Projekt beendet ist, welche Ergebnisse es gebracht hat und wem diese Resultate zu verdanken sind.

Leider schadet dieses leise Ersterben sowohl dem Unternehmen als auch den Menschen, die die Arbeit erledigt haben. Wenn Sie nicht bewerten, in welchem Maße die gewünschten Ergebnisse auch tatsächlich erzielt wurden, können Sie nicht feststellen, ob das Projekt gut gelaufen ist, ob es gut geplant war und ob die Aufgaben gut erledigt wurden. Außerdem haben diejenigen, die daran gearbeitet haben, nicht die Möglichkeit, sich daran zu erfreuen, etwas zu Abschluss gebracht zu haben, etwas erreicht zu haben, eine Aufgabe gut erledigt zu haben.

Bringen Sie Ihr Projekt also ganz korrekt zu Ende, und zwar folgendermaßen:

✔ Beenden Sie alle Projektarbeiten.

✔ Erledigen Sie die notwendigen organisatorischen Arbeiten.

✔ Helfen Sie den Teammitgliedern, sich von Ihrem Projekt zu lösen und woanders weiter zu machen.

In diesem Kapitel zeigen wir Ihnen wie.

Die Arbeit beenden

Um Ihr Projekt abzuschließen, müssen Sie Folgendes tun:

✔ Sämtliche unerledigten Projekttätigkeiten beenden

✔ Alle notwendigen Genehmigungen und Bestätigungen einholen

✔ Beurteilen, in welchem Maße die erzielten Ergebnisse den Erwartungen entsprechen

Um ein Projekt zu Ende zu bringen, muss man meistens eine Vielzahl kleiner Details und ausstehender Probleme bedenken. Auch unter optimalen Bedingungen kann es ziemlich frustrierend sein, all diese Detailaufgaben zu erledigen. Folgende besondere Bedingungen können das Ende eines Projekts jedoch noch weiter erschweren:

✔ Häufig gibt es keine detaillierte Liste mit all den Aufgaben, die noch erledigt werden müssen.

✔ Einige Teammitglieder haben bereits mit der Arbeit an neuen Aufgaben begonnen, also müssen die übrigen Teammitglieder zusätzliche Aufgaben übernehmen, um das Projekt erfolgreich zum Abschluss zu bringen.

✔ Die Mitarbeiter verlieren die Lust, weil das generelle Interesse an dem Projekt abnimmt und sie sich auf neue Aufgaben freuen.

✔ Die Mitarbeiter wollen nicht, dass das Projekt zu Ende geht, weil sie nur ungern die persönlichen und beruflichen Beziehungen aufgeben, die sie im Verlauf des Projekts aufgebaut haben, oder weil sie sich nicht auf das freuen, was als Nächstes kommt.

✔ Ihr Kunde (intern oder extern) hat möglicherweise kein Interesse daran, die abschließenden Detailaufgaben für sein Projekt zu erledigen.

Sie können Ihre Chancen auf ein erfolgreiches Projektende verbessern, indem Sie es so zu Ende führen, wie in den folgenden Abschnitten beschrieben.

Das Projektende in allen Einzelheiten durchplanen

Betrachten Sie das Ende (die Abschlussphase – siehe Kapitel 1) wie ein eigenes Projekt. Versammeln Sie die restlichen Teammitglieder und bereiten Sie einen Plan vor, der Ihre Ziele, Maßnahmen und Ressourcenaufteilung deutlich macht.

Erstellen Sie eine Checkliste für den Projektabschluss, mit all den Aufgaben, die Sie und Ihre Teammitglieder erledigen müssen, bevor das Projekt endet. Hier ein paar Beispiele:

✔ Produkte, die erstellt werden müssen

✔ Akzeptanz-Tests, die Sie bestehen müssen

✔ Genehmigungen, die Sie einholen müssen

✔ Abschlussberichte, die Sie schreiben müssen

✔ Ressourcen, die umverteilt werden müssen

✔ Organisatorische Aufgaben, die erledigt werden müssen

Denken Sie daran, jemandem die Verantwortung für jede einzelne Aufgabe auf dieser Checkliste zu übertragen.

Stärken Sie noch einmal den Teamgeist und den Zusammenhalt

Um den Teamgeist und den Zusammenhalt zu stärken, können Sie Folgendes tun:

✔ Rufen Sie Ihre Teammitglieder zusammen und geben Sie sich noch einmal gegenseitig das Versprechen, das Projekt zu einem erfolgreichen Ende zu bringen.

✔ Richten Sie das Augenmerk Ihres Teams weiterhin auf die Bedeutung und den Wert des endgültigen Produkts.

✔ Überwachen Sie die Abschlusstätigkeiten sehr sorgfältig und geben Sie jedem Teammitglied Feedback über seine Leistung.

✔ Seien Sie für die Teammitglieder erreichbar.

Ein sanftes Ende

Folgende Tipps sollen Ihnen helfen, Ihr Projekt sanft zu beenden:

✔ **Legen Sie schon bei der Erstellung des Projektplans den Grundstein für das Projektende.** Stellen Sie sicher, dass Sie die Projektziele vollständig und klar definieren und alle objektiven Maßstäbe und Spezifikationen berücksichtigen. Wenn Ihr Projekt einen Zustand beseitigen soll, beschreiben Sie diesen Zustand, bevor Sie mit dem Projekt beginnen, damit Sie für die Abschlussbewertung eine Vergleichsbasis haben.

✔ **Nehmen Sie die Tätigkeiten, die für den Projektabschluss notwendig sind, mit in Ihren Projektplan auf.** Definieren Sie in der Projektstruktur alle Tätigkeiten, die für den Abschluss des Projekts durchgeführt werden müssen und planen Sie dafür ausreichend Zeit und Ressourcen ein.

Die organisatorischen Aufgaben erledigen

Bevor Ihr Projekt offiziell beendet ist, müssen Sie die noch ausstehenden organisatorischen oder rechtlichen Ansprüche erfüllen und eventuell existierende Projektkonten schließen. Gehen Sie dabei folgendermaßen vor:

✔ **Holen Sie sämtliche erforderlichen Genehmigungen ein.** Lassen Sie sich schriftlich bestätigen, dass alle Leistungstests bestanden wurden, dass die Vorgaben und Normen eingehalten wurden und dass der Kunde oder Klient das Produkt akzeptiert hat.

✔ **Begleichen Sie eventuell offen stehende Rechnungen.** Falls Sie Anschaffungen für das Projekt getätigt haben, klären Sie mögliche Streitigkeiten mit Lieferanten oder Auftragnehmern und bezahlen Sie eventuell noch offen stehende Rechnungen. Wenn Sie Arbeitsstunden und Kosten über speziell eingerichtete Projektkonten abgerechnet haben, sorgen

Sie für die notwendigen Umbuchungen, falls Arbeitsstunden oder Ausgaben falsch zugeordnet wurden.

✔ **Budgetpositionen ausgleichen.** Wenn Sie für einzelne Aspekte des Projekts spezielle Budgetpositionen eingerichtet haben, gleichen Sie diese aus und schließen Sie die Konten, damit diesen Konten keine Arbeitsstunden oder Kosten mehr belastet werden können.

Den Beteiligten das Ende leicht machen

Helfen Sie den Teammitgliedern, ihre Projektaufgaben zu erledigen und sich dann den nächsten Aufgaben zu widmen. Machen Sie vor allem Folgendes:

✔ **Loben und dokumentieren Sie den Einsatz der Teammitglieder.** Machen Sie deutlich, dass Sie deren Unterstützung zu würdigen wissen, und lassen Sie sie wissen, wie Sie die Qualität ihrer Arbeit einschätzen. Nehmen Sie sich auch die Zeit, um den Vorgesetzten der Teammitglieder dafür zu danken, dass sie Ihnen ihre Mitarbeiter zur Verfügung gestellt haben, und sagen Sie ihnen, wie Sie die Leistung ihrer Mitarbeiter einschätzen.

Positives Feedback sollten Sie öffentlich geben; konstruktive Kritik und Verbesserungsvorschläge sollten Sie im Zweiergespräch äußern. In beiden Fällen sollten Sie Ihre Meinung zunächst persönlich äußern und dann im Anschluss an das Gespräch noch einmal schriftlich.

✔ **Helfen Sie Ihren Teammitgliedern bei der Umstellung auf neue Aufgaben.** Helfen Sie ihnen gegebenenfalls dabei, neue Aufgaben zu finden. Helfen Sie ihnen dabei, ihren Rückzug aus dem Projekt auch zeitlich zu planen und gleichzeitig sicherzustellen, dass sie die noch ausstehenden Projekt-Verpflichtungen einhalten.

Vielleicht sollten Sie ein Abschlussmeeting oder feierliches Abschlussessen veranstalten, um die Projektarbeit offiziell zum Abschluss zu bringen und die Projektbeziehungen zu lösen.

Eine ganz neue Methode, das Projektende zu verkünden

Aus zwei Gründen ist es ganz wichtig, dass Sie das Ende Ihres Projekts im Unternehmen verkünden:

✔ Um die Kollegen darauf hinzuweisen, dass die Projektergebnisse jetzt verfügbar sind

✔ Um den Personen, die Ihr Projekt in irgendeiner Form unterstützt haben, mitzuteilen, dass ihre Unterstützung zum Erfolg geführt hat

Wenn es sich um ein eher kleines Projekt gehandelt hat, ist die Wahrscheinlichkeit groß, dass alle Beteiligten wissen, wann es zu Ende ist und was die Ergebnisse waren. Wenn es sich über einen sehr langen Zeitraum erstreckt hat (sechs Monate oder länger) und viele Gruppen in Ihrem Unternehmen daran beteiligt waren, ist die Wahrscheinlichkeit groß, dass jemand, der ganz am Anfang einmal involviert war, die eigentlichen Ergebnisse seiner Arbeit nie zu sehen bekommt.

Vor einiger Zeit sprach ich mit einem Kunden, der gerade ein einjähriges Projekt beendet hatte, in dem es darum ging, ein bestimmtes Bauteil für ein Flugzeug zu entwerfen, zu entwickeln und einzuführen. Als er sein Projekt offiziell beendet hatte, dachte er noch einmal über die vielen verschiedenen Personen aus den unterschiedlichsten Bereichen nach, die ihm während dieses Jahres geholfen hatten. Neben den Ingenieuren, die schließlich den Einbau in das Flugzeug und die Tests durchgeführt hatten, hatten zahllose andere das Projekt in erheblichem Umfang unterstützt. Da waren beispielsweise die Mitarbeiter der Einkaufsabteilung, der Buchhaltungsabteilung, der Personalabteilung, des Versuchslabors, aus der Logistik und so weiter.

Er stellte fest, dass all diese Menschen das Endergebnis ihrer Bemühungen erfahrungsgemäß nie zu sehen bekamen. Also beschloss er, etwas zu tun, was er in diesem Unternehmen noch nie zuvor getan hatte. Er stellte eine kleine Ausstellung zusammen, welche die Geburt, die Entwicklung und den erfolgreichen Einsatz des Produktes zeigte. Es fehlte nichts: der erste Vertrag, die Bestellungen aus der Einkaufsabteilung, das erste Designmodell, die genehmigten endgültigen Zeichnungen der Ingenieure, Abbildungen des Teils, wie es in ein Flugzeug eingebaut wurde, Bilder von dem Piloten, der das Teil benutzte und sogar Bilder von den Mechanikern, die das Teil warten sollten. Dann schickte er an alle Beteiligten eine Nachricht, informierte sie über die Ausstellung und lud alle ein, sich dieses anzusehen.

Die Reaktionen, die er erhielt, waren überwältigend. Er schätzte, dass mehr als 100 Personen gekommen waren, um sich die Ausstellung anzusehen. Er hörte, wie jemand seinen Kollegen stolz verkündete, dass er das Auftragsformular für ein bestimmtes Teil unterschrieben hatte – ein Teil, das Einfluss auf die Menschheit haben würde. Den eindrucksvollsten Kommentar gab ein Techniker aus dem Testlabor ab, der sagte, es sei das erste Mal in den elf Jahren, die er für das Unternehmen tätig war, dass er die endgültige Version eines Produkts, das er getestet hatte, zu Gesicht bekam.

Der Projektleiter schätzte, dass er für die Zusammenstellung der Ausstellung zwar einige Stunden investiert hatte. Aber die positiven Reaktionen, die er und sein Unternehmen dafür bekam, waren unbezahlbar.

Nehmen Sie sich einen Augenblick Zeit, um die Beteiligten über die Endergebnisse ihrer Arbeit zu informieren. Das ist die beste Motivation, um sich voller Energie an die nächste Aufgabe zu machen und hier wiederum Höchstleistungen zu bringen.

Eine Abschlussbewertung durchführen

Um aus guten Erfahrungen lernen zu können und Fehler zu vermeiden, sollten Sie dafür rechtzeitig die Grundlage legen, indem Sie eine Abschlussbewertung durchführen. Siehe Kapitel 15.

Teil IV

Immer besser werden

The 5th Wave By Rich Tennant

»Halt' dich bereit, ich glaube, jetzt nicken sie gleich ein.«

In diesem Teil ...

Ein wirklich guter Projektmanager werden Sie, wenn Sie aus Ihren Erfahrungen lernen und alle Werkzeuge und Ressourcen nutzen, die Ihnen bei der erfolgreichen Durchführung eines Projekts helfen.

In diesem Teil erfahren Sie, wie Sie potenzielle Projektrisiken erkennen und damit umgehen. Ich erkläre, wie man nach Projektende eine Abschlussbewertung plant und durchführt. Und schließlich mache ich Vorschläge, wie man mit neuen Technologien Projekte besser managt und Stolperfallen umgeht.

Der Umgang mit Risiken und Unsicherheiten

14

In diesem Kapitel

▷ Den Unterschied zwischen Risikofaktoren und Risiken erklären

▷ Mögliche Risikofaktoren erkennen

▷ Die Auswirkungen von Risiken auf Ihr Projekt abschätzen

▷ Die richtige Strategie für das Risikomanagement finden

▷ Einen Risikomanagement-Plan erstellen

*I*hr erster Schritt auf dem Weg zu einem erfolgreichen Projekt besteht darin, einen Plan zu entwickeln, der es Ihnen ermöglicht, die notwendigen Aufgaben zu erledigen, um die gewünschten Ergebnisse in der verfügbaren Zeit mit den verfügbaren Ressourcen zu erzielen. Wenn Ihr Projekt nur von kurzer Dauer ist und wenn Sie sorgfältig und realistisch geplant haben, wird wahrscheinlich alles so laufen, wie Sie es sich gedacht haben.

Je größer und komplexer ein Projekt ist und je länger es dauert, desto größer ist die Wahrscheinlichkeit, dass einige Dinge nicht so klappen, wie Sie es sich vorgestellt haben. Denken Sie daran, auch der beste Plan kann scheitern. Ihre Chancen auf Erfolg sind dann am größten, wenn Sie von vornherein die Möglichkeit in Betracht ziehen, dass sich etwas ändert, und sich von Anfang an darauf vorzubereiten, wie man die damit verbundenen negativen Auswirkungen möglichst minimiert.

Die möglichen Projektrisiken sollten Sie bereits dann abwägen, wenn Sie überlegen, ob Sie das Projekt starten sollen, während der Planung und während der Durchführung der Projektarbeit. Von Anfang an und während der gesamten Projektlaufzeit sollten Sie die wichtigsten Beteiligten über diese Risiken und Ihre Vorschläge zur Bewältigung informieren.

Wie man Risiko und Risikomanagement definiert

 Der Begriff *Risiko* bezeichnet die Möglichkeit, dass das gewünschte Produkt nicht hergestellt, ein Zeitplan oder Ressourcenvorgaben nicht eingehalten werden können, weil etwas Unerwartetes geschieht oder etwas Erwartetes nicht eintritt. Da es unmöglich ist, die Zukunft mit Sicherheit vorherzusagen, steckt in jedem Projekt ein gewisses Risiko. Das Projektrisiko ist aber umso größer

✔ je länger Ihr Projekt dauert

✔ je länger die Zeitspanne zwischen Projektplanerstellung und Projektbeginn ist

✔ je weniger erfahren Sie, Ihre Teammitglieder oder Ihr Unternehmen mit dieser Art von Projekten ist

✔ je neuer die Technologie oder die Arbeitsmethoden sind, mit denen Sie arbeiten

 Als *Risikomanagement* bezeichnet man ein Verfahren zur Identifizierung potenzieller Risiken, zur Einschätzung ihrer Auswirkungen auf das Projekt und zur Erstellung und Realisierung von Plänen zur Minimierung der negativen Auswirkungen. Risikomanagement beseitigt keine Risiken, sondern gibt Ihnen die größtmögliche Chance, Ihr Projekt trotz der Unsicherheiten einer sich verändernden Umgebung erfolgreich zu Ende zu führen.

 Folgende Risikomanagement-Strategien funktionieren nicht:

✔ **Die Vogel-Strauß-Methode:** Risiken zu ignorieren und so zu tun, als existierten sie nicht

✔ **Beten:** auf ein überirdisches Wesen zu warten, das Ihre Probleme löst oder beseitigt

✔ **Ignorieren:** zu erkennen, dass bestimmte Situationen Probleme für Ihr Projekt mit sich bringen könnten, und trotzdem nicht zu akzeptieren, dass diese Fälle eintreten können, nach dem Motto: Weil nicht sein kann, was nicht sein darf.

 Vor einiger Zeit lernte ich jemanden kennen, der gerade dabei war, ein großes Projekt zu beginnen, das in seinem Unternehmen einen sehr hohen Stellenwert hatte. Er erwähnte, dass der Erfolg seines Projekts erheblich von einer bestimmten Person abhing, die diesem Projekt für sechs Monate Vollzeit zugeteilt war und sämtliche technische Entwicklungen durchführen würde. Ich fragte ihn, ob er schon einmal darüber nachgedacht hätte, was er tun würde, wenn diese Person frühzeitig aus dem Projekt ausscheiden würde. Er antwortete, dass er sich darüber keine Gedanken machen würde, weil er einfach nicht zulassen würde, dass das passiert.

Diese Methode kam mir vor, als würde jemand seine Krankenversicherung für ein Jahr stornieren, weil er in diesem Jahr nicht plante, krank zu werden! Er hätte beispielsweise mit der Unternehmensleitung sprechen und dafür sorgen können, dass die betreffende Person für die Dauer des Projekts keine anderen Aufgaben übertragen bekam. Allerdings wäre auch das noch keine Garantie dafür, dass diese Person nicht krank wurde oder sich dazu entschloss, das Unternehmen ganz zu verlassen!

Die möglichen Auswirkungen von Risiken auf Ihren Projekterfolg sollten Sie bedenken, wenn Sie

✔ zum ersten Mal darüber nachdenken, das Projekt durchzuführen

✔ die Ziele, Strategien, Verantwortlichkeiten, Zeitpläne und Budgets für Ihr Projekt festlegen

✔ den Projektfortschritt überwachen und auf auftauchende Probleme reagieren

✔ darüber nachdenken, nach Projektbeginn Änderungen vorzunehmen

Und so können Sie Risiken managen und ihre negativen Auswirkungen auf Ihr Projekt minimieren:

✔ **Risiken erkennen:** Stellen Sie fest, welche Aspekte Ihres Plans oder der Projektumwelt sich ändern könnten.

✔ **Schätzen Sie die möglichen Auswirkungen auf Ihr Projekt ab:** Überlegen Sie, was passiert, wenn die Dinge nicht so laufen, wie Sie es sich vorgestellt haben.

✔ **Machen Sie Pläne, um die Auswirkungen der Risiken möglichst abzumildern:** Legen Sie fest, wie Sie Ihr Projekt vor den möglichen negativen Auswirkungen der Risiken schützen wollen.

✔ **Überwachen Sie während der gesamten Projektlaufzeit den Status der Projektrisiken:** Finden Sie heraus, ob bestehende Risiken weiterhin ein Risiko sind, ob sich die Eintrittswahrscheinlichkeit geändert hat und ob andere Risiken eingetreten sind.

✔ **Informieren Sie die anderen Beteiligten:** Erklären Sie allen wichtigen Beteiligten den Status und die möglichen Auswirkungen aller Projektrisiken schon während der Konzeptphase, aber auch während der gesamten Projektlaufzeit.

Risiken erkennen

Potenzielle Risiken erkennen Sie, indem Sie:

✔ Bedingungen oder Situationen erkennen, die zu Risiken führen können

✔ das konkrete Risiko identifizieren, das mit diesen Bedingungen oder dieser Situation verbunden ist

Risikofaktoren erkennen

Als *Risikofaktor* bezeichnet man eine Situation, die zu einem oder mehreren Projektrisiken führen könnte. Ein Risikofaktor selbst führt noch nicht dazu, dass Sie ein Produkt nicht erstellen, einen Termin oder eine Budgetvorgabe nicht einhalten können. Er erhöht nur die Wahrscheinlichkeit, dass Sie Ihre Vorgaben nicht einhalten können.

Die Tatsache, dass weder Sie noch Ihr Unternehmen jemals ein Projekt wie das jetzt geplante durchgeführt haben, ist ein möglicher Risikofaktor. Da Sie bisher keine direkten Erfahrungen mit solchen Projekten haben, könnten Sie Tätigkeiten übersehen, die erledigt werden müssen, oder den Zeit- oder Ressourceneinsatz unterschätzen. Die Tatsache, dass Sie mit solchen Projekten noch keine Erfahrung haben, bedeutet nicht, dass Sie auf jeden Fall auf diese Probleme stoßen. Sie besagt nur, dass die Wahrscheinlichkeit größer ist.

Suchen Sie nach möglichen Risikofaktoren, indem Sie Unterlagen durcharbeiten und mit Personen sprechen, die etwas über die Entstehung Ihres Projekts wissen. Denken Sie vor allem an folgende Punkte:

✔ Wie wurden die unterschiedlichen Projektphasen gehandhabt?

✔ Welche Informationen wurden in diesen Phasen gewonnen?

Risikofaktoren, die sich im Verlaufe des Projekts ergeben

Alle Projekte durchlaufen folgende fünf Phasen:

✔ **Konzept:** Eine Idee wird geboren

✔ **Abgrenzung:** Ein Plan wird entwickelt

✔ **Beginn:** Ein Team wird zusammengestellt

✔ **Durchführung:** Die Arbeit wird erledigt

✔ **Abschluss:** Das Projekt wird beendet

In Kapitel 1 finden Sie ausführliche Informationen zu diesen Phasen.

Tabelle 14.1 zeigt mögliche Risikofaktoren, die auftauchen können, je nachdem, wie Sie Ihr Projekt durch die verschiedenen Phasen geführt haben.

Projektphase	Mögliche Risikofaktoren
Alle	Eine oder mehrere Phasen wurden zu früh beendet. Wichtige Informationen wurden nicht schriftlich niedergelegt. Man ist zur nächsten Phase übergegangen, ohne eine oder mehrere der vorherigen abgeschlossen zu haben.
Konzeptphase	Nicht alle Hintergrundinformationen und Pläne wurden schriftlich festgehalten. Es wurde keine formale Kosten/Nutzen-Analyse durchgeführt. Es wurde keine formale Machbarkeitsstudie durchgeführt. Sie wissen nicht, wer ursprünglich die Idee zu Ihrem Projekt hatte.
Abgrenzungsphase	Die Personen, die den Projektplan erstellt haben, haben noch keine Erfahrung mit ähnlichen Projekten. Der Projektplan wurde nicht schriftlich erstellt. Teile des Plans wurden ausgelassen. Einige oder alle Teile des Plans wurden von den wichtigen Projektbeteiligten nicht bestätigt und genehmigt.
Beginn	Diejenigen, die die Pläne ausgearbeitet haben, sind nicht dieselben, die die Arbeit erledigen sollen. Teammitglieder, die nicht an der Entwicklung des Projektplans beteiligt waren, lesen den Plan nicht und klären keine offenen Fragen. Es wurde nichts unternommen, um den Teamzusammenhalt zu stärken und das Ziel deutlich zu machen. Es wurden keine Verfahren festgelegt, wie im Team Konflikte gelöst werden, Entscheidungen getroffen werden oder die Kommunikation erfolgen soll.

Projektphase	Mögliche Risikofaktoren
Durchführung	Die Bedürfnisse Ihrer ursprünglichen Auftraggeber ändern sich.
	Die Informationen über Zeitpläne und zur Verfügung stehende Ressourcen sind unvollständig oder falsch.
	Die Statusberichte sind inkonsistent.
	Einer oder mehrere Ihrer wichtigsten Supporter springen ab.
	Teammitglieder werden während der Durchführungsphase ausgetauscht.
	Die Marktbedingungen oder die Nachfragesituation ändern sich.
	Es werden informelle Änderungen vorgenommen, ohne dass deren Auswirkungen auf das gesamte Projekt konsequent analysiert werden.
Abschlussphase	Einer oder mehrere der »Driver« sind mit den Projektergebnissen nicht zufrieden
	Die Teammitglieder bekommen vor Projektabschluss neue Aufgaben übertragen.

Tabelle 14.1: Potenzielle Risikofaktoren während der einzelnen Projektphasen

In Tabelle 14.2 finden Sie potenzielle Risikofaktoren, die im Zusammenhang mit den im Projektplan enthaltenen Informationen auftauchen können.

Information	Mögliche Risikofaktoren
Projektbeteiligte	Sie hatten bisher mit diesen Auftraggebern noch keinen Kontakt.
	Als Sie das letzte Mal für diese Auftraggeber gearbeitet haben, gab es Probleme.
	Die Unternehmensleitung und andere wichtige Initiatoren haben nur ein geringes Interesse an diesem Projekt.
	In Ihrem Projekt gibt es keinen »Projekt-Champion«.
	Sie haben überhaupt keine konkreten Projektbeteiligten ermittelt.
Projekthintergrund	Ihr Projekt ist das Ergebnis einer spontanen Entscheidung und nicht einer sorgfältigen Überlegung.
	Es gibt keinen Beweis dafür, dass die erfolgreiche Durchführung Ihres Projekts die Probleme beseitigt, die das Projekt lösen sollte.
	Bevor Sie Ihre Arbeit durchführen können, müssen andere Planungen durchgeführt werden.
Projektumfang	Das Projekt ist ungewöhnlich umfangreich.
	Das Projekt erfordert eine Vielzahl von Kenntnissen und Fähigkeiten.
	An dem Projekt sind unterschiedliche Abteilungen beteiligt.
Projektstrategie	Zurzeit gibt es keine konkrete Strategie.
	Sie wollen eine neue, noch nicht getestete Technologie oder Methode einsetzen.
Projektziele	Eines oder mehrere Ziele fehlen.
	Es gibt keinen Maßstab für den Projekterfolg oder er ist unklar.
	Der Maßstab für den Projekterfolg ist nicht quantifizierbar.
	Es fehlen konkrete Leistungsziele oder Spezifikationen.
Beschränkungen	Es wurden keine Beschränkungen identifiziert.
	Die Beschränkungen sind vage.
	Jede Beschränkung kann grundsätzlich zu einem Risiko werden.

Information	Mögliche Risikofaktoren
Annahmen	Die Annahmen sind vage.
	Jede Annahme kann grundsätzlich zu einem Risiko werden.
Arbeitspakete	Die Arbeitspakete werden nicht detailliert genug beschrieben.
	Einige oder alle Personen, die die Arbeit durchführen sollen, waren nicht an der Festlegung der Arbeitspakete beteiligt.
Rollen und Ver-antwortlichkeiten	Bei der Verteilung der Rollen und Verantwortlichkeiten waren nicht alle »Supporter« anwesend.
	Sie haben sich zu sehr auf eine oder mehrere Personen verlassen.
	Sie haben es versäumt, jemandem die primäre Verantwortung für eine oder mehrere Aufgaben zu übertragen.
	Zwei oder mehr Personen haben die primäre Verantwortung für ein und dieselbe Aufgabe.
	Keiner hat die Gesamtverantwortung für das Projekt.
Zeitplan (Schätzung des Arbeitsaufwands)	Die Schätzungen wurden vorgenommen, indem man sich an dem Abgabetermin orientierte.
	Es gibt in Ihrem Unternehmen keine Erfahrungswerte für die Dauer bestimm-ter Tätigkeiten.
	Ein Teil Ihrer Projektarbeit beinhaltet Verfahren oder Technologien, mit denen Sie vorher noch nicht gearbeitet haben.
	Einige Tätigkeiten werden von Personen durchgeführt, mit denen Sie noch nie zusammengearbeitet haben.
Zeitplan (Abhängig-keitenzwischen den Tätigkeiten)	Bei der Erstellung des Zeitplans wurden Abhängigkeiten nicht berücksichtigt.
	Vorgänge, die teilweise zusammenhängen, werden so geplant, dass sie gleichzei-tig durchgeführt werden sollen, in der Hoffnung, Zeit zu sparen.
	Die Auswirkungen der Abhängigkeiten auf Ihren Zeitplan wurden nicht formal analysiert.
Personal	Der tatsächliche Arbeitsaufwand für die einzelnen Tätigkeiten wurde nicht sorgfältig abgeschätzt.
	Verfügbarkeit und Effektivität wurden nicht formal mit einbezogen.
	Es gibt keine Pläne darüber, wann Personen, die nicht Vollzeit Ihrem Projekt zugeteilt wurden, für Ihr Projekt arbeiten sollen.
	Die Projektarbeit wird von neuen oder unerfahrenen Mitarbeitern erledigt.
Andere Ressourcen	Es gibt keine Pläne, in denen die Art, Menge und zeitliche Verfügbarkeit der nicht-personellen Ressourcen festgelegt ist.
Mittel	Es wurde kein Projektbudget festgelegt.

Tabelle 14.2: Mögliche Risikofaktoren

Risiken erkennen

Beschreiben Sie bei jedem Risikofaktor, den Sie ermitteln, wie genau er dazu führen kann, dass Sie ein Produkt nicht herstellen, eine Zeitvorgabe oder Ressourcenbeschränkung nicht einhalten können.

Stellen Sie sich vor, Sie möchten in Ihrem Projekt eine neue Technologie nutzen. Die Tatsache, dass Sie eine neue Technologie nutzen möchten, stellt einen Risikofaktor dar. Aus diesem Risikofaktor ergeben sich Risiken hinsichtlich der Produkte, des Zeitplans und der Ressourcen, nämlich diese:

✔ **Produkt-Risiko:** Die Technologie führt möglicherweise nicht zu den gewünschten Ergebnissen.

✔ **Zeitplan-Risiko:** Tätigkeiten, bei denen die neue Technologie genutzt wird, dauern vielleicht länger als geplant.

✔ **Ressourcen-Risiko:** Die vorhandenen Anlagen und Betriebsmittel sind für den Einsatz dieser neuen Technologie möglicherweise nicht geeignet.

Wenn Sie potenzielle Risiken aufspüren, tun Sie Folgendes:

✔ Schauen Sie sich noch einmal Unterlagen über ähnliche in der Vergangenheit aufgetauchte Probleme an

✔ Beraten Sie sich mit Fachleuten und anderen Personen, die ähnliche Erfahrungen gemacht haben

✔ Seien Sie konkret. Je konkreter Sie ein Risiko beschreiben, desto besser sind Sie in der Lage, seine möglichen Auswirkungen abzuschätzen. Beispielsweise:

   • Schlecht: »Die Vorgänge verzögern sich.«

   • Gut: »Die Lieferzeit kann drei anstelle von zwei Wochen betragen.«

Versuchen Sie, so viele Risikofaktoren wie möglich aus dem Weg zu schaffen, und zwar so schnell wie möglich. Nehmen wir beispielsweise an, ein wichtiger Auftraggeber hat die Ziele Ihres Projekts nicht bestätigt. Anstatt nur festzustellen, dass hier das Risiko besteht, die Bedürfnisse des Auftraggebers möglicherweise nicht vollständig zu erfüllen, tun Sie alles, was möglich ist, damit der Auftraggeber die Ziele absegnet!

Die möglichen Auswirkungen eines Risikos einschätzen

Bestimmen Sie die möglichen Auswirkungen eines Risikos auf Ihr Projekt, indem Sie zunächst die Eintrittswahrscheinlichkeit und dann den Umfang der Auswirkungen schätzen.

Die Eintrittswahrscheinlichkeit einschätzen

Eine der folgenden Methoden sollten Sie nutzen, um zu beschreiben, wie groß die Wahrscheinlichkeit ist, dass ein Risiko eintritt:

✔ **Die Eintrittswahrscheinlichkeit:** Sie können das Risiko, dass ein bestimmter Fall eintritt, als Wahrscheinlichkeit ausdrücken. Die *Wahrscheinlichkeit* wird als Zahl zwischen 0 und 1 ausgedrückt. Eine Wahrscheinlichkeit von 0 bedeutet, dass eine Situation auf keinen Fall eintritt, und eine Wahrscheinlichkeit von 1, dass sie immer eintritt. (Man kann die Wahrscheinlichkeit auch in Prozent ausdrücken. In diesem Fall bedeutet eine Wahrscheinlichkeit von 100%, dass eine bestimmte Situation immer eintritt.)

✔ **Klassifizierung:** Ordnen Sie Risiken nach Kategorien, die für die Wahrscheinlichkeit stehen, mit der eine Situation eintritt. Man könnte diese Risiko-Kategorien beispielsweise »Hoch«, »Mittel« und »Niedrig« benennen oder auch »Immer«, »Häufig«, »Manchmal«, »Selten« und »Nie«.

✔ **Reihenfolge:** Sortieren Sie die Risiken so, dass das erste dasjenige ist, welches am wahrscheinlichsten eintritt, und das zweite das nächstwahrscheinliche und so weiter.

✔ **Relative Eintrittswahrscheinlichkeit:** Wenn Sie es mit zwei möglichen Risiken zu tun haben, können Sie beispielsweise aussagen, dass das erste doppelt so wahrscheinlich ist wie das zweite.

Die Wahrscheinlichkeit, mit der bei Ihrem jetzigen Projekt ein Risiko eintritt, können Sie danach abschätzen, wie häufig dieses Risiko in ähnlichen Projekten, die Sie bereits durchgeführt haben, tatsächlich eingetreten ist. Nehmen wir beispielsweise an, dass Sie letztes Jahr 20 computergenerierte Berichte für Kunden erstellt haben, mit denen Sie vorher noch nie zusammengearbeitet haben. Acht Mal war es so, dass Ihr Kunde noch Änderungen eingearbeitet haben wollte. Wenn Sie wieder planen, einen computergenerierten Bericht für einen Kunden zu erstellen, mit dem Sie noch nie zusammengearbeitet haben, können Sie davon ausgehen, dass die Wahrscheinlichkeit, dass Sie bei Vorlage der ersten Version noch Änderungen einarbeiten müssen, bei 40% liegt.

Wenn Sie objektive Informationen heranziehen, um abzuschätzen, wie groß die Wahrscheinlichkeit ist, dass bestimmte Risiken eintreten, bedenken Sie folgende Punkte:

✔ Ziehen Sie Erfahrungen aus ähnlichen Projekten mit hinzu

✔ Stellen Sie sicher, dass so viele Faktoren wie möglich sich bei Ihrem jetzigen Projekt genauso darstellen wie bei den damaligen Projekten

✔ Bedenken Sie, dass Ihre Schlussfolgerungen nur dann berechtigt sind, wenn Sie ausreichend Erfahrungswerte zur Verfügung haben

Bedenken Sie: Je mehr ähnliche Situationen aus der Vergangenheit Sie in Ihre Abwägungen einbeziehen können, desto genauer die Schlussfolgerungen, die Sie daraus ziehen können.

Falls Sie keine objektiven Daten zur Verfügung haben, holen Sie die Meinung von Fachleuten und Personen ein, die bereits an ähnlichen Projekten gearbeitet haben.

Sie können die Eintrittswahrscheinlichkeit für ein bestimmtes Risiko abschätzen, wenn Sie die Meinung von zehn Personen einholen, die bereits an ähnlichen Projekten gearbeitet haben. Sie können sie beispielsweise bitten, die Eintrittswahrscheinlichkeit in den Kategorien »Hoch«, »Mittel« oder »Niedrig« abzuschätzen. Nehmen wir einmal an, sechs entscheiden sich für die Kategorie »Hoch«, zwei für »Mittel« und zwei für »Niedrig«. Dann können Sie die Eintrittswahrscheinlichkeit errechnen, indem Sie »Hoch«, »Mittel« bzw. »Niedrig« die Werte 3, 2 bzw. 1 zuordnen. Der gewichtete Durchschnitt der Antworten würde dann folgendermaßen bestimmt:

$$(6 \times 3 + 2 \times 2 + 2 \times 1) \div 10 = (18 + 4 + 2) \div 10 = 2,4$$

Das bedeutet, dass die Eintrittswahrscheinlichkeit zwischen mittel und hoch liegt.

Um die Genauigkeit einer Wahrscheinlichkeitsberechnung, die auf der Grundlage der Aussagen anderer beruht, zu verbessern, können Sie Folgendes tun:

✔ **Legen Sie so genau wie möglich fest, was die Kategoriebezeichnungen bedeuten.** So könnte »Niedrig« beispielsweise bedeuten, dass das Risiko mit einer Wahrscheinlichkeit von zwischen 0 und 33% eintritt, »Mittel« bedeutet eine Wahrscheinlichkeit von 33 bis 66% und bei »Hoch« liegt sie zwischen 66 und 100%.

✔ **Holen Sie die Meinung von so vielen Personen wie möglich ein.**

✔ **Achten Sie darauf, dass die Projekte, aus denen die befragten Personen ihre Erfahrungen schöpfen, und die äußeren Umstände wirklich Ihrer jetzigen Situation ähneln.**

✔ **Achten Sie darauf, dass die befragten Personen nicht miteinander über ihre Einschätzung reden, bevor sie sie Ihnen mitgeteilt haben.** Schließlich brauchen Sie individuelle Meinungen und nicht einen Gruppenkonsens.

✔ **Wenn sie Ihnen ihre ursprünglichen Schätzungen übermittelt haben, sollten Sie möglicherweise die Beteiligten dazu ermuntern, über die Gründe für ihre Schätzungen zu reden und ihre Meinung noch einmal zu überdenken.**

Präzision ist etwas anderes als Genauigkeit. Als *Genauigkeit* bezeichnet man, in welchem Detaillierungsgrad eine Zahl angegeben wird (z.B. wie viele Stellen hinter dem Komma). Als *Präzision* bezeichnet man, wie zutreffend die Zahl ist. Die Wahrscheinlichkeit, dass ein bestimmtes Risiko eintritt, kann beispielsweise 67,23% betragen. Aber obwohl Sie den Risikofaktor auf zwei Stellen hinter dem Komma angeben, ist Ihre Schätzung ungenau, wenn Sie nicht schon Erfahrungen mit ähnlichen Projekten gesammelt haben.

Leider glauben viele Menschen, dass Zahlen, die mit einer großen Genauigkeit angegeben werden, auch präzise sind. Sie können solche Missverständnisse vermeiden, wenn Sie Ihre Wahrscheinlichkeitsschätzungen in ganzen Zahlen, Kategorien oder Reihenfolgen ausdrücken.

 Je mehr Faktoren darauf hindeuten, dass ein bestimmtes Risiko eintritt, desto größer die Wahrscheinlichkeit, dass es eintritt. Wenn Sie etwas bei einem Lieferanten bestellen, bei dem Sie noch nie etwas bestellt haben, steigt dadurch das Risiko, dass die Lieferzeit länger ist als ursprünglich angenommen. Die Wahrscheinlichkeit, dass die Lieferzeit länger ist, ist noch größer, wenn es sich außerdem um einen Sonderartikel handelt und Sie in einer Phase bestellen, in der der Lieferant sehr viel zu tun hat, oder wenn der Lieferant mehrere Teile bestellen muss, um Ihren Artikel liefern zu können.

Den Umfang der Auswirkungen einschätzen

Stellen Sie fest, welche konkreten Auswirkungen jedes dieser Risiken auf das Projekt-Produkt, den Zeitplan und den Ressourcenverbrauch hat. Wenn Sie diese Auswirkungen abschätzen, tun Sie Folgendes:

✔ **Denken Sie an die Auswirkungen auf das gesamte Projekt und nicht nur auf einen Teilbereich.** Wenn man für einen Vorgang eine Woche länger als ursprünglich geplant braucht, kann das dazu führen, dass Zwischenziele nicht erreicht werden, so dass die Mitarbeiter, die auf die Ergebnisse dieses Vorgangs warten, untätig herumsitzen. Die Auswirkungen auf das Gesamtprojekt sind noch drastischer, wenn es sich um den kritischen Pfad (siehe Kapitel 4) handelt, was zur Folge hätte, dass eine Verspätung von einer Woche zu einer Verzögerung des Endtermins um eine Woche führt.

✔ **Denken Sie auch an die Auswirkungen auf andere, verbundene Risiken, wenn Sie die Auswirkungen auf das Gesamtprojekt abschätzen.** Die Wahrscheinlichkeit, dass Sie den Zeitplan nicht einhalten können, ist noch größer, wenn drei Vorgänge auf einem kritischen Pfad ein Risiko in sich bergen und nicht nur einer.

Risiken und die damit verbundenen Auswirkungen sollten Sie so genau wie möglich beschreiben. Nehmen wir beispielsweise an, Sie wären der Meinung, dass das Risiko besteht, dass ein wichtiges Teil der Anlage, die Sie für Ihr Projekt in Auftrag gegeben haben, später als erwartet eintrifft. Dieses Risiko kann man folgendermaßen ausdrücken:

✔ **Schwach:** Die Lieferung kann sich verzögern

✔ **Stark:** Die Lieferung kann sich um zwei Wochen verzögern

Die Angabe, dass sich die Lieferung verzögern kann, gibt Ihnen nicht genügend Informationen, um festzustellen, welche Auswirkungen die Verzögerung konkret auf den gesamten Zeit- und Ressourcenplan hat. Und es ist schwieriger festzustellen, mit welcher Wahrscheinlichkeit das Risiko tatsächlich eintritt. Reden wir hier über eine Verzögerung von einem Tag oder einem Monat?

Die Aussage, dass sich die Lieferung um zwei Wochen verzögert, gibt Ihnen die Möglichkeit, konkret die Auswirkungen auf den gesamten Zeit- und Ressourcenplan zu ermitteln. Außerdem fällt es Ihnen dann leichter, zu entscheiden, wie viel Sie bereit sind zu investieren, um diese Verzögerung zu vermeiden.

Es gibt viele Techniken, die Ihnen bei der Einschätzung des Risikos helfen können:

✔ **Entscheidungsbäume:** Diagramme, die die unterschiedlichen Situationen darstellen, die im Verlauf Ihres Projekts eintreten können, die Wahrscheinlichkeiten, mit denen die Situationen eintreten, und die Auswirkungen auf Ihr Projekt, falls diese Situationen eintreten.

✔ **Fragebogen zur Risikoeinschätzung:** Formale Datensammlungen als Grundlage für die Berechnung der Wahrscheinlichkeit, dass eine bestimmte Situation eintritt, und welche Auswirkung das auf Ihr Projekt haben kann.

✔ **Automatisierte Einschätzung der Auswirkungen:** Computergestützte Tabellen, die das Risiko, mit dem eine bestimmte Situation eintritt, und die Auswirkungen, die diese Situation haben kann, miteinander verknüpft und berechnet.

Risikomanagement

Die Risiken zu erkennen, die möglicherweise den Erfolg Ihres Projekts bedrohen, ist der erste Schritt, um diese unter Kontrolle zu bringen. Allerdings müssen Sie außerdem spezielle Pläne entwickeln, um die möglichen Auswirkungen auf Ihr Projekt zu minimieren.

Der erste Schritt auf dem Weg zu einer Risikomanagement-Strategie ist der, die Risiken zu identifizieren, die Ihrer Meinung nach ein proaktives Vorgehen erfordern. Um diese Auswahl zu treffen, tun Sie Folgendes:

✔ **Denken Sie gleichzeitig sowohl über die Eintrittswahrscheinlichkeit als auch über die möglichen Auswirkungen auf Ihr Projekt nach.** Falls die Auswirkungen drastisch sind und das Risiko sehr groß ist, sollten Sie eine Strategie entwickeln, wie Sie damit umgehen wollen. Wenn die Auswirkungen gering und das Risiko ebenfalls niedrig ist, kommen Sie vielleicht zu dem Schluss, dass Sie sich darüber keine Sorgen machen sollten.

Wenn entweder die Auswirkungen groß, aber die Wahrscheinlichkeit niedrig oder umgekehrt ist, sollten Sie die Situation sehr sorgfältig überdenken. Eine sehr formale Möglichkeit, dieses Problem zu lösen, besteht darin, einen kombinierten Wert aus Eintrittswahrscheinlichkeit und möglichen Auswirkungen, den so genannten *Erwartungswert eines Risikos* ermitteln, und zwar folgendermaßen:

Erwartungswert des Risikos = (quantitativer Ausdruck der Auswirkungen, falls das Risiko eintritt) x (Wahrscheinlichkeit, mit der das Risiko eintritt)

✔ **In einigen Fällen ist eine mögliche Auswirkung so absolut unakzeptabel, dass Sie nicht bereit sind, dieses Risiko einzugehen, obwohl es vielleicht sehr niedrig ist.** In einer solchen Situation sollten Sie zumindest einen Plan haben, wie Sie dieses Risiko kontrollieren wollen. Vielleicht sollten Sie sich sogar noch einmal überlegen, ob Sie das Projekt überhaupt übernehmen wollen.

Eine Risikomanagement-Strategie entwickeln

Für den Umgang mit den Risiken, die Sie kontrollieren wollen, empfehlen wir Folgendes:

✔ **Minimieren Sie die Wahrscheinlichkeit, mit der dieses Risiko eintritt.** Leiten Sie Maßnahmen ein, die die Wahrscheinlichkeit senken, dass eine unerwünschte Situation eintritt. Stellen Sie sich beispielsweise vor, Sie hätten jemandem eine Aufgabe übertragen, der in Ihrem Unternehmen ganz neu ist. Aus diesem Grund besteht Ihrer Meinung nach das Risiko, dass er für die ihm übertragene Aufgabe länger braucht als ursprünglich geplant. Sie könnten Folgendes tun, um das Risiko zu senken, dass diese Person mehr Zeit benötigt:

  • Erklären Sie der betreffenden Person die Aufgabe und die gewünschten Ergebnisse ganz ausführlich, bevor sie mit der Aufgabe beginnt.

  • Geben Sie Zwischenergebnisse vor und überprüfen Sie die Leistung der betreffenden Person möglichst häufig, so dass Sie auftauchende Probleme schnell erkennen und lösen können.

  • Sorgen Sie dafür, dass der Betreffende das Wissen und die Fähigkeiten, die er für diese Aufgabe benötigt, in einer Schulung auffrischt.

✔ **Alternativen durchdenken.** Machen Sie einen oder mehrere Alternativpläne für den Fall, dass die unerwünschte Situation tatsächlich eintritt.

Nehmen wir an, Sie verlassen sich darauf, dass die Druckabteilung Ihres Unternehmens 100 Exemplare eines Handbuchs drucken kann, das Sie für ein Seminar benötigen. Wenn Sie befürchten, dass die Druckabteilung zur selben Zeit an anderen Projekten arbeitet, die eine höhere Priorität haben, erkundigen Sie sich rechtzeitig nach einer externen Druckerei für den Fall, dass Sie sie brauchen.

✔ **Investieren Sie in eine Absicherung.** Zahlen Sie dafür, dass Sie die möglichen Auswirkungen einer unerwünschten Situation minimieren. Stellen Sie sich beispielsweise vor, dass Sie ein bestimmtes Teil zu einem bestimmten Termin brauchen. Sie können dasselbe Teil bei zwei unterschiedlichen Lieferanten bestellen, nur um sicherzugehen, dass wenigstens eines der beiden Teile rechtzeitig eintrifft.

Über Risiken reden

Über Projektrisiken wird, wenn überhaupt, nur selten gesprochen. Das führt dazu, dass Projekte unter Problemen und Rückschlägen leiden, die man hätte vermeiden können, wenn man von vornherein die richtigen Maßnahmen getroffen hätte.

Vielleicht zögern Sie, sich mit dem Thema Risiko auseinander zu setzen, weil es so schwer zu fassen ist. Wenn Sie Ihr Projekt nur ein einziges Mal durchführen, was macht es da schon, ob eine Situation in 40 von 100 Fällen eintritt? Vielleicht sind Sie auch der Meinung, dass Sie nur nach Gründen suchen, warum Ihr Projekt ein Misserfolg wird, wenn Sie sich zu sehr auf die möglichen Risiken konzentrieren, anstatt darüber nachzudenken, wie Sie es zum Erfolg führen können.

 Am Anfang meiner beruflichen Laufbahn nahm ich einen Job in einer kleinen Beratungsfirma an. Die erste Aufgabe, die der Geschäftsführer mir übertrug, bestand darin, mir eine Angebotsabfrage anzusehen und eine Strategie zu überlegen, wie wir unser Angebot gestalten sollten. Ich verbrachte zwei Tage damit, mich in die Angebotsabfrage einzuarbeiten, und stellte eine Liste mit 20 möglichen Risiken auf, von denen ich der Meinung war, dass wir sie bedenken sollten.

Als ich mich mit dem Chef traf, um ihm meine Gedanken mitzuteilen, begann ich sofort, die Liste mit den möglichen Risiken vorzulesen. Als ich bei dem fünften Risiko ankam, unterbrach er mich. Er sagte, er hätte mir die Aufgabe übertragen, weil er der Meinung war, dass wir ein Angebot abgeben sollten. Wenn ich aber der Meinung sei, dass wir das nicht tun sollten, sollte ich es ihm nur direkt sagen und er würde diese Aufgabe jemand anders übertragen. Ich hatte zwei Tage damit verbracht, alle erdenklichen Projektrisiken zu identifizieren, damit wir nach Wegen suchen konnten, diese zu minimieren, aber er dachte, ich würde eine Rechtfertigung dafür suchen, warum wir kein Angebot abgeben sollten! Ich erkannte, dass ich ihn hätte darüber informieren sollen, warum ich alle möglichen Risiken genannt hatte, anstatt davon auszugehen, dass er das wüsste.

Reden Sie so früh wie möglich und so oft wie möglich über Projektrisiken. Reden Sie vor allem in folgenden Phasen (siehe Kapitel 1) sowohl mit Drivern als auch mit Supportern:

✔ **Konzeptphase:** Um die Entscheidung zu erleichtern, ob ein Projekt durchgeführt werden soll.

✔ **Abgrenzungsphase:** Als Richtlinie, um sämtliche Aspekte Ihres Plans auszuarbeiten.

✔ **Projektbeginn:** Damit die Teammitglieder die potenziellen Risiken erörtern können und verstehen lernen, damit sie potenzielle Probleme erkennen und lösen können, sobald sie auftreten.

✔ **Durchführungsphase:** Um die Eintrittswahrscheinlichkeit bestimmter Risiken auf den neuesten Stand zu bringen, um noch einmal deutlich zu machen, was die Beteiligten in diesem Fall tun sollen, und um besser einschätzen zu können, ob gewünschte Änderungen vorgenommen werden sollen.

 Um die Kommunikation zu diesem Thema möglichst optimal zu gestalten, sollten Sie:

    ✔ die Art des Risikos und seine möglichen Auswirkungen auf das Projekt ausführlich erklären und darstellen, auf welcher Grundlage Ihre Berechnung der Eintrittswahrscheinlichkeit basiert.

    ✔ den Beteiligten die aktuellste Risikoschätzung mitteilen und sie wissen lassen, was Sie tun wollen, um die negativen Auswirkungen auf Ihr Projekt zu minimieren, und was die Beteiligten dazu beitragen können.

✔ die Beteiligten dazu ermuntern, über Risiken nachzudenken und zu reden und dabei immer im Auge zu behalten, was man tun kann, um die negativen Auswirkungen auf das Projekt zu minimieren.

✔ alle Informationen über das Risiko schriftlich festhalten.

Einen Risikomanagement-Plan aufstellen

In einem Risikomanagement-Plan werden spezielle Strategien entwickelt, um die potenziellen negativen Auswirkungen unerwünschter Ereignisse auf ein Projekt zu minimieren. Diesen Risikomanagement-Plan sollten Sie in der Abgrenzungsphase Ihres Projekts erstellen, ihn in der Startphase überarbeiten und während der gesamten Durchführungsphase ständig aktualisieren (in Kapitel 1 werden diese Phasen ausführlich erörtert). Folgende Punkte sollten Sie in Ihren Risikomanagement-Plan aufnehmen:

✔ Risikofaktoren

✔ verbundene Risiken

✔ für jedes Risiko die von Ihnen geschätzte Eintrittswahrscheinlichkeit und die damit verbundenen Auswirkungen

✔ wie Sie bestimmte Risiken unter Kontrolle bringen wollen

✔ wie Sie die Beteiligten über den Stand dieser Risiken informieren wollen

Tabelle 14.3 zeigt einen Ausschnitt aus einem Risikomanagement-Plan.

Planelement	Beschreibung
Risikofaktor	Sie haben mit diesem Kunden noch nie zusammengearbeitet.
Risiken	**Produkt:** Es kann zu Missverständnissen kommen, die dazu führen, dass man die Bedürfnisse des Auftraggebers falsch interpretiert. **Zeitplan:** Ein mangelhaftes Verständnis für die unternehmensinternen Abläufe beim Auftraggeber führt dazu, dass man die Zeit unterschätzt, die für die Analyse der laufenden Aktivitäten notwendig ist. **Ressourcen:** Eine unklare Vorstellung davon, welches technische Verständnis der Auftraggeber hat, was dazu führt, dass man dem Auftraggeber Aufgaben zuweist, die er gar nicht ausführen kann. Das führt dazu, dass zusätzliches Personal für diese Tätigkeiten beschäftigt werden muss.
Analyse	Risiko, dass die Ansprüche des Kunden falsch verstanden werden = Hoch Risiko, dass die Zeit unterschätzt wird = Niedrig Risiko, dass das technische Verständnis des Auftraggebers falsch eingeschätzt wird = Niedrig

Planelement	Beschreibung
Strategie	Kümmern Sie sich im Moment lediglich um das Risiko, dass Sie die Bedürfnisse des Auftraggebers falsch verstehen. Dieses Risiko können Sie minimieren, indem Sie • beispielsweise die schriftlichen Unterlagen diesbezüglich noch einmal durcharbeiten und, falls vorhanden, Berichte über Probleme noch einmal analysieren • dafür sorgen, dass in Gesprächen mit den Mitarbeitern des Auftraggebers immer mindestens zwei Ihrer Teammitglieder anwesend sind • mit unterschiedlichen Mitarbeitern des Auftraggebers sprechen • sämtliche Kommunikation schriftlich festhalten • alle zwei Wochen dem Auftraggeber über den Fortschritt berichten

Tabelle 14.3: Auszug aus einem Risikomanagement-Plan

Aus Erfahrungen lernen

In diesem Kapitel

▷ Eine Projekt-Abschlussbewertung vorbereiten und durchführen

▷ Ein Follow-up für eine Abschlussbewertung durchführen

Die Teilnehmer in meinen Seminaren erzählen mir oft, dass sie wünschten, sie hätten mein Seminar schon ein Jahr früher einmal besucht, bevor sie mit der Arbeit in Teams oder der Leitung von Teams angefangen haben. Am häufigsten beklagen sich die Teilnehmer im Zusammenhang mit Projektarbeit darüber, dass man dieselben Fehler immer und immer wieder macht. Obwohl man eigentlich eine hervorragende Möglichkeit hat, in einem Projekt festzustellen, was funktioniert und was nicht, scheinen diese Erfahrungen im selben Moment, wo man sie gemacht hat, auch schon wieder vergessen zu sein.

Natürlich geschieht das nicht absichtlich. Wahrscheinlich sind Sie so unter Dampf, dass sie sich schon um die nächsten Aufgaben kümmern müssen, bevor Sie das aktuelle Projekt ordnungsgemäß zum Abschluss gebracht haben. Nur selten kann man sich den Luxus gönnen, einmal ganz in Ruhe darüber nachzudenken, welche Erfahrungen man gemacht hat, um daraus für zukünftige Projekte zu lernen.

Planen Sie nach jedem Projekt, das Sie leiten, eine Projekt-Abschlussbewertung ein. Wir werden darauf in diesem Kapitel sehr ausführlich eingehen. Lernen Sie aus Ihren Erfolgen und aus Ihren Fehlern und lassen Sie Erfahrungen aus der Vergangenheit immer in zukünftige Projekte einfließen.

Eine Projekt-Abschlussbewertung vorbereiten

Eine *Projekt-Abschlussbewertung* ist eine Bewertung der Projektergebnisse, der Tätigkeiten und Abläufe, um

✔ Projekterfolge und den Einsatz der Teammitglieder zu würdigen

✔ Techniken und Methoden zu ermitteln, die gut funktioniert haben, und dafür zu sorgen, dass diese in der Zukunft wieder angewandt werden

✔ Techniken und Methoden zu ermitteln, die nicht funktioniert haben, und dafür zu sorgen, dass man diese in der Zukunft nicht wieder einsetzt

Ein *Projekt-Postmortem* bezeichnet ebenfalls eine Abschlussbewertung, doch ich möchte diesen Begriff hier nicht verwenden, weil er sich für mich so nach Autopsie anhört. Man könnte den Eindruck gewinnen, man wolle die Todesursache bei einer Leiche – in diesem Fall Ihrem Projekt – feststellen! Mir ist es lieber, die Beteiligten gehen mit einer positiven Erinnerung an ihre Arbeit aus dem Projekt.

Die Abschluss-Sitzung schon während der gesamten Projektlaufzeit vorbereiten

Ihr Projekt durchläuft mehrere Phasen: Konzeptphase, Abgrenzungsphase, Startphase, Durchführungsphase und Abschlussphase. Es entwickelt sich von einer Idee zu einem erzielten Ergebnis (in Kapitel 1 definiere ich die einzelnen Phasen). Während jeder Phase sollten Sie bereits die Grundlagen für die Projekt-Abschlussbewertung legen:

✔ **Konzeptphase:**

Die wichtigen *Driver* ermitteln: die Personen, für die Sie Ihr Projekt durchführen (in Kapitel 7 finden Sie eine Definition und Erklärung der verschiedenen Typen von Projektbeteiligten).

- Stellen Sie fest, welche Vorteile sich die Auftraggeber von dem Projekt versprochen haben, als sie Sie damit beauftragten.

- Wenn Ihr Projekt eine bestehende Situation ändern soll, legen Sie Kriterien fest, um das »Vorher« und »Nachher« miteinander vergleichen zu können.

- Wenn eine formale Kosten-Nutzen-Analyse durchgeführt wurde (siehe Kapitel 1), finden Sie heraus, welchen Nutzen man sich von diesem Projekt erhoffte.

✔ **Abgrenzungsphase:**

- Ermitteln Sie mögliche weitere *Driver*.

- Erstellen Sie klare und detaillierte Beschreibungen aller Projektziele, einschließlich der Leistungsmaßstäbe und Zielvorgaben.

- Nehmen Sie den Vorgang »Eine Projekt-Abschlussbewertung durchführen« in Ihre Projektstruktur mit auf und planen Sie dafür Zeit und Ressourcen ein. In Kapitel 3 finden Sie Informationen über die Projektstruktur.

✔ **Startphase:**

- Informieren Sie die Teammitglieder darüber, dass am Ende des Projekts eine Abschlussbewertung durchgeführt wird.

- Ermutigen Sie die Teammitglieder dazu, festzuhalten, welche Probleme und Erfolge sich im Verlauf des Projekts ergeben haben.

✔ **Durchführungsphase:**

- Führen Sie Buch über Kosten, Arbeitsstunden und Zeitaufwand für bestimmte Tätigkeiten. In Kapitel 10 finden Sie ausführliche Informationen darüber, wie man den Ressourceneinsatz und den Fortschritt protokolliert und in Berichten festhält.

- Führen Sie ein Projekt-Logbuch, indem Sie Situationen und Probleme beschreiben, die eingetreten sind, unerwartete Ereignisse, die die Leistung Ihres Projekts beeinträchtigt haben, und Techniken oder Methoden, die eingesetzt wurden, die besonders erfolgreich waren.

✔ **Abschlussphase:** Wenn Ihr Projekt eine bestehende Situation verändern soll, legen Sie Kriterien fest, anhand derer das »Nachher« gemessen wird.

- Erstellen Sie oder besorgen Sie abschließende Berichte über Kosten, Arbeitsstunden und erreichte Zwischenziele.

- Führen Sie ein Abschlussbewertungs-Meeting durch.

- Verteilen Sie das Protokoll des Abschlussbewertungs-Meetings an alle Beteiligten.

Bühne frei für das Abschlussbewertungs-Meeting

Bereiten Sie dieses Meeting vor, indem Sie Informationen über folgende Bereiche zusammentragen:

✔ Produzierte Ergebnisse

✔ Einhaltung der Zeitpläne, auch bei Zwischenzielen

✔ Ressourcenaufwendungen

✔ Änderungen im Projektverlauf bezüglich Projektzielen, Zeitplänen und Budgets

✔ Unerwartete Ereignisse oder Veränderungen der Umwelt, die im Verlauf des Projekts eingetreten sind

✔ Zufriedenheit der Auftraggeber mit den Ergebnissen

✔ Zufriedenheit der eigenen Firmenleitung mit den Ergebnissen

Folgende Informationsquellen sollten Sie hierfür nutzen:

✔ Sachstandsberichte/Statusberichte

✔ Außergewöhnliche Berichte

✔ Projekt-Logbuch

✔ Kostenübersichten

✔ Zeitplan-Übersichten

✔ Projekt-Memos, Schriftverkehr und Sitzungsprotokolle

✔ Stellungnahmen der Unternehmensleitung

Eine Projekt-Abschlussbewertung durchführen

Bei einer Abschlussbewertung sollten Sie auf folgende Bereiche eingehen:

✔ Hat Ihr Projekt die erwarteten Ziele erreicht?

✔ Haben Sie den Zeitplan eingehalten?

✔ Wurde das Projekt innerhalb des vorgesehenen Budgets beendet?

✔ Hinsichtlich auftretender Probleme:

- Hätte man sie erahnen und im Voraus planen können? Wenn ja, wie?

- Wurden sie effektiv bewältigt?

✔ Wurden Projektmanagement-Systeme und -Methoden effektiv eingesetzt?

Um von vornherein dafür zu sorgen, dass man diese Informationen zur Verfügung hat, sollten Sie folgende Tipps beherzigen:

✔ **Die richtigen Leute einladen:** Laden Sie die Leute ein, die an Ihrem Projekt irgendwann einmal teilgenommen haben. Wenn die Liste der möglichen Teilnehmer zu lang wird, könnten Sie unterschiedliche Sitzungen für unterschiedliche Personengruppen durchführen und dann ein gesamtes Meeting, wo die Ergebnisse der Gruppensitzungen vorgestellt werden und abschließende Stellungnahmen und Empfehlungen abgegeben werden können.

✔ **Machen Sie zu Beginn des Meetings klar, dass es hier darum geht, aus Erfahrungen zu lernen, und nicht darum, jemandem die Schuld zuzuweisen.**

✔ **Ermutigen Sie die Teilnehmer dazu,**

- herauszustellen, was andere gut gemacht haben.

- ihre eigene Leistung zu analysieren und zu überlegen, wie sie bestimmte Situationen anders hätten bewältigen können.

✔ **Vielleicht sollten Sie dieses Meeting außerhalb Ihres Büros durchführen.** Um bestehende Vorgehensweisen zu kritisieren und sich neue Herangehensweisen zu überlegen, ist es oftmals besser, wenn dies außerhalb der normalen Arbeitsumgebung geschieht.

Halten Sie sich bei dem Meeting an folgende Tagesordnung:

✔ Einleitung

✔ Überblick über die Projektdurchführung

- Erzielte Ergebnisse, eingehaltene Zeitpläne, Ressourcenüberschreitungen

- Herangehensweise an die Projektplanung

- Überwachungsmethoden und Systeme

- Projektkommunikation

- Arbeitsmethoden im Team

✔ Vorstellen und Anerkennen spezieller Leistungen

✔ Vorstellung der Statements der Auftraggeber und der eigenen Unternehmensleitung

✔ Diskussion der aufgetretenen Probleme

✔ Diskussion, wie man gemachte Erfahrungen in zukünftige Projekte einfließen lassen kann

Denken Sie daran, jemanden damit zu beauftragen, Protokoll über dieses Meeting zu führen. Diese Notizen sollten ausführlich sämtliche Vorschläge enthalten, wie man die gemachten Erfahrungen in zukünftige Projekte einfließen lassen kann.

Nachbereitung der Projekt-Abschlussbewertung

Ein voller Terminkalender zwingt Sie häufig bereits zu neuen Aufgaben, bevor Sie die Gelegenheit haben, zu analysieren, was Sie aus abgeschlossenen Projekten lernen können. Aber selbst, wenn es Ihnen gelingt, sich die Zeit zu nehmen, um die Erfahrungen noch einmal Revue passieren zu lassen, münden diese Erfahrungen doch selten in tatsächliche Verhaltens- oder Methodenänderungen.

Eine Seminarteilnehmerin berichtete mir einmal darüber, dass sie in ihrem Job vor einem Dilemma stand, das ihr richtiges Kopfzerbrechen bereitete. Sie erklärte, dass sie gerade als Teammitglied ein Projekt beendet hatte, an dem sie seit über einem Jahr gearbeitet hatte. Die meisten der gewünschten Ergebnisse waren tatsächlich erreicht worden, aber der Erfolg brachte Budgetüberschreitungen, Überschreitungen der Zeitpläne und die emotionale und körperliche Erschöpfung der Teammitglieder mit sich, die über einen so langen Zeitraum einem so starken Druck standhalten mussten.

Einen Monat zuvor hatte sie an einer ganztägigen Projekt-Abschlussbewertung teilgenommen, bei der die Teammitglieder ausführlich diskutierten, was gut gelaufen war, was schlecht gelaufen war und wie man diese Erfahrungen in zukünftige Projekte einbringen könnte.

Sie und ihre früheren Teammitglieder hatten sich seither einer neuen Aufgabe zugewandt und sie stellte fest, dass alle wieder dieselben Fehler machten, die sie schon bei dem vorherigen Projekt gemacht hatten – Fehler, von denen sie in der Abschlussbewertung geschworen hatten, sie nie wieder zu begehen! Sie ärgerte sich darüber und fragte sich, was sie tun sollte, damit man sich entsprechend den gemachten Erfahrungen verhielt.

Nachdem ich ihr ein paar grundsätzliche Tipps gegeben hatte, fragte ich sie, wie die anderen Teammitglieder auf den Bericht mit den Empfehlungen aus der Abschlussbewertung reagiert hatten, der im Anschluss an das Meeting an alle verteilt worden war. Sie schien erstaunt und gab zu, dass keiner bei diesem Meeting Protokoll geführt hatte und dass es keinen Bericht darüber gab. Mehr als zehn Manager der mittleren und obersten Führungsebene hatten einen ganzen Tag damit zugebracht, Pläne und Methoden zu erörtern, wie man die Abläufe in ihrem Unternehmen verbessern könnte, und keiner hatte daran gedacht, auch nur eine der entwickelten Ideen schriftlich festzuhalten. Kein Wunder, dass sich nichts geändert hatte; keiner wusste, was genau er zu tun hatte.

Erstellen und verteilen Sie sobald wie möglich nach der Abschlussbewertung einen Bericht, der Folgendes enthalten sollte:

✔ Methoden, die in zukünftigen Projekten verstärkt eingesetzt werden sollten

✔ Maßnahmen, die diese Methoden fördern könnten

✔ Vorgehensweisen, die man in zukünftigen Projekten vermeiden sollte

✔ Maßnahmen, um diese Methoden zu vermeiden

✔ Alternative Herangehensweisen für diese Methoden

All die neuen Technologien – was bleibt da noch für Sie zu tun?

16

In diesem Kapitel

▷ Erfahren, wie Software die Projektplanung und -kontrolle unterstützen kann

▷ Die unterschiedlichen Arten von Software kennen lernen, die zur Unterstützung beim Projektmanagement eingesetzt werden können

▷ Festlegen, was Sie tun müssen, um diese Computerprogramme zu unterstützen

▷ Die richtige Software auswählen

▷ Die Vorteile und die Grenzen von E-Mails kennen lernen

Zum Projektmanagement gehört, dass man Systeme und Abläufe einrichtet, damit Menschen zusammenarbeiten und gemeinsam Ziele erreichen können. Ein wichtiger Bestandteil des Projektmanagements sind Informationen – Informationen besorgen, aufbewahren, analysieren und verbreiten. Der Schlüssel zum erfolgreichen Projektmanagement liegt darin, dass man Informationen dazu benutzt, die Leistung der Beteiligten in die richtigen Bahnen zu lenken und zu fördern.

Der technische Fortschritt liefert uns immer preiswertere und bessere Möglichkeiten, Informationen zu verarbeiten. Mit Computerprogrammen kann man Informationen eingeben, aufbewahren und analysieren und die Ergebnisse professionell aufbereitet präsentieren. Die E-Mail-Technologie bietet die Möglichkeit, schriftlich mit Leuten in den entferntesten Gegenden zu jeder Tages- und Nachtzeit zu kommunizieren.

Technologie alleine sorgt aber nicht für ein motiviertes und zielorientiertes Team und gute Leistungen. Verlässt man sich zu sehr auf die moderne Technologie, kann das sogar zur Folge haben, dass die Arbeitsmoral sinkt, Teammitglieder verwirrt und schlecht organisiert sind und die Leistung schlechter wird. Für ein erfolgreiches Projektmanagement ist es notwendig, dass Sie die Technologie in den Bereichen einsetzen, wo sie sinnvoll ist, und angemessene Methoden für die Bereiche finden, in denen sie nicht sinnvoll ist.

Der effektive Einsatz von Computerprogrammen

Die Programme, die heute auf dem Markt erhältlich sind und mit denen man spezielle Analysen durchführen und Ergebnisse toll aufbereitet präsentieren kann und die einem bei der Planung und Überwachung helfen, sehen so logisch aus, dass man annehmen könnte, dass schon der bloße Einsatz dieser Programme den Erfolg eines Projekts garantiert. Da Sie wahrscheinlich versuchen, noch mehr in noch weniger Zeit mit noch weniger Ressourcen zu erreichen, möchten Sie gerne glauben, dass die Software die Antwort auf alle Ihre Fragen ist. Manchmal wird dieser Irrglaube durch das Management sogar noch verstärkt.

Vor einigen Jahren traf ich jemandem, dem gerade sein erster Projektmanagement-Auftrag übertragen worden war. Da er ganz besonders darauf bedacht war, sein Projekt zum Erfolg zu führen, fragte er seinen Vorgesetzten, ob er im Bereich Projektmanagement eine Schulung bekommen könnte, weil er die Fähigkeiten und Kenntnisse, die für diese Rolle notwendig sind, noch nie angewandt hatte. Sein Vorgesetzter stimmte sofort zu. Dann überreichte er ihm eine Kopie des neuesten und bekanntesten Projektmanagement-Softwarepakets und verkündete: »Das ist alles, was Sie brauchen. Lernen Sie, dieses Programm zu bedienen und alle Ihre Projekte werden erfolgreich sein!« Beängstigend, oder?

Software kann einem bei der Eingabe von Daten, bei der Analyse, der Speicherung und bei der Generierung von Berichten helfen. Aber Folgendes kann sie nicht:

✔ **Sicherstellen, dass die eingegebenen Informationen korrekt definiert sind, dass sie aktuell sind und dass sie genau sind.** Meistens werden Informationen, die zur Projektplanung oder -überwachung benötigt werden, von Menschen gesammelt und dann in einen Computer eingegeben. Sie können die Software so programmieren, dass sie prüft, ob das Format richtig ist oder ob die Informationen in sich schlüssig sind, aber sie kann nicht die Qualität und Integrität der Daten prüfen.

Nehmen wir an, Sie setzen ein Computerprogramm ein, um die Laborstunden zu erfassen, die Ihre Teammitglieder Ihrem Projekt belasten. Sie können den Computer so programmieren, dass er keine Stunden annimmt, die versehentlich einem ungültigen Projektcode zugeordnet werden. Aber Sie können ihn nicht so programmieren, dass er erkennt, wenn Stunden fälschlicherweise einem Projekt zugeordnet werden, das zufällig einen gültigen Code hat.

✔ **Entscheidungen fällen.** Programme können helfen, objektiv zu errechnen, was passieren würde, wenn Sie eine Reihe unterschiedlicher Maßnahmen einleiten würden. Die Software kann aber nicht alle objektiven und subjektiven Überlegungen, die mit jeder Maßnahme einhergehen, abwägen, um dann zu entscheiden, welche Maßnahmen eingeleitet werden sollen.

✔ **Dynamische zwischenmenschliche Beziehungen aufbauen und aufrecht erhalten.** Auch wenn Chatrooms, E-Mails und andere computergestützte Kommunikationsformen eine große Anziehungskraft auf die Leute ausüben, so fördern sie doch nicht die enge und vertrauensvolle Beziehung zu anderen Menschen. Wenn überhaupt, dann erschwert die Technologie das gegenseitige Kennenlernen sogar, weil man keine Möglichkeit hat, die Gesichtsausdrücke und Körpersprache seiner Gesprächspartner zu sehen.

Falsch eingesetzte Computerprogramme können sogar wertvolle Ressourcen verschwenden und die Motivation der Teammitglieder beeinträchtigen. Vor einiger Zeit berichtete mir eine Dame von einem besonders unangenehmen Erlebnis, das sie mit einem Projektmanagement-Programm gehabt hatte. Sie hatte die Aufgabe, ein größeres Projekt zu managen, das noch in der Planungsphase war. Das Projekt war für die Zukunft des Unternehmens sehr wichtig und die Unternehmensleitung wollte alles in ihrer Macht Stehende tun, um den Erfolg zu sichern. Angesichts der Größe und Komplexität des Projekts hatte man jemanden eingestellt, der umfangreiche Erfahrungen mit einem beliebten Projektmanagement-Programm hatte, mit dem der Projektplan erstellt werden sollte.

Der Betreffende arbeitete hart, kam, bevor die anderen kamen, und ging, nachdem alle anderen schon gegangen waren. Nach drei Monaten kam er mit einem fertigen Plan aus seinem Büro. Der Plan enthielt Tausende von Vorgängen, detaillierte Zeitpläne und Ressourcenverteilungen. Von Anfang an war es eine Katastrophe. Wichtige Arbeitsbereiche fehlten völlig, Verantwortlichkeiten waren den falschen Leuten zugewiesen worden und in den Zeitplänen war nicht berücksichtigt, dass die Teammitglieder auch noch an anderen Aufgaben arbeiten mussten. Der Fachmann hatte während der gesamten Planungsphase niemanden aus dem Projektteam befragt und die Beteiligten waren nicht sehr begeistert, dass ein völlig Fremder ihnen sagte, wie sie ihre Arbeit zu machen hatten. Das Projektteam drohte, sich *komplett* aus dem Projekt zu verabschieden.

Die Unternehmensleitung reagierte prompt. Sie feuerte den Fachmann und warf die Pläne in den Mülleimer. Man hatte nicht nur drei Monate verloren, sondern auch noch immer keinen funktionierenden Projektplan. Stattdessen hatte man ein unzufriedenes und desillusioniertes Projektteam! Die Botschaft war deutlich – der Einsatz von Computerprogrammen alleine garantiert noch keinen Projekterfolg.

Wo Software helfen kann

In folgenden Bereichen könnten Sie Computerprogramme einsetzen:

✔ Wichtige Projektinformationen speichern und abrufen

✔ Informationen analysieren und aktualisieren

✔ Präsentationen vorbereiten und Berichte erstellen, in denen die Informationen und die Ergebnisse der Analysen dargestellt werden

Falls Sie sich für den Einsatz von Computerprogrammen entscheiden, gibt es zwei Arten von Software, die Ihnen bei den Projektmanagement-Aufgaben helfen können:

✔ **Einzelne, sehr spezielle Programme:** Separate Softwarepakete, die eine oder zwei Funktionen sehr gut ausführen können, die Sie für Ihre Planung und Durchführung benötigen

✔ **Integrierte Projektmanagement-Software:** Ein Paket mit beschränktem Leistungsumfang mehrerer Spezialprogramme, um eine größere Bandbreite von Planungs- und Durchführungsaufgaben abzudecken

Jeder Programmtyp hat Vor- und Nachteile, die wir nachfolgend erläutern wollen:

Separate Spezialprogramme

Folgende Spezialprogramme können Ihre Projektplanung und -durchführung erleichtern:

✔ **Textverarbeitung** (z.B. Microsoft Word): nützlich bei der Vorbereitung von Projektplänen, bei der Erstellung des Projekt-Logbuchs für Statusberichte und zur Vorbereitung der schriftlichen Kommunikation

✔ **Grafik- und Präsentationsprogramm** (z.B. Microsoft PowerPoint): sehr nützlich zur Erstellung von Folien und Diashows für Projektpräsentationen, Diagrammen und Grafiken für Berichte und Publikationen

✔ **Tabellenkalkulation** (z.B. Microsoft Excel): nützlich für die Speicherung einer begrenzten Anzahl von Daten, für wiederkehrende Berechnungen und zur Präsentation der Daten in unterschiedlichen Formaten

✔ **Datenbank** (z.B. Microsoft Access): nützlich zum Speichern und Abrufen großer Datenmengen für weitere Analysen und Präsentationen

✔ **Buchhaltung** (z.B. Intuit Quick Books): nützlich, um die Einnahmen und Ausgaben des Projekts zu erfassen und verschiedene beschreibende und vergleichende Berichte zu erstellen

✔ **Tagesplanung und Terminkalender** (z.B. Microsoft Outlook): nützlich, um einen Terminkalender zu führen, eine »To-Do-Liste« zu erstellen, die Adressen zu verwalten und die E-Mails zu managen

Viele Hersteller bieten Softwarepakete in den oben genannten Kategorien an. Ich schätze jedoch, dass ungefähr 80 % der Unternehmen, für die ich gearbeitet habe, sich für die Produkte von Microsoft entschieden haben. Deshalb habe ich hier die Beispiele der Microsoft-Programme genannt, weil die Wahrscheinlichkeit groß ist, dass Sie diese Programme kennen und sie problemlos auf Ihrem Computer installieren können, falls Sie sie nicht schon installiert haben.

Ursprünglich waren diese Spezialprogramme so ausgelegt, dass sie eine oder zwei Funktionen sehr gut erfüllen konnten. Im Laufe der Zeit wurden sie jedoch weiterentwickelt und es wurden weitere Funktionen eingebaut, die die ursprünglichen unterstützen sollen: Textverarbeitungsprogramme enthalten heutzutage auch Tabellenkalkulationsfunktionen, Grafiken und Datenbankfunktionen, und Datenbankprogramme enthalten Tabellenkalkulations- und Textverarbeitungsfunktionen.

Software oder keine Software – das ist hier die Frage

Bei diesem vielfältigen Angebot ist die Auswahl der richtigen Software für Ihre Zwecke nicht einfach. Vielleicht hilft es Ihnen, folgende Fragen zu beantworten:

✔ **Brauche ich überhaupt eine Software?** Wenn Sie ein einziges Projekt abwickeln müssen, das weniger als 15 bis 20 Vorgänge umfasst, von denen die meisten nacheinander durchgeführt werden, brauchen Sie vielleicht gar keine Software, um dieses Projekt zu planen und durchzuführen. Wenn Sie aber mehrere solcher Projekte managen sollen, müssen Sie viele Aktivitäten gleichzeitig durchführen, oder wenn Ihr Projekt aus mehr als 15 bis 20 Vorgängen besteht, dann spricht das eher für den Einsatz eines Computerprogramms.

✔ **Wollen Sie ein integriertes Projektmanagement-Paket oder einzelne Programme?** Spezialpakete sollten Sie dann einsetzen, wenn Sie kleinere Projekte leiten, bei denen keine umfangreichen Berichte oder überarbeitete Pläne erstellt werden müssen.

Grundsätzlich haben Spezialpakete folgende Stärken:

✔ Sie bieten in ihrem Spezialbereich umfangreiche Anwendungen.

✔ Wahrscheinlich sind einige der Pakete bereits auf Ihrem Computer installiert, was bedeutet, dass Sie sie sofort und ohne zusätzliche Kosten einsetzen können.

✔ Es ist wahrscheinlich, dass Ihre Teammitglieder viele dieser bekannten Spezialprogramme bereits bedienen können, was dazu führt, dass sie eher bereit sind, diese auch zu benutzen und sie auch richtig bedienen.

Allerdings sollte man folgende Punkte bedenken:

✔ **Diese Programme verleiten zu einer häppchenweisen Planungs- und Überwachungsmethode, was dazu führen kann, dass wichtige Schritte übersehen werden.** Sie können ein Grafikprogramm benutzen, um mit den Daten, die Sie eingeben, ein Gantt-Diagramm (siehe Kapitel 4) zu erstellen. Ob ein Zeitplan realistisch ist oder nicht, erkennt man erst, wenn man die Abhängigkeiten zwischen den Vorgängen ermittelt, während man die Daten eingibt. In einem Grafikprogramm ist das nicht möglich.

✔ **Sie lassen sich nicht sehr leicht integrieren.** Sie können beispielsweise Ihren Zeitplan als Gantt-Diagramm in einem Grafikprogramm darstellen und die Arbeitsstunden während der Projektlaufzeit für jede Aufgabe in einem Tabellenkalkulationsprogramm erfassen. Wenn eines Ihrer Teammitglieder aber unerwartet für eine Woche ausfällt, müssen Sie gesonderte Veränderungen in den beiden Programmen vornehmen, um diese neue Verteilung der Personenstunden in dem Tabellenkalkulationsprogramm darzustellen und die Veränderungen in dem Gantt-Diagramm in dem Grafikprogramm, damit die neuen Anfangs- und Endtermine für einen Vorgang dargestellt werden. Obwohl einige Programme direkt auf die Daten anderer Programme zugreifen können, ist dieser Prozess oftmals sehr mühsam.

Integrierte Projektmanagement-Software

In einer integrierten Projektmanagement-Software findet man Datenbanken, Tabellen, Grafiken und Textverarbeitungsfunktionen, mit denen man viele der Aufgaben erledigen kann, die normalerweise zur Planung und Durchführung eines Projekts gehören. Ein Beispiel für eine solche integrierte Software ist Microsoft Project, aber es werden heute mehr als 50 weitere Pakete unterschiedlichster Form und Größe auf dem Markt angeboten.

Mit einem normalen Projektmanagement-Programm können Sie Folgendes tun:

✔ Eine hierarchische Liste der Projektvorgänge und ihrer Komponenten erstellen

✔ Wichtige Informationen über Ihr Projekt, die Vorgänge und Ressourcen definieren und speichern

✔ Abhängigkeiten zwischen den Vorgängen festlegen. In Kapitel 4 finden Sie weitere Informationen über Abhängigkeiten

✔ Zeitpläne aufstellen, in denen die Vorgangsdauer, Abhängigkeiten und der Ressourcenaufwand und die -verfügbarkeit berücksichtigt werden

✔ Zeitpläne als Gantt-Diagramm und Tabellen darstellen (siehe Kapitel 4)

✔ Bestimmte Aufgaben bestimmten Personen zuordnen, die mit einer bestimmten Intensität für einen bestimmten Zeitraum an diesen Aufgaben arbeiten

✔ Die anderen Ressourcen für bestimmte Vorgänge zeitlich planen

✔ Das gesamte Projektbudget ermitteln

✔ Die Auswirkungen auf den Zeitplan und die Ressourcen ermitteln, falls der Projektplan geändert wird

✔ Die Daten überwachen, an denen Vorgänge beginnen oder enden oder wenn Meilensteine erreicht werden

✔ Die Personenstunden und Ressourcenkosten überwachen

✔ Planungs- und Überwachungsdaten in vielen verschiedenen Formaten präsentieren

 An dieser Stelle ist eine Warnung angebracht. Nur weil ein Softwarepaket viele verschiedene Funktionen hat, ist das keine Garantie dafür, dass Sie diese auch richtig einsetzen. Vergessen Sie nicht: Wo Mist eingegeben wird, kann auch nur Mist herauskommen. Auch die tollsten Programme helfen Ihnen nicht, wenn Sie nicht bereit sind, korrekte und aktuelle Daten zu sammeln und einzugeben.

 Vor vielen Jahren äußerte einmal eine Teilnehmerin in einem meiner Seminare ihren Frust über die integrierte Projektmanagement-Software, mit der sie arbeitete. Sie sagte, es hätte sie fast zwei Stunden gekostet, festzustellen, welche Auswirkung die Verzögerung von drei anderen Projekten auf ihren eigenen Projektzeitplan hat.

Die anderen Seminarteilnehmer waren – genau wie ich – ziemlich überrascht. Wir schätzten, dass man ungefähr zwei *Minuten* dafür hätte brauchen sollen. Wir haben fünf Minuten lang Fragen gestellt, um mehr Informationen über ihr Projekt zu bekommen und darüber, welche Informationen sie in ihren Computer eingegeben hatte. Nachdem wir mehrmals in eine Sackgasse geraten waren, sagte ich ganz offen, dass ich das nicht verstehen würde. Ich sagte ihr, dass ich sicher war, dass sie, wenn sie alle Projektvorgänge und die Abhängigkeiten (die in Kapitel 4 behandelt werden) dazu richtig eingegeben hätte, nicht mehr als ein paar Minuten für die Analyse von Auswirkungen von Verzögerungen auf die gesamte Projektdauer benötigen dürfte. Daraufhin fragte sie: »Was sind Abhängigkeiten?«

Sie hatte die Vorgänge mit den dazugehörigen Anfangs- und Endterminen eingegeben. Allerdings hatte sie nie die Abhängigkeiten zwischen den Vorgängen definiert. Das führt dazu, dass das Programm nicht ermitteln konnte, welche Auswirkungen es auf andere Projektaktivitäten hatte, wenn sich zwei Vorgänge verzögerten. Stattdessen musste sie manuell die neuen Anfangs- und Endtermine für alle Vorgänge errechnen und diese separat in das Programm eingeben.

Integrierte Projektmanagement-Softwarepakete bieten also nicht nur Vor- sondern auch Nachteile. Folgende Vorteile sind zu nennen:

✔ Die unterschiedlichen Funktionen sind so verknüpft, dass beispielsweise, wenn man einen Personalanforderungsbogen ausgefüllt hat, dieser bei der Erstellung des Zeitplans und der Budgets, aber auch bei der Berichterstellung, berücksichtigt wird.

✔ Diese Pakete enthalten meistens viele verschiedene vorprogrammierte Berichtsformate.

Der Einsatz eines integrierten Projektmanagement-Pakets kann aber auch zu folgenden Problemen führen:

✔ Die Teammitglieder haben sie vielleicht nicht sofort verfügbar, was dazu führt, dass man Geld für die Anschaffung ausgeben und sie dann noch kaufen und installieren muss.

✔ Die meisten Beteiligten benötigen ein gewisses Maß an Schulung, um sich mit dem Paket vertraut zu machen.

Wenn Sie sich für ein integriertes Projektmanagement-Paket entscheiden

Falls Sie sich dazu entschließen, ein integriertes Projektmanagement-Softwarepaket zu nutzen, sollten Sie bei der Auswahl folgende Faktoren beachten:

✔ **Arten und Formate von häufig benötigten Berichten.** Suchen Sie sich ein Paket heraus, das ohne große Anpassungen die Art von Berichten erstellt, die Sie benötigen.

✔ **Wie gut können die Beteiligten mit Computern umgehen – werden sie sich die Zeit nehmen, das Programm zu erlernen?** Entscheiden Sie sich für ein Paket, das die Leute auch wirklich benutzen. Es hilft Ihnen nichts, wenn Sie ein Softwarepaket mit modernsten Analyse- und Berichtsfunktionen haben, wenn sich niemand die Zeit nimmt, das Programm zu erlernen.

✔ **Welche Software ist in Ihrem Unternehmen bereits vorhanden und im Einsatz?** Wenn alle anderen Faktoren stimmen, sollten Sie sich für ein Paket entscheiden, das bereits vorhanden ist, weil die meisten damit wahrscheinlich schon Erfahrungen haben.

✔ **Gibt es in Ihrem Unternehmen bereits Systeme zur Erfassung von Arbeitsstunden und Projektkosten?** Falls es in Ihrem Unternehmen ein solches System bereits gibt, suchen Sie sich ein Paket aus, das sich leicht mit diesem existierenden verbinden lässt. Falls das nicht möglich ist, sollten Sie sich vielleicht für eine Alternative entscheiden, die Ihnen die Möglichkeit gibt, die Informationen zu speichern, die Sie benötigen.

✔ **Das organisatorische Umfeld für Ihr Projekt – die Größe des Mitarbeiterpools, aus dem Sie schöpfen können, die Anzahl und durchschnittliche Größe der Projekte, die in diesem Unternehmen durchgeführt werden und so weiter.** Suchen Sie sich ein Paket heraus, das die notwendige Geschwindigkeit und Kapazität bietet.

Wie Sie Ihre Software unterstützen

Egal für welche Art von Projektmanagement-Programm Sie sich entscheiden, der Erfolg Ihres Projekts wird letztendlich davon abhängen, wie gut es Ihnen gelingt, die Planung und Überwachung zu koordinieren und durchzuführen. In Tabelle 16.1 sehen Sie unterschiedliche Tätigkeiten, die durch Computerprogramme vereinfacht werden können, und daneben steht, was Sie tun müssen, damit die Aufgabe korrekt erledigt wird.

Was die Software kann	Die Art der Software	Was Sie tun müssen
Ihre Projektziele dokumentieren	Textverarbeitung Integriertes Projekt-management-Paket	Sicherstellen, dass es für alle Projektziele Maßstäbe und Leistungsziele gibt Sicherstellen, dass die Verantwortlichen diese Projektziele abgesegnet haben
Projektbeteiligte erfassen	Textverarbeitung Integriertes Projekt-management-Paket	Die Beteiligten kennen
Rollen und Verantwortlich-keiten im Team verteilen	Textverarbeitung Tabellenkalkulation Grafikprogramm Integriertes Projekt-management-Paket	Die Beteiligten dazu bringen, sich zu ihrer Rolle und Verantwortlichkeit zu bekennen und sich dafür einzusetzen

Was die Software kann	Die Art der Software	Was Sie tun müssen
Mögliche Zeitpläne aufstellen	Integriertes Projekt-management-Paket	Sicherstellen, dass alle nötigen Vorgänge enthalten sind Sicherstellen, dass die Vorgangsdauern richtig sind Sicherstellen, dass die Abhängigkeiten ein-bezogen werden Erklären, was die Gründe für Abhängigkeiten und Zeitschätzungen sind Sicherstellen, dass Driver und Supporter den Zeitplan mittragen
Mögliche Zeitpläne visualisieren	Textverarbeitung Tabellenkalkulation Grafik Integriertes Projekt-management-Paket	Von den vielen Möglichkeiten die richtigen Termine auswählen
Den Personalbedarf und den nötigen Arbeits-aufwand darstellen	Textverarbeitung Tabellenkalkulation Grafik Integriertes Projekt-management-Paket	Feststellen, welches Personal benötigt wird Den Arbeitsaufwand abschätzen
Den geplanten Personal-einsatz während des Projekts darstellen	Tabellenkalkulation Grafik Integriertes Projekt-management-Paket	Festlegen, wann im Verlauf des Projekts die einzelnen Mitarbeiter ihre Zeit für das Pro-jekt investieren sollen
Finanzielle und andere nicht-personelle Ressourcen darstellen	Tabellenkalkulation Grafik Integriertes Projekt-management-Paket	Die Budgets festlegen Den Teammitgliedern die Budgets erklären
Zwischenziele und Meilensteine darstellen	Tabellenkalkulation Integriertes Projekt-management-Paket	Abläufe zur Erfassung der erreichten Zwischenziele festlegen (siehe Kapitel 10) Sicherstellen, dass die Beteiligten die Daten rechtzeitig zur Verfügung stellen
Festhalten, wie viele Arbeits-stunden die Mitarbeiter Ihrem Projekt belasten	Tabellenkalkulation Integriertes Projekt-management-Paket	Die Kontenbezeichnungen festlegen Festlegen, wie Arbeitsstunden erfasst und zur Verfügung gestellt werden sollen Sicherstellen, dass Arbeitsstunden den rich-tigen Konten belastet werden Sicherstellen, dass die Informationen recht-zeitig geliefert und eingegeben werden
Unterlagen über finanzielle Verpflichtungen und Ausgaben führen	Tabellenkalkulation Datenbank Buchhaltung Integriertes Projekt-management-Paket	Die Kontenbezeichnungen festlegen Sicherstellen, dass die Ausgaben den rich-tigen Konten zugeordnet werden Sicherstellen, dass die Informationen recht-zeitig geliefert und eingegeben werden

Was die Software kann	Die Art der Software	Was Sie tun müssen
Berichte über Zeitpläne und Ressourceneinsatz erstellen	Textverarbeitung Buchhaltung Tabellenkalkulation Sicherstellen, dass die Informationen rechtzeitig geliefert und eingegeben werden	Formate und Berichtsintervalle festlegen Entscheiden, wer Berichte erhalten soll Die Berichte auswerten Sicherstellen, dass die Empfänger die Berichte auch lesen Eventuell erforderliche korrigierende Maßnahmen einleiten
Präsentationen zum Projektfortschritt und den erreichten Zielen vorbereiten	Textverarbeitung Tabellenkalkulation Grafik	Entscheiden, welche Informationen eingearbeitet werden sollen Festlegen, wer die Berichte bekommt oder an den Präsentationen teilnehmen soll

Tabelle 16.1: Software, die beim Projektmanagement hilfreich ist

Projektmanagement-Software in Ihre Arbeit einbeziehen

Bevor Sie losrennen und irgendein Computerprogramm für Ihr Projektmanagement kaufen, sollten Sie überlegen, wie Sie den größten Nutzen aus einem solchen Programm ziehen können und mögliche Stolperfallen meiden.

✔ Sie sollten zumindest eine grobe Vorstellung von den unterschiedlichen Projektplanungs- und Kontrollmethoden haben, bevor Sie über den Einsatz eines Computerprogramms nachdenken.

✔ Prüfen Sie, welche Software andere in Ihrem Unternehmen einsetzen oder eingesetzt haben; finden Sie heraus, was ihnen daran gefiel, was nicht und warum.

✔ Fragen Sie, wenn möglich, jemanden, der dieses Programm bereits einsetzt, ob Sie es sich einmal ein paar Minuten ansehen dürfen.

✔ Nachdem Sie das Paket auf Ihrem Computer installiert haben, laden Sie ein einfaches Projekt oder einen kleinen Teil eines komplexeren Projekts in das Programm (das heißt, Vorgänge, Vorgangsdauern, Abhängigkeiten, benötigte Ressourcen etc. eingeben).

✔ Nutzen Sie zunächst nur einige der Funktionen (z.B. ermitteln, welche Auswirkungen kleinere Änderungen auf den Zeitplan haben, ein paar einfache Berichte ausdrucken und so weiter). Je sicherer Sie sich mit dem Programm fühlen, desto mehr Funktionen sollten Sie ausprobieren.

✔ Wenn Sie sich mit den Grundlagen vertraut gemacht haben, könnten Sie an einer richtigen Schulung teilnehmen oder selbst ein Handbuch durcharbeiten, um die unterschiedlichen Möglichkeiten des Programms alle kennen zu lernen.

E-Mails nutzen

Bevor es E-Mails gab, erzählten mir meine Seminarteilnehmer ständig, dass die beiden frustrierendsten Faktoren in einem Projekt die vielen unproduktiven Meetings waren und das telefonische Haschmich-Spiel, wenn man versuchte, jemanden zu erreichen.

Ist es für den Erfolg eines Projekts wichtig, dass konkrete Informationen rechtzeitig zu den richtigen Personen gelangen? Na klar! Aber Meetings und Telefonate sind für diesen Bereich oftmals nicht besonders effektiv. Ist es da verwunderlich, dass E-Mails sofort von allen gerne genutzt wurden, sobald diese Technologie im Unternehmen vorhanden war?

E-Mails sind eine schnelle und bequeme Möglichkeit einseitiger schriftlicher Kommunikation. In dieser Hinsicht bieten sie folgende Vorteile:

✔ **Sender und Empfänger müssen nicht gleichzeitig anwesend sein.** Sie können eine E-Mail schreiben, wann Sie wollen, und der Empfänger kann sie dann lesen, wann es ihm passt.

✔ **Sender und Empfänger müssen sich nicht am selben Ort befinden.** Sie können von Flensburg eine E-Mail nach Timbuktu schicken.

✔ **Ihre Nachricht wird schnell verschickt.** Die Auslieferung Ihrer Nachricht ist nicht abhängig von Austragungszeiten, Arbeitszeiten oder Wetterbedingungen.

✔ **E-Mails dienen als schriftlicher Beleg.** Ihre Nachricht kann mehrmals gelesen werden, um die Bedeutung zu klären, oder als Erinnerung daran, dass diese Information bereits weitergegeben wurde.

✔ **Sie können E-Mails auf der Festplatte, auf Disketten, Zips oder CDs speichern und brauchen sie nicht auszudrucken.** Das spart Platz und Geld und vereinfacht den Zugriff.

Leider haben E-Mails folgende Nachteile:

✔ **Der Empfänger liest es möglicherweise nicht.** Ich treffe viele Leute, die zwischen 50 und 100 E-Mails pro Tag bekommen! Diese Personen geben gerne zu, dass sie die ersten paar Zeilen überfliegen und dann entscheiden, ob eine Mail es wert ist, gelesen zu werden. Einige lesen lediglich, von wem die Mail stammt, und entscheiden dann, ob sie weiterlesen wollen oder nicht.

✔ **Zwischen Sender und Empfänger findet keine Kommunikation in Echtzeit statt.** Der Empfänger hat vielleicht Probleme, die Nachricht richtig zu interpretieren, weil er oder sie keine Fragen stellen kann, Widersprüche nicht geklärt werden können oder bestimmte Dinge nicht richtig hervorgehoben werden. Man kann versuchen, diese Fragen durch weitere Mails zu klären, aber manchmal verlieren die Leute das Interesse daran.

✔ **Die Kommunikation ist auf den Austausch von Worten beschränkt.** Andere Hinweise auf die Gefühle und Einstellungen der Gesprächspartner, beispielsweise Mimik und Gestik oder Tonfall, bekommt man nicht.

✔ **Inhalte oder Intention der Mails können missverstanden werden.** Das Vokabular, mit dem man in E-Mails bestimmte Dinge ausdrückt, wird immer größer. Leider werden diese

Begriffe, wenn überhaupt, von den meisten als informell aufgefasst oder sogar ganz falsch verstanden.

 Vor einiger Zeit erzählte mir jemand, er hätte einmal eine E-Mail an einen Kollegen verschickt, und weil er einen bestimmten Punkt ganz besonders betonen wollte, hatte er diesen Abschnitt fett geschrieben. Die Person, an die er die Mail geschickt hatte, hat nie darauf geantwortet, und wenn sie einander über den Weg liefen, schien der Betreffende meinen Bekannten zu ignorieren. Nach einigen Tagen suchte mein Bekannter seinen Kollegen auf und fragte ihn, ob es ein Problem gäbe. Der Kollege teilte ihm mit, dass er sauer darüber wäre, dass mein Bekannter ihn in seiner Mail angeschrien hätte. Mein Bekannter war völlig verwirrt und fragte, wie man jemanden mit einer E-Mail anschreien kann. Offensichtlich ist es so, dass fett geschriebene Sätze so zu interpretieren sind, als würde man den Empfänger anschreien. Zum Glück konnte mein Bekannter aus diesem Missverständnis lernen und sein Verhalten korrigieren. Aber man fragt sich doch, wie oft solche Missverständnisse ungeklärt bleiben.

Einen Kommunikationsplan erstellen

In der Startphase Ihres Projekts sollten Sie einen Kommunikationsplan erstellen und, falls nötig, in der Durchführungsphase (weitere Informationen zu diesen Phasen finden Sie in Kapitel 1) überarbeiten. In diesem Plan sollten Sie Folgendes festlegen:

✔ **Den Zweck der Kommunikation:** normale Sachstandsberichte, Beziehungsaufbau, Problemlösung etc.

✔ **Die Methoden, die Sie einsetzen wollen:** Meetings, schriftliche Berichte, E-Mails, Telefonate

✔ **Besondere Aktionen:** E-Mails, um Veränderungen im Projektplan bekannt zu machen; monatliche Meetings, um die erreichten Meilensteine zu besprechen und so weiter

Bei einem Thema, das besonders wichtig und heikel ist, können Sie auch mehrere Kommunikationswege nutzen.

E-Mails richtig einsetzen

E-Mails sind eine effektive Komponente guter Kommunikationssysteme. In folgenden Bereichen kann man E-Mails sehr gut einsetzen.

✔ **Mündliche Diskussionen und Vereinbarungen bestätigen.** In diesen Fällen sollte die Mail separat gesehen und verstanden werden, ohne dass weitere Erklärungen oder Interaktionen nötig sind. Falls doch Erläuterungen nötig sind, hat die Mail die Information nicht klar und genau genug vermittelt.

✔ **Konkrete objektive Fakten, die keine oder kaum eine Erklärung benötigen.** Einfache Mitteilungen sollten Sie in einfacher Sprache vermitteln. Informieren Sie den Empfänger darüber, wie er Sie erreicht, falls er noch Fragen hat.

Allerdings sollten Sie sich nicht auf E-Mails als ausschließliches Kommunikationsmittel in folgenden Situationen verlassen:

✔ **Um Ideen für Problemlösungen zusammenzutragen oder neue Ideen zu entwickeln.** Nutzen Sie E-Mails, um zu einer Brainstorming-Sitzung einzuladen, die Themen bekannt zu machen und das notwendige Hintergrundmaterial zu verschicken, damit sich die Teilnehmer auf die Sitzung vorbereiten können. Sie können per E-Mail die Ergebnisse einer Brainstorming-Sitzung zusammenfassen und darüber informieren, welche Maßnahmen getroffen wurden. Der eigentliche Ideenaustausch sollte allerdings in richtigen Sitzungen stattfinden, in denen die Teilnehmer auch körperlich anwesend sind.

✔ **Um Teammitglieder zu motivieren und Vertrauen aufzubauen.** Natürlich können Sie E-Mails nutzen, um die Beteiligten über den beruflichen Hintergrund ihrer Kollegen zu informieren, über ihre Erfahrungen und Leistungen und darüber, wie sie eingesetzt werden sollen. Allerdings sollten Sie ausreichend Gelegenheit für persönliche Treffen bieten, damit sich die Teammitglieder kennen lernen und aneinander gewöhnen.

✔ **Wichtige Nachrichten bekannt machen.** Vielleicht können Sie eine wichtige Nachricht per E-Mail verkünden, aber dann sollten Sie auf jeden Fall telefonisch oder in persönlichen Gesprächen nachfassen, um sicherzustellen, dass der Empfänger den Inhalt der Nachricht richtig verstanden hat.

Machen Sie das Beste aus Ihren E-Mails

Wenn Sie eine Nachricht per E-Mail versenden, versuchen Sie, auf folgende Punkte zu achten:

✔ **Fassen Sie sich kurz.** Benutzen Sie klare, messbare Worte und vermeiden Sie, soweit möglich, Fachausdrücke und Fremdwörter.

✔ **Lesen Sie die E-Mail noch einmal durch, bevor Sie sie verschicken.** Denken Sie daran, dass der Eindruck, den Sie bei anderen bezüglich Ihrer Person, Ihrer Ideen und Ihrer Meinung hinterlassen, sehr stark dadurch geprägt ist, was Sie sagen und wie Sie es sagen. Nehmen Sie sich einen Moment Zeit, um die E-Mail noch einmal durchzulesen, bevor Sie sie verschicken.

✔ **Einfühlungsvermögen.** Versetzen Sie sich in die Lage des Empfängers. Wie könnte er Ihre Nachricht falsch interpretieren? Welche zusätzlichen Informationen benötigt er möglicherweise? Ist es klar, was man von ihm als Reaktion auf Ihre Mail erwartet? Mit anderen Worten, versuchen Sie zu vermeiden, dass fünf Mal Mails hin und her geschickt werden müssen, um Fragen zu klären und Missverständnisse auszuräumen, wenn alles in einer gut durchdachten Mail hätte enthalten sein können.

✔ **Prüfen Sie, ob die Mail angekommen ist.** Wenn möglich, programmieren Sie Ihren Computer so, dass er Sie automatisch darüber informiert, wenn der Empfänger Ihre E-Mail geöffnet hat. Wenn das nicht möglich ist, bitten Sie den Empfänger, Ihnen eine Mail zurückzuschicken und Sie darüber zu informieren, ob er die Mail bekommen hat, oder rufen Sie an und fragen Sie ihn persönlich.

✔ **Bewahren Sie von wichtigen Mails eine Kopie auf.** Von wichtigen Mails sollten Sie eine Kopie aufbewahren, um belegen zu können, dass die Mail tatsächlich an alle Beteiligten verschickt wurde. (In Kapitel 7 erfahren Sie mehr über die Projektbeteiligten.)

Teil V

Der Top-Ten-Teil

The 5th Wave   By Rich Tennant

»Ich finde, Karl Gänsemeier sollte das neue Projekt leiten.
Er hat Visionen, Elan und, mal ehrlich,
dieser große weiße Hut hat was.«

In diesem Teil ... Natürlich ist es schön, ein paar hundert Seiten mit detaillierten Informationen zu haben, die einen durch die Höhen und Tiefen eines Projekts begleiten. Aber wenn eine Krise im Anmarsch ist, dann braucht man ein paar gute Tipps, um die Katastrophe abzuwehren.

Zehn Fragen zur Projektplanung

In diesem Kapitel

▶ Den Zweck Ihres Projekts deutlich machen

▶ Angestrebte Ergebnisse, Zeitpläne und Ressourcen festlegen

▶ Mit Unsicherheiten umgehen

*W*enn man ein Projekt startet, möchte man am liebsten sofort loslegen, um den meistens sehr knappen Zeitplan einhalten zu können. Natürlich möchte man gerne, dass alles gut durchgeplant ist, bevor man beginnt, aber häufig weiß man gar nicht genau, wo man anfangen soll und man steht immer unter dem Druck, möglichst schnell Ergebnisse produzieren zu müssen.

Warum wurde Ihr Projekt auf den Weg gebracht?

Sobald Sie ein neues Projekt übertragen bekommen, verschaffen Sie sich ein klares und vollständiges Bild davon, warum das Projekt initiiert wurde. Finden Sie Folgendes heraus:

✔ Welche Umstände haben zu dem Projekt geführt?

✔ Wer hatte die ursprüngliche Idee?

✔ Wer möchte sonst noch davon profitieren?

✔ Was würde passieren, wenn das Projekt nicht durchgeführt würde?

Eine genaue Vorstellung von dem Projektziel verbessert die Planung, wirkt auf die Teammitglieder motivierend und führt zu besserer Leistung. In Kapitel 2 erläutern wir, welche Hintergrundinformationen zum Projektzweck in den Projektauftrag aufgenommen werden sollen.

Wen müssen Sie einbeziehen?

Stellen Sie fest, wer bei dem Erfolg Ihres Projekts eine Rolle spielen könnte. Legen Sie folgende Personengruppen fest:

✔ **Driver:** Leute, die auf Projektergebnisse warten

✔ **Supporter:** Leute, die Ihnen bei der erfolgreichen Durchführung helfen

✔ **Beobachter:** Leute, die sich für Ihr Projekt interessieren

Wenn Sie eine vollständige Liste der Personen aufgestellt haben, können Sie entscheiden, wen Sie einbeziehen wollen, wann und wie Sie diese Personen, abhängig von der verfügbaren Zeit und den verfügbaren Ressourcen, einbinden möchten. In Kapitel 7 finden Sie weitere Informationen zum Thema Projektbeteiligte.

Welche Ergebnisse wollen Sie liefern?

Legen Sie genau fest, welche Ergebnisse Ihr Projekt hervorbringen soll. Achten Sie darauf, dass Sie

✔ möglichst früh jedes Produkt, jede Dienstleistung bzw. jede Auswirkung, die das Produkt generieren soll, beschreiben

✔ dafür sorgen, dass die Ergebnisse messbar sind

✔ Leistungsziele festlegen

Holen Sie sich die Bestätigung, dass die Driver in Ihrem Projekt (siehe Kapitel 7) der Meinung sind, dass die angestrebten Ergebnisse ihre Bedürfnisse und Erwartungen befriedigen würden. In Kapitel 2 finden Sie eine ausführliche Erläuterung, wie man Projektziele abgrenzt.

Welche Beschränkungen müssen Sie beachten?

Informieren Sie sich über sämtliche Informationen, Abläufe und Richtlinien, die Sie in dem beschränken, was Sie mit Ihrem Projekt erreichen können und wie Sie es erreichen können. Unterscheiden Sie zwischen folgenden Faktoren:

✔ **Limits:** Beschränkungen, die Ihnen von Personen außerhalb Ihres Projekts auferlegt werden

✔ **Voraussetzungen:** Beschränkungen, die Sie und Ihre Teammitglieder aufstellen

In Kapitel 2 finden Sie weitere Informationen über Projektbeschränkungen.

Von welchen Annahmen gehen Sie aus?

Stellen Sie fest, welche der Informationen, auf denen Ihre Pläne basieren, ungenau sein könnten. Ergänzen und aktualisieren Sie die Annahmen, während Sie die unterschiedlichen Teile Ihres Projektplans entwerfen. In Kapitel 2 finden Sie weitere Informationen zum Thema Annahmen.

Welche Arbeiten müssen erledigt werden?

Legen Sie genau fest, welche Vorgänge durchgeführt werden müssen, um Ihr Projekt zu Ende zu bringen. Legen Sie für jeden Vorgang folgende Faktoren fest.

✔ **Welche Arbeiten dafür erledigt werden müssen.** Die Abläufe und Schritte, die durchlaufen werden müssen

✔ **Inputs:** Alle Personen, Anlagen, Produktionsmittel, Rohstoffe, Finanzmittel und Informationen, die notwendig sind, um die Aufgabe zu erledigen

✔ **Ergebnisse, die Sie produzieren:** Produkte, Dienstleistungen oder Situationen, die bei der Durchführung einer Aufgabe produziert werden

✔ **Abhängigkeiten:** Tätigkeiten, die Sie erledigen müssen, bevor Sie die betrachtete Tätigkeit beginnen können; Tätigkeiten, die Sie erst beginnen können, wenn die betrachtete erledigt ist

✔ **Dauer:** Die tatsächliche Zeit, die für die Durchführung einer Tätigkeit notwendig ist

In Kapitel 3 beschreiben wir, wie Sie die erforderlichen Projekttätigkeiten festlegen.

Wann beginnen und beenden Sie eine Tätigkeit?

Entwickeln Sie einen detaillierten Zeitplan, in dem die einzelnen Tätigkeiten klar definiert und regelmäßige Meilensteine festgelegt werden. Bedenken Sie dabei Folgendes:

✔ **Abhängigkeiten:** Was müssen Sie beenden, bevor Sie Ihre Tätigkeit beginnen können?

✔ **Ressourcenverfügbarkeit:** Wann brauchen Sie bestimmte Ressourcen und wann sind diese Ressourcen verfügbar?

In Kapitel 4 finden Sie weitere Informationen zur Erstellung eines Projekt-Zeitplans.

Wer soll die eigentliche Projektarbeit durchführen?

Für jeden, der an Ihrem Projekt mitarbeiten soll, müssen Sie Folgendes festlegen:

✔ Geben Sie jede Person mit Namen, Positionsbeschreibung oder Titel an oder legen Sie fest, welche Kenntnisse und Fähigkeiten zur Durchführung dieser Arbeit notwendig ist.

✔ Wenn mehr als eine Person an dieser Tätigkeit arbeiten soll, legen Sie fest, welche Rolle jeder Einzelne hat und wie die Beteiligten ihre Arbeit koordinieren sollen.

✔ Legen Sie fest, wie groß der Arbeitsaufwand ist, den jeder Einzelne investieren soll.

✔ Wenn jemand nicht Vollzeit an der Tätigkeit arbeitet, legen Sie den genauen Zeitpunkt fest, zu dem die Person ihren Teil der Arbeit erledigen soll.

Um diese Informationen zusammenzutragen, sprechen Sie mit denjenigen, die diese Arbeiten erledigen sollen. Kapitel 5 hilft Ihnen bei der Einschätzung des Personalbedarfs.

Welche weiteren Ressourcen benötigen Sie?

Legen Sie genau fest, welche Anlagen, Dienstleistungen, Materialien und Finanzmittel Sie benötigen, damit die Projektarbeit durchgeführt werden kann. Geben Sie an, wie viel der einzelnen Ressourcen Sie wann benötigen. In Kapitel 5 finden Sie weitere Informationen darüber, wie man nicht-personelle Ressourcen bestimmt.

Was kann schief gehen?

Bestimmen Sie, welche Teile Ihres Projekts vielleicht nicht planmäßig ablaufen könnten. Suchen Sie die Risiken heraus, von denen Sie glauben, dass sie den Erfolg Ihres Projekts am stärksten bedrohen, und machen Sie Pläne, um diese negativen Auswirkungen zu minimieren. In Kapitel 14 finden Sie weitere Informationen darüber, wie man Projektrisiken begegnet.

Zehn Methoden, die Beteiligten bei der Stange zu halten

18

In diesem Kapitel

▷ Die Anforderung klarmachen

▷ Die Wichtigkeit herausstellen

▷ Andere über die Verpflichtung informieren

▷ Leistung überwachen

Damit Ihr Projekt erfolgreich abgeschlossen wird, müssen Sie sich darauf verlassen können, dass Beteiligte, die Ihnen nicht direkt untergeben sind, ihre Versprechen auch halten. Mit den in diesem Kapitel enthaltenen Tipps können Sie die Wahrscheinlichkeit erhöhen, dass die Leute ihre Versprechen auch halten.

Personen einbeziehen, die die eigentliche Autorität haben

Holen Sie sich bei dem tatsächlichen Vorgesetzten der betreffenden Person die Bestätigung, dass diese Person die notwendige Zeit investieren kann, um Ihnen zu helfen. Wenn Sie sich diese Zusage im Voraus einholen,

✔ reduzieren Sie die Wahrscheinlichkeit, dass der Vorgesetzte seinem Untergebenen versehentlich andere Aufgaben überträgt, die es ihm unmöglich machen, Ihnen Ihre gewünschten Ergebnisse zu liefern

✔ bauen Sie zu dem Vorgesetzten des Betreffenden eine Beziehung auf, so dass Sie ihn um Hilfe bitten können, falls die Arbeit nicht rechtzeitig erledigt wird, oder sich dafür bedanken können, wenn das doch der Fall ist

✔ motivieren Sie jemanden dazu, sich für Sie einzusetzen, der die Macht über eine Ressource hat, die Sie für Ihre Arbeit benötigen

Achten Sie darauf, dass Sie die betreffende Person darüber informieren, dass Sie ihren Vorgesetzten ins Spiel bringen möchten und warum; andernfalls entsteht der Eindruck, Sie würden sich an den Vorgesetzten wenden, weil Sie der Person nicht vertrauen.

Seien Sie hinsichtlich der Endergebnisse, des Zeitrahmens und des erwarteten Arbeitseinsatzes konkret

Wenn jemand nicht das leistet, was man von ihm erwartet, liegt das häufig daran, dass er oder sie

✔ falsch verstanden hat, was Sie von ihm oder ihr erwartet haben

✔ den Zeitrahmen falsch verstanden hat

✔ unterschätzt hat, welcher Aufwand nötig ist, um die erwarteten Ergebnisse zu liefern

Sagen Sie genau, was Sie wollen, wann Sie es wollen und wie viel Aufwand es Ihrer Meinung nach erfordert.

Lassen Sie sich ein Versprechen geben!

Lassen Sie sich versprechen, dass die zugesagte Arbeit auch erledigt wird. Hüten Sie sich vor Platituden und Verallgemeinerungen wie diesen:

✔ Ich werd´s versuchen.

✔ Ich tue mein Bestes.

✔ Sie können auf mich zählen.

✔ Sie wissen, dass ich mich immer bemühe.

✔ Ich finde, Ihr Projekt ist toll.

Lassen Sie es sich schriftlich geben

Wenn Sie sich alle mündlichen Zusagen schriftlich geben lassen, hat das folgende Vorteile:

✔ Die Vereinbarung, die Sie getroffen haben, ist für beide Parteien klar

✔ Es dient als Erinnerung an das gegebene Versprechen

Eine schriftliche Bestätigung betont noch einmal die Ernsthaftigkeit des Versprechens. Aus irgendwelchen Gründen meinen die Leute, sie könnten mündlich Versprechungen machen und es wäre überhaupt nicht schlimm, wenn sie diese dann nicht einhalten. Aber wenn etwas schriftlich festgelegt wird, dann sieht es offiziell aus.

Machen Sie die Dringlichkeit und Wichtigkeit der Aufgabe deutlich

Sagen Sie der betreffenden Person, wo ihre Arbeit im Projekt anzusiedeln ist. Die Leute geben sich mehr Mühe, wenn sie wissen, dass ihre Arbeit wirklich von Bedeutung ist.

Informieren Sie andere über die Verpflichtung des Betreffenden

Lassen Sie daraus kein Wettbewerb zwischen Ihnen und der betreffenden Person werden; lassen Sie lieber alle anderen wissen, welche Aufgabe der Betreffende übernommen hat. Ihr wichtigstes Gut im Job ist Ihr Ruf. Je mehr Leute wissen, wer versprochen hat, welche Aufgabe zu erledigen, desto größer die Anerkennung, wenn diese Aufgabe dann auch wirklich erledigt wird (oder nicht!).

Einigen Sie sich auf einen Plan zur Leistungsüberwachung

Besprechen Sie, wann und wie Sie die Leistungen überwachen. Diese Kontrolle

✔ bestätigt noch einmal, dass diese Aufgabe wirklich wichtig ist und dass Sie sich voll darauf verlassen, dass die Person die Aufgabe innerhalb des vorgegebenen Zeitrahmens erledigt

✔ hilft Ihnen, Probleme so früh wie möglich zu erkennen

✔ gibt Ihnen die Sicherheit, dass die Arbeit gut vorangeht

Wenn Sie einen solchen Kontroll-Zeitplan aufstellen,

✔ prüfen Sie, wann der Betreffende plant, mit der Arbeit zu beginnen und die einzelnen Tätigkeiten durchzuführen

✔ planen Sie Kontrollen zu solchen Zeitpunkten, wenn klar definierbare Meilensteine erreicht werden

Die Arbeit der betreffenden Person überwachen

Informieren Sie sich genau dann über den Fortschritt, wenn Sie dies angekündigt haben. Wenn Sie Ihre Zusagen einhalten, signalisieren Sie dem Betreffenden, dass Sie dasselbe von ihm erwarten.

 Es kann sein, dass Telefonate, formlose Besuche und andere verbale Kontrollen genügen.

Wenn Sie diese Kontrollen durchführen, machen Sie deutlich, dass Sie deswegen gekommen sind, um zu hören, ob der Betreffende noch Fragen hat oder ob es etwas gibt, das Sie tun können, um ihm bei seiner Aufgabe zu helfen.

Gute Leistungen müssen gewürdigt werden

Wenn jemand seine zugesagte Arbeit innerhalb der vorgegebenen Zeit abliefert:

✔ Lassen Sie ihn oder sie wissen, wie sehr Sie seinen oder ihren Einsatz schätzen.

✔ Informieren Sie andere, unter anderem die anderen Teammitglieder und den Vorgesetzten der Person sowie wichtige Driver, darüber.

Tun Sie so, als hätten Sie die Autorität

Denken Sie daran, wenn jemand Ihnen zusagt, Arbeit für Sie zu erledigen, dann gibt Ihnen diese Person das Recht, sich so zu verhalten, als hätten Sie die Autorität über sie.

Zehn Schritte, um ein Projekt wieder auf den richtigen Kurs zu bringen

19

In diesem Kapitel

▶ Feststellen, was schief gelaufen ist

▶ Den Plan noch einmal prüfen

▶ Zielrichtung und Motivation des Teams noch einmal zurechtrücken

Manchmal stößt man zu einem Projekt, das bereits läuft, und stellt fest, dass die Dinge etwas aus dem Ruder gelaufen sind. Oder das Projekt, an dem Sie arbeiten, verliert sein Ziel aus den Augen. Um es wieder auf den richtigen Kurs zu bringen, betrachten Sie den restlichen Teil der Arbeit wie ein neues Projekt: Entwickeln Sie einen überarbeiteten Plan, veröffentlichen Sie diesen Plan in Ihrem Unternehmen und überwachen Sie die Durchführung sehr sorgfältig. Dieses Kapitel bringt Sie in die richtige Startposition.

Feststellen, warum Ihr Projekt vom Kurs abgekommen ist

Der erste Schritt zur Lösung eines Problems besteht darin, es zu verstehen. Beschreiben Sie genau, in welcher Hinsicht Ihr Projekt sich nicht mehr auf dem richtigen Kurs befindet. Folgendes könnte der Fall sein:

✔ Sie liegen hinter dem Zeitplan zurück.

✔ Sie haben die Budgets überzogen.

✔ Sie produzieren nicht die gewünschten Ergebnisse.

Finden Sie die Gründe dafür, dass Ihr Projekt sich nicht mehr auf dem richtigen Kurs befindet. Das könnten folgende sein:

✔ Wichtige Personen haben das Team verlassen oder neue sind hinzugekommen.

✔ Wichtige Driver haben das Interesse verloren oder neue sind hinzugekommen.

✔ Die Unternehmensumwelt hat sich gewandelt.

✔ Neue Technologien wurden entwickelt.

✔ Die Prioritäten haben sich verschoben.

Holen Sie die wichtigsten Driver wieder ins Boot

Finden Sie noch einmal genau heraus, wer von Ihrem Projekt profitieren möchte. Denken Sie an die Personen, die ursprünglich Ihr Projekt initiiert haben, aber auch an solche, die nach Projektbeginn hinzugekommen sein könnten. Machen Sie noch einmal deutlich, welche Vorteile Ihr Projekt bringt, und bitten Sie sie noch einmal um aktive Mitwirkung.

Die Projektziele noch einmal deutlich machen

Machen Sie den Drivern noch einmal die Projektziele deutlich. Modifizieren oder ergänzen Sie sie, falls sich die ursprünglichen Vorstellungen der Driver geändert haben. Achten Sie darauf, dass die Ziele konkret und messbar sind und dass die Beteiligten der Meinung sind, dass diese Ziele realistisch sind.

Machen Sie deutlich, welche Aufgaben noch erledigt werden müssen

Gemeinsam mit den Teammitgliedern sollten Sie feststellen, welche Aufgaben unverändert erledigt werden müssen, welche modifiziert werden müssen oder welche gelöscht werden können und ob neue hinzukommen müssen. Legen Sie wieder fest, welche Ressourcen notwendig sind, wie lange die Durchführung dauern wird und welche Abhängigkeiten bestehen.

Machen Sie noch einmal die Rollen und Verantwortlichkeiten deutlich

Gemeinsam mit den Teammitgliedern sollten Sie noch einmal die Rollen und Verantwortlichkeiten für die verbleibenden Aufgaben klären. Finden Sie heraus, ob es bisher Konflikte gab, und wenn ja, lösen Sie sie. Falls es in dem ursprünglichen Plan noch Widersprüche gab, klären Sie sie.

Fordern Sie alle Teammitglieder noch einmal dazu auf, Ihnen ihren Einsatz für den Projekterfolg zuzusagen.

Einen realistischen Zeitplan erstellen

Überarbeiten Sie, falls nötig, den ursprünglichen Zeitplan, damit sämtliche noch zu erledigenden Arbeiten bis zum vorgegebenen Termin abgeschlossen werden können. Legen Sie wichtige Meilensteine fest, anhand derer Sie die Leistung überwachen können.

Machen Sie noch einmal die Personalaufteilung deutlich

Klären Sie, wer die verbleibenden Arbeiten ausführen soll, wie viel Aufwand dafür notwendig ist und wann die Aufgaben erledigt werden sollen. Falls nötig, sorgen Sie dafür, dass Ihnen weitere Teammitglieder zugeordnet werden. Stellen Sie noch einmal sicher, dass alle Teammitglieder wissen, wie viel Zeit sie für die Aufgaben investieren müssen und sich dazu auch bereit erklären.

Einen Risikomanagement-Plan aufstellen

Die Wahrscheinlichkeit ist groß, dass Sie jetzt zusätzliche Aufgaben zu erledigen haben, dass neue Teammitglieder hinzukommen und dass die Zeit knapp ist. Vielleicht haben Sie irgendwann einmal einen Plan aufgestellt, mit dem Sie eine Chance gehabt hätten, die Ziele zu erreichen, aber dieser Plan enthält sehr wahrscheinlich Risiken. Identifizieren, analysieren und minimieren Sie die negativen Auswirkungen dieser Risiken.

Bei den Risiken, die Sie aktiv selbst steuern möchten, tun Sie Folgendes:

✔ Versuchen Sie, die Eintrittswahrscheinlichkeit zu minimieren.

✔ Entwickeln Sie Alternativpläne für den Fall, dass die Risiken eintreten.

Aktualisieren Sie regelmäßig den Risikomanagement-Plan, während Sie die restlichen Projektarbeiten erledigen.

Führen Sie ein Bergfest-Kick-off durch

Schweißen Sie das Team noch einmal zusammen und wecken Sie das Interesse im Unternehmen an Ihrem neu geplanten Projekt, indem Sie ein Bergfest-Kick-off durchführen. Geben Sie nicht nur bekannt, welche Ergebnisse Sie jetzt erreichen wollen und welche Zeitpläne jetzt gelten, sondern Sie müssen die Leute auch davon überzeugen, dass Ihr Plan realistisch ist, dass alle an einem Strang ziehen müssen und dass die Erfolgswahrscheinlichkeit groß ist.

Die Leistung während der restlichen Projektlaufzeit sorgfältig überwachen und steuern

Sorgen Sie dafür, dass Ihr Projekt nicht wieder vom Kurs abkommt, indem Sie

✔ regelmäßig die Leistung überwachen und die tatsächlichen Ergebnisse mit den geplanten vergleichen

✔ den wichtigsten Beteiligten von Ihren Fortschritten berichten

✔ auftauchende Probleme sofort in Angriff nehmen

Zehn Tipps für einen Super-Projektmanager

20

In diesem Kapitel

▶ Andere motivieren

▶ Gut kommunizieren

▶ Aktiv und initiativ sein

Erfolgreiches Projektmanagement ist nicht nur davon abhängig, was man tut, sondern auch davon, wie man es tut. Ihre Einstellung und Ihr Verhalten anderen gegenüber bestimmt, wie diese auf Sie reagieren. Mit diesem Kapitel sichern Sie sich die Unterstützung anderer.

Machen Sie »Warum« zu Ihrem Lieblingswort

Suchen Sie nach den Gründen hinter Forderungen und Verhaltensweisen. Wenn Sie die Frage nach dem Warum klären können, können Sie angemessen reagieren und Sie fördern damit die Motivation der anderen. Finden Sie für sich selbst die Gründe heraus und teilen Sie sie den anderen mit.

»Es geht« muss Ihr Motto sein

Betrachten Sie jedes Problem als Herausforderung und suchen Sie nach Möglichkeiten, sie zu bewältigen. Seien Sie kreativ, flexibel und hartnäckig. Bearbeiten Sie ein Problem so lange, bis Sie es gelöst haben.

Nicht von Annahmen ausgehen

Nehmen Sie sich die Zeit, um Fakten herauszufinden; von Annahmen sollten Sie nur dann ausgehen, wenn es wirklich nicht anders geht. Jede Annahme birgt das Risiko, dass sie falsch ist. Je weniger Annahmen, desto größer die Sicherheit bei der Planung.

Sage, was du meinst; meine, was du sagst!

Kommunizieren Sie klar und deutlich. Seien Sie konkret und sagen Sie Ihren Gesprächspartnern genau, was Sie meinen. Teilen Sie ihnen mit, was sie Ihrer Meinung nach wissen sollten, was sie tun sollen und was Sie für sie tun wollen. Vielleicht sind Sie der Auffassung, dass Sie mehr Freiraum haben, wenn Sie sich vage ausdrücken. In Wirklichkeit steigt dadurch lediglich das Risiko, missverstanden zu werden.

Betrachten Sie andere als Verbündete, nicht als Gegner

Konzentrieren Sie sich auf die gemeinsamen Ziele, nicht auf individuelle Interessen. Wenn Sie dafür sorgen, dass sich andere wohlfühlen, fördert das die Ideenfindung, kreatives Denken und die Bereitschaft, etwas Neues auszuprobieren. Wenn man andere als Gegner sieht und auch so behandelt, führt das dazu, dass diese in Verteidigungsstellung gehen und eine feindliche Position einnehmen.

Andere respektieren

Konzentrieren Sie sich auf die Stärken der anderen und nicht auf ihre Schwächen. Suchen Sie sich bei jedem etwas, das Sie respektieren können. Die Leute strengen sich mehr an und arbeiten lieber, wenn sie von Menschen umgeben sind, die sie respektieren und schätzen.

»Think Big«

Denken Sie perspektivisch. Sie müssen immer vor Augen haben, wo das Ganze hinführen soll und wie das, was Sie gerade tun, Sie dorthin bringt. Teilen Sie diese Vision auch mit anderen.

»Think detailed«

Seien Sie gründlich. Wenn Sie nicht an alles denken, wer dann?

Gute Leistungen würdigen

Nehmen Sie sich einen Augenblick Zeit, um gute Leistungen herauszustellen. Sagen Sie der betreffenden Person, ihrem Vorgesetzten, den Teammitgliedern und anderen Personen im Umfeld, was Ihnen so gut gefallen hat.

Seien Sie Manager und Führer zugleich

Kümmern Sie sich um Menschen genauso wie um Informationen, Abläufe und Systeme. Erzeugen Sie Visionen und Begeisterung, aber auch ein gewisses Maß an Ordnung und Effizienz. In Kapitel 12 finden Sie weitere Informationen zum Thema Management und Führung.

Glossar

Abhängigkeit: Eine Beziehung zwischen zwei Vorgängen, die besagt, dass der eine beendet sein muss, bevor der andere beginnen kann.

Abhängigkeits-Diagramm: Siehe *Netzplan*.

Adressat(en): Eine Person oder Gruppe, die Ihr Projekt unterstützen soll, die von Ihrem Projekt beeinflusst wird oder die an Ihrem Projekt interessiert ist.

Abschlussbewertung: Eine Sitzung, auf der die gesammelten Erfahrungen diskutiert werden, Personen für ihre Leistung gewürdigt werden, Schritte festgelegt werden, wie man gute Herangehensweisen in der Zukunft beibehält, und Pläne aufstellt, wie in zukünftigen Projekten auftretende Leistungsprobleme korrigiert werden können.

Aktivitätenplan: Eine Tabelle, in der sämtliche Projektaktivitäten mit den Anfangs- und Endterminen aufgelistet sind.

Aktivitätenbericht: Eine Tabelle, in der sämtliche Projektaktivitäten mit den geplanten Anfangs- und Endterminen und den tatsächlichen Anfangs- und Endterminen aufgelistet sind.

Aktivität: Die Arbeit, die erledigt werden muss, um in Ihrem Projekt von einem Ereignis zum nächsten zu gelangen (auch Vorgang genannt).

Annahmen: Ungenaue Informationen, die man während der Konzept-, der Planungs- und Durchführungsphase als Fakt betrachtet.

Arbeitsauftrag: Schriftliche Beschreibung der Arbeit, die von Personen oder Gruppen innerhalb Ihres Unternehmens erledigt werden muss, um Ihr Projekt zu unterstützen.

Arbeitsaufwand: Siehe auch *Personalaufwand*.

Arbeitslast-Tabelle: Eine Tabelle, die zeigt, wie viel Zeit Sie täglich, wöchentlich oder monatlich für eine bestimmte Aktivität investieren.

Arbeitslast-Diagramm: Eine Grafik, die zeigt, wie viel Zeit Sie täglich, wöchentlich oder monatlich für eine bestimmte Aktivität investieren; auch *Ressourcen-Histogramm* genannt.

Arbeitswertbetrachtung: Eine Methode, mit der man alleine auf der Grundlage des Ressourcenverbrauchs ermittelt, ob man über oder unter dem Budget liegt und ob man dem Zeitplan voraus ist oder hinterher hinkt.

Aufgabe: Zweite Detaillierungsstufe in der Projektstruktur.

Aufgabenpaket: Die erste Detaillierungsstufe in der Projektstruktur.

Auftragsbestätigung: Zusage eines Lieferanten, dass er einen von Ihnen angefragten Artikel zum angegebenen Preis zuzüglich der Nebenkosten liefern kann.

Autorität: Die Fähigkeit, für Ihr Projekt verbindliche Entscheidungen hinsichtlich der Ergebnisse, Zeitpläne, Ressourcen und Arbeitsverteilung zu treffen.

Background: Wie und warum es zu Ihrem Projekt kam, wer es initiiert hat sowie die organisatorischen und externen Umweltbedingungen, in dem es durchgeführt werden soll; das »Warum« Ihres Projekts.

Backing in: Die so genannte »Anschleichmethode«, bei der man am Ende des Projekts beginnt und sich rückwärts bis zum Anfang schleicht. Man nimmt einfach sämtliche Aktivitäten, die einem auf diesem Weg begegnen, setzt die Dauer fest und diese summiert sich dann – zufällig – zu der Zeitdauer auf, die Ihr Projekt in Anspruch nehmen darf.

Balkendiagramm: Siehe Gantt-Diagramm.

Bedarf: Eine Anforderung, die Sie erfüllen müssen, damit das Projekt als erfolgreich gewertet wird.

Bedarfsmeldung: Eine schriftliche, genehmigte Bestellung für einen Artikel, die Sie an die Einkaufsabteilung schicken.

Bekannte Unbekannte: Informationen im Zusammenhang mit Ihrem Projekt, die Sie nicht haben, aber jemand anders. Siehe auch *unbekannte Unbekannte*.

Beobachter: Jemand, der an den Aktivitäten und Ergebnissen Ihres Projekts interessiert ist.

Beschränkung: Eine Einschränkung hinsichtlich dessen, was Sie erreichen sollen, wie Sie es erreichen und zu welchen Kosten Sie es erreichen können.

Bestellung: Eine formale Aufforderung der Einkaufsabteilung an einen Lieferanten zur Lieferung eines bestimmten Produkts.

Budget: Eine detaillierte, zeitnahe Schätzung der Kosten aller Ressourcen, die für Ihr Projekt notwendig sind.

Champion: Eine Person in einer höheren Position im Unternehmen, die Ihr Projekt engagiert unterstützt und sich in Auseinandersetzungen, bei Planungsmeetings und sonstigen Sitzungen für Ihr Projekt einsetzt und alles tut, um dafür zu sorgen, dass Ihr Projekt erfolgreich zu Ende geführt wird.

Dauer: Die tatsächliche Zeit, die zur Durchführung eines Vorgangs/einer Aktivität benötigt wird. Siehe auch *verbrauchte Zeit* oder *Zeitspanne*.

Delegieren: Jemandem insgesamt oder teilweise die eigene Autorität übertragen.

Detaillierte Aufwandsschätzung: Eine Auflistung der geschätzten Kosten für jede einzelne Projektaktivität.

Direkte Kosten: Ausgaben für Ressourcen, die ausschließlich zur Durchführung des Projekts benötigt werden.

Driver: Jemand, der bei der Festlegung der anzustrebenden Ergebnisse ein Mitspracherecht hat; jemand, für den Sie das Projekt durchführen.

Echte Gemeinkosten: Ausgaben, die ein Unternehmen am Leben erhalten.

Effizienz: Der Anteil der Arbeitszeit, der tatsächlich für Projekttätigkeiten und nicht für andere allgemeine Aufgaben verbraucht wird.

Einschränkungen: Beschränkungen, die andere Ihrem Projekt hinsichtlich der erwarteten Ergebnisse, der Zeitvorgaben, der zur Verfügung stehenden Ressourcen und der Arbeitsmethoden auferlegen.

Ereignis: Ein wichtiger Punkt im Verlauf Ihres Projekts, auch *Meilenstein* oder *Zwischenziel* genannt.

Fast tracking: Zwei oder mehrere Vorgänge gleichzeitig durchführen, um die Gesamtdauer eines Projekts zu reduzieren.

Fortschritts-Gantt-Diagramm: Ein Gantt-Diagramm, in dem der Fortschritt der einzelnen Aktivitäten dargestellt ist, indem der jeweilige Anteil in dem entsprechenden Balken grau dargestellt wird.

Frühester Anfangszeitpunkt (FAZ): Der frühestmögliche Zeitpunkt, zu dem Sie mit einem Vorgang beginnen können.

Frühester Endzeitpunkt (FEZ): Der frühestmögliche Zeitpunkt, zu dem Sie einen Vorgang beenden können.

Funktionalmanager: Der direkte Vorgesetzte eines Ihrer Teammitglieder.

Funktionalorganisation: Organisationsform, bei der für Projekte dieselben Fachgruppen eingerichtet werden, wie sie auf Gesamtunternehmensebene existieren.

Gantt-Diagramm: Eine grafische Darstellung, benannt nach Henry Gantt, die aus Balken auf einer Zeitschiene besteht, die ausdrücken, wann jede einzelne Aktivität beginnt, durchgeführt wird und endet.

Gewichteter Arbeitsaufwand: Eine Kombination des Stundensatzes eines Mitarbeiters mit den verbundenen indirekten Kosten.

Grobe Rahmenschätzung: Eine erste Einschätzung der Kosten auf der Grundlage der Arten von Aktivitäten, die Ihr Projekt enthält.

Grundlinie: Der Plan, den Sie als Richtlinie für Ihre Projektaktivitäten und als Hilfsmittel zur Fortschrittsbewertung benutzen.

Human-Ressourcen-Matrix: Eine Tabelle, in der für jede Lowest-Level-Aktivität angegeben ist, wer daran arbeitet und wie groß der Arbeitsaufwand ist.

Indirekte Kosten: Ausgaben für Personal, Rohstoffe, Anlagen, Betriebsmittel und Dienstleistungen, die Ihr Projekt unterstützen.

Initiator: Derjenige, der die ursprüngliche Idee hatte, die zur Planung Ihres Projekts führte.

Key-Event-Bericht: Eine Tabelle, in der sämtliche geplanten Projektereignisse, die voraussichtlichen Eintrittstermine und die tatsächlichen Eintrittstermine aufgeführt sind.

Key-Event-Liste: Eine Tabelle, in der sämtliche geplanten Projektereignisse mit den voraussichtlichen Eintrittsterminen aufgeführt sind.

Kick-off-Meeting: Formales Meeting, auf dem der Start Ihres Projekts bekannt gegeben wird.

Kosten-Nutzen-Analyse: Eine vergleichende Einschätzung des erhofften Nutzens im Vergleich zu den geschätzten Kosten für die Projektdurchführung und anschließende Nutzung der produzierten Resultate.

Kostenaufstellung: Eine Tabelle, in der sämtliche Aktivitäten, die geplanten Kosten und die tatsächlichen Ausgaben aufgeführt sind.

Kritischer Pfad: Eine Folge von Vorgängen in Ihrem Projekt, deren Beendigung am längsten dauert.

Leistungsmaßstab: Ein Indikator, mit dem ermittelt wird, ob ein Projektziel erreicht wurde oder nicht.

Leistungsperiode: Eine Zeitspanne, auf die sich die Projektüberwachung bezieht.

Leistungsziel: Der Wert eines Leistungsmaßstabs, der angibt, wann ein Ziel erfolgreich erreicht wurde.

Linear Responsibility Chart: Eine Matrix, die zeigt, welche Rolle die einzelnen Akteure bei der Durchführung der einzelnen Projektaktivitäten spielen.

Machbarkeitsstudie: Eine formale Untersuchung, die ermitteln soll, wie wahrscheinlich es ist, dass bestimmte Arbeiten erfolgreich erledigt oder bestimmte Ergebnisse erzielt werden.

Macht: Die Fähigkeit, das Verhalten anderer zu beeinflussen.

Marktbedarfsanalyse: Ein formaler Antrag auf Entwicklung oder Überarbeitung eines Produkts.

Matrixorganisation: Eine Organisationsform, bei der unterschiedliche Personen aus unterschiedlichen Unternehmensbereichen einen Teil ihrer Arbeitszeit in Ihrem Projekt mitarbeiten.

Meilenstein: Siehe auch Ereignis.

Mikromanagement: Jemand überträgt einem anderen eine Aufgabe und mischt sich dann in unangemessener Weise und völlig unnötig in die Durchführung dieser Aufgabe ein.

Netzplan: Ein Flussdiagramm, in dem die Reihenfolge dargestellt ist, in der Sie die einzelnen Vorgänge bearbeiten wollen.

Nicht kritischer Pfad: Eine Folge von Aktivitäten in Ihrem Projekt, die sie in gewissem Rahmen verzögern können, ohne den frühestmöglichen Endtermin des Gesamtprojekts zu überschreiten.

Organisationsplan: Eine Beschreibung der organisatorischen Voraussetzungen, die für ein gefordertes Produkt, eine Dienstleistung oder ein System erforderlich sind.

Personalaufwand: Die tatsächliche Zeit, die jemand mit der Durchführung einer Projektaktivität verbringt. Siehe auch *Arbeitsaufwand*.

Personaleinsatzplan: Eine Tabelle, in der sämtliche Vorgänge, der voraussichtliche Aufwand und der tatsächliche Arbeitsaufwand aufgeführt sind.

PERT (Program Evaluation and Review Technique): Eine Netzplanmethode, bei der drei Zeiten angegeben werden (optimistische Zeit, wahrscheinliche Zeit und pessimistische Zeit), um darzustellen, wie groß die Zeitspanne für einen bestimmten Vorgang ist.

PERT-Diagramm: Ein Netzplan im Vorgangspfeil-Netzplan-Format.

Primäre Informationsquelle: Ort, an dem sich die von Ihnen benötigte Information befindet.

Produktivität: Die Ergebnisse, die man pro Zeiteinheit, die für eine bestimmte Aktivität investiert wird, erzielt.

Programm: Andauernde Bemühungen, eine langfristige Mission zu erfüllen; besteht aus einer Reihe von Projekten.

Projekt: Ein Arbeitsauftrag mit bestimmten Ergebnissen, einem festgelegten Anfangs- und Endzeitpunkt und vorgegebenen Ressourcenbudgets.

Projekt-Chart: Ein Dokument, das von der obersten Unternehmensebene ausgestellt wird, und in dem dem Projektmanager die Autorität übertragen wird, zur Durchführung des Projekts Personal zu koordinieren.

Projektantrag: Ein schriftlicher Antrag einer Gruppe innerhalb eines Unternehmens zur Durchführung eines Projekts.

Projektauftrag: Eine schriftliche Bestätigung dessen, was Ihr Projekt hervorbringt und unter welchen Bedingungen die Projektaktivitäten durchgeführt werden.

Projektdirektor: Siehe *Projektmanager*.

Projektkontrolle: Methode zur Sicherstellung, dass die Projektarbeit planmäßig verläuft und dass die gewünschten Ergebnisse erzielt werden.

Projektleiter: Siehe *Projektmanager*.

Projektleitung: Prozess, in dem die Projektvision und -strategie entwickelt und bekannt gemacht wird, wo die Beteiligten zu Zusagen über die Durchführung bestimmter Arbeiten aufgefordert werden und bei dem die Beteiligten ständig motiviert werden.

Projektmanagement: Prozess, in dem Sie Ihr Projekt vom Start über die Durchführungsphase bis zur Beendigung führen. Dazu gehören die Bereiche Planung, Organisation und Kontrolle.

Projektmanager: Die Person, die letzten Endes für die erfolgreiche Durchführung eines Projekts verantwortlich ist.

Projektplanung: Innerhalb der vorgegebenen Rahmenbedingungen wird ein Maßnahmenplan erstellt, der zeigt, wie die vorgegebenen Ziele innerhalb der bestehenden Beschränkungen erreicht werden können.

Projektprofil: Siehe *Projektskizze.*

Projektskizze: Gibt die wichtigsten Informationen über ein Projekt wieder. Wird auch *Projektzusammenfassung* oder *Projektprofil* genannt.

Projektstruktur: Siehe *Work Breakdown Structure (WBS).*

Projektumfang: Eine allgemeine Beschreibung der Arbeiten, die im Rahmen Ihres Projekts erledigt werden müssen (das »Was« Ihres Projekts).

Projektzusammenfassung: Siehe *Projektskizze.*

Prozess: Eine Reihe von Schritten, die routinemäßig ausgeführt werden, um eine bestimmte Funktion auszuführen.

Pufferzeit: Die Zeit, um die Sie einen Vorgang verzögern können, ohne den frühestmöglichen Endtermin des Gesamtprojekts zu überschreiten.

Qualifikationsplan: Eine Tabelle, in der die Fähigkeiten, Kenntnisse und Interessen der einzelnen Mitarbeiter aufgeführt sind.

Ressourcen-Histogramm: Siehe *Arbeitslast-Diagramm.*

Risiko: Die Möglichkeit, dass Sie zeitliche, ergebnisbezogene oder ressourcenbezogene Ziele nicht einhalten können, weil etwas Unvorhergesehenes geschieht oder etwas Geplantes nicht passiert.

Risikofaktor: Eine Situation, die dazu führt, dass ein oder mehrere Projektrisiken eintreten.

Risikomanagement: Der Prozess, in dessen Verlauf mögliche Risiken identifiziert, die möglichen Auswirkungen auf das Projekt erkannt und Pläne zur Eindämmung dieser negativen Auswirkungen erstellt werden.

Rückwärtsrechnung: Man beginnt am Ende des Projekts und bewegt sich auf jedem Pfad rückwärts zum Beginn des Projekts und berechnet für jeden Vorgang die spätesten Anfangs- und Endtermine.

Scheingemeinkosten: Ausgaben für Ressourcen, die zur Durchführung der Projektaktivitäten benötigt werden, die aber schwierig zu unterteilen und nicht direkt zuzuordnen sind.

Sekundäre Informationsquelle: Jemand anders berichtet von einer Information, die sich in einer primären Informationsquelle befindet.

Spätester Anfangszeitpunkt (SAZ): Der spätestmögliche Zeitpunkt, zu dem ein Vorgang begonnen werden kann, wobei das gesamte Projekt noch in der kürzestmöglichen Zeit beendet werden kann.

Spätester Endzeitpunkt (SEZ): Der spätestmögliche Zeitpunkt, zu dem ein Vorgang beendet werden kann, wobei das gesamte Projekt noch in der kürzestmöglichen Zeit beendet werden kann.

Stakeholder: Eine Person oder Personengruppe, deren Unterstützung zur Durchführung Ihres Projekts benötigt wird oder die von Ihrem Projekt betroffen ist.

Strategie: Die generelle Herangehensweise an die Hauptarbeit Ihres Projekts; das »Wie« Ihres Projekts.

Supporter: Jemand, der Ihnen bei der Durchführung Ihres Projekts hilft.

Teilaufgabe: Dritte Detaillierungsebene in der Projektstruktur.

Unbekannte Unbekannte: Eine Information, die mit Ihrem Projekt in Zusammenhang steht, die Sie aber nicht haben, weil sie noch nicht existiert. Siehe auch *Bekannte Unbekannte*.

Verantwortlichkeit: Jemandem klarmachen, welche Folgen eine bestimmte Leistung hat.

Verantwortung: Übernahme der Verpflichtung, bestimmte Projektergebnisse zu erzielen.

Verbrauchte Zeit: Siehe *Dauer*.

Verfügbarkeit: Der Zeitanteil, in dem Sie für Arbeit zur Verfügung stehen, im Gegensatz zu freien Tagen etc.

Verteilerliste: Eine Liste mit Personen, die Kopien aller Schriftstücke erhalten.

Vollständiges, genehmigtes Projektbudget: Ein detailliertes Projektbudget, das von den entscheidenden Personen genehmigt wurde. Die Entscheider versprechen, dieses Budget zu unterstützen.

Vorgang: Die Arbeit, die erledigt werden muss, um in Ihrem Projekt von einem Ereignis zum nächsten zu gelangen (auch Aktivität genannt).

Vorgangs-Netzplan: Ein Netzplan im Vorgangs-Knoten-Format.

Vorgangspfeil-Netzplan: Ein Netzplanformat, in dem die Knoten Ereignisse und die Pfeile Vorgänge darstellen.

Vorgangsknoten-Netzplan: Ein Netzplanformat, in dem die Knoten sowohl Ereignisse als auch Vorgänge darstellen.

Vorwärts-Rechnung: Eine Rechenmethode, bei der man vom Projektanfang ausgehend die frühesten Anfangs- und Endzeitpunkte jedes einzelnen Vorgangs auf sämtlichen Pfaden bis zum Projektende berechnet.

Work-Breakdown-Structure (WBS): Eine geordnete, hierarchische Darstellung sämtlicher in einem Projekt durchzuführender Tätigkeiten; wird auch *Projektstruktur* genannt.

Zeitspanne: Siehe *Dauer*.

Zeitspannenschätzung: Eine möglichst genaue Einschätzung, wie lange die Durchführung einer bestimmten Aktivität tatsächlich dauern wird.

Zentralisierte Organisationsstruktur: Eine Form der Projektarbeit, bei der einzelne Abteilungen eingerichtet werden, die sämtliche Projektaufgaben in einem bestimmten Fachbereich übernehmen.

Zielbeschreibung: Eine kurze Beschreibung dessen, was Ihr Projekt erreichen soll.

Zielvorgabe: Ein Ergebnis, das Ihr Projekt produzieren soll. Sie besteht aus einer Beschreibung, einem oder mehreren Leistungsindikatoren und der Festlegung der Leistungsziele.

Zweck: Eine kurze Aussage darüber, was Ihr Projekt beinhaltet und warum es initiiert wurde. Diese Darstellung gibt meistens Aufschluss über den Hintergrund, den Umfang und die zu verfolgende Strategie.

Arbeitswert-Analyse

Da Sie diesen Abschnitt lesen, gehe ich davon aus, dass Sie beschlossen haben, mehr über diese Methode zur Einschätzung des Projektfortschritts zu erfahren. Die *Arbeitswert-Analyse* ist eine Technik, mit der Sie feststellen können, ob Sie im Zeitplan hinterherhinken oder voraus sind und ob Sie über oder unter dem Budget liegen – und das alles lediglich auf der Grundlage der Erfassung der Ressourcenaufwendungen. Diese Methode ist vor allem bei größeren Projekten nützlich, um solche Bereiche zu erkennen, in denen es zu Problemen kommt oder kommen kann.

Arbeitswert-Analyse – was ist das?

Um den Sachfortschritt Ihres Projekts zu überwachen, müssen Sie herausfinden, ob Sie im Zeitplan liegen, ob Sie dem Zeitplan voraus sind oder ihm hinterherhinken und ob Sie über, unter oder im Budget liegen. Normalerweise können Sie aber alleine dadurch, dass Sie die tatsächlichen Kosten mit den geplanten vergleichen, nicht feststellen, ob Sie über oder unter dem Budget liegen.

Nehmen wir einmal an, Ihr Projekt läuft seit drei Monaten und Sie haben 50.000 € dafür ausgegeben. Ihrem Plan zufolge sollten Sie erst am Ende des vierten Monats 50.000 € ausgegeben haben. Es scheint, als lägen Sie zum jetzigen Zeitpunkt über dem Budget, aber mit Sicherheit lässt sich das nicht sagen. Einer der beiden folgenden Gründe kann zu dieser Situation geführt haben:

✔ Möglicherweise haben Sie sämtliche geplanten Arbeiten durchgeführt, mussten aber mehr dafür ausgeben, als geplant – das würde bedeuten, dass Sie zwar im Zeitplan, aber über dem geplanten Budget liegen.

✔ Es ist aber auch möglich, dass Sie mehr Arbeit als geplant durchgeführt haben und dafür genau so viel ausgeben mussten, wie für diesen Teil der Arbeit geplant – in diesem Fall lägen Sie innerhalb des Budgets, wären dem Zeitplan aber voraus.

Natürlich kann es auch andere Gründe für diese Situation geben.

Die *Arbeitswert-Analyse* ist eine Technik, mit der Sie auf der Grundlage der Ressourcenaufwendungen bis zum heutigen Tag feststellen können, wie Sie im Zeitplan liegen und wie der Projektfortschritt im Vergleich zu den Aufwendungen ist. Mit der Arbeitswert-Analyse bestimmen Sie:

✔ **Kostenabweichungen:** Der Anteil an der Differenz zwischen geplanten Kosten bis zu einem bestimmten Zeitpunkt und den tatsächlichen Kosten bis zu einem bestimmten Zeitpunkt, der ausschließlich auf Kosteneinsparungen oder Zusatzkosten basiert.

✔ **Zeitplanabweichungen:** Die Differenz zwischen dem bis zu einem bestimmten Zeitpunkt geplanten Zeitaufwand und dem tatsächlichen Zeitaufwand, die daraus resultiert, dass man dem Zeitplan voraus ist oder hinterher hinkt.

✔ **Geplante Istkosten:** Die geschätzten Gesamtkosten für die Durchführung einer bestimmten Tätigkeit, basierend auf der Annahme, dass sich die Ausgaben bis zur Vollendung der Tätigkeit weiter so entwickeln, wie sie es bis zum jetzigen Zeitpunkt getan haben.

In Abbildung B.1 sind die wichtigsten Informationen, die in einer Arbeitswert-Analyse benutzt und ermittelt werden, dargestellt. Wie Sie sehen, resultiert die Differenz zwischen den geplanten und den tatsächlichen Kosten bis zum Zeitpunkt des Berichts aus den kombinierten Effekten aus Zeitplanüberschreitung und Kosteneinsparungen.

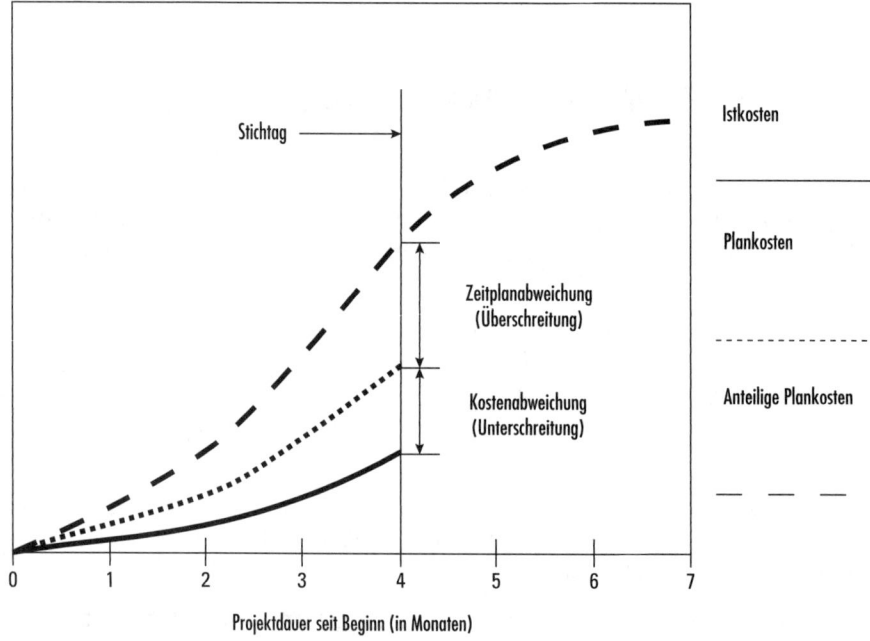

Abbildung B.1: Sachfortschrittsüberwachung mit Hilfe der Arbeitswert-Analyse

Kosten- und Zeitplanabweichungen und der Arbeitswert werden mit Hilfe folgender Informationen ermittelt:

✔ **Anteilige Plankosten (BCWS):** die geplanten Kosten für die geplante Arbeitsleistung bis zu einem bestimmten Termin.

✔ **Istkosten (ACWP):** die angefallenen Kosten für die tatsächliche Arbeitsleistung.

✔ **Arbeitswert (BCWP):** die geplanten Kosten für die tatsächliche Arbeitsleistung.

Der *Arbeitswert* einer Tätigkeit ist definiert als der Anteil der Kosten, den man für eine bestimmte Arbeitsleistung eingeplant hat.

Kosten- und Zeitplanabweichungen sind mathematisch folgendermaßen definiert:

KA = Kostenabweichung

= BCWP – ACWP

Anders ausgedrückt: Die *Kostenabweichung* zu einem bestimmten Zeitpunkt entspricht der Differenz zwischen den Plankosten für eine Arbeitsleistung und den Istkosten für eine Arbeitsleistung.

ZA = Zeitplanabweichung

= BCWP – BCWS

Die *Zeitplanabweichung* entspricht der Differenz zwischen geplanten Kosten für geplante Arbeitsleistung und geplanten Kosten für tatsächliche Arbeitsleistung.

Man kann die Kosten- und Zeitplanabweichungen auch in Prozentwerten darstellen, nämlich folgendermaßen:

KAP = Kostenabweichung in Prozent

= KA ÷ BCWP x 100

ZAP = Zeitplanabweichung in Prozent

= ZA ÷ BCWS x 100

Tabelle B.1 zeigt, dass eine positive Abweichung wünschenswert ist (das bedeutet, dass man entweder unter dem Budget oder unter dem Zeitplan liegt), während eine negative Abweichung einen nicht wünschenswerten Zustand darstellt (eine Überschreitung des Budgets oder eine Überschreitung des Zeitplans).

Abweichung	Negativ	Null	Positiv
Kosten	Über Budget	Gleich Budget	Unter Budget
Zeitplan	Über Plan	Gleich Plan	Unter Plan

Tabelle B.1: Interpretation der Werte von Kosten- und Zeitplanabweichungen

Und der Arbeitswert ist folgendermaßen definiert:

AW = Geplante Kosten für die tatsächliche Arbeitsleistung

= ACWP ÷ BCWP x Gesamtbudget

Dies ist eine vereinfachte Schätzung, weil davon ausgegangen wird, dass sich die Kosten bis zum Projektende so verhalten, wie sie es bis zum jetzigen Zeitpunkt getan haben. Natürlich können bestimmte Umstände dazu führen, dass sich das Ausgabeverhalten ändert oder dass man beschließt, das Ausgabeverhalten zu ändern, um das Projekt zurück auf den ursprünglichen Kurs zu bringen.

Diese Ausdrücke und Definitionen werden besser verständlich, wenn ich sie Ihnen anhand eines einfachen Beispiels erkläre. Nehmen wir einmal an, Sie sollen eine Reihe von Telefoninterviews durchführen. Der Gesprächsleitfaden wurde bereits entwickelt und jedes Telefoninterview ist unabhängig von den anderen. In Ihrem Projektplan legen Sie Folgendes fest:

✔ Das Projekt soll 10 Monate dauern

✔ Sie wollen monatlich 100 Interviews durchführen

✔ Sie rechnen damit, dass die Durchführung jedes Interviews 150 € kostet

✔ Das gesamte Projektbudget beträgt 150.000 €

Im ersten Monat geschieht Folgendes:

✔ Sie führen 75 Interviews durch

✔ Sie geben insgesamt 7.500 € aus

In der Praxis ist dieses kleine Projekt so simpel, dass Sie dafür keine Arbeitswert-Analyse benötigen, um festzustellen, wie die Dinge laufen! Da Sie geplant hatten, 100 Interviews pro Monat durchzuführen und Sie nur 75 durchgeführt haben, liegen Sie im Zeitplan zurück. Da Sie geplant hatten, 150 € pro Interview auszugeben und nur 7.500 ÷ 75 Interviews = 100 € ausgegeben haben, liegen Sie unterhalb des geplanten Budgets. Mit diesem Beispiel können Sie ganz einfach erkennen, wie man den Arbeitswert berechnet und was man daraus lernen kann.

1. **Berechnen Sie die drei Werte, aus denen man die Zeitplan- und Kostenabweichung sowie den Arbeitswert ermittelt:**

   BCWS = Geplante Kosten für geplante Arbeitsleistung im ersten Monat

   = € 150/Interview x 100 Interviews = EURO 15.€

   ACWP = Istkosten im ersten Monat

   = € 7.500

   BCWP = Geplante Kosten für tatsächliche Arbeitsleistung im ersten Monat

   = € 150/Interview x 75 Interviews = € 11.250

2. **Den kosten- und zeitplanbezogenen Sachstand ermitteln Sie folgendermaßen:**

Kostenabweichung = geplante Kosten für tatsächliche Arbeitsleistung – tatsächliche Kosten für tatsächliche Arbeitsleistung

= € 11.250 - € 7.500 = € 3.750

Zeitplanabweichung = geplante Kosten für tatsächliche Arbeitsleistung – geplante Kosten für geplante Arbeitsleistung

= € 11.250 - € 15.000 = - € 3.750

3. **Die prozentualen Kosten- und Zeitplanabweichungen werden folgendermaßen berechnet:**

$KAP = KA \div BCWP \times 100$

$= € 3.750 \div € 11.250 \times 100 = +33\%$

$ZAP = ZA \div BCWS \times 100$

$= -€ 3.750 \div € 15.000 \times 100 = -25\%$

Die prozentualen Kosten- und Zeitplanabweichungen ergeben dann einen Sinn, wenn Sie sich die tatsächlichen Zahlen für den ersten Monat einmal anschauen. Sie hatten ursprünglich geplant, € 150 pro Interview auszugeben, aber im ersten Monat haben Sie tatsächlich € 7.500 ÷ 75 = € 100 pro Interview ausgegeben. Die Differenz zwischen geplanten Interviewkosten und tatsächlichen Interviewkosten beträgt € 50, was 50 ÷ 300 x 100 = 33% weniger als geplant ist, was bedeutet, dass Sie 33% unterhalb des Budgets liegen. Sie hatten ursprünglich geplant, 100 Interviews pro Monat durchzuführen, haben aber nur 75 durchgeführt. Die Differenz zwischen geplanter Arbeitsleistung und tatsächlicher Arbeitsleistung beträgt 25 Interviews, was 25 ÷ 100 x 100 = 25% weniger als geplant sind, was wiederum bedeutet, dass Sie 25% hinter dem Zeitplan liegen.

Wenn die Arbeitsleistung während der restlichen Projektdauer gleich bleibt, ergeben sich am Ende des Projekts folgende Kosten:

$AW = ACWP \div BCWP \times Gesamtbudget$

$= € 7.500 \div 11.250 \times € 150.000 = € 100.000$

Mit anderen Worten, wenn Sie weiterhin die Interviews zu € 100 anstelle der geplanten € 150 durchführen, geben Sie 2/3 der geplanten Gesamtkosten für die Durchführung aller Interviews aus.

Natürlich macht es bei einem so einfachen Projekt wie diesem keinen Sinn, eine formale Arbeitswert-Analyse zur Überwachung des Sachfortschritts durchzuführen, aber wenn das Projekt aus 50 bis 100 Vorgängen (oder sogar noch mehr) besteht, kann eine Arbeitswert-Analyse helfen, gleichzeitig den Sachstand bezüglich mehrerer Aktivitäten zu berechnen, um allgemeine Trends festzustellen, ob das Projekt über dem geplanten Budget oder dem geplanten Zeitrahmen liegt. Je früher Sie solche Trends erkennen, desto besser können Sie Schritte einleiten, um diesen Trends entgegenzuwirken.

Ursachen für festgestellte Abweichungen finden

Kosten- und Zeitplanabweichungen lassen darauf schließen, dass ein Projekt nicht genau planmäßig verläuft. Nachdem Sie festgestellt haben, dass es Abweichungen gibt, müssen Sie die Ursachen für diese Abweichungen finden, damit Sie die notwendigen korrigierenden Maßnahmen einleiten können.

Mögliche Ursachen für Kostenabweichungen sind:

✔ Mehr oder weniger Arbeit als geplant ist notwendig, um eine Aufgabe zu erledigen.

✔ Die Personen, die die Arbeitsleistung erbringen, sind produktiver oder weniger produktiv als geplant.

✔ Die tatsächlichen Kosten für Rohstoffe und Personal sind höher oder niedriger als geplant.

✔ Die tatsächlichen internen Verrechnungssätze sind höher oder niedriger als ursprünglich geplant. (In Kapitel 5 erläutern wir indirekte Verrechnungssätze und wie diese Ihre Projektkosten beeinflussen können.)

Mögliche Gründe für Zeitplanabweichungen sind:

✔ Die geplante Arbeitsleistung wird früher oder später als geplant erbracht.

✔ Mehr oder weniger Arbeit als ursprünglich geplant ist notwendig.

✔ Die Personen, die die Arbeitsleistung erbringen, sind produktiver oder weniger produktiv als geplant.

Ein einfaches Beispiel

Das folgende Beispiel erklärt besser, wie eine Arbeitswert-Analyse zu einer realistischen Einschätzung des Sachfortschritts beiträgt.

Nehmen wir einmal an, die ADAM GmbH hat der Firma MEDIAWORKS den Auftrag zur Produktion von zwei umfangreichen Imagebroschüren gegeben. Der Auftrag besagt, dass 500 Kopien der Broschüre A und 1.000 Kopien der Broschüre B hergestellt werden sollen. Außerdem besagt der Auftrag, dass MEDIAWORKS von Broschüre A 100 Stück pro Monat und von Broschüre B 250 Stück pro Monat liefern soll. Die Produktion der Broschüre A soll am 1. Januar beginnen und die Produktion der Broschüre B am 1. Februar.

Der Projektplan ist in Tabelle B.2 dargestellt.

Vorgang	Start	Ende	Dauer	Gesamtkosten
Broschüre A	1. Januar	31. Mai	5 Monate	€ 100.000
Broschüre B	1. Februar	31. Mai	4 Monate	€ 100.000
Gesamt				€ 200.000

Tabelle B.2: Plan für MEDIAWORKS zur Produktion der Broschüren A und B

Ein kurzer Blick genügt, um festzustellen, dass Broschüre A € 200/Kopie (€ 100.000 ÷ 500 Kopien) kostet und Broschüre B € 100/Kopie (€ 100.000 ÷ 1.000 Kopien).

Nehmen wir an, es sei Ende März und das Projekt läuft seit drei Monaten. In Tabelle B.3 ist zusammenfassend dargestellt, was bis zum 31. März passiert ist:

Vorgang	Start	Dauer	Produzierte Stückzahl	Gesamtkosten
Broschüre A	1. Januar	3 Monate	150	€ 45.000
Broschüre B	1. Februar	2 Monate	600	€ 30.000
Gesamt				€ 75.000

Tabelle B.3: Projekt-Status zum 31. März

Ihre Aufgabe ist es, festzustellen, wie der kostenbezogene und zeitplanbezogene Sachfortschritt zum Stichtag ist und was wahrscheinlich passieren wird, wenn das Ausgabeverhalten bis zum Ende des Projekts gleich bleibt.

1. **Ermittlung des kosten- und zeitplanmäßigen Sachstands für die Produktion von Broschüre A bis zum 31. März.**

   BCWS = € 200/Broschüre x 100 Broschüren/Monat x 3 Monate = € 60.000

   ACWP = € 45.000

   BCWP = € 200/Broschüre x 150 Broschüren = € 30.000

   Kostenabweichung (KA) = BCWP - ACWP

   KA = € 30.000 - € 45.000 = - € 15.000

   KAP = KA ÷ BCWP x 100

   KAP = - € 15.000 ÷ € 30.000 x 100 = - 50%

   Zeitplanabweichung (ZA) = BCWP – BCWS

   ZA = € 30.000 - € 60.000 = - € 30.000

   ZAP = ZA ÷ BCWS x 100

   ZAP = - € 30.000 ÷ € 60.000 = - 50%

   Ihre Analyse zeigt, dass die Produktion der Broschüre A um 50% hinter dem Zeitplan zurückliegt und um 50% über dem Budget.

2. **Ermittlung des kosten- und zeitplanmäßigen Sachstands für die Produktion von Broschüre B bis zum 31. März.**

   BCWS = € 100/Broschüre x 250 Broschüren/Monat x 2 Monate = € 50.000

   ACWP = € 30.000

BCWP = € 100/Broschüre x 600 Broschüren = € 60.000

Kostenabweichung = BCWP - ACWP

KA = € 60.000 - € 30.000 = € 30.000

KAP = KA ÷ BCWP x 100

KAP = € 30.000 ÷ € 60.000 x 100 = 50%

Zeitplanabweichung = BCWP - BCWS

ZA = € 60.000 - € 50.000 = € 10.000

ZAP = ZA ÷ BCWS x 100

ZAP = € 10.000 ÷ € 30.000 x 100 = 33%

Ihre Analyse zeigt, dass die Produktion von Broschüre B 33% unter dem Zeitplan und 50% unter dem Budget liegt.

3. **Sie ermitteln den Sachfortschritt des gesamten Projekts, indem Sie die einzelnen Kosten- und Zeitplanabweichungen von Broschüre A und B addieren.**

Projektkostenabweichung = - € 15.000 + € 30.000 = € 15.000

Projektzeitplanabweichung = - € 30.000 + € 10.000 = - € 20.000

4. **Sie ermitteln den Arbeitswert Ihres Projekts, indem Sie die einzelnen Arbeitswerte für die Broschüren A und B addieren.**

AW für Broschüre A = ACWP ÷ BCWP x Budget für Broschüre A

= € 45.000 ÷ € 30.000 x € 100.000

= € 150.000

AW für Broschüre B = ACWP ÷ BCWP x Budget für Broschüre B

= € 30.000 ÷ 60.000 x € 100.000

= € 50.000

AW für Gesamtprojekt = € 150.000 + € 50.000

= € 200.000

Diese Informationen sind in Tabelle B.4 zusammengefasst.

	BCWS	ACWP	BCWP	KA	ZA	AW
Broschüre A	€ 60.000	€ 45.000	€ 30.000	- € 15.000	- € 30.000	€ 150.000
Broschüre B	€ 50.000	€ 30.000	€ 60.000	+ € 30.000	+ € 10.000	€ 50.000
Gesamt				+ € 15.000	- € 20.000	€ 200.000

Tabelle B.4 Zusammengefasster Sachfortschrittsbericht

Geplante Kosten für tatsächliche Arbeitsleistung ermitteln

Der Schlüssel zu einer genauen Arbeitswert-Analyse liegt in der Genauigkeit der geplanten Kosten für tatsächliche Arbeitsleistung (BCWP). Um die BCWP zu ermitteln, müssen Sie schätzen, wie groß der Anteil der geleisteten Arbeit zum Stichtag ist und wie viel des Gesamtbudgets für diesen Teil der Arbeit eingeplant war. Normalerweise geht man ja davon aus, dass es eine direkte Beziehung zwischen dem Anteil der geleisteten Arbeit und der Höhe der Kosten, die für diesen Teil der Arbeit aufgewendet wurden, gibt. Mit anderen Worten, wenn man 60% der Arbeit geleistet hat, sollte man davon ausgehen, dass man auch 60 % des Budgets aufgewendet hat.

Bei Aufgaben, die aus mehreren Komponenten bestehen, wie beispielsweise das Drucken einer Broschüre oder die Durchführung von Telefoninterviews, ist es relativ einfach, festzustellen, wie groß der Anteil der Arbeit ist, die bereits geleistet wurde. Wenn es sich bei der Aufgabe um integrierte Arbeiten oder einen Denkprozess handelt und es keine leicht trennbaren Teilaufgaben gibt, wie beispielsweise das Entwerfen einer Broschüre, dann ist es bestenfalls möglich, zu schätzen, wie groß der Anteil der geleisteten Arbeit ist.

In Abbildung B.2 sind drei verschiedene Methoden zur Schätzung der geplanten Kosten für tatsächliche Arbeitsleistung dargestellt:

✔ **Die Prozentual-Methode:** BCWP ist das Produkt aus prozentualem Anteil der Arbeitsleistung an der gesamten Arbeit und Gesamtbudget für diese Arbeit.

✔ **Die Meilenstein-Methode:** BCWP ist so lange null, bis die Arbeit erledigt ist, und 100%, sobald die Arbeit erledigt ist.

✔ **Die 50:50-Methode:** BCWP ist so lange null, bis mit der Arbeit begonnen wird, 50%, nachdem man mit der Arbeit begonnen, sie aber noch nicht beendet hat, und 100% des Gesamtbudgets, nachdem die Arbeit beendet wurde.

 Mit der Meilensteinmethode und der 50:50-Methode können Sie die BCWP abschätzen, ohne schätzen zu müssen, wie groß der Anteil der geleisteten Arbeit ist.

In Abbildung B.2 wird die Genauigkeit der drei Methoden für ein einfaches Beispiel gegenübergestellt. Aufgabe 1.2 besteht aus 3 Teiltätigkeiten: 1.2.1, 1.2.2 und 1.2.3. Für dieses Beispiel gehen wir davon aus, dass Sie genau wissen, dass folgende Anteile an der gesamten Arbeit bereits geleistet wurden:

✔ Teiltätigkeit 1.2.1 ist vollständig erledigt.

✔ Teiltätigkeit 1.2.2 ist zu 75% erledigt.

✔ Teiltätigkeit 1.2.3 ist zu 20% erledigt.

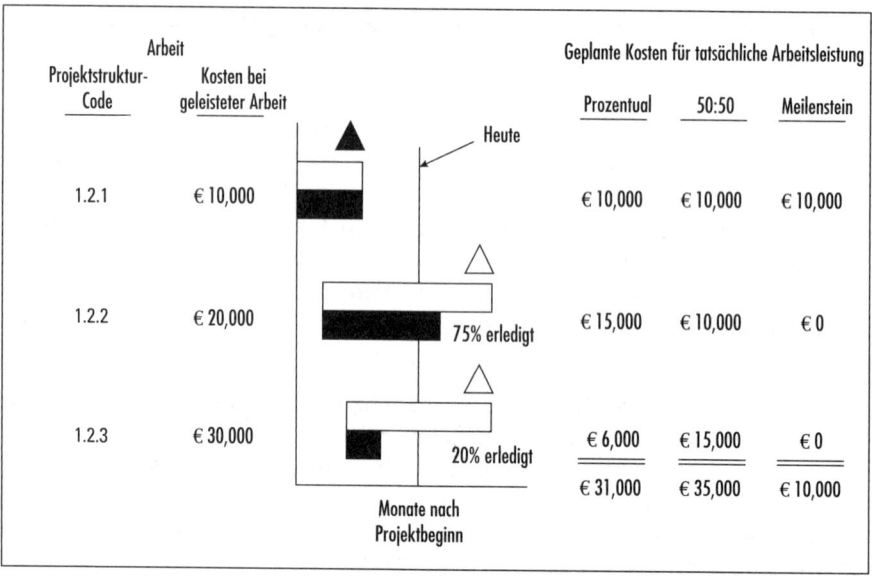

Abbildung B.2: Drei Methoden zur Ermittlung der geplanten Kosten für tatsächliche Arbeitsleistung.

Die BCWP von Aufgabe 1.2 wird errechnet, indem man die BCWP für jede der drei Teiltätigkeiten von Aufgabe 1.2 addiert. Die tatsächliche BCWP beträgt, mit der Prozentual-Methode ermittelt, € 31.000. (Auch diese Methode können Sie nur dann einsetzen, wenn Sie den genauen prozentualen Anteil der geleisteten Arbeit an der gesamten Arbeit kennen.)

Die Meilenstein-Methode ist die konservativste und die ungenaueste Methode. Schließlich sollte man meinen, dass während der Durchführung einer Aufgabe auch Kosten entstehen. Bei dieser Methode ist die BCWP nie größer als 0, bis man eine Arbeit vollständig erledigt hat. Deshalb wird, solange man an dieser Aufgabe arbeitet, der Eindruck erweckt, man läge über dem Budget.

Die 50:50-Methode ist genauer als die Meilenstein-Methode, weil die BCWP größer als 0 sein kann, während man die Arbeit erledigt. Es ist allerdings möglich, dass mit dieser Methode eine Budgetüberschreitung verdeckt wird.

Nehmen wir einmal an, Sie haben 30% einer Aufgabe erledigt, die mit € 10.000 budgetiert ist. Nun sollte man davon ausgehen, dass Sie 30% des Budgets, also € 3.000 verbraucht haben, um 30% der Arbeit zu erledigen. Bei der 50:50-Methode läge die BCWP bei € 5.000 (50% des Gesamtbudgets für diese Arbeit). Wenn die tatsächlichen Kosten für die geleistete Arbeit bei € 4.000 liegen, hätten Sie Ihr Budget überschritten. Bei der 50:50-Methode würde man die Ausgaben von € 4.000 mit der geschätzten BCWP von € 5.000 vergleichen und käme zu dem Ergebnis, dass man € 1.000 *unter* dem geplanten Budget liegt.

Um die Genauigkeit Ihrer Schätzungen zu verbessern, sollten Sie folgende Richtlinien beachten:

✔ Definieren Sie die Arbeiten so, dass sie von relativ kurzer Dauer sind: am besten 2 Wochen oder kürzer.

✔ Definieren Sie mindestens sieben Unter-Elemente, die Sie zu Ihrer BCWP eines Aufgaben-bündels aufaddieren können.

Stichwortverzeichnis

Symbole

50:50-Methode 349

A

abgestufte Gliederung
   einer Work Breakdown Structure 84
Abgrenzungsphase 30, 32
Abhängigkeiten 307, 319
Abschlussbewertung 223, 333
Abschlussphase 30, 35
Abweichung
   korrigieren 247
Activity-Report 231
Aktivitätenbericht 333
Aktivitätenplan 333
Annahmen 74
Anordnungsbeziehungs-Plan 96
Anteilige Plankosten 342
Arbeitsauftrag 210, 333
Arbeitsaufwand 95
   ermitteln 236
   schätzen 131
Arbeitsaufwandsbewertung 238
Arbeitslast-Diagramm 144, 333
Arbeitslast-Tabelle 144, 333
Arbeitsstunden
   Überwachung 236
Arbeitswert 343
Arbeitswert-Analyse 243, 341
Arbeitswertbetrachtung 333
Audience List
   erstellen 172
Audience-List-Vorlage 177
Aufgabe
   unterteilen 80
Aufgabenplanung 47, 64
Aufgabenverteilung
   projektübergreifend 145
Ausschreibung 241
Autorität 187
   Definition 185

B

Backing in 334
Backing in-Methode 113
Bedarf 51
Bedarfsmeldung 334
Bedürfnisse 64
Beobachter 180, 183, 317
Berichtsperiode
   die richtige Länge 234
Beschränkungen 64
   erkennen 65
   integrieren 66
Brainstorming Methode 82
Buchhaltungsprogramm 304

C

Champion 334
Change Management 248
Change-Management-System 248
Cluster-Darstellung 85
Computerprogramme
   Einsatzbereiche 303

D

Datenbankprogramm 304
Datengenauigkeit 235
Delegieren 189
   stufenweise 192
Direkte Kosten 149, 335
Driver 180, 182, 212, 317
   Definition 49
Durchführungsphase 30, 34

E

E-Mails 311
Echte Gemeinkosten 149
Effizienz 134
Einfluss-Projektorganisation 166
Einsatzmittel-Matrix 147

Einsatzmittelpläne 147
Eintrittswahrscheinlichkeit 286
    von Risiken 286
Entscheidungsbäume 289
Erwartungswert eines Risikos 289

F

Fast tracking 114, 335
Fixgruppen-Struktur 160
Fortschritts-Gantt-Diagramm 232
Frühester Anfangszeitpunkt (FAZ) 100, 335
Frühester Endzeitpunkt (FEZ) 100, 335
Führung 261
Funktionalmanager 166, 335
Funktionalorganisation 161, 335

G

Gantt-Diagramm 124, 335
Gemeinkosten 335
    Echte 335
    echte und Schein- 149
Gewichteter Arbeitsaufwand 335
Grafikprogramm 304
Grundlinie 222, 246
Grundlinienverschiebung 246

H

Human-Ressourcen-Matrix 131, 335

I

Indirekte Kosten 149, 336
Informationen
    beschaffen 54
Informationsquelle
    primäre 55
    sekundäre 55
Initiator 48, 336
Istkosten 343

J

Jahresbudget 54
Jahresvorgaben 54

K

Kapazität von Ressourcen 122
Kapitalbereitstellungsplan 54
Kaugummifaktor 122, 123
Key-Event-Bericht 123, 336
Key-Event-Liste 336
Key-Event-Report 230
Kick-off-Meeting 336
kombinierter Activity-Key-Event-Report 232
Kombiniertes Meilenstein/Gantt-Diagramm 124
Kommunikation 251
    formale 251
    informelle 251
    mit den Beteiligten 183
    Wege 251
Kommunikationsplan 312
Konfliktbewältigung 218
Kontrollmechanismen 221
Konzeptphase 30
Kosten 243
    Analyse 243
Kosten-/Nutzen-Analyse 52
Kosten-Nutzen-Analyse 336
Kostenkontrolle 243
Kostenübersicht 243
Kostenüberwachung
    Werkzeuge 244
Kritischer Pfad 100, 336

L

Leistungsperiode 336
Leistungsziele 59
Linear Responsibility Chart 197, 336
    erstellen 200
    Genauigkeit 201
    Interpretation 198
Logbuch 239
Lowest-Level-Aktivität 132

M

Machbarkeit 268
Machbarkeitsstudie 48, 336
Macht 262
    erworbene 263

Grundlagen 265
übertragene 263
Management 261
Gesamtunternehmens- 167
Marktbedarfs-Analyse 46
Marktbedarfsanalyse 336
Maßstäbe 59
Matrixorganisation 163, 336
Meetings 254
Vorbereitung 255
Meilenstein-Methode 349
Meilensteine 269
Mikromanagement 203, 336
Mikromanager 203
Mitarbeiter-Einsatzplan 238
Motivation 266
Faktoren 266

N

Netzplan 336
analysieren 98
Beispiel 107
Definition 94
Elemente 94
Nicht kritischer Pfad 100, 337

O

Organisationsplan 46
Organisationsstruktur 159

P

Personalaufwand 132
Personalbedarf
ermitteln 131
Personaleinsatzplan 236
Personalkostensätze
gewichtete 155
PERT 337
PERT-Diagramm 96, 337
Pfad 98
Postmortem 296
Primäre Informationsquelle 337
Primäre Verantwortung 198
Produktivität 134

Program Evaluation and Review Technique 337
Programm 28
Projekt
Abschluss 271
Bedeutung für das Unternehmen 53
Beginn 56
Definition 25
Ende 56
Lebensphasen 30
Merkmale 26
Umfang 56
Projekt Audience 171
Projekt Champion 50
Projekt Chart 47
Projekt-Abschlussbewertung 295
Projekt-Chart 337
Projekt-Logbuch 223
Projekt-Strukturplan 84
Projektantrag 337
Projektauftrag 337
Bestandteile 45
Definition 45
formulieren 67
Projektbeteiligter 209
Projektbudget
Definition 149
entwickeln 150
Projektchampion 181, 212
Projektkontrolle 225
Projektkonzept 47
Projektkoordinator 166
Projektleiter 166
Projektmanagement 338
Bestandteile 28
Definition 28
in einer Matrixorganisation 168
Software 301
Projektmanagement-Informationssystem 229
Bestandteile 229
Projektmanagement-Software 306, 310
Projektmanager 338
in einer Matrixorganisation 165
Rolle 39
Projektplan bestätigen 214
Projektprofil 47
Projektskizze 47, 56, 338
Projektstrategie 58

Projektstruktur 69, 75, 77, 80, 81, 82, 83, 338
   Definition 72
   Detaillierungsgrad 73
Projektteam zusammenstellen 214
Prozentual-Methode 349
Prozess 28
Pufferzeit 338
Pufferzeiten 102, 104

Q

Qualifikationsplan 128, 338

R

Ressourcen 64
   Kapazität 122
   Überbelastung verhindern 142
   Verfügbarkeit 122
Ressourcenverfügbarkeit 319
Risiken
   aufspüren 285
   bei der Aufgabenunterteilung 88
Risiko 279
Risikofaktor 281, 338
Risikofaktoren 283
Risikomanagement 279, 280, 289, 338
Risikomanagement-Plan 292
Risikomanagement-Strategie 290
Rollen festlegen 217
Rückwärtsrechnung 102, 338

S

Sachfortschrittsüberwachung 342
Schein-Gemeinkosten 149
Scheingemeinkosten 338
Scheinvorgang 97
schleichende Ausdehnung 249
Schlüsselereignis-Bericht 123
Schlüsselfiguren in einer Matrixorganisation 165
Sekundäre Informationsquelle 338
Sekundäre Verantwortung 198
Softwarepakete 303
Spätester Anfangszeitpunkt (SAZ) 100, 339
Spätester Endzeitpunkt (SEZ) 100, 339
Stakeholder 339

Stakeholderliste 172
Startphase 30, 34
Statusbericht 256
Strategieplan 54
Strukturplan 69, 75, 76
Supporter 180, 182, 212, 317, 339
   Definition 49

T

Tabellenkalkulationsprogramm 304
Team 214
Teambildungsprozess 219
   Phasen 219
Terminkalender 304
Textverarbeitungsprogramm 304
Top down Methode 82

U

Unbekannte
   bekannte 88
   unbekannte 88
Unsicherheiten 67

V

Verantwortlichkeit 188
Verantwortungs-Matrix 197, 198, 200, 201
Verfügbarkeit 134, 339
   von Ressourcen 122
Verpflichtung 187
Verteilerliste 172
Vertrag 47
Voraussetzungen 66
   Budget 66
   Personal 66
   Ressourcen 66
Vorgänger 105
Vorgangs-Bericht 124
Vorgangs-Netzplan 96, 339
Vorgangs-Schlüsselereignis-Bericht 232
Vorgangsknoten-Netzplan 339
   Elemente 97
Vorgangspfeil-Netzplan 95, 339
   Elemente 96
Vorwärts-Rechnung 100, 339

W

WBS 339
Work Breakdown Structure 72, 75, 83, 339
    Cluster-Darstellung 85
    entwickeln 82
    erstellen 80
    Informationen für 81
Work-Breakdown-Structure-Glossar 89
Work-Breakdown-Structure-Vorlage 86

Z

Zeiterfassungssystem 229, 240
Zeitplan
    Bewertung 230
    erstellen 112
    Überwachungssysteme 235
Zeitrahmen schätzen 93
Zentralisierte Organisationsstruktur 159, 340
Zielvereinbarung 59
Zielvorgaben 61
    richtig formulieren 61

ISBN 3-8266-2867-5
www.mitp.de

Thomas Hoving

Kunst für Dummies

Aus dem Amerikanischen übersetzt von Claudia und Oliver Leu

- Kunstgeschichte und Museumsführer in einem
- 32-seitiger Farbteil mit den berühmtesten Kunstwerken
- Die wichtigsten Fachbegriffe

Sie müssen nicht Kunstgeschichte studiert haben, um Spaß an der Kunst zu haben: Lassen Sie sich von einem wirklichen Experten für die Welt der Kunst begeistern! Thomas Hoving war lange Zeit Direktor des New Yorker Metropolitan-Museum of Modern Art. Er führt Sie durch die Jahrhunderte der Kunstgeschichte: von ersten Höhlenzeichnungen über die alten Griechen, Renaissance und Barock bis ins 20. Jahrhundert und die zeitgenössische Kunst. Dieses Buch ist Kunstgeschichte und Museumsführer zugleich, denn Tom Hoving stellt Ihnen die berühmtesten Kunstwerke und die sehenswertesten Museen und Kunstwerke vor.

Sie erfahren:

- ✔ Wie man Kunst genießen kann, ohne Kunstgeschichte studiert zu haben
- ✔ Wann das alles war und was man damals unter Kunst verstand: Renaissance, Barock, Impressionismus & Co.
- ✔ Wo sich die wichtigsten Kunstzentren der Welt befinden
- ✔ Welches die berühmtesten Kirchen, die bekanntesten Kunstwerke und die besten Museen sind
- ✔ Welche Begriffe der Kunst-Terminologie man kennen sollte und was sie bedeuten

Der Autor, Thomas Hoving, war Direktor des Metropolitan Museum of Modern Art in New York. Bekanntgeworden ist er vor allem durch die weltberühmte Tut-Ench-Amun-Ausstellung und seinen Ansatz, auch Laien für Kunst zu begeistern.